Zuzhi Xingweixue

高等学校"十二五"应用型经管规划教材

# 组织行为学

赵春蕾 王亚玲 主 编
刘 硕 侯 层 李 强 副主编

Zuzhi Xingweixue

電子工業出版社
Publishing House of Electronics Industry
北京·BEIJING

**图书在版编目（CIP）数据**

组织行为学/赵春蕾，王亚玲主编. —北京：电子工业出版社，2013.4
高等学校“十二五”应用型经管规划教材
ISBN 978-7-121-19675-1

Ⅰ. ①组… Ⅱ. ①赵… ②王… Ⅲ. ①组织行为学－高等学校－教材 Ⅳ. ①C936

中国版本图书馆 CIP 数据核字（2013）第 036709 号

策划编辑：晋　晶
责任编辑：刘淑敏
印　　刷：三河市双峰印刷装订有限公司
装　　订：三河市双峰印刷装订有限公司
出版发行：电子工业出版社
　　　　　北京市海淀区万寿路 173 信箱　邮编　100036
开　　本：787×980　1/16　印张：20.5　字数：346 千字
印　　次：2013 年 11 月第 2 次印刷
定　　价：38.00 元

凡所购买电子工业出版社图书有缺损问题，请向购买书店调换。若书店售缺，请与本社发行部联系，联系及邮购电话：（010）88254888。

质量投诉请发邮件至 zlts@phei.com.cn，盗版侵权举报请发邮件至 dbqq@phei.com.cn。

服务热线：（010）88258888。

# 前言

组织行为学是一门研究各类组织中人的心理活动与行为规律的科学，它是管理类专业的一门重要的专业基础课。目前市场上存在的组织行为学教材很多，主要包括以下两种类型：一类教材的理论性较强，知识体系全面、系统，但是内容抽象、枯燥，不能引起读者的兴趣；另一类教材摒弃了前者的缺点，增加了教材的趣味性，实用性也很强，但在知识体系上不够全面、系统。通过多年的教学实践，我们认为对于应用型本科院校，在教材的选用上，首先要讲究实用性和趣味性，但也要顾及知识体系的全面性和系统性，应该让学生对整个组织行为学学科的知识体系有一个完整的了解和把握，同时对内容的深度也要有适当地控制。综合以上几点考虑，本书主要有以下几个特点。

**1．应用性**

无论是对应用型本科院校还是对高职高专院校来说，都是以培养学生的实践应用能力为目标的，所以本书着重突出应用性。在教材内容的设计上，我们紧紧抓住应用性较强的知识点，提出其在实践中是如何被应用的，并在课后思考题中引导学生通过理论学习来思考所学理论在实践中的应用启示，以此来培养和提高学生的实践应用能力。

**2．趣味性**

本书主要以应用型本科院校和一部分高职高专院校的学生为读者对象，所以在教材的编写过程中始终抓住趣味性的特点。阐述的过程深入浅出、通俗易懂；另外，还增加了一些案例和小专栏来帮助读者加深对理论知识的理解。在案例和小专栏内容的选取过程中，我们尽量选取趣味性强、与社会生活联系紧密、学生喜闻乐见的内容来激发学生的学习兴趣。

**3．系统性**

考虑到学生的实际学习水平，在教材内容深度的设计上相对简单。但同时我们认为有必要让学生全面、系统地了解组织行为学这一学科的知识体系，以便于学生对其中每一部分知识的把握和理解。所以，这本教材也突出了系统性的特点。

总之，本书的编写紧紧抓住应用性、趣味性、系统性三个特点，将理论阐述与应用训练有机结合起来，使读者开拓思路，理论联系实际，提高管理技能，达到培养应用型管理人才的目的。

本书由赵春蕾老师和王亚玲老师担任主编，全书共 13 章，参加编写工作的人员分工如下：

第一章，赵春蕾；第二章，侯层；第三～五章，赵春蕾；第六章，王亚玲；第七章第一节、第三节、第四节、第五节，刘硕；第七章第二节，李强；第八章，王亚玲；第九～十一章，刘硕；第十二、十三章，王亚玲。

本书在编写过程中，参阅了大量的国内外教材和文献资料，并引用了部分内容，在此对相关作者表示感谢！

因编者水平有限，书中难免会有不妥或疏漏之处，敬请广大读者指正。

编　者

# 目 录

# 第一章 导论

**本章重点**

- ○ 掌握组织行为学的含义
- ○ 了解组织行为学的理论基础和研究方法
- ○ 掌握组织行为学的形成过程
- ○ 了解组织行为学的新发展

**引例**

### 约翰·帕金斯的转变

50 多岁的约翰·帕金斯在一家大型银行做经理助手，他已经工作 11 年了。长期以来，他的工作成绩平平，以至于没有一家分行经理愿意要他。调他给经理做助手却常常被经理安排到新开业的其他分行去。所以，约翰·帕金斯 11 年来换了 8 家分行。帕金斯被调到第 9 家分行做经理助手时，人家很快就了解了他以前的工作档案，尽管这位经理打算调走约翰，但还是决定设法对他采取激励措施。经理了解到约翰在经济上别无所求，因为他已经继承了一套舒适住宅，由他的妻子料理；两个孩子都已大学毕业，并且都有收入不错的职业。

这位经理在与约翰相处的很短的一段时间里，曾两次想把他解雇。间或有几个星期，约翰表现积极，很有干劲，但过不了多久便旧态复萌，依然故我。这位经理在对约翰·帕金斯的情况和境遇仔细分析之后，得到了一个结论：虽然约翰在有形的物质方面是满足的，但是对于承认和赏识倒可能做出反应。于是，约翰的经理便着手在这方面做工作。例如，在本分行成立一周年之际，在银行营业之前，经理为全体雇员举行了一次集会，预先定做了一个很大的蛋糕，特意把约翰管辖下的重要财务比率数字，以及为组织创造的效益做在蛋糕上。这一次约翰被给予他的褒扬和大家专为"哄"他的蛋糕上的比率数字所深深地感动了。从此以后，约翰像变了一个人，不到两年的时间，他成了另一家分行杰出的经理。

（凯茨·大卫斯. 组织行为学. 北京：经济科学出版社，1989）

问题：约翰·帕金斯的转变给我们带来什么启示？

## 第一节　组织行为学概述

组织行为学是管理理论的重要组成部分，是一门广泛吸收多学科知识的边缘、交叉科学，其综合了行为科学、心理学、社会学、人类学、政治学等学科的知识，提出了一系列关于管理的新知识、新观点和新理论，丰富了组织发展理论，大大提高了对行为模式的解释和预测能力，促进了管理水平的提高、组织绩效的改善，具有很强的实践性和应用性。因此，研究和学习组织行为学，不仅具有理论意义，而且具有直接的现实意义。

## 一、组织行为学的概念

组织行为学的研究是以组织为载体的，所以要了解组织行为学的概念，首先要了解什么是组织，什么是组织行为。

### （一）组织

#### 1. 组织的含义

在我国古代，组织的原意是将丝、麻织成布帛，也就是“组合、编织”的意思。随着时间的推移和社会的发展，人类日常生活和社会生活的各种需要日趋复杂、多样，仅仅通过孤立的个体活动无法自行满足这些需要，于是出现了人类的群体活动。在群体活动中，为了协调不同个体的活动，就会按照一定的关系建立特定的规则。这种活动正式化、稳定化的结果就导致了组织的出现。组织在出现后也逐步发展和深化，组织的概念逐步从物的组织到人的组织，从静态的组织到动态的组织，从封闭的组织到开放的组织，从单个的组织到系统的组织。

在对组织的研究过程中，很多学者对组织进行了定义，其中比较有代表性的有以下四种。

- 组织是对完成特定使命的人的系统性安排。（斯蒂芬·罗宾斯）
- 组织是为了达到某一特定的共同目标，通过各部门劳动和职务的分工合作和不同等级的权利和责任的制度化，有计划地协调一群人的活动。（薛恩）
- 组织是一个相互影响、相互依赖，为了达成某一共同目标的工作群体的集合。（杰克·邓肯）
- 组织是对完成特定使命的人的系统性安排。（张德）

从以上学者们对组织的定义，可以看出，任何一个组织都必须具备以下三个条件。

（1）组织是一群相互联系、相互作用的人的集合。组织是由人构成的，同时组织活动也需要一定的物质资源。因此组织既是物质结构，又是社会结构。组织活动的资源配置是通过人来完成的，正是人群形成了组织，没有人群便没有组织。而且，在同一组织下集合的人群之间，在行为上是相互联系、相互影响的。

（2）组织都有确定的目标。任何组织都有其基本的使命和目标。例如，企业是为了生产产品、提供服务、满足顾客需要，教育机构是为了培养人才，医院是为病人提供健康服务等。组织的使命和目标说明了组织存在的理由。

（3）组织通过专业分工和协调来实现其目标。组织的存在是由于有自身的使命和目标，这些使命和目标是社会所必需的，但又是个体无法完成的。为了完成目标，组织必须开展实际的业务活动（即作业），如企业的生产活动、学校的教学活动、医院的诊治活动等。而组织活动的展开又离不开相应的人力资源、物质资源、财力资源和信息资源等，否则组织的活动无从进行。同时，为了保证组织活动顺利有效进行，还需要对组织自身进行管理。因此，组织中的活动便由此实现其基本的专业化分工——作业和管理。形成分工关系的个人、群体、部门是组织的一部分，他们协调互动、密切配合才能保证组织整体目标的实现。

通过以上分析，概括不同学者对组织的界定，本书对组织的概念做如下综合表述：组织是对完成特定使命的人的系统性安排，组织成员在共同目标指导下协同工作；它建立一定的机构，成为独立的法人；它是通过分工合作来协调人们行为的活动过程。

**2．组织的构成**

（1）一定数量的成员。这是组织存在和发展的先决条件。但每个组织对其成员都有一定的资格要求，并非任何人只要愿意都可以成为某个组织的成员。一个人要成为某个组织的成员，首先要求具备这个组织所需要的条件，然后还要履行一定的手续，才能进入组织的内部，成为正式的组织成员，在其中获得某个角色地位。因此，现代社会组织都具有明确的边界。一个社会组织的成员数量到底有多少，并无限定，小到两人小组，大到千万人的政党组织。这些性质各不相同的社会组织，对成员的要求也相差甚远。有的对资格要求十分严格，有的则较为宽松；有的加入手续十分复杂，有的则比较简单。

（2）特定的活动目标。目标是社会组织最重要的构成要素。它决定着组织的性质、发展方向和规模。组织成员参与组织的动机可能有很大的差别，但他们最终都要统一到共同的组织目标之下。同时，组织目标要能够集中体现他们的共同愿望与利益。特定的组织目标是社会组织存在的依据，指示着组织活动的方向。

（3）明确的行为规范。规范是社会组织内成员互动的基础，是指导个人和团体在面临各种情况时如何思考和行动的标准。社会组织由于其特有的目标，以及内部精细的社会分工，要把各自独立的行动有机结合起来，就必须制定严格、明确的社会规范，包括本组织的性质、目标、任务、组织原则、组织成员的地位与角色、权利与义务，以及组织活动规则等。

（4）一定的组织结构。任何组织内部都有一个稳定的组织结构。一个组织为了有效地实现其特定目标，就必须对其成员进行合理配置。在纵向上形成由决策者、管理者和执行者构成的一种支配—服从的层级体系。

（5）拥有一定的资源。拥有一定的资源是一个组织开展活动所必需的物质基础，包括资金、技术、办公场所等。不同的社会组织需要不同类型的资源，但不管怎样，一个组织要正常运转，就必须要有相关的资源来支持。

**3．组织的分类**

作为社会细胞的组织，其使命不同、大小各异，通过对组织进行分类，可以更好地把握各种组织的相同点与差异处。

（1）根据社会功能不同划分。根据社会功能不同，可将组织分为生产组织、政治组织、整合组织和模式维持组织。生产组织是指从事物质生产的制造型组织和服务型组织，如工厂、饭店等；政治组织是指为了保证整个社会达到自己的目标而进行权力分配的组织，如政府部门等；整合组织是指协调各种冲突、引导人们向某种固定目标发展的组织，如法院、政府等；模式维持组织是指维持固定的形式，确保社会发展的组织，如学校、社团等。

（2）根据组织成员的受益程度划分。根据组织成员的受益程度，可将组织分成互利组织、商业组织、服务组织和公益组织。互利组织是指所有参加者都受益的组织，如党派、工会、俱乐部、退伍军人团体等；商业组织是指那些从事工商活动的组织，如工厂、公司、企业、银行和垄断组织等；公益组织是指为社会所有人服务的组织，如公安、行政、军事及科研机构等。

（3）根据控制成员的方式划分。根据控制成员的方式，可将组织分成强制型组织、功利型组织和规范型组织。强制型组织是用高压、威胁，甚至暴力等手段控制其成员行为的组织，如监狱、精神病医院等；功利性组织是用金钱或物质为媒介来控制下属行为的组织，如各种工商企业；规范型组织是用在伦理道德或观念信仰等基础上形成的规范权力来控制成员行为的组织，如宗教团体等。

(4) 根据目标的不同划分。根据目标的不同，可以把组织分成以下三类。

- 营利组织。所有以获利为主要目标的组织都是营利组织，如工厂、商店、商业银行、饭店、矿山、公司等。值得指出的是，改革开放以来，一些个人诊所、私立学校等组织已经成为营利组织。从社会分工来看，营利组织是现代社会的基石。它们以产品或服务来满足其他组织和个人的各种需求，并以纳税的方式支持其他组织的正常运行。
- 非营利组织。除公共组织外，一切不以营利为主要目标的组织都属非营利组织，如国有医院、国有学校、各类社团、宗教团体、慈善机构等。非营利组织既是营利组织的重要目标市场，也承担着许多重要的社会职能，为其他组织提供独特的服务。
- 公共组织。负责处理国家公共事务的组织是公共组织，如立法机关、司法机关、政府机关、军事机关等。公共组织代表公众通过运用法律、行政、经济等手段来管理营利组织与非营利组织，使它们的运作符合国家与公众的利益。虽然公共组织是“组织之上”的组织，但也应遵循法律，努力达成自己的目标，不应过多干涉其他两类组织的内部事务。

此外，还可以根据组织人员的多少，将组织分成小型组织（3～30 人）、中型组织（30～1 000 人）、大型组织（1 000～45 000 人）、巨型组织（45 000 人以上）。根据产权的归属，可把组织分成公有组织与私有组织。公有组织如国有企业、集体企业、国有学校等，是归国家、全民或集体所有的组织；私有组织如私营企业、私立学校等，是归某个公民或某些公民个人所有的组织。

### （二）组织行为

#### 1. 组织行为的定义

组织行为是指人们在作为组织成员时表现出的行为。但组织成员的行为并不完全属于组织行为。组织成员下班后的业余活动不属于组织行为。组织行为必须是组织成员在工作过程中表现出来的行为。因此，准确地说，组织行为是指各类组织的每位成员在工作过程中表现出的所有行为。

#### 2. 组织行为的分类

组织是由个体和群体组成的，因此，组织中的行为可以分为三个层次：个体行为、群体行为和组织行为。

(1) 个体行为。个体是构成组织的最基本细胞，是组织行为学研究的基础和出发点。由于组织都是由个体的人组成的，因此，研究组织行为的基本出发点就是研究组织中的单个成员。这种研究方法将重点放在心理学的发展理论和解释的规律上。这些理论和解释是关于个体行为及他们对不同的组织政策、实践和过程的反应。在这种研究方法中，以心理学为基础的有关人性、需要、动机和激励等方面的理论用来说明单个组织成员的行为和绩效，对如价值观、知觉、态度、个性、意志和情绪这些因素也予以考虑，并对这些因素对他们在工作中的个体行为、作风和绩效的影响进行研究。

(2) 群体行为。如果要完成组织的目标，组织成员就必须在工作中合作并协调他们的活动。人们在一起工作的常规方式是小组、部门和委员会这些组织形式。因此，在组织行为学中，一个可以选择的富有成效的方法是分析工作群体的结构与功能、群体的发展过程和内聚力。在群体中，人们是如何工作的？决定一个群体团结和富有成效或分散和一无所有的奥妙何在？领导如何影响群体成员及他们的能力，以便他们一起通力协作，以较高的生产率进行工作？这些就是组织有关群体有效功能涉及的几个问题。组织行为学的一个重要部分就是把社会心理学的知识和理论应用于研究组织中的群体。在群体这个层次上分析所得的见解不同于研究个人所产生的见解。

（3）组织行为。组织行为学不仅将其研究重点放在组织中的个体和群体上，而且也要从宏观的角度研究整个组织。研究者力图用社会学的方法来理解组织结构和组织设计是如何影响组织效率和气氛的，是如何有效地进行信息传递，认识组织与环境之间的关系及其影响、组织变革和发展规律的，从而尽可能地提高组织的有效性和效率，改善组织气氛。例如，对各部门分配任务和责任的不同方法可能会影响这些部门的工作能力及整个组织的工作效率，组织应用的技术、组织规模、组织年限等因素对组织结构、组织效率的影响，以及组织与外部环境的相互作用与适应等都在考察之列。

**3．组织行为的特征**

（1）可描述性。组织行为是可以描述的，我们可以对个体的组织行为用语言来加以描述。例如，某人最近工作积极努力，某人工作态度认真，某部门员工关系和谐、融洽等。

（2）可解释性。每一种组织行为的背后都存在产生的原因和背景，所以，管理者可以通过调查、研究找到组织行为的原因，进而可以解释为什么会出现这样的行为。

（3）可预测性。因为组织行为是可解释的，也就是管理者最终可以找到某种组织行为产生的原因。只要能准确地观测到是什么原因导致的这种行为，就可以准确地预测将要发生的行为。当然，这只是一种理想化的假设，假设我们能够找到所有组织行为产生的原因，而在现实的管理工作中，受到行为科学发展水平的限制，我们并不能弄清所有影响人行为的原因，因此也就不能进行准确的预测。

（4）可控制性。因为组织行为是可以解释，进而是可以预测的，所以，归根结底，组织行为是可以控制的，这也是我们研究组织行为的目的所在。

### （三）组织行为学

**1．关于组织行为学，不同的学者曾经提出过多种不同的定义**

美国学者 A • J • 杜布林（A. J. Dubrin）的定义：“组织行为学是系统研究组织环境中所有成员的行为的科学，以成员个人、群体、整个组织及外部环境的相互作用所形成的行为作为研究的对象。”

蒙特利尔大学管理学教授和组织心理学家乔 • 凯利（Joe Kelly）所提出的定义是：“组织行为学的定义是对组织的性质进行系统的研究：组织是怎样产生、成长和发展的，它们怎样对各个成员、对组成这些组织的群体、对其他组织及对更大些的机构发生作用。”

斯蒂芬 • P • 罗宾斯（Stephen P. Robblns）给出的著名定义是：“组织行为学是一个研究领域，它探讨个体、群体及结构对组织内部行为的影响，目的是应用这些知识改善组织绩效。”

我国著名组织行为学家张德认为，组织行为学是研究组织中人的心理和行为表现及规律，提高管理人员预测、引导和控制人的行为的能力，以实现组织既定目标的科学。

**2．就以上定义，我们需要着重领会以下几点**

第一，组织行为学研究的对象是人的心理和行为的规律性。组织行为学既研究人的心理活动的规律性，又研究人的行为活动的规律性，是把这两者作为一个统一体来研究的。人的行为与心理是密不可分的，心理活动是行为的内在表现，行为是心理活动的外在表现，因此，必须把两者作为统一体来进行研究。

第二，组织行为学研究的范围是一定组织中的人的心理和行为规律。这就说明组织行为学并不是研究一切人类的心理和行为规律，而是只研究一定组织范围内的人的心理与行为的规律，如工厂、商店、学校、机关、军队、医院等。研究这种组织中的人的心理和行为规律，不仅是研究单个的人的心理和行为，还要研究聚集在一起的人的心理和行为规律。因此，研究范围又可分为个体心理与行为、群体心理与行为，以及整个组织的心理与行为。

第三，组织行为学研究运用系统分析的方法。组织行为学不是孤立地研究一个组织中的个体、群体和组织的心理和行为，而是采取系统分析的方法来研究它们。从系统观来看，个体的人作为一个系统，把他放在群体这个较大的系统中来研究，个体就是群体的子系统，而很多的群体又组成一个组织，因此，群体又是组织这个大系统的子系统。它们均自成系统而又相互密切联系，不可分割。而且由于它们都处在社会环境这个更大的系统中相互联系、相互作用，因此它们又都是社会环境的子系统。

第四，组织行为学研究的目的是提高预测和引导人的行为的能力和组织绩效，以达到组织既定的目标。

组织行为学研究的最终目的是提高组织绩效，有效实现组织目标。这种绩效的提高是借助于提高管理者的预测、引导控制组织中人的行为的能力来实现的。

现在人们对于构成组织行为学主题领域的看法越来越趋于一致，这些主题包括激励、领导行为和权威、人际沟通、群体结构与过程、学习、态度形成与知觉、变革过程、冲突、工程设计、工作压力等。

**3．组织行为学的定义**

本书将组织行为学定义为：通过研究组织中的个体、群体和组织的心理和行为表现及规律，提高管理人员预测、引导和控制组织中人的行为的能力，以有效实现组织目标的一门科学。

## 二、学习组织行为学的意义

组织行为学是管理学的新发展，它对提高组织的管理水平，实现以人为中心的管理具有重要的意义。

**1．有利于充分调动人的积极性、主动性和创造性**

在现代社会，每个人都生活在组织中，每个人的行为既表现为个人行为，又表现为组织行为；既受到组织影响，又影响到组织。人们在一起工作、学习、生活，就需要分工和协作，就需要有管理。而对于管理者来说，每天所面对的最经常、最棘手、耗费时间和精力最多的恐怕就是人的问题。如何调动下属的工作积极性，激发他们的工作热情；如何与你的上司及兄弟部门沟通，以获得更多的资源和支持；如何处理员工间的冲突纠纷，营造和谐的工作环境；如何引导和改善组织成员的行为，建设高绩效的团队等。总之，要想成为一个有效的管理者，就必须了解人、认识人，就应该学会分析、解释、预测人的行为，从而提高自己管理活动的有效性。

**2．有助于达成个人目标，提高组织成员的工作生活质量**

提高组织成员的工作生活质量是指组织中所有成员通过与组织目标相适应的公开的交流渠道，有权影响决策，改进自己的工作，进而拥有更强的参与感、更高的工作满意度和更少的精神压力的过程。组织行为学的核心内容之一是研究个人需要、个人利益和个人兴趣，以及如何满足个人需要的方式和方法。组织行为学通过用科学的方法分析员工的心理需要，针对不同的情况采取不同的方法。因此，管理者可以通过组织行为学的学习，掌握和应用恰当的方法来满足员工的需要，重视与员工的沟通与交流，鼓励员工参与管理，提高员工的工作满意度，从而提高组织成员的工作生活质量。

**3．有助于管理者改进管理的方式和方法，改善管理者与被管理者的关系**

组织行为学研究的是组织环境下的个体行为、群体行为和组织行为。一句话，组织行为学研究的重点是人，核心是保证和增加组织的有效性。组织的管理者是生产的协调者和指挥者，他们与员工的关系，除了具有一般意义上所说的生产关系，还有一般的社会关系。组织行为学中关于一个有效的管理者应该具备的素质、管理艺术和如何根据不同情况采用不同的管理方式等内容，对管理者提高领导艺术水平有一定的参考价值。因此学习和掌握一些组织行为学的知识，将有助于你成为一个卓有成效的员工或一个受欢迎的组织管理者，改善管理者与被管理者的关系。

**4．有助于提高管理者描述、解释、预测和控制组织行为的能力，从而提高管理水平**

描述是指对组织中人的行为和心理在某个时期所处的状况进行清晰描绘，例如，今年有12%的员工跳槽，有78%员工的满意度达到80分以上等。准确描绘组织中人的行为和心理为我们科学、合理地对行为和心理做出解释提供了基础。

解释是指依据理论或实践总结寻找组织中人的特定行为和心理的形成原因的过程。例如，员工跳槽的主要原因是对公司的福利政策不满意，员工的满意度提高是由于公司引进了素质培训等。科学的解释为管理者预测和控制组织中人的行为和心理提供了依据。

预测是指根据组织中人的行为和心理的现状和变化规律及组织和社会环境的变化，对未来一段时期某些特定行为和心理所处状态进行的合理猜测。例如，明年员工的跳槽率将是10%～13%，下半年的员工满意度会提高4%等。准确地预测与组织绩效相关的人的行为和心理为有效地领导和管理组织提供了宝贵的信息。

控制是指根据组织中人的行为和心理变化规律，改变一定的条件和变量，以使特定的行为和心理朝着管理者期望的方向演进的过程。例如，改进公司的福利政策以使员工的跳槽率降低2个百分点，开展班组有奖娱乐活动以使员工的满意度提高5%等。

管理者可以通过组织行为学的学习提高自己的描述、解释、预测和控制水平，从而提高管理水平。

**5．有助于组织变革和组织发展**

组织是一个动态开放的社会技术系统，必须与外界环境保持一致性。现代组织越来越多地面临着激烈动荡的环境，高新技术的迅猛发展、顾客需求的不断改变等都给组织带来了严重的挑战。逆水行舟，不进则退。为此，组织必须随环境的变化而不断地调整，这就是组织变革。因此，学习组织行为学的理论和知识有助于及时有效地领导组织变革和组织发展。

## 三、组织行为学研究的方法

方法与手段是达到目的的桥梁，学好、用好组织行为学，要运用科学的学习方法。

### （一）观察法

观察是构成组织行为学的三大要素（观察、个体、群体）之一，对他人行为的了解是通过观察获得的。观察是取得直接资料和间接经验的一种重要方法，在没有条件进行访问或实验的场合，观察是取得资料的主要途径。除了观察者运用自己的感觉器官（眼、耳、鼻、舌和皮肤等）直接观察人们的行为外，还运用现代科技手段，如采用录像机和录音机协助观察。有人说：“实验是向自然发问，观察是听自然演讲。”

观察法多种多样，大致有两种分类方法。

第一种是按照观察者与被观察者的关系来分类，可把观察法分为参与观察法和非参与观察法。观察者直接参与被观察者的活动，并在共同活动中进行观察的方法称为参与观察法。观察者不参与被观察者的活动，以旁观者的身份进行观察的方法称为非参与观察法。参与观察法的好处是：研究人员以组织成员的身份去观察，使被观察者避免伪装和做作，从而使观察到的资料较为可靠和有效。参与观察法存在的问题：一是由于亲自投入现场，作为现场的一员，可能会影响观察者判断事物的客观性，而非参与观察者就较为客观；二是在观察别人时，会使别人感到不自然，若要使被观察者不知道是在观察他们的行为，就得创造一个客观的条件，这又是难以办到的。此外，这两种方法都受到观察者本人的价值观、个性等的影响。因此，信度、效度也会有一定的问题。

第二种是按照观察情景的差异来分类，可把观察法分为自然观察法与控制观察法。观察者在自然真实的情景下观察他人的行为，被观察者不知道自己处于被观察的状况下的观察叫自然观察法。凡是有计划、有系统记录，其结果和一定的命题相联系而又能经受考核的观察叫控制观察法。贝尔斯（R. F. Bales）创造的小群体相互影响法（Interaction Process Analysis）根据小群体中成员的感情和工作行为，分别进行观察和记录，就是这种方法的典型例子。自然观察法的优点是所观察到的结果具有典型性，更易于运用于实际，它的缺点是有时不能肯定被观察者的行为变化是由何种变化引起的，而用控制观察法就能弥补这种缺陷。

**（二）调查法**

调查法是了解被调查者对某一事物（包括人）的想法、感情和满意度的方法，因为有些心理现象可以直接观察到，有些则不能直接观察到，对那些不能直接观察到的心理现象则可以通过调查、访问、谈话、问卷等方法来收集有关材料。这种方法很有价值，研究者和管理者可以用这种方法来调查员工对组织及所任工作的满意度，以及影响员工积极性的因素等。许多公司还用这种方法来发现顾客对公司产品的青睐度。国家也可以通过调查了解民意，为制定和修改政策提供依据。

调查法的种类很多，可以单独使用，也可根据研究需要，将几种方法结合使用。

**1．谈话法**

口头信息的沟通是直接了解对方情况的一种调查方法。根据谈话中结构模式的差异，谈话法可分为有组织谈话和无组织谈话。有组织谈话的过程结构严密，层次分明，具有固定的谈话模式。主试者根据预先拟订的提纲提出问题，被试者针对提出的问题进行回答。谈话过程像是口头问卷。无组织谈话的过程结构比较松散，层次交错，气氛活跃，没有固定的模式。主试者提的问题涉及的范围广，被试者可以根据自己的想法，主观地、创造性地回答问题。通过这种谈话，双方不仅交换了意见，也交流了感情。

谈话法的优点是显而易见，简单可行，便于迅速获取第一手资料，但是，能否真正收到好的效果，还要看主试者的驾驭能力如何，是否善于营造一个轻松愉快的和谐气氛，让被试者解除顾虑，畅所欲言。

**2．问卷法**

问卷法就是运用内容明确、表达正确的问卷量表，让被试者根据个人情况，自行选择回答的研究方法。常用的问卷量表有三种。

（1）是非法。要求被试者对问卷中的每个问题做出“是”或“否”的回答。例如：

为了多拿奖金你愿意增加工作时间吗？ 是（ ）否（√）

（2）选择法。要求被试者从并列的两种叙述中做出选择。例如：

我喜欢单独工作。 （√）

我在单独工作时，总感到无所适从。 （ ）

（3）等级排列法。要求被试者对多种可选择的答案，按其重要程度，依次排列。例如：

我最喜欢的奖励方式是：奖金、旅游、上光荣榜、脱产学习、调休。

问卷法的优点是可以在较短时间内取得广泛的材料，并使结果达到数量化、程序化。但是对用这种方法取得的材料很难进行定性分析，因而也无法用这种方法得到的结论直接与被试者的实际行为进行比较。

随着信息手段越来越现代化，调查方式也越来越多，如电话调查法、网络调查法等，这些方法省时、调查面广，使用越来越普遍。

### （三）心理测验法

心理测验法就是采用标准化的心理测量表或精密的测量仪器，来测量被试者的心理品质的研究方法。常用的心理测验有能力测验、人格测验、机械能力测验、语言能力测验、管理能力测验、学术倾向测验、心理健康测验等。在企业人力资源开发与管理中，心理测验常常用于人员考核、岗位测量与导引、员工选拔等。在运用测验法时，应将测验的信度和效度控制在合理的范围内。

测验的信度即可靠性，是测量反映被测者特征的真实程度的指标，有人称之为测验的准确性，也有人把信度作为测验结果稳定性和一致性的指标。测验的效度是指心理测验的有效性，即测验得到的是不是所要测定的心理和行为特征，也就是测验结果是否体现测验的预期程度。为了严格控制心理测验的质量，许多国家明确规定，用于人员选拔的测验量表，信度系数必须达到或超过0.8，效度系数必须达到或超过0.6，方合乎要求，否则不予认可。

### （四）定性与定量法

所谓定性，就是对人与事的特质进行鉴别和确定。比如，在人员功能测评中，对各类人员的素质、智能和绩效进行评定，以确定人的质的规定性，而不是量的规定性，但作为对人的客观公正的定性，必须以定量为基础。在传统的人事考核中，定性一般都建立在领导人的经验和印象的基础上，这固然也能发现人才，但难免会带有一定的盲目性。定量是通过一定的数据来反映人或事的特质，但定量也有它的局限性，比如，在人员功能测评中，人们可能会过分迷信数据，对人员的考核单凭定量分析，这样尽管能避免考核中的主观随意性，但可能导致形式主义、片面性。因此，定性与定量的有机结合，能够发挥测量之长和评定之优。定性与定量相辅相成，缺一不可。定量是定性的基础，定性则是定量的出发点和结果。所以，通过尺度、量表获得的人员特质的数据是定性的客观基础，而不是定性的替代；测试者凭借丰富的经验，对数据进行分析，对各类人员的素质、智能和绩效进行计量、鉴别，对人做出客观公正的评价。

### （五）案例法

案例法对学习组织行为学和研究组织行为都是一种非常有用的方法，对管理教育将产生越来越大的影响。这种方法是研究人员利用组织正式的或非正式的访问谈话，发调查表和实地观察所收集的资料，以及从组织的各种记录与档案中收集的有关个人、群体或组织的各种情况，用文字、录音、录像等方式如实地记录下来，提供给学生和有实际工作经验的人员进行研究或讨论、分析。

案例法是体现理论与实践、知识与能力、历史与现实、教学与研究、科学与艺术的极好方法。它提供了许多学习和研究的建议，为解决未来实际工作中的问题做了虚拟的培训。案例法的教学、研究是否成功，受多种因素的影响，如案例本身的质量、案例分析的组织，以及学生对案例教学的适应性，都会影响案例法的效果。因为案例是事物本身的客观展示，变量多，解决问题的方法是开放性的，无法证明某种答案正确与否，所以结果的信度、效度和普遍性无法确切说明。尽管如此，案例教学在管理教育中的作用仍越来越重要，这种现实管理工作的虚拟式训练，是运用理论解决实际管理问题的最好桥梁，从中得到的启迪显而易见。

### （六）情景模拟法

情景模拟法是根据被试者所担任的职务，编一套与岗位实际情况相似的测试场景，将被测试者放在模拟的工作环境中，由测试者观察其才能、行为，并按照一定规范对测试行为进行评定。情景模拟测评，一般通过公文处理、小组讨论、上下级对话、口试等方法进行。无领导的小组讨论在人员选拔、岗位晋升工作中应用广泛，从讨论中可以了解被试者的语言表达、思维、应变、驾驭等方面的能力。由于情景模拟方法具有针对性、客观性、预测性、动态性等特点，因此对人员考核的信度、效度较高，同时对主持者的技术要求也比较高。

### （七）系统法

在现代社会中，组织是一个有目的的、开放的社会系统，因此，应用系统理论研究组织行为与管理问题也是顺理成章的。随着社会的进步，经济与科学技术的发展，组织这个系统变得越来越复杂，加上社会的快速发展，使组织处在一个不断变化的动态环境中。对于解决复杂的动态问题，系统分析是有效的方法，理论和实践都证明系统的方法有助于分析复杂的动态问题。

以美国学者卡斯特（F. E. Kast）、米勒（J. G. Miller）、罗森茨维格（James E. Rosenzweig）为代表的系统学派，将系统理论全面运用于管理，经过分析指出，任何组织都可分为目标、技术、管理（工作）、结构和社会心理（人际社会）五个子系统（因素），并特别强调要从总体和相互联系上，研究各种因素对实现组织总目标的作用。他们主张把组织看成一个与外部环境不断进行物质和信息交流的开放系统，因此，分析研究组织问题离不开环境，要求在研究组织的行为与管理时，既要分析组织内的五个子系统，又要研究与五个子系统紧密相连的外在环境。

系统方法给人们一种从整个组织及其环境的相互作用中分析组织的方法，为系统和管理理论的汇合提供了基础，同时也为分析组织内部各分系统之间的关系提供了基础。这个方法避免了组织设计和管理实践中过于简单化，反映了对各分系统之间关系及协作模式的寻求，导致组织管理中的权变观点。

### （八）实验法

由于人类行为的复杂性，许多变量不容易控制，因而很难确定，而实验法能克服现场研究法中的缺点。这种方法要求先假设一个或多个自变量对另一个或几个因变量的影响，然后设计一个实验，有系统地改变自变量，再测量这些改变对因变量的影响。例如，对工作场所内的噪声强度予以不同的改变，以探求噪声强度与工作效率、工作速度是否存在函数关系。实验法有两种类型。

#### 1．实验室实验法

实验室实验是在有意设定的实验室内进行的，通常借助于各种仪器设备，在严格控制的条件下，通过反复实验而取得精确的数据。这种实验可以模拟自然环境或工作环境中的条件，研究被试者的某种心理活动。如对汽车司机的应变实验，可以模拟自然景色，除了汽车没有轮胎，其他都是完好的，司机的前方设一电视屏幕，使被试者有如身临其境，然后让电视屏幕中的马路上突然出现障碍，在仪表的控制下检查司机紧急刹车的应变反应。显然，由于实验室实验多具有人为性，所得结果往往与实际情况存在一定的差距。实验室实验多用于对一些简单的心理现象的研究，对复杂的个性方面的问题，则具有较大的局限性。

**2. 自然实验法**

自然实验法又称现场实验法，是在正常的工作条件下，适当地控制与实际生产活动有关的因素，以促成被试者某种心理现象的出现，这种研究有较大的现实意义。自然实验法的优点是：它既可以主动地创造实验条件，又可以在自然情景下进行，因而结果更符合实际。但是，它不如观察法广泛，也不如实验室实验法精确，有时，由于现场条件系统的复杂性，许多可变因素要全部排除或在短期内保持不变，往往很难做到，必须进行周密的计划，并坚持长期观察研究才能成功。霍桑的实验长达五年零六个月，耗费了大量人力、物力、财力，但其实验结果对管理理论的充实与发展带来的影响是无法衡量的。

## 四、组织行为学与其他学科的关系

### （一）心理学

心理学是研究人类心理现象规律的科学。所谓心理现象的规律性包括心理活动的规律和心理特征的规律两部分。一般认为，心理活动是内省的，行为是外显的。要研究组织中人的外显行为的规律性，必须以心理学作为理论基础，因为心理活动和心理特征是人们产生行为的重要原因和内部动力。

组织行为学是以个体的一般心理过程规律为基础，进而研究群体的行为及个人与群体之间的相互关系的科学。它一方面研究社会对于个人行为的影响，另一方面研究社会受个人行为的影响。由此可知，要研究组织行为学，必须先研究普通心理学的实验资料，以及关于心理活动和心理特征的基础知识，研究社会对个人的影响及相互关系。

### （二）社会学

社会学是一门综合性较强的学科，它把社会作为一个整体，综合研究社会现象各方面的关系及其发展变化的规律性。研究组织行为学就是要运用社会学的知识来探索人在社会关系中表现出来的行为。组织是由很多群体组合而成的，所以组织行为学把组织看做一个开放的、有机的社会组织。组织、群体和个人之间存在着彼此互相依存的关系。组织、群体和个人与环境构成互动的、复杂的社会体系。

组织中人的行为是离不开社会关系的，因此研究组织中人的行为必须从其所处的整个社会关系着手，这样才能全面认识人的行为规律。如研究组织中个人的行为受组织内外社会环境的影响，个人在社会中所担任的角色和社会地位，群体的动力、结构、交往、权利和冲突，非正式组织、群体之间的合作配合和人与人之间相互关系等，都需要社会学的知识。

### （三）人类学

人类学是研究组织行为学的重要理论基础之一。人类学是研究人类的科学。这门学科分为体质人类学、文化人类学（又称社会人类学）和考古学。而其中与研究组织行为学关系最为密切的是文化人类学。文化人类学过去主要研究原始社会及其文化，但是三十多年来，已经逐步扩展到对现代文明社会及其文化的研究。文化人类学对组织行为学的贡献，主要是组织中人的行为与人类社会起源的理论、人类社会行为及人类和文化的关系等知识。

**（四）政治学、伦理学、生物学、生理学等**

政治学家在组织行为学研究过程中的贡献主要包括对政治环境中个体和群体的行为研究，如冲突的解决、组织内部的政治与权力等。事实上，组织是政治实体，如果组织行为研究者希望准确地解释和预测组织中人的行为，就必须引入政治学家的观点。伦理学中的道德规范，会影响组织中人的行为。另外，人体犹如一个生物钟，有自己的生物节奏的规律性，有体力、智力、情绪的低潮和高潮，这些都会影响人的行为，所以，生物学与生理学中的一些研究观点也为组织行为学的研究奠定了基础。20 世纪 80 年代，组织行为学开始研究工作压力对个体、群体、组织的行为和工作绩效的影响，主要分析当人们承受工作压力时，身体所做出的生理反应，以及引起的身体生物结构的变化和如何防治等。

# 第二节　组织行为学的产生与发展

## 一、组织行为学的产生

### （一）近代管理理论的基础

**1．理论先驱们的贡献**

（1）亚当·斯密（1723—1790）。1776 年 3 月，亚当·斯密的《国民财富的性质和原因的研究》（以下简称《国富论》）一书一经出版，立即震动了国内外学术界。该书不仅建立了资产阶级古典政治经济学的殿堂，而且成为马克思创立政治经济学的主要理论来源，同时为近代管理理论的产生提供了极其重要的理论准备。《国富论》中第一次提出了劳动分工的观点，并系统全面地阐述了劳动分工对提高劳动生产率和增进国民财富的巨大作用。劳动分工理论对于管理理论的发展起到了十分重要的作用，后来的专业分工、管理职能分工、社会分工等理论，都与斯密的这一学说有着“血缘关系”。斯密有句名言：“请给我我所要的东西吧，同时，你也可以获得你所要的东西。”斯密认为：人们在经济活动中追求个人利益，是因为每个人都有利己主义，所以，每个人的利己主义又必然被其他人的利己主义所限制，这就迫使每个人必须顾及他人的正当利益，由此产生了社会利益，社会利益正是以个人利益为立足点的。这就是所谓的“经济人”观点，后来成为整个资本主义管理的理论基础。“胡萝卜加大棒”的管理方式便是在这种理论基础上产生的。

（2）罗伯特·欧文（1771—1858）。罗伯特·欧文是一位被人们遗忘了的管理大师，在以往所有的管理学论著中，他都是名不见经传的。然而近几年来，他的管理实践和管理理论却得到了越来越多的有识之士的重视。欧文在企业管理实践中，对于影响劳动生产率的人的因素进行了长期的观察研究，提出人是“有生命的机器”的观点。他认为，既然对于没有生命的机器予以保养，能提高生产率，那么，给予有生命的机器以同样的保养，其丰硕成果是可想而知的。欧文嘲笑同行的制造商，说他们不懂工厂管理中人的因素的重要性，指责他们宁愿花大笔钱购买最好的机器，而不愿以稍高一点的代价购买劳动力；宁愿把时间用来改进机器，促使劳动专业化和减少开支，而不愿意对人力资源进行投资。他说，如果把钱用来改善劳动者的条件的话，那么，它给你带来的收益将不是 5%、10%或 15%，而是 50%，甚至 100%。他还说，对人所表示的关心，有助于减轻“人类苦难的积聚”。企业管理中没有对人的关心，将很难长期获取丰厚的利润。因此，欧文在管理企业时能注意灵活稳健的人事政策和处事方法。在管理中重视人的作用和地位，欧文可以说是最早的一个。

（3）查尔斯·巴比奇（1792—1871）。在亚当·斯密对劳动分工进行分析的基础上，查尔斯·巴比奇进一步对专业化的有关问题展开研究，1832 年发表了《机器与制造业的经济学》一文，指出劳动分工可以缩短学会操作的时间，可以节约变换工序所费的时间，可以促进专用工具和设备的发展等。他根据对制造程序和工作时间的研究成果，提出了以专业技能作为工资与奖金基础的原理，成为后来“科学管理”的理论基础。

（4）汤恩。美国人汤恩 1886 年发表的《作为经济学家的工程师》一文直接点燃了“管理运动”的火苗。他指出：“管理问题同工程技术一样重要。”这个重要的论点当时没有得到应有的重视。随着工业大规模的发展，经营管理面临种种复杂问题。以往的管理者即工厂主，凭个人经验进行管理，已远远不能适应生产发展的要求了。管理一个大的企业，一个系统，需要有专门才能的职业管理人员，建立各项负责制，代替资本家的个人管理。汤恩认为，管理应当作为一门专门的学问，从工程技术领域中独立出来，有管理才能的人，应该经过生产技术和行政事务两个方面的训练，并在具备经验的人员中选拔。

**2. 科学管理理论的诞生**

费雷德里克·泰勒（1856—1915）是整个科学管理运动的灵魂，被誉为“科学管理之父”。

什么是科学管理？泰勒说：“科学管理不过是一种节约劳动的手段而已，也就是说，科学管理只是能使工人取得比现在高得多的效率的一种适当的、正确的手段而已，这种手段并不会大量增加比工人现在所承受的更重的负担。”具体来说，包括两个方面的内容，一是怎样提高管理人员的工作效率；二是怎样提高工人的劳动生产率。在生产组织方面强调建立各级责任制，管理职员的任务应当由企业的管理者担负起来，而不是企业主。在工资支付方面制定“级差计件工资制”，明确按规定方法工作，超过标准定额，以高工资率计件，以资奖励，否则一概以低工资率计件。这种管理方法不仅大大刺激了工人劳动生产率的提高，而且也大大增加了企业主的利润收入。

同时，泰勒认为一切管理问题都能够而且应该采用科学方法，主张一切工作方法都应该通过考察并由管理人员决定。他把管理的职能概括为以下四点。

第一，收集、分析、整理企业所有的经验数据，制定和不断完善科学的工作方法。

第二，对工人进行严格的挑选和培训，充分发挥他们的潜力。

第三，在工人和管理人员之间培养合作精神，确保工人按规定方法努力工作。

第四，在管理人员和工人之间进行明确适当的分工，保证管理任务的完成。

### 专栏 1

泰勒作为科学管理之父是众所公认的，但其科学管理的创立、传播和发展与他的一大批合作者和追随者的共同努力、支持是难以分开的。其中，特别是亨利·甘特、弗兰克·吉尔布雷斯夫妇、哈林顿·埃墨森等人，他们在不同的领域，进行了孜孜不倦、锲而不舍的研究，对科学管理运动做出了重大贡献。

• 亨利·甘特（1861—1919）

他在其代表作《工业的领导》（1916 年发表）和《工作组织》（1919 年发表）中，提出了工作进度原理，发明了用图解法来阐明计划，从而有可能较好地进行管理控制活动。这种图表被称为甘特图表。它在 X 轴上表示计划的工作任务及其完成情况，在 Y 轴上表示所花费的时间。甘特图表可以说是现代的“计划评审技术”（PERT）的先驱，有的社会历史学家甚至把它看做 20

世纪最重要的社会发明。但甘特的贡献并不止这些。他认为金钱不是刺激工人努力生产的唯一因素，并提出比泰勒“级差计件工资制”优越的“计件奖励工资制”，以“工作安全感”进一步激励工人更好地工作。这种制度在美国实行后取得了很大成功。

- 弗兰克·吉尔布雷斯（1868—1924）

他是瓦工出身，以动作研究闻名于世。吉尔布雷斯为了研究动作和时间，发明了两种技术：一种是把手工劳动分解为若干个基本动作，以便通过严格的分析、检查和改革，去掉多余的动作，达到最高效率；二是发明了“计算轨迹摄影”，即用摄影机配以秒表把工人劳动时动作的速度、方向清晰地记录和显示出来，以便深入地分析研究。吉尔布雷斯的研究和写作，得到了他的妻子莉莲·吉尔布雷斯的多方面帮助和合作。莉莲·吉尔布雷斯是美国第一个获得心理学博士的妇女（同时获得哲学博士学位），她从哲学和心理学的角度对人的工作行为的研究，给了吉尔布雷斯很大的影响。他们的结合，被称为现代管理学的运气。

- 莉莲·吉尔布雷斯（1878—1972）

她非常关心工作中人的因素，而她的丈夫则关心效率。使人感兴趣的是，吉尔布雷斯夫妇研究得出的结论是：引起工人不大满意的，并不是工作单调乏味，而是主管部门对工人的不关心。列宁曾称赞吉尔布雷斯夫妇的工作是“在资本主义制度下向社会主义发展的技术进步的一个极好的例子”。

- 哈林顿·埃墨森（1853—1931）

1910 年，埃墨森在州际商务委员会为反对美国东北铁路公司提高货运费作证时，声称只要采用科学管理，铁路系统每天可节约 100 万美元。他的讲话对科学管理的价值无疑是一种有力的宣传。1912 年，他发表了《十二项效率原则》，其主张完全贯穿了科学管理的基本精神。埃墨森除了积极推行效率观念之外，还注意学习军队所采用的人员编制的经验及重视顾问的地位和作用，事实上，他本人就是第一个管理学顾问。

泰勒的合作者和追随者尽管在许多方面不同程度地各自发展了泰勒的思想和技术，但总的来说，仍是对工人生产过程进行研究，以提高劳动效率为主要目的，可谓殊途同归，相得益彰。

### 3. 古典组织理论的创立

亨利·法约尔（1841—1925）是古典组织理论的创始人，也是第一个明确提出和阐述“一般管理”理论的人，法约尔在泰勒科学管理原理的基础上进一步明确和充实了管理理论。他认为就管理职能而言，它只是经营六项职能之一。一个企业的经营必须具备：技术生产职能、营业购销职能、财务筹用职能、会计统计职能、安全保护职能及经营管理职能。与这些职能相对应的是各种能力：技术能力、营业能力及管理能力等。

他根据自己长期的管理经验，提出了著名的 14 项管理原则。

- 分工。劳动专业化是各种机构、团体进步和发展的正常方法，不只适用于工人，而且适用于一切管理人员。
- 权威和责任。权威和责任是互相联系的，委以责任而不授以相应的权威是组织上的缺陷。
- 纪律。纪律是管理所必需的，没有纪律，任何机构、团体、事业都难以办好，纪律应该尽可能明确、公正。
- 统一命令。一个组织中的某一个人只能接受一个上级的命令，否则，权力会受损害，纪律就有危险，秩序要被打乱，稳定将遭破坏。

- 统一指导。具有同一目的的集体，只能在一个领导和一个计划指导下协同力量，必须统一行动。
- 个人利益服从整体。领导应公正地协调每个下属同整个集体之间不同方面的利益，并经常地进行监督。
- 人员报酬。报酬必须公平合理，尽可能地使个人与单位双方满意。特别要注意关心职工的健康、教育、道德及收入的稳定性，改善他们的生活和工作条件，加强培训和教育。
- 集中。任何单位集权和分权的程度，不能千篇一律、固定不变，应根据其规模、条件、经理人员的个性、道德、品质，以及从属人员的可靠性等因素来确定。
- 等级链。从最高级别到最低级别的各级领导，管理人员之间应该建立关系明确的权威等级链结构，以保证上下沟通顺畅。
- 秩序。不仅应该“物皆有位，物在其位”，以保证工作效率，而且必须“人皆有位，人称其职”，使每个职工都处在他能最好地做出贡献的职位上。
- 公平。管理者对每一个职工必须以同样的原则和态度来处理问题。
- 工作稳定。人事不断变动，工作将永远不能顺利完成。
- 首创性。首创性是事业壮大的巨大源泉。
- 集体精神。强调必须注意保持同一集体中团结、协作、融洽的关系。

法约尔还提出了五种管理要素。

- 计划。计划指管理人员为制定组织行为方针而进行的全部活动。
- 组织。组织指确定工作任务和权力结构的所有活动，它具体表现为对组织的人、财、物的调配。
- 指挥。指挥即对下属的行动给予指导。包括通过与下属进行双向交往了解下属，对下属做出估计及当下属不称职时解雇他们。
- 协调。调和组织各部门及全体职工的活动，促使他们走向一个共同的目标。
- 控制。对计划、制度等的执行情况加以检查，发现错误，及时纠正，以保证实际活动与计划目标的一致性。

法约尔不仅深入研究了组织理论和管理行为，而且进一步把管理理论系统化和普遍化。法约尔的管理理论，绝大多数被实践证明是正确的，它不仅在当时，而且直到现在，仍对管理理论与实践有着重大的影响。

科学管理理论和古典组织理论对管理的不少基本问题做了研究和回答，在管理发展的历史上，它们的贡献得到了应有的肯定和承认。但是必须承认，以泰勒为代表的科学管理学派，虽然在当时把企业管理提高到了一个新的水平，为现代管理理论奠定了基础，但是，它把管理工作的重点放在提高生产率、完成生产任务方面，而对于人的感情、积极性的充分调动，根本不予考虑，并且把人看做单纯的“经济人”，一切活动均出自经济动机，只强调个人作用，反对集体行为。由于他们把工人看成机器的附属品，只强调科学性、严密性，而忽视了人是活生生的感情动物，这样就激起了广大工人的不满和反抗，再加上生产和科技的不断发展，使得资产阶级察觉到单纯运用科学管理方法，不能达到极大地提高生产率和利润的目的。于是管理学家们便开始积极寻找更为有效的管理方式。此时，管理学家们察觉到，人的因素应该受到重视。从亚当·斯密建立的“经济人”观点，到欧文倡导的重视人力资源投资，重视人的地位与作用；从泰勒悉心研究工人的作业行为和管理者的行为，强调物质刺激与物质鼓励，到莉莲·吉尔布雷斯肯定人的作用，关心工作中人的因素。显然，我们不难发现，重视人的地位与作用，强调关心人、爱护人、承认人是提高生产效率、增加利润的一个不可忽视的重要因素，这些行为管理思想的雏形已现出端倪。因此，我们完全可以说，近代管理理论的发展为行为科学的萌芽奠定了基础。

### （二）人群关系学说

人群关系学说的创立为行为科学的产生提供了契机。19世纪末到20世纪初，随着大机器生产规模的扩大和社会化程度的提高，以及资产阶级盘剥工人的加剧，工人运动进一步发展，劳资矛盾日趋尖锐和激化。在这种情况下，西方一些管理学家已察觉到以往的管理理论对“人”的因素重视不够，他们从提高劳动生产率的目的出发，试图寻找新的管理办法。

19世纪末开始，心理学有了很大的发展，一些心理学家做了把心理学引入管理领域的尝试。美国的心理学家芒斯特伯格在1912年出版了《心理学与工业生产率》一书。同年，美国心理学家莉莲·吉尔布雷斯出版了《管理心理学》一书，他们都明确提出了心理学在管理中的应用问题。心理学被引入管理领域，无疑对传统管理理论是一个巨大的冲击，因为研究人的心理，必然要涉及人的需要和动机等问题。可以说，心理学被应用于管理，为行为科学的产生提供了重要条件。但真正促使行为科学产生的是人群关系学说的创立。

人群关系学说形成于20世纪四五十年代，它吸收了科学管理中后期出现的以探讨人的因素为主题的许多新成分，它的着眼点是工作周围的社会环境，它对个人行为的种种差异和工作组合对个人的影响给予了充分的注意，人群关系学说的建立过程，大体上就是西方著名的霍桑实验的进行过程。

#### 1. 霍桑实验

20世纪20年代，位于美国芝加哥城郊外的西方电器公司的霍桑工厂，是家制造电话机的专用工厂，它设备完善，福利优越，具有良好的娱乐设施、医疗制度和养老金制度。但是工人仍然愤愤不平，生产效率也很不理想。为此，1924年美国科学院组织了一个包括各方面专家在内的研究小组，对该厂的工作条件和生产效率的关系，进行考察和实验，就此拉开了著名的霍桑实验的序幕。

霍桑实验是指1924年至1932年在美国西方电器公司所属霍桑工厂进行的一连串实验。这次著名的研究活动可以分为两大阶段：第一阶段是从1924年11月至1927年5月，主要在美国国家科学委员会的赞助下进行；第二阶段是从1927年至1932年，主要是在美国哈佛大学教授梅奥的主持下进行的。整个实验前后共分为四个阶段。

（1）照明实验（1924—1927）。这项实验在霍桑工厂前后共进行了两年半的时间。实验是在挑选来的两组绕线工人中间进行的，一组是实验组，另一组是参照组。在实验过程中实验组不断地增加照明的强度，如将实验组的照明度从14、26、46、76烛光逐渐递增，而参照组的照明度始终保持不变。研究者企图通过实验知道照明强度的变化对生产的影响，但是实验的结果表明，两组的产量都在不断提高。后来，他们又采取了相反的措施，逐渐降低实验组的照明强度，还把两名实验组的女工安排在单独的房间里劳动，使照明度一再降低，从0.3一直降到0.06烛光，几乎和月亮光差不多的程度，这时候，也只有在这时候，产量才开始下降。

研究人员在这次实验结束时的报告中说：“这次实验的结果，两组的产量均大大增加，而且增加量几乎相等，两个组的效率也没有多大差异，纵然有某些微小差异，也在许可的误差范围之内。

因此，仍然不能确定改善照明对于工作积极性的影响。”照明度影响生产的假设被否定了。

研究人员还从工作报酬（集体工资和个人计件工资）、休息时间、工作日和工作周的长短等方面进行了实验，实验结果表明，这些条件的变化与生产效率之间并不存在明确的因果关系。研究人员感到毫无意义，并纷纷退出实验小组。霍桑实验陷入了困境。1927 年，梅奥率领的哈佛实验小组连同电器公司的人员成立了一个新的研究小组，开始了霍桑实验里程中更为艰辛的跋涉。霍桑实验的第二阶段从此开始。

（2）福利实验（1927—1932）。这项实验又称实验室实验，实验共进行了几次，其中有一次是在继电器装置实验室进行的。梅奥等人挑选了 5 名装配工和 1 名画线工，让他们在同其他工人隔离的控制条件下工作。实验过程中逐步增加一些福利措施，如缩短工作日、安排工间休息、调节工场温度、免费供应茶点等，结果产量提高了。两个月后，他们取消了这些福利措施，发现产量不仅没有下降，反而继续上升，可见增加福利措施对生产效率并无直接影响。原因究竟是什么？研究人员进一步调查了解后发现，原来是实验时管理人员对工人态度较和蔼，工人之间的关系比较融洽，工人能在友好、轻松的氛围中工作，从而激发了劳动热情。他们由此得出结论，在调动积极性、提高产量方面，人际关系是比福利措施更重要的因素。

（3）访谈实验（1928—1931）。这项实验又称谈话实验。在两年多的时间里，梅奥等人组织了大规模的态度调查，在职工中谈话人数达两万人次以上。在访问的过程中，访问者起初提出的问题，大都是一些“直接问题”，如工厂的督导工作及工作环境等方面的问题。虽然访问者事先声明，将严格保守秘密，请工人放心，可是受访者在回答问题时，仍然遮遮掩掩，存有戒心，怕厂方知道，自己受到报复，谈话总是陈腔客套，无关痛痒。后来改用了“非直接问题”，让受访者自行选择适当的话题，这样职工在谈话中，反而无所顾忌了。结果在这次大规模的访问中，收集了有关工人态度的大量资料，经过研究分析，了解到工人的工作绩效与他们在组织中的身份和地位及与其他同事的关系有密切联系。

同时，这次大规模的实验，还收到了一个意想不到的效果，就是在这次谈话实验以后，工厂的产量出现了大幅度的提高。经研究者的分析认为，这是由于工人长期以来对工厂的各项管理方法有许多不满意，但无处发泄，这次实验中，工人无话不谈，发泄了心中的怨气，由此而感到高兴，因而使产量大幅度上升。

（4）观察研究（1931—1932）。为了观察社会因素对工人行为的影响，研究人员进行了霍桑实验的最后一项实验，即继电器绕线组观察室实验。这项实验又称为群体实验。试验者为了系统地观察在群体中人们之间的相互影响，在车间里挑选了 14 名男工，其中有 9 名绕线工、3 名焊接工和 2 名检验员，在一个专门的单独房间里工作。

实验开始，研究者向工人说明，他们可以尽量卖力工作，报酬实行个人计件工资制。研究者原以为，这套奖励办法会使职工努力工作。但是结果出人所料，产量只保持在中等水平上，工人绝不愿因超额而成为“快手”或因完不成定额而成为“慢手”。当达到定额产量时，他们就自动地松懈下来，因而小组的产量总是维持在一定的水平上。原因何在？研究小组经过考察发现，组内存在一种默契，由此形成制约每个人的生产任务完成情况的压力。当有人超过定额产量时，旁人就给他暗示：谁要是有意超过定额，便会受到冷遇、讽刺和打击，小组的压力就会指向他。那么工人为什么要自限产量？进一步调查发现，之所以维持中等水平产量，是担心产量提高了，管理当局会提高定额标准，改变现行奖励制度或裁减人员，使部分工人失业，或使干得慢的伙伴受到惩罚。这一实验表明，工人为了维护班组内部的团结，可以抵御物质利益的引诱。梅奥由此提出“非正式组织”的概念，认为在正式组织中存在着自发形成的非正式组织，这种组织有自己的特殊规范，对人们的行为起着调节和控制作用。

霍桑实验的重大贡献在于，它不同意泰勒把人只看成“会说话的机器”或人的活动只是受金钱的驱使，霍桑实验认为人是“社会人”。霍桑实验的另一个重大贡献在于它发现并证实了“非正式组织”的存在，这种“非正式组织”有其特殊的行为规范、感情倾向，控制着每个成员的行为，甚至影响整个正式组织的活动。霍桑实验所取得的一系列成果，经梅奥归纳、总结、整理，于1933年正式发表，即《工业文明中人的问题》，并由此提出了著名的人群关系学说理论。

**2. 人群关系学说的主要内容**

人群关系学说的主要内容，包括以下四个方面。

（1）人是“社会人”。传统管理观念把人看做仅仅追求经济利益的“经济人”，或者是对工作条件的变化能够做出直接反应的机器的模型。人群关系学说认为，组织中的人不是孤立存在的，而是属于某一集体并受其影响的，人所追求的不单纯是金钱收入，还有显示自己社会重要性的社会承认，来自被接收为一个团体成员的安全感等。梅奥认为：“人是独特的社会动物，只有把自己完全投入到集体之中才能实现彻底的‘自由’。”

（2）士气是决定生产效率的关键。科学管理理论认为，生产效率与作业方法、工作条件之间存在着必然的因果关系，只要正确地确定工作任务，采用恰当的刺激制度，适当改善工作条件，就可以提高生产效率。人群关系学说认为，生产效率并不是单纯受工作条件和工作方法的制约，而主要取决于职工的情绪和态度，即所谓的“士气”，而士气主要取决于社会和家庭生活及企业中人与人之间的关系。

（3）企业中存在着“非正式组织”。这种无形的组织是通过感情、爱好、倾向等把人们联系在一起的，并且有自然的领袖人物。其内部有特殊的不成文的准则和倾向，左右着每一个成员的行为。在感情和逻辑之间，人们的行为往往会更多地受感情支配。

（4）领导不仅要处理人的合乎逻辑的行为，还要理解人们不合乎逻辑的行为。要善于倾听和沟通职工意见，使正式群体的经济需要与非正式群体的社会需要保持平衡，使职工认识到自己的工作价值和对企业的贡献。

人群关系学说的中心思想是强调重视“人性”，即要把工人当做人而不是当做机器对待，主张对工人进行“友善的监督”，使工人保持很高的“士气”。人群关系学说的出现，使西方许多管理学家开始重视企业中对人的因素的研究，为管理工作和管理理论的发展开辟了新的途径，同时为行为科学的产生提供了契机。

### （三）行为科学的诞生

梅奥等人提出的人际关系理论闻名于世，成为行为科学研究的先声。20世纪40年代，随着系统论和控制论的提出和运用，使得更多的管理学者、专家聚集在一起共同探讨人的行为产生的因果关系，从而促使行为科学这一新型学科在20世纪40年代末50年代初正式形成。

1949年在美国芝加哥召开的一次跨学科会议上，首先提出了行为科学这个名称，行为科学本身并不是完全独立的学科，而是心理学、社会学、人类文化学等研究人类行为的各种科学互相结合的一门边缘性学科。接着在1952年成立了“行为科学高级研究中心”。1953年美国福特基金会邀请了一批著名学者，经慎重讨论后，将研究人的行为的科学定名为“行为科学”。1956年正式发行

《行为科学月刊》。美国的《管理百科全书》给行为科学下的定义是："行为科学是运用研究自然科学那样的实验和观察的方法，来研究在一定物质和社会环境中的人的行为和动物的行为的科学。行为科学以人的行为及其原因作为研究对象。具体来说，它主要是从人的需要、欲望、动机、目的等心理因素的角度研究人的行为规律，特别是研究人与人之间的关系、个体与群体之间的关系，并借助于这种规律性的认识来预测和控制人的行为，以提高工作效率，达成组织目标。"

到了20世纪60年代中叶之后，行为科学的重要发展方向之一就是组织行为中人和群体的行为，进入到组织行为的研究阶段，60年代末开始形成组织行为学。

## 二、组织行为学的发展

组织行为学是随着组织的演变、管理理论的发展而产生的。尽管组织行为学作为一门学科的时间不长，但是对于组织行为的探索研究贯穿于管理学尤其是组织管理学发展的始终，因此，从广义上讲，组织行为学的发展过程实质上是组织行为的探索研究的过程。但是严格来说，组织行为学的产生和发展是组织管理理论与人力资源学派、组织文化理论不断融合的结果。

### （一）人力资源学派的出现

如前所述，管理思想史上对人的因素的重视可以追溯到欧文。20世纪50年代后期，美国出现了经济衰退，人际关系学派片面强调搞好关系的观点，迫切需要修正，这时心理学界对动机、需要、群体动力等研究也趋于深化。加上科学技术突飞猛进，员工的需要和期望正起着深刻的变化。这些客观因素促使行为科学家重新探讨激励员工积极性的途径。于是在人际关系理论的基础上发展出一个新的学派——人力资源学派。其中心思想认为：企业中发生种种问题的根源在于未能发挥职工的潜力。这个学派的主要代表人物是阿吉雷斯（Chris Argyris）和麦格雷戈（D. M. Mc Gregor）。

阿吉雷斯在1957年出版了《个性与组织》（*Personality and Organization*）一书，公开对人际关系学派进行了抨击。他主要从组织角度来分析影响职工发挥潜力的原因，认为传统的组织设计死扣规章制度，使员工处处听命上级，变得消极被动，依赖成性，这样既束缚了员工的创造性和积极性，又阻碍了个性的成熟发展。在人际关系学说的影响下，管理者在提高福利待遇、增加员工休息时间、放长休假等方面改善与员工的关系，但始终未能让员工承担更多的责任、满足员工的成就感，结果仍不能解决员工的积极性问题。阿吉雷斯呼吁企业管理者要从组织上进行改革，鼓励员工多负责任，让他们有成长和成熟的机会。

1960年，麦格雷戈在他所著的《企业的人的方面》（*Human Side of Enterprise*）一书中总结了人性假设对立的两种观点，即X理论和Y理论。麦格雷戈认为传统管理理论来源于教会和军队，没有接触现代化的政治、社会和经济，因此把人看成厌恶工作、需要严格控制的消极因素，他将这种假设称为X理论；而现实生活中许多现象不符合X理论的观点，人并不天生厌恶工作，人们在工作中能自我控制，在现代工业社会中，一般人没有充分发挥潜力，他将这种观点称为Y理论。他认为现代组织的管理者就应让员工负更多的责任，发挥他们的潜力。如果这样做，将如20世纪30年代发现的原子能一样，开发出难以想象的人力能源。

### （二）组织文化研究的兴起

组织文化也称为企业文化，是组织或企业在长期的运作过程中逐步形成的共同的文化观念，是由领导者倡导、为员工所认同的本组织或本企业的群体行为准则。组织文化的兴起有其历史必然性。其触发的契机是第二次世界大战后日本经济在废墟中奇迹般地迅速崛起，仅仅30多年就在世界经济的竞争中对美国构成了威胁。因此。从 20 世纪 70 年代末开始，一些美国学者对日本企业做了深入的分析研究，得出了导致日本企业成功的两条基本经验。一是善于吸收外国的先进经验为己所用，无论中国的仁与礼、和为贵等儒家教义，还是欧美的先进技术和现代化管理手段，他们都乐于引进，而又绝不盲认照搬，均融化在大和民族的魂魄中，变成适合日本国情的一整套管理哲学和方法；二是在企业管理中注重文化因素，注重树立全体员工共同具有的价值观念，注重企业中的人际关系，重视做人的工作，这些因素称为“组织风土”。他们认为“组织风土”是日本企业经过长期管理实践才产生的通过员工的行为举止表现出来的企业文化。相对而言，美国的管理注重“硬”的一面，强调理性管理；日本企业在管理中兼顾“硬”的同时，更注重“软”的方面，即企业中的文化因素。战后日本企业正是通过各种手段致力于企业文化的建设，成功地激发了员工的自觉性、责任感、成就欲，增强了员工对企业的向心力、认同感、凝聚力，使全体员工同心协力为企业目标的实现而努力工作，从根本上提高了企业的市场竞争力。

美国学者对企业文化在日本经济腾飞中所起作用的研究，是管理理论研究的新突破。人们对企业是人群的有机协作体这一观念的认识日益深刻和普遍，这也使组织行为学的研究走向更为深入和成熟的阶段。

组织文化理论的崛起带来了组织行为学和管理理论研究中两个基本假设的突破，即关于“观念人”及“生活组织”两个假定的确立。所谓“观念人”的假定认为，人在本能上确有多种需要，也希望自己的需要不断得到满足，然而，作为一个人，更重要的是有自己的信仰和价值观。因为人们一生的生活就是一个社会化的过程，是从自然人成为社会人、成为一个被某一社会群体所接受和需要的人的过程。在这一过程中，人每时每刻都不断地从周围的环境中学到各种行为模式、规范，了解社会对他的期待，并不断地把这些模式、规范内化为自己的东西，即把它们当做理所当然的、正确的、公正的和合乎道德标准的事情接受了，从而逐渐形成自己的信仰、态度和价值观念。模式、规范一旦内化，信仰和价值观一经形成，它实际上就成了人们思考问题的起点和行为指南，人们自觉地用它们约束和支配自己的行动。所以，一事当前，人们取舍行为的主要判断准则不完全是理性的需要，还有自己的信念和价值观。正像劳伦斯·米勒（Lawrence Miller）在其《美国企业精神》一书中所说的那样：“了解企业是在为崇高的目标努力，不但可以产生健全的、具有创造性的策略，而且可以使个人勇于为目标牺牲……他们觉得目标崇高而愿意献身，为崇高的目标牺牲可以获得自尊。”显然，如果将企业的目标变成员工的观念和信仰的一部分乃至全部的话，其激励的力量是无穷的。

所谓“生活组织”的假定认为，不能仅从单纯的经济角度去考察和认识一个企业，还应该从社会角度来看企业的职能。企业文化理论认为，企业并不仅仅是完成生产和销售的经济机构，也不仅是只由指挥和行动构成的“工作组织”。由于员工在企业工作的时间至少占据着人们除了睡眠 8 小时以外的全部时间的一半，对人的生活的重要性是毋庸置疑的，因此，企业不仅是人们工作之处，也是人们的生活场所，人作为劳动者的存在和作为个人的存在是不可分割的。此外，人的生活是由物质和精神形成的统一体，员工来到企业的目的不仅是谋求物质利益，还要借助于企业这种组织形式向社会证实自己存在的价值，去追求生活的意义和成功的途径。人们都期望有一种方式能把自己的物质生活和精神生活联系起来。显然，企业是成为这种联系方式的一种可选方案。因此，企业作为管理组织，具有社会性和经济性两个方面的功能。如果企业作为社会的肌体不能和谐地运转，那么其作为经济的肌体肯定也会受到严重的干扰，从而会出现组织运转的紊乱。这种社会性和经济性的双重使命，要求企业在经济意义上要生产出物美价廉的产品，获取利润，在竞争中求得生存和发展；在社会意义上要担负起社会的责任，提供职工就业机会和物质报酬，同时建立起职工共同的价值观、基本信念、行为规范等共识。

理论假定的突破，要求对组织行为学的研究转变到社会文化这一更深的层次。企业文化所体现的是适合于本民族特色的优良管理哲学和管理思想，对企业来说，其重要性并不亚于经济政策、管理规章和法律条文。企业的组织管理和人际关系的协调只有在合作、信任、友爱、团结、奋进等条件下才能顺利进行，但这些条件只有经过长期的文化均质化才能达到。在长期的历史发展中，一个国家的人民相互融合、彼此适应，最终信奉一组共同的价值观和信念，完成了文化一致性的过程，形成了同质性的民族及民族文化，从而造就出这个国家中企业文化的相应特色。然后，把这种适应本国企业管理要求的优良文化再重新灌输到企业中每一个成员身上，用来统一每个员工的行为，达到企业的目标。这就要求现代管理者采用的管理策略，要配合文化的变迁，为企业树立积极的、新的价值观。

理论假定的突破，要求组织行为学中对企业个体的研究转变为对企业员工整体的研究。企业文化理论的核心是要追求一种企业整体优势，即普遍的卓越和良好的集体感受，企业文化理论力图通过一种“文化优势”创造出一种约定俗成的群体规范，使群体成员在相互作用下，彼此接近并趋同，导致个体产生从众行为。共同的价值观在团体中会形成一种无形的压力，它虽然没有强制性，但它在个体心理上所产生的影响，有时反而比权威、命令的效力大得多，更能改变个体行为，使之与集体行为一致起来。同时，企业文化理论还十分重视集体感受，即关心团体中人们情绪状态的共同之处，在良性情绪占上风的集体中，人与人之间的关系就会纳入集体现有的良性情绪的轨道中，集体情绪和观念的和谐一致，可以为调节集体行为、完成集体任务创造最佳的氛围。

理论假设的突破，使组织行为学、管理学中的人性假设有了新的发展。传统企业管理理论把企业中的人看成如同机器一样的“经济人”；行为科学的产生，又强调企业中的人是生活在一定社会环境中的“社会人”。企业文化理论对企业中人性假设要比“经济人”、“社会人”更深刻，这就是“观念人”，即应当帮助员工树立正确的价值观及信念，只有这样才能建立企业内人与人之间的信任、平等关系，劳动者才能充分发挥自己的才能、潜力和创造性，达到一种自由全面发展自己的境界。当然，这种境界的真正实现，只有在马克思提出的“自由人劳动联合体”中才能成为现实。

企业文化理论的出现，使人们对企业管理本质的认识从硬性的方法制度转变为软硬兼备的艺术技巧。根据企业文化理论的要求，对企业中人的管理方式应该是非正式规则的约束、文化的微妙性暗示及集团精神的感召。未来的管理者不能只依赖管理工具和制度，而是要越来越多地深入到管理的艺术层面，加强软性的管理，如作风、观念、人员、最高目标等。美国学者希克曼（Hickman）和施乐（Silor）在《创造卓越》一书中提出“战略-文化结合模式”。他们认为，卓越的基础在于战略与文化的配合，新时代企业领导人应凭借企业文化精心拟订战略，使之付诸实施并取得成效。软管理的核心是对人的管理，爱护人才，发现人才，调动人的积极性和创造性，并与硬性管理相结合，这是企业成功的法宝。

过去的企业一般只注重外部形象的单项指标，例如，靠优质产品或优质服务来树立企业良好的外部形象。在当代经营环境动荡不定、竞争激烈的情况下，企业更需要重视外部形象与内部形象的结合，即企业整体形象的塑造。企业文化理论是塑造企业内部形象的重要手段。企业如果在员工心目中形象丑陋，职工就不会积极参与其外部形象根基的经营。企业内部形象的塑造是需要靠企业文化理论的指导并经过全体职工长期艰苦奋斗才能形成的。企业整体形象的塑造已是现代企业管理的发展趋势之一。

应该说，企业文化理论从其基本假定到具体管理方式和管理措施，都是对传统理性管理模式的突破和超越，这是管理思想的一次重大转变，也是现代管理理论发展的必然趋势，为组织行为学的深入研究提供了重大课题。

### （三）“新组织”的兴起与组织过程的研究

20世纪80年代以来，信息技术得以飞速发展，对全球经济、社会生活产生了巨大的影响。这在美国为代表的发达国家表现得尤为明显。“新经济”带动了美国经济的全面发展，形成了20世纪90年代的持续繁荣，美国GDP占全世界的份额由1990年的23%增加到1998年的28%。

与宏观层面相对应，组织模式也发生了明显的变化。信息技术的发展应用使企业的组织和环境发生了革命性的变化。在市场上，交易方式改变，交易效率提高；在企业内部，新的管理手段和运作流程从根本上改变了企业组织方式，降低了管理成本。这使市场机制和跨国公司在比过去更广阔的范围内发生作用，这是经济全球化浪潮的根本原因。20世纪80年代初开始，“全面质量管理”从日本推广到其他国家；福特、ABB、通用电气等许多企业进行了基于信息技术的组织变革尝试，到20世纪90年代初，这种重新设计企业运作流程的组织变革技术被总结为“公司再造”而大行其道。这一系列变革的结果使企业组织呈现出与马克斯·韦伯（Max Weber）的“科层制”完全不同的新特点，被称为“新组织”的兴起。根据美国麻省理工学院教授D·韦斯特尼（D. Eleanor Westerney）、约翰·范·马林（John van Maanen）等人总结管理界对“新组织”的论述，认为“新组织”具有以下五个特点。

#### 1. 网络化

竞争的加剧要求企业最大限度地利用内、外资源，对顾客要求做出尽可能快的反应，并与环境中的变化因素建立长期稳定的网络关系以减少经营风险。这在组织内部，表现为跨职能的团队成为基本的活动单位，从而使水平和垂直的信息共享广泛实现。在组织外部，企业与环境高度依存，共享信息。例如，企业和供应商之间建立了紧密的长期合作关系，加强供应链管理；企业与顾客的直接联系从市场和服务部门扩展到生产、研发部门；企业与其他公司也结成战略联盟关系，既竞争又合作。

#### 2. 扁平化

信息技术发展和员工素质的提高使管理跨度的扩大成为可能，管理层次减少，使原来高耸型的组织扁平化。既减少了管理人员数目，削减了管理成本，又使得信息传递速度加快，能够对环境和技术变化做出快速灵活反应。中间层次减少，一方面使基层得到更多的授权，决策重心下移以增强企业的适应性；另一方面使高层也便于集权，决策重心上升以保证政策统一。

#### 3. 灵活性

企业内部和外部的网络化必然增加管理的复杂性，同时环境变化越来越快而且难以预测。应对这些新形势，就必然鼓动创新，发扬个性，注重结果，不拘成规。组织结构必须符合弹性原则，组织部门、职位、人员经常变动。例如，根据目标任务的需要量，设立工作小组；定期审查组织部门、职位存在的必要性，随时改组；主管定期考核、更换、能上能下等，以适应环境变化，提高组织竞争力和工作效率。

4. 多元化

随着企业经营活动的全球化，企业的雇员、利益相关者的组成及其与企业的联系方式越来越多样化，文化分岔越来越多元化。企业必须考虑他们的不同需要，用人体制、信息渠道、激励制度和职业道路也灵活多样。

5. 全球化

随着交通和通信成本大大降低，全球市场开始形成。充分利用不同国家和地区在社会资源、生产要素方面的相对比较优势成为增强企业竞争力的重要途径，企业的员工、资金、设备、原材料和中间产品都有可能来源于不同的国家，都可能向其他国家提供自己的产品和服务，都要学习国外企业的管理经验。跨国经营成为企业活动的必然趋势，每个企业都面临着外国企业的竞争，都必须考虑来自国外的供应商、顾客和竞争者。企业活动的网络遍布全球市场。

“新组织”的兴起，不仅带来了企业组织的重大变革，而且使公共部门（如政府、社区机构）与非营利组织（如大学、医院）的管理受到很大的震动。同时为组织理论的研究提出了许多新课题。

第一，经济的全球化，组织的劳动力和产品、资本市场开始多元化。如何针对不同国籍、宗教信仰、教育背景、生活习惯、思想需要的员工，进行工作安排，制定针对性的薪酬、福利、培训计划，以调动员工的积极性，增强组织的有效性。

第二，信息技术发展引起了分工的深化、劳动协作方式的复杂，以及组织设计的网络化、扁平化、灵活性。这样，团队结构、员工行为与决策方式、组织控制系统的建立、跨文化的沟通与冲突解决系统的建立都需要讨论，保证组织运作的速度及服务的及时性、成本、准确性，以保证组织的效率。

第三，信息技术带来了学习成本的降低，劳动者素质、能力迅速提高，“白领”员工比例增大，人力资本的重要性上升。面对新的“知识劳动者”，管理阶层拥有的信息优势降低，导致员工在组织中相对权利的扩大，企业产权结构、治理结构的改变，员工能力结构及组织运作的互动，新型激励制度和劳动关系的建立，加大了授权程度与组织内部上下级指挥体系的重构。

第四，由于技术进步的速度加快，竞争激烈，必然带来劳动市场流动率的提高、临时性增加和员工忠诚度减弱。这样就必须通过组织学习与界限管理，保证组织的核心竞争力，激发变革和创新；在持续提升核心竞争力的同时，舒缓员工的工作压力，改善道德行为等。

上述问题使组织行为分析的条件发生了变化，为管理带来了新的挑战，为组织行为学的研究提出了新的课题，为管理理论的发展提供了机会。与这些变化相适应，信息时代的组织始终处于动态的、持续性的变革中。因此，组织研究的重点便由偏重结构的行为研究转变为注重变化的过程研究。这是近年来组织研究中的一个新动向。

上述组织行为学的发展历程说明，正是组织的演变、管理实践的需要、管理理论的发展，推动着组织行为学的研究不断深入，理论体系逐步完备。

## 课后思考题

1. 什么是组织行为学？研究组织行为学有什么重要意义？
2. 组织行为学的研究可以分为几个层次？
3. 组织行为学是怎样产生的？
4. 组织行为学产生后有哪些新发展？

## 案例分析

### 富士康太原员工冲突背后：严峻的管理挑战

2012年9月23日23时至24日3时，富士康（太原）科技工业园内发生冲突事件。当地警方称，据初步了解是部分员工和园区保安等在宿舍区发生冲突，事件中，共有40人受伤入院救治，事发原因正在进一步调查。富士康发言人胡国辉（LouisWoo）对外界表示，事件已受控，但公司决定关闭该厂房，停工一天。

**积怨已久**

尽管当地政府称正在进一步调查冲突的原因，但多名富士康员工均对本报记者称，保安与员工的持续交恶是此事爆发的主要原因。

本报记者在园区唐槐路南门看到，十余米宽的大门，被电动栅栏占去近10米，留给员工的是各一米宽的进出口。由于正是晚饭时间，进出人员颇多，员工们也自觉地在门口排起长队。五六米长的队伍，只有靠后的员工会偶尔交谈，靠前的员工则默不作声。据门口等朋友的一名员工介绍，进出时说话会被保安骂。本报记者在唐槐路南门处采访的近两小时内，也曾数次听到保安大声斥责进出的员工："不要说话，把卡掏出来，赶快进去。"据上述员工称，类似的训斥他们已经习以为常，一般都是一笑而过。

一名女员工小红（化名）也对本报记者表示，参与此次冲突的很多员工和保安有过节，她以前也曾多次被保安训斥，"有一次我穿着制服从车间出来，在回宿舍的路上解开了领口的扣子，保安看到后大骂了我一顿，都是很难听的话。我回去和舍友诉苦，她们都笑话我承受能力差——她们以前也有过类似的情况，都习以为常了"。

在园区西南角的小饭店门口，员工张昆（化名）也向记者讲述了保安的"劣迹"："园区内规定不许抽烟，但一些男生不当回事，被逮住后就得罚款。要是乖乖认罚的话是500元，如果不服，被通报到领导那里就要罚3 000元，甚至可能被开除，然后就进入富士康的黑名单，不管是哪儿的富士康都不要。"他说，个别人买烟、买酒"搞定"保安，但多数年轻人并不愿意花这个钱，于是和保安之间的争吵、打架就时常发生。

本报记者了解到，富士康太原园区的保安以所在的小店区本地年轻人为主。"这些本地人说话冲、下手狠，所有人都怕，跟深圳园区雇的专业保安公司人员相比差多了。"一名从富士康深圳园区调至太原的员工告诉本报记者。

**冲突扩大**

本报记者了解到，此次冲突的双方——富士康员工和保安的矛盾由来已久。有内部员工称，此前常有保安殴打员工的事件发生，"只是被公司给压了下来"。

一名富士康员工称，23日19时许，他听到舍友说一个山东籍的员工被保安按在面包车里打了一顿后，拉走了。

"然后就有人回宿舍叫来了一帮山东老乡，大概有20个人吧，又打了一架。"一名参与当晚事件的保安告诉本报记者。

一开始只是保安和山东籍员工之间的冲突。不知何故，河南籍员工随后也卷了进来。员工越聚越多，那个只有200人的保安班组，很快就落入下风。据上述保安称，一名李姓队长拿起电话叫所有在家的保安迅速赶来公司“救援”。

据这名保安介绍，将近24日零时，员工的人数也大增，“正好赶上了一个大车间的工人下班，一下就来了近千人”。

很快，人数占优的工人对保安形成了围攻。事态直到当地警方在派出大批警力后才得以控制。

**争议富士康**

富士康（太原）科技工业园于2003年10月奠基，2008年投产，投资额15亿美元，曾是山西引进的最大的外商投资项目，主要产品有手机镁合金机构件、铝合金机构零组件、精密模具、热传导产品、镁铝合金压铸件等。据上述富士康内部人士称，此前，富士康希望借助山西的资源优势，将太原厂区打造为全球最大的镁铝合金生产基地、镁铝合金深加工基地和镁铝合金汽车零组件生产基地。

富士康太原园区目前与周围居民的关系并不融洽。一家全国房地产公司在太原开发的住宅项目，就在富士康厂区西大门对面。每次富士康排放废气时，对面的住户就能闻到刺鼻的气味。在该小区住户多次找有关部门投诉后，富士康改为每周定时排放废气，情况才有所缓解。“但富士康也不完全遵守承诺，经常会不定期地排废气，小区里的人意见很大。”对面小区一位业主告诉本报记者，有的业主甚至动用了私人关系，找来环保部门秘密检测富士康的排放物，并送到有关领导手里，但收效甚微。

本报记者昨日在富士康周围采访时，也一直能闻到刺鼻的气味。

按照太原市的发展规划，富士康所在的小店区，即太原南部，将是该市下一步重点发展的区域。当地的土地已是寸土寸金，原本荒凉的富士康周边，现在已高楼林立。

太原作为富士康“中原金三角制造基地”的一极，承担着苹果公司产品的部分生产任务，是 iPhone 手机构件的生产基地之一。此外，富士康在郭台铭祖籍——山西晋城的工厂也代工苹果产品。

“山西是郭台铭总裁的老家，他有非常浓厚的家乡情结。而河南是内迁的重地，今年年底郑州园区的人数很有可能就超过深圳龙华了。”上述富士康内部人士对本报记者说，富士康在郑州、洛阳、太原、晋城布局，形成“中原金三角制造基地”，一方面可以带动这一区域的产业升级，同时也是富士康中进、西迁的必然选择，“富士康的工厂在大陆已经成为各省争相抢夺的‘香饽饽’”。

在富士康太原厂区的招聘网页上可以看到这样的招聘信息：“太原园区主要生产苹果系列的全部产品（苹果手机、笔记本电脑）等高端数码产品。因进入生产旺季，急需工人5 000~15 000名。”本报记者联系客服人员，问有何要求时，对方答复说只要年龄在16.5岁以上、有二代身份证即可，能拿到的综合工资基本在2 800元以上。

**管理隐患深藏**

虽然富士康吸取了深圳龙华园区此前工人连环跳楼的教训，决定在内迁当中不再新建龙华那样的巨型工厂，单一厂区的规模不超过20万人，以避免工厂太大带来的管理问题。但新的问题依然出现。

对富士康来说，快速内迁还可能产生一个新问题：“85后、90后如何管理？”上述富士康内部人士对本报记者表示，他们注意到越来越多的厂区招聘的员工平均年龄都在20岁上下，有的甚至已经成为管理人员。

“他们在业务上非常拔尖，愿意吃苦，但是如何更好地适应角色转变，对这帮小孩子来说不是一件容易的事情。”他说，越来越多的90后成为富士康生产线上的主力，企业需要他们创造效益，而他们其实也需要企业的关心，“对于90后来说，富士康是一份工作，但也许也是他们第一次真正意义上去认识社会、接触社会。更重要的是，不能用原来的管理模式去要求他们。但磨合过程中会忽略一些问题。”

记者长期接触的一名富士康深圳NewPad生产线上的工人说，目前龙华园区中90后的管理人员并不在少数，在他看来，这些管理者的管理方式相对简单、直接、不够稳重，想要服众不是易事，做不好还有可能被大家孤立。

广东省社会科学综合开发研究中心主任黎友焕对本报记者表示，富士康的代工模式决定了富士康需要巨量的简单劳动工人。由于其生产模式是一条完整加工链上简单的重复劳动，很多年纪大的工人无法应付，因此只能招聘年轻工人。同时，一些具有大学学历的85后、90后工人经过若干年培养被提拔到管理岗位，但他们缺乏管理经验和磨炼，管理同龄人还存在很多问题，这也是富士康面临的管理难题。

“富士康的社会责任一直都被诟病，也多次挑战社会的神经。富士康内迁后，也同样面临对员工的社会责任承担是否到位的问题。”黎友焕称，这都是富士康代工模式决定的，无法回避，如果对员工的社会责任承担到位，则意味着富士康的生产成本将激增。

陆胤也表示，富士康此次事件背后的法律关系并不复杂，而背后暴露的管理问题可能更值得关注，即目前富士康动辄数万人的工厂及半军事化的管理模式，可能并不太适合现代社会。

“如果是真正军事化的管理，也就不会出现这种问题了。”陆胤说，现在的年轻人观念已经变了，不太能适应这种管理方式，这就意味着富士康得做出转型，不是重回严格的军事化管理，而是要使用更加现代、宽松的管理方式。

“这种转型是必需的，但是目前富士康似乎还没有做好从强硬管理到柔性管理的准备。”陆胤认为，这种转型期的冲突恐怕将来还会发生，在其他企业也可能出现，所以，类似的企业都要做好准备。事实上，富士康保安与员工之间的冲突已非首次。2009年8月，位于亦庄的北京富士康厂区就发生过2名员工与20多名保安冲突的事件。身为鸿海科技集团总裁的郭台铭，可谓无时无刻不在为集团旗下富士康员工的管理发愁。“每天管理100万名员工，头痛得要死。”他此前在台北的一次活动上说。

本报记者注意到，在富士康2011年《企业社会与环境责任年度报告》中有这样的表述：“集团在大幅提升普通员工标准薪资的同时，又通过有序减少员工加班时间，让员工有更多时间回归家庭与社会，享受亲情、友情、爱情的快乐。集团每年投入大量资金，提升员工之所需，积极开展各项业余活动以丰富员工的物质生活及精神生活，舒缓工作压力……也组织各类员工社团活动，让员工自主参与社团组织。”

（引自《第一财经日报》2012-09-25期）

**问题：**富士康现象透视出组织管理中的哪些问题？

# 第二章 人性假设

**本章重点**

- ○ 掌握人性假设的含义
- ○ 认识人性假设中人的属性
- ○ 了解中国古代人性假设的基本思想
- ○ 掌握西方人性假设的基本理论

**引例**

## 为什么要放弃这样的好工作

刘浩在校期间成绩优异、表现突出，对政界有着浓厚的兴趣，并为自己的未来设计了一个宏伟蓝图。于是 1990 年研究生毕业后，他毅然放弃了回自己父亲控股的某中型集团企业，考取了××市公务员。刚参加工作时，单位领导亲自督促后勤部门安排刘浩住进崭新的单身公寓，并配备了空调、冰箱等生活用品。单位给予刘浩的薪酬也是同等知识水平的人所羡慕的：每周工作 35 小时，如果有时需要加班，额外时间将得到双倍工资，并报销饭费及出租车费用；第一年有一周的带薪假期，以后以每年增加 2 天的时间递增。公司每年至少安排一次员工培训，以提高员工素质；工作期满 3 年后，如果个人买车，公司将提供购车款的 50%补贴，并报销 30%的汽油费。在第一年的时间里，刘浩虚心向老同事学习，工作能力有了质的提高，多次受到领导的表扬，并在年终领取奖金时得到 5 000 元的额外补贴。刘浩自己感觉也很满意，觉得自己的事业计划正在逐步实现。

在接下来的一年里，尽管刘浩的工作做得非常出色，领导也多次表示可以给予他更大的发展空间，可就是没有得到提升。刘浩渐渐感觉到工作中的收获与原来设想的有了一定的偏差，自己的价值没有得到充分的实现。于是工作中投入的精力在不觉中不断减少。在一次偶然的单位聚会时，刘浩从单位一位老员工口中得知：由于政界的一些特殊性，即使你工作的再出色，目前都不会给你更大的发展空间，单位的提升制度目前不会根据你的工作能力来决定是否提升你。老同事的话让刘浩重新考虑了自己的人生计划和自己的抱负。刘浩在经过考虑之后，向领导提出能否让他承担一些更重要的工作。领导以他工作时间不长，还需继续锻炼，拒绝了刘浩的请求。刘浩在此后的工作中，不断地将现实情况和自己的人生计划相比较，经过深思熟虑之后递交了辞呈。在公司领导极力挽留并表示可以改善相应的福利制度的情况下毅然离开了工作岗位。

**问题**：如果你是刘浩，你会放弃这份“好工作”吗？为什么？

# 第一节　人性假设的概述

无论是否意识到，一种管理理论、方法或实践都是以一定的人性假设为前提的。正如美国著名哲学家麦格雷戈所言“如何看待人性是管理者的宇宙观”，对于人类本质的认识，是我们划分一定管理时代的依据。将人放在核心的位置，是管理思想的出发点，也是管理理论研究的基点和基础。西方管理学中的人性假设理论在历史上对管理理论和管理实践的积极意义是不言而喻的，但是人性是文化的产物，是一定社会、经济、文化综合作用下的产物，我们不能简单地沿袭西方的管理理论和思想。

## 一、人性假设的含义

对人性的理解是管理理论和管理模式的基础。任何管理者在制定和实施管理措施时，都会对人的本性、本质有所看法、假设，并根据这些看法、假设，提出相应的管理措施。西方学者对此进行了大量研究，在管理科学的发展中产生了重要的影响。科学分析和研究西方管理人性观和管理模式，借鉴西方在管理方面的成果，对于结合中国社会的实际，进一步明确我国管理改革与发展的方向，提高管理水平和工作效绩，促进经济与社会事业的快速发展有着积极的意义。马克思曾在 1845 年《关于费尔巴哈的提纲》中指出：“人的本质并不是单个人所固有的抽象物。在其现实性上，它是一切社会关系的总和。”可以说对人性本质的理解构成了所有社会科学的基础。作为一门社会科学，管理学的研究理所当然地以一定的人性假设为研究起点和出发点。在不同的人性假设基础之上，对各种制度的有效性和设计修正可能会有截然不同的论点，从而形成了管理学不同的流派和思想。

人性假设作为一个概念，它的提出是在 1957 年美国学者麦格雷戈的《企业中人的方面》中出现的：“在每一个管理决策或每一项管理措施的背后，必有某些关于人性本质及人性行为的假定。”也就是说，不同的管理模式和管理思想有赖于管理者对人性的不同假定。人性假设是指管理主体对管理对象的动机、情感、思想、行为目的、行为属性所持的看法。

自 1957 年麦格雷戈首次在管理学研究中提出人性假设问题以来（万云南，2008），众多的中西方管理学家对此做出论述，其中具有代表性的有工具人、经济人、社会人、自我实现人、复杂人等人性假设。人性假设对于人性的研究从片面到全面，从表层到内部。本章分析各种人性假设的理论观点，探求西方管理学人性假设内在的逻辑进程。

## 二、人性假设中人的属性

人性与人的本质问题一直是哲学领域研究的热点与难点。人是社会中的人，人的本质与其所生活的社会相联系，要正确地认识人的本质，必须对其所处的社会关系进行考察。人性作为人的本质的外在表现，人性的复杂性根源于社会的复杂性。人作为自然生物之灵长，有超越于其他生物的特性，同时也包含着其他生物所具有的共同属性。

### （一）人的自然属性

人存在于世界上，首先作为自然存在物，因此具有自然属性。人经过长期进化，通过劳动从猿转化为人，这决定了人的自然属性。人在改造客观世界的过程中，同外部世界进行着物质、能量、信息的交换，这种交换既包括自然提供给人类满足其自身需要的所需物，也包括人类对自然的影响和改造。人与自然之间这种双重交换关系说明了人是自然的一部分，自然也是人的一部分。由于人的自然因素的存在，人无疑具有自然力、生命力，是能动的自然存在物。人作为自然的一部分，作为肉体存在的高等动物，必然具有作为肉体存在的客观性和满足自身生物需求的合理性。马斯洛的需要层次理论认为，人维持生活和繁衍后代的生理需要是人类的基本需要，也是推动力最强大的需要。马克思也认为，吃、喝、生殖等，是真正的人的机能，人的生存和繁衍是人和人之间最自然的关系，也是人和自然之间的关系。全部人类历史的第一个前提是有生命的个人的存在，人类生命存在的生理需求是人存在发展的第一个需求。这个需要确认的事实就是人的肉体组织及由此产生的个人与自然的关系。因此，人首先作为自然物而存在，具有自然属性。

### （二）人的社会属性

人不仅仅作为生物性存在，具有自然属性，更重要的是人也是社会存在物，具有社会属性。人之为人，源于人与人之间的社会交往活动，离开这种社会交往关系，人只能成为生物性的存在，不再具有人之为“人”的概念和意识。在社会实践中，人通过这种社会交往活动将他人作为反映自我行为的“镜子”，和他人发生联系，从中认识自我主体，丰富自己的知识。同时，人在实践中，由于个体力量、能力等方面的限制，不能与强大的自然界相抗衡，只能以集体的形式克服个体存在的缺陷，以集体的力量面对自然，在全面改造自然的同时全面改造自身。在这双重改造的过程中，人形成自己特有的社会遗传系统和劳动协作方式，通过这种方式将从前人那里获得的知识传授给下一代。在生产活动中，人通过其主体因素和实物因素的有效结合，将自然形式的物品转化为劳动产品呈现给社会，借以体现自己的社会协作性。可见，人类的双重改造过程是人类社会性协作劳动的结果，社会属性是人性的一个重要内容。

### （三）人的精神属性

人不仅是自然存在物和社会存在物，而且是“有意识的存在物”，人有理性、有意识、能思维，人类的精神属性是人之为人所特有的属性，也是人区别于动物的重要特征之一。

动物的本能活动和自然的直接同一决定了动物是自然界的一部分。虽然动物也能看、能听，但它没有意识，没有“我”的存在。人则不同，他能看、能听、能思想，能将自己的生命活动变成自己的意志，通过这种意识活动将他自己与动物区别开来。在人类实践活动中，人通过其意识活动完成对客观世界的认识及对客观规律的把握，这种对客观世界的认识和把握也就是通常说的“思维”，它反过来又作用于实践。人通过思维在头脑中形成的认识和观念是其对客观对象加工改造的结果，是客观存在在头脑中的反映。这种反映不是死板的、消极的、机械的反映，而是一种能动的、积极的包含着创造性的反映。在这种反映过程中，人的非理性因素也发挥着重要作用。在实践活动中，激情、热情、意志等因素是激发人类认识活动的内驱力之一。一旦个体实践目标确定，再加上激情和意志等非理性因素的强化，主体的思维就会保持高度的紧张和清醒状态，能从微弱的外界信息片段中捕捉到对客观对象的全景认识，实现个体实践目标。并且，意志坚强、激情饱满、信念坚定的人往往能激发出卓越的精神力量，愉悦的心情、轻松的情绪又常常使人灵思泉涌，促使实践目标的实现。动物没有意识，没有过去、现在、将来的观念，也没有历史的规定性。人则不同，人能突破自身原来的思维定式，按照自己的内在尺度将自己从自我世界中提升出来，在认识和改造客观自然的实践中根据已有的规律预测事物发展趋势。可见，精神属性是人之为人的重要属性之一。

### （四）人的实践属性

人自脱离动物界就处于与自然界相对立的另一极。人要使外部自然满足自己的需求，使外部世界同自己的主观世界相适应，必须通过实践来完成。实践作为连接主、客体的中介系统，它是主、客体双方互为对象化的活动过程。这种互为对象化的活动是实践的本质，也是人作为感性存在和具体存在的本质。因此，人除了具有自然属性、社会属性、精神属性以外，还具有实践属性。自人类社会形成开始，人的任何活动都是处于一定历史条件下和一定社会关系中的实践活动。人为了生存的需要，通过实践活动构建起一个为人存在的对象世界，也是通过实践活动使这个对象世界成为包含人与自然的关系、人与人的关系、人的生存方式与意识的关系的现实统一体。如果离开实践，人与自然、人与社会、思维与存在就失去了统一的基础，人就不能称为人，只能是生物性的存在。可见，人的本质在于其实践活动，实践属性是人的根本属性。

人类的实践活动是人类社会发展的核心和动力，人的实践属性随着人类社会的发展不断发展、不断生成和丰富。人的实践属性的发展和丰富表现为自然属性、社会属性和精神属性的不断丰富，并最终成为有机整体。人类历史首先以有生命的个体存在为前提，通过人的自然属性得以表达。但人不会终止于自然状态中，为了满足自己的需要，他借助于一定的生产工具和生产方式进行生产，创造出丰富的物质生活资料的同时也创造出丰富的社会关系。在这一基础上进一步形成国家设施、法的观念、艺术及宗教观念。可见，人的实践属性是在自然属性驱使下，通过社会生产活动和交往活动不断丰富滋生出的新的社会属性。在社会交往中，发展出人与人之间对尊重、友谊和爱的需要，自我实现的需要，精神的审美需要等，最终不断整合并构成人的实践属性。

## 三、人性假设在管理理论与实践中的地位和作用

对人性的认识与理解是所有关于人的理论的基础性命题，也是管理理论形成和研究的重要哲学前提，管理可以看做由人性驱使的一种社会活动。在西方管理理论的发展历程中，人性始终是一个基本的逻辑起点，并且以人性为核心形成了诸多人性假设。应该说管理理论都是围绕着特定的人性假设而提出、展开的。各种管理理论和管理模式的差异，归根结底都是源于不同的人性假设。

### （一）人性假设问题是管理理论的核心问题

管理的中心是人。管理的主体是人，管理的主体即管理者，其思想观念、价值判断、行为方式直接决定着管理目标的实现程度。管理者通过计划、组织、协调等管理活动，有效地整合组织内部人、财、物等各种资源，实现组织目标。管理的客体主要也是人，对财、物、知识、信息等其他管理客体的管理也是通过人来实现的。在这个意义上我们可以说管理在本质上是对人的管理。既然管理的中心是人，那么怎样认识人，怎样认识人性的问题自然是不可绕过的，“人是研究人类、组织和管理的基本分析单位”。人性假设问题自然而然地成为管理理论的核心问题。

管理者怎样认识人性，在很大程度上决定着他们对管理模式的选取，决定着能否有效地实现管理职能。正如孔茨所说，“管理者不管是否自觉地知道这些，在他们的心目中，总有一个个体的模式和关于人的假定的组织行为模式。这些假定和它们的有关理论影响着管理的行为”。由此可见，每一个管理方法或者方式里都自觉或者不自觉地遵守着一定的人性认识，以之作为自己的理论前提。管理理论中的人性假设影响着管理者的观念、精神、意志、目标、思维和决策。

只有正确地认识人性，才能有效地指导管理实践，实现管理目标。管理的最高境界是管理

的哲学，而管理的哲学在于管理是对人的管理。制定管理策略、管理模式的最终的、最根本的依据是对人性和人的本质的科学把握。要建立科学的管理模式和理论，必须要实现对人性的科学的把握。

### （二）人性假设是管理理论建构的逻辑起点

所谓逻辑起点也就是建构理论的基本出发点。所有的理论创造者都力图建立一套严密的符合逻辑的理论体系来自圆其说。而建立这套理论体系的前提就是必须有一个基本的逻辑起点。从逻辑起点出发，在严密的逻辑关系中确立整个理论体系，逐步展开理论的全部内容。也就是说，逻辑起点是理论体系叙述的起点，理论建立的基础，始终贯穿于理论及在理论指导下的实践活动的整个过程。任何理论想成为科学的理论，成为严密的有内在联系的理论体系，都必须先要明确其理论建构的逻辑起点。

管理的中心是人，管理本质上是对人的管理。毋庸置疑，管理理论必然要建立在一定的人性假设基础之上。人性假设就是建构管理理论的逻辑起点、出发点和理论基石。纵观西方管理理论百余年的发展史，每种管理理论的产生和发展都是以一定的人性假设作为基础前提的。不同的人性假设设定，就有不同的管理理论、不同的管理模式、不同的管理组织内的人际关系乃至不同的领导风格。人性假设的不断演进的过程和西方管理理论不断演进的过程是一致的。因此在这个意义上可以说，整个管理理论演变史就是一部人性假设的演变史。西方管理理论中人性假设的形成与变迁是西方社会的政治、经济、文化发展到一定历史阶段下的产物，是对管理理论中人性的预设，有其历史合理性，在一定程度上促进了管理理论的发展。

## 第二节　中国古代人性假设思想

中国人性假设以“修己安邦”为起点，直接指向国家、群体，遵循的是个人-国家的思想脉络，是为巩固封建统治服务的。无论性善论、性恶论，还是性无善无恶论、性善恶混同论等都是如此。这些不同的人性假设，都是为了统治阶级进行仁爱德治、礼仪教化，或进行严刑峻法、厚赏重罚，以及进行治国安邦提供理论依据，管理思想更多关注的是如何改造人性。中国的管理更多的是依靠道德力量的约束，重视精神激励，“忠、孝、仁、义”的精神要求最终走向了管理上的人治、心治。

### 一、性善论

所谓的人性本善，是指每个人在本质上都具有向善的可能，而不是说人在任何情况下都会自然而然地走向善。其以我国春秋战国时期的孔子、孟子为代表人物，主张人性本善。认为人性本善，人所以变坏是由于受到外界物欲的诱惑，乱了本性。人出生后，如果能保持善性并加以发扬，就会成为善人至于圣人，“人皆可以为尧舜”。性善论主张用礼仪教化来弘扬人的善性。这使得管理者要重视修养，使自身素养得到提高，在管理工作中表现出以善为本的“仁政”，从而以自身的“善端”来带动被管理者“乐其乐”、“忧其忧”，上下相互协同共同实现管理目标。

早在两千多年前，我国春秋末期思想家、政治家、教育家，儒学学派的创始人孔子（前551—前479）在《论语·阳货》中就提到“性相近，习相远也”。朱熹《论语集注》中说：“此所谓性，兼气质而言者也。气质之性，固有美恶之不同矣。然以其初而言，则皆不甚相远也。但习于善则善，习于恶则恶，于是始相远耳。程子曰：‘此言气质之性。非言性之本也。若言其本，则性即是理，理无不善，孟子之言性善是也。何相近之有哉？’”由此可见，这里的“性”虽然不完全指人的本性，而兼指人的天生气质之意，但它却隐含了人性本善的意思。

### 二、性恶论

所谓人性本恶，是指性恶是人所固有的本性。其以荀子、韩非子等为代表人物，主张人性本恶。例如，荀子说“人之性恶，其善者伪也”，即认为，善是人们出世后经过教化的结果。韩非子认为，人的本性是“好利恶害”、“喜利畏罪”，因而主张“赏厚而信，刑重而必”，从而强调“法治”。而“法治”的核心在于加强中央集权的封建专制制度，即韩非子所说：“事在四方，要在中央，圣人执要，四方来效。”其强调的是管理者应对人的本能欲求行为进行严格的管理，要求建立起管理制度，树立起管理权威，以禁止人们放纵自己的本能欲求行为，使人们的本能欲求行为合乎善良的原则，从而避免造成天下的混乱，保持社会的安定。

### 三、性无善无恶论

告子明确提出善恶是人后天的社会属性，不是人先天的自然属性，反对孟子的先验道德论。但是，他没有认识到，人性应该既包括先天的自然属性，也包括后天的社会属性，而且，更重要的是后天的社会属性。也就是说，道德属性应该成为人性的重要组成部分。在儒家哲学发展的历史长河中，除清代廖燕，近代龚自珍、严复等明确提出性无善无不善外，性无善恶论演绎出许多理论形式。如魏何晏、王弼，南梁刘勰，宋代王安石，明代罗钦顺的性情论，宋代陈亮、叶适，明代刘基的天赋人性论，明代何心隐的人欲即性论，明代李贽、明清之际傅山的自然人性论，清代戴震的血气心知即性论，近代梁启超的个性中心论，都是主张天性自然，无所谓善，也无所谓恶。

综上，无论是或善或恶的人性一品说，还是善恶并存的人性多品说，都是从伦理政治的角度提出人性假设的。先秦儒者大多认为性来源于天，理学家们则是把人性假设建立在本体论的基础上。宋代王应麟《三字经》中讲“人之初，性本善，性相近，习相远”。这四句话大体概括了儒家主流的人性观点。中国古代思想家的人性假设理论虽然也看到了现实中人性恶的一面，但是这种恶多是以封建的伦理道德纲常为衡量标准的。他们的理论都认为在现实中人应该努力地弃恶从善，从而提出了至善的理论和各种达到完满的善的方法，还为之树立了至善的圣人楷模。在这样的环境中，确立了目标（理想的至善），核定了仁、义、礼、智、信等行为准则，树立了圣人楷模，人们只需听圣人之言，习圣人之行，规规矩矩依照封建礼教纲常行事就可以小则修身齐家，大则治国平天下。

## 第三节　西方人性假设理论

现代西方人性假设以“自利自由”为起点，直接指向企业、组织，遵循的是个人-组织的思想脉络，是为提高企业组织的管理效率、生产效率服务的，管理思想侧重的不是改造人性，而是如何适应人性。西方的管理依靠外在力量的控制，重视制度和技术层面的监督，采取的是外在激励与内在激励相结合的管理方式，由内及外、由个体到集体的管理思维最终走向了个性的全面发展。

## 一、“工具人”假设

在前泰勒时代，生产的社会化程度不高，管理范围往往只限于家庭或手工业作坊。与之相适应，这一时期的管理模式体现出以下几个特征：①绝对集权的领导方式。②权威和暴力是最为常见的整合管理者与被管理者的方法。③组织结构比较简单，管理方法主要是管理者的经验。④管理的首要目标是维护自身的权威与地位的稳定。这种基于“工具人”假设之上的管理模式虽在一定程度上维护了社会的稳定，并推动着社会缓慢向前发展，但“工具人”假设的实质在于取消了管理对象的“人”的资格，认为他们并不具备人的本性，只是管理者实现其目的的手段。因此，这种假设随着社会的发展逐渐失去了合理性。

## 二、“经济人”假设

### （一）“经济人”假设的提出

物质需求是人的生存最基本的需求，物质生活资料的生产活动是任何时代人们最基本的社会活动。但在前现代社会，受经济发展水平的限制，人们的生活水平十分低下，使得不断通过斗争、战争的方式求得生存和经济利益成为以封建贵族、诸侯、君主为代表的阶级、阶层的必然选择，战争把社会带进民不聊生、社会混乱的境地。在这样的环境下，人们的生存又必须在一定的社会秩序的需要得到满足的条件下才能成为可能，也就是说，当时社会的“瓶颈需求”凸显为社会秩序。“瓶颈需求”的满足状况和方式制约着其他需求的满足状况和方式。而能提供秩序和满足秩序需要的可以是伦理（以古代中国为代表），也可以是宗教（以西欧为代表），还可以是政治、军事（各个封建王国的通用方法）。在中国主要表现为通过伦理、政治、军事的方式维护社会的统一，在西方通过宗教、政治、军事的方式维护社会的统一，从而都实现了社会诸领域合一的局面。但不管上述哪种领域合一的社会，为了限制在有限经济条件下人们因谋取物质利益而引发社会问题，都对人们的谋利行为在价值观上进行限制，把求利的行为或看成违反了道德，古代中国称“不义”，如“不义而富且贵，于我如浮云”（《论语·述而》）；西欧等国则说成是触犯了宗教禁忌，教会告诫信众“贪财是万恶之根”。因此，对求利（自利）行为只有突破道德或宗教的限制才能成为可能，当然这又必须以变化了的经济条件为基础。伴随着西欧商业的发展和市场经济的兴起，政治领域、经济领域从宗教领域中分离、经济领域从政治领域中分离，发生于欧洲的宗教改革运动给人们的自利行为以宗教的支持，紧接着古典经济学家也开始为以商人、资本家为代表的人们的自利行为进行经济上的论证和道德上的解脱，最终形成“经济人”的假设。

首先是英国的洛克提出，国家和法律就是为保护人民的人身和财产安全而存在，在此条件下，人们可以遵循自己的意志，自由地处置或安排他的人身、行动、财富和他的全部财产，人们的个人财产神圣不可侵犯，不经人们的同意国家不允许剥夺他们的财产。接着是出生于荷兰的孟德维尔提出，个人对自身利益和幸福的追求，是使人们成为社会生物的伟大原则，是毫不例外的一切职业和事业的牢固基础和支柱，这里存在着一切艺术和科学的真正源泉，一定能使民族变得强大、声誉卓著和繁荣。社会没有恶，即使不会完全毁灭，也会衰落。魁奈等法国重农学派的人士主张社会生活存在着自然秩序，它明确规定着人们享有的自然权利，即人们有自由从事对自己最有利的劳动，取得这种劳动的果实，只有自由和私人利益才能使国家欣欣向荣。英国的亚当·斯密受到当时英国市场经济发展的成果的鼓舞，认为改善自身状况的愿望，是人们从出生到死亡没有一刻放弃过的，人们不会满足于现有的自身地位，而是不断寻求改进，增加财产就是必要的手段。每个人改善自身境况的一致的、不断的努力是促成社会财富、国民财富和个人财富的重大因素，使各种事情不断改进。个人谋取自己的利益，不知不觉能比自觉的行为更加增进社会财富。这就第一次系统、清晰地为“经济人”的自利行为导致整个社会财富的经济机制提供了经济学的证明。这样，“经济人”的假设初步形成。以后，李嘉图、边沁、穆勒等对这一假设和有关思想进行传播和进一步的补充。到19世纪中叶后，“经济人”术语就有了明确的表述。新古典主义经济学又对这一假设进一步系统化，使“经济人”的行为更加理性化。

### （二）“经济人”假设的内容

具体而言，“经济人”假设主要包含这样的内容：追求自身利益是驱使人的经济行为的根本动机，他具有理性，力求使自己的利益达到最大化，如果有良好的社会条件的保证，“经济人”追求个人利益最大化的行为能无意识地、卓有成效地增进社会公共利益。“经济人”假设可以总结为以下几个方面。

（1）人是由经济诱因来引发工作动机的，其目的在于获得最大的经济利益。

（2）经济诱因在组织的控制之下，因此，人总是被动地在组织的操纵、激励和控制下从事工作。

（3）人以一种合乎理性的、精打细算的方式行事，总是力图用最小的投入获得满意的报酬。

（4）人的情感是非理性的，会干预人对经济利益的合理追求，组织必须设法控制人的情感。

当然，“经济人”起初是对以商人、资本家为代表的人们的称呼，后来随着现代工厂、企业的大量产生，也大量涌现了“经济人的新亚种——支薪的经理人员”，不仅如此，人们把企业中的工人也称做“经济人”。现代管理也就开始把参加企业活动、经济活动的人的人性定位为“经济人”，认为经济刺激和追求利益的最大化是人们的经济行为、管理行为的首要激励因素。正是把雇主、管理者和工人看做经济人，泰勒在推行科学管理时认为，管理的主要目的应该是使雇主实现最大限度的富裕，也联系着使每个雇员实现最大限度的富裕。

### （三）“经济人”假设给管理的启示

基于“经济人”的假设，管理被认为只是领导者的工作，与被管理者毫无关系。为了使被管理者努力工作，管理者必须采取强迫、控制、惩罚等手段，并用金钱、福利等来引诱他们。管理方式的重点是如何提高劳动者的劳动生产率，管理者不必考虑被管理者的尊严、人格和感情。这种管理还必须制定各种严格的章程和工作标准，制定组织制度和工作纪律来规范被管理者的消极怠工行为。

建立在“经济人”假设基础上的管理方式是“胡萝卜加大棒”的方法，即金钱收买和严密控制、监督、惩罚相结合的方式。泰勒制就是这种管理类型的代表。泰勒的科学管理理论主要包括工作定额原理、标准化原理、能力与工作相匹配原理、刺激性的差别计件工资制等。泰勒等人的古典管理理论，为当时的企业组织协调劳资关系、构建管理制度以提高生产效率等，提供了科学的管理思想与理论指导。

### （四）“经济人”假设存在的客观基础

古典管理理论仅将经济刺激作为其关注的焦点，忽略了人性的其他方面，但是“经济人”假设没有最终从管理的人性假设中淡出，是因为现实生活说明，在现代管理过程中，追求个人的利益并力求最大化仍然是人们工作和行为的巨大动力，各种人性假设不是对“经济人”假设的替代而是一定程度的补充。“经济人”假设的存在具有客观的现实基础。这些基础主要包括以下几点。

第一，经济需求仍然是人们的基本需求，保持较高的收入是他们生活、工作的第一目标。对于个别收入极高、有巨额存款的管理人员、企业家等人来说，可能他们对于经济的需求和收入的要求没有那么迫切了，希望满足其他各方面的需求，但对于大多数的人特别是一般管理者、员工来说，不但希望自己的物质需求能得到满足，还希望不断提高自己的收入，满足更多更高的要求。

第二，具有较高的经济收入，已被人们看做一个基本的权利和人格尊严。不像泰勒找到的工人施密特能获得比平时多不了1美元的奖金就同意参加搬运生铁的试验，今天的普通工人和其他白领员工希望工资和奖金保持在较高的水平上，这是他们所在的企业必须要保证的。只要人们之间在收入上存在着较高的相对差距，感到收入有差距或相对差距较大的人不管自己的绝对收入有多高，都希望能获得更多的收入，一直到认为基本不存在收入差距为止。

第三，追求自己利益的最大化既包括经济利益的最大化，也要求实现其他方面利益的最大化。人们一般认为，作为“经济人”，人们对最大利益的需求只是经济的需求，给予经济刺激就能激励他们工作的积极性。其实，他们始终存在着有利于自己发展的更多需求、更多需要，只是这些需求和需要处在需要层次的并不突出的位置而已，当经济的需求满足以后或者经济的需求满足了一些时，他们若感到最大利益并没有实现，就会通过其他方面来谋求在整体意义上的最大利益的实现。

综上所述，这是我们人类的发展阶段还处在马克思所指出的“以物的依赖性为基础的人的独立性”阶段的缘故。“以物的依赖性为基础的人的独立性，是第二大形式，在这种形式下，才形成普遍的社会物质变换、全面的关系、多方面的需要及全面的能力的体系。”在这个阶段人们虽然实现了一定的独立自主性，但这是通过拥有物和借助于物而实现的，也就是说，通过对物的占有和积累实现的，越想赢得独立和自主就越需要占有和积累更多的物。在这里，物首先表现为私有产权，表现为货币。一个对象“只有当它为我们拥有的时候，就是说，当它对我们来说作为资本而存在，或者它被我们直接占有，被我们吃、喝、穿、住等的时候，简言之，在它被我们使用的时候，才是我们的。”“一切肉体的和精神的感觉都被这一切感觉的单纯异化即拥有的感觉所代替。”并且“凡是我作为人所不能做到的，也就是我个人的一切本质力量所不能做到的，我凭借货币就能做到”。因此，“劳动并不表现为目的本身，而表现为工资的奴仆”。当然，这个过程将为人不是作为片面人、单面人而是作为总体的人占有自己的全面的本质的自由个性阶段打下了坚实的物质基础。

## 三、“社会人”假设

### （一）“社会人”假设的提出

20世纪30年代，受到经济危机的影响，资本主义国家中劳资双方的矛盾愈加尖锐，劳动生产率大幅度下降。泰勒的科学管理弊端日益呈现，古典管理理论的“经济人”假设也受到质疑，很多心理学家纷纷加入了管理研究的行列。

资本主义生产力的发展，使建立于“经济人”假设之上的管理理论在实践中遇到了挫折，此时，“社会人”假设应运而生。“社会人”假设认为，生产效率的高低，主要由职工归宿感、被认同感的满足程度来决定。“社会人”假设是著名的社会学家梅奥1933年在其发表的《工业文明的人的问题》一书中提出的，梅奥花了近八年的时间在美国芝加哥郊外的西方电器公司进行了著名“霍桑试验”，终于发现人群中的一些内部规律，提出了人际关系学说。它的主要观点有：①工人是社会人；②企业中除了有正式组织外，还存在非正式组织；③新型领导者的能力在于提高工人的满足程度。这一理论的研究和发展开始重视了人的因素，强调人力资源的开发与利用，注重改善企业内部的人际关系。建立在“社会人”基础上的管理理论有梅奥的行为管理理论，马斯洛的需求层次理论，赫茨伯格的双因素理论等。这些理论认为，职工是“社会人”，而不是“经济人”，职工的社交需要的满足是决定生产能力和效率的主要因素。在企业中广泛地存在非正式组织，在很大程度上，职工受非正式组织的影响要高于正式组织。领导能力也更多地体现于如何满足职工的社交需要和提高职工的士气。

### （二）“社会人”假设的内容

（1）人类工作的主要动机是社会需要，人们要求有一个良好的工作氛围，要求与同事建立良好的人际关系，经过与同事的关系获得基本的认同感。

（2）工业革命和工作合理化的结果，使工作变得单调而没有意义，因此必须从工作的社会关系中寻求工作的意义。

（3）非正式组织有利于满足人们的社会需要，因此，非正式组织的社会影响比正式组织的经济诱因对人有更大的影响力。

（4）人们对领导者的最强烈期望是能够承认并满足他们的社会需要。

### （三）“社会人”假设给管理的启示

依据“社会人”假设，管理者开始注重关心员工的情感需求，重视人际关系，培训员工的归属感和整体感，采取了“情感型管理”方法：①管理者不应只重视任务完成，还应关心人、满足人的情感需求。②管理者不能只注意指挥、监督、控制等，而应注重员工间的人际关系，培养和形成员工的归属感与整体感。③在奖惩方面，提倡实行集体的奖励制度，不主张实行个人奖励制度。④管理者应在员工与上级之间充当联络人，注意倾听员工的意见，了解员工的思想感情，向上级反映。要想调动员工的工作积极性，必须使员工的社会和心理需求得到满足。

## 四、“自我实现人”假设

### （一）“自我实现人”假设的提出

到了20世纪40年代，科学管理理论不能解决有关人员的需求和激励问题，员工和企业家之间的矛盾不断激化。通过对个体的研究发现，在人的行为中，由于人的动机与激励的程度不同，人的工作成绩也不同。许多心理学家开始研究如何调整人的行为，如何激发人的积极性、创造性等问题，做了许多有益的探讨，提出了许多有价值的管理思想。

### （二）“自我实现人”假设的内容

沙因认为，这一假设主要包括以下各点。

（1）人的动机可归结为由多种动机组成的一个层次系统。从最基本的出发，它们依次是基本生理需要、生存安全需要、情感归属需要、自我满足和受人尊敬需要及自我实现需要。

（2）个人总是追求在工作中变得成熟起来，他们通过行使一定的自主权，培养自己的专长和能力，并以较大的灵活性去适应环境等成熟的表现，使自己能真正变得成熟。

（3）人主要是由自己来激励和控制自己的，外部施加的刺激和控制很可能对人变成一种威胁，并把人降低到一种较不成熟的状态。

（4）自我实现和使组织的绩效更富成果，这两方面并没有什么与生俱来的矛盾。如果能给予适当的机会，职工们是会自愿把他们的个人目标和组织的目标结合为一体的。

### （三）“自我实现人”假设对管理的启示

“自我实现人”是对“社会人”假设的发展，它继承了“社会人”所提出的人有社会和心理需要的内容，并在此基础上做了进一步的发挥。基于“自我实现人”假设观点，采取了“参与型管理”方法：①管理的重点是创造有利于职工自我实现的工作环境和条件。②管理者的任务主要是创设具有内在意义和更高挑战性的工作。③激励方式由外在激励转变为内在激励。④管理制度趋向于让员工参与管理，实现自治、自控。

## 五、“复杂人”假设

### （一）“复杂人”假设的提出

20 世纪 50 年代至 70 年代末，随着技术革命和产业结构的调整，市场竞争更加激烈，同时生产关系和劳资矛盾更加复杂。在这种环境下，以往单一的管理显然不能适应复杂多变的环境，许多新的管理理论与学说应运而生，产生了众多的管理学派。

西方管理学家沙因等人提出了“复杂的人”的假设。他认为，“经济人”假设、“社会人”假设、“自我实现人”假设是不同历史时代的产物，只适合一定的时代和一定的人，但人的动机是极复杂的，不能把人的动机简单假定在一两种上，而且也不能把所有人都归结为同一类人。事实上存在着各种各样的人，因此，他提出了“复杂人”假设。沙因等人的“复杂人”假设，一定程度上调和了各种人性假设之间的矛盾，弥补了以前人性假设上的缺失，但并没有反映出人性的全面需求。1970 年，美国管理学家莫尔斯和洛希，在沙因“复杂人”假设的基础上，提出了超 Y 理论，认为：①人们是怀着许多不同的需要参加工作的，不同的人有不同的需要类型。②不同的人对于管理方式的要求是不同的。③组织的目标、工作的性质、职工的素质等对组织结构和管理方式有很大的影响。不同的情况应采用不同的方式。④当一个目标达到以后，应该继续激起职工的胜任感，使之为达到新目标而不断努力。显然，超 Y 理论是一种权变理论，体现了管理中的权变和灵活的立场。

“复杂人”假设和超 Y 理论，在对人的认识上都是以人的多元性为基点的，把人看做一个复杂的个体，以满足人的不同需要为管理的前提和出发点。因地制宜的权变方式是其主要的管理思想。对不同的人要采取不同的方法，认为世上没有一成不变、普遍适用的最佳管理理论和方法。要想取得最佳的管理效果，就必须针对不同的环境条件、人员状况来灵活机动地选择适宜的管理理论、方法和技术。

### （二）“复杂人”假设的主要内容

（1）人的需要是多种多样的，而且这些需要随着人的发展和生活条件的变化而发生改变。每个人的需要都各不相同，需要的层次也因人而异。

（2）人在同一时间内有各种需要和动机，它们会发生相互作用，并结合为统一的整体。

（3）人在组织中的工作和生活条件是不断变化的，因此会不断产生新的需要和动机。

（4）由于人的需要不同，能力各异，对于不同的管理方式会有不同的反应。

因此，没有一套适合于任何时代、任何组织和任何个人的普遍有效的管理方法。沙因认为，前三种人性假设，在一定程度上是正确的，但是，这三种人性假设的根本弊端，就在于都“过于简单化和过于一般化了”。“复杂人”假设，就是为了弥补它们的缺失，在充分考虑到人性、工作性质、组织情境等管理过程本身固有的复杂性后，而提出的一种权变和发展的观点。

### （三）“复杂人”假设对管理的启示

人是复杂多变的，应根据组织的具体情况进行分析，灵活应对。根据“复杂人”假设的，采取了“权变型管理”方法：①管理措施和奖励方式应因人而异、因事而异、随境而异。②应变并不排斥前述三种观点的管理方法。“复杂人”假设主张结合具体情况，采用行之有效的管理方法，但反对因循守旧、搞条条框框、用预订设想束缚错综复杂的管理实际。③根据情况的不同，采取弹性、应变的领导方式，有效地提高效率。

## 六、人性假设理论新观点

### （一）“创新人”假设

新一轮管理创新高潮以流程的改革、组织的修炼和管理文化创新为主要内容，其中明显地透露出一种新的管理理念：组织竞争不在于组织外延（如组织规模）的扩张，而在于组织内涵（主要是组织创新潜能）的激发。

这种新的管理理念把聚焦点集中到了人的创造性本质之上，认为人的本质只存在于人不断创造文化的辛勤劳作之中。对此，西方学术界公认的20世纪最重要思想家之一的恩斯特·卡西尔有过如下论述：“从事历史创造活动的人，尽管在不同的活动中的具体目标、具体结果、具体过程各不相同，但都必然地趋向于一个共同的总目标、总结果、总过程——在创造文化的活动中把自己塑造成真正意义上的人。”

### （二）“道德人”假设

“道德人”假设是20世纪80年代以后逐渐发展起来的一种人性假设观点。这种观点认为，人不仅具有物质性、社会性、自我实现性，而且具有道德性，人性是物质性与道德性的统一。人们在追求物质需要的同时，能够承担对组织的道德义务和道德责任，并且能够以道德自律的方式进行自我管理。美国哈佛大学教授泰伦斯·狄尔和管理顾问艾伦·肯尼迪在“道德人”假设的基础上共同开创了文化管理理论，并且在美国管理学家托马斯·彼得斯和罗伯特·沃特曼的推进下，形成了著名的Z理论。

#### 1．“道德人”假设的基本观点

（1）人不是纯理性的，其感情因素不容忽视。理性化的解析手段和技术方法有一定作用，但不能迷信和滥用。

（2）社会价值取向会对人的价值观产生影响，并表现在组织文化当中，形成被管理者对组织的安全感、信任感和忠诚度。

（3）管理者除了注重规律性之外，还需要注重伦理性，管理效率需要依靠人的自觉性和自我激励实现。

#### 2．与“道德人”假设相适应的管理方式

基于“道德人”假设，管理的本质就是如何管理人。管理理论的中心议题不应该仅仅是科学问题，还应该包括与价值和道德相关的哲学问题。在对传统理性管理理论的反思和批判中，Z理

论提出了以人为本的管理模式。这个模式的管理一方面以制度化、理性化为基础，另一方面又特别强调共同的价值观、和谐的人际关系、卓越的团队精神、高超的管理艺术及参与式激励方式等在管理理论与实践中的重要地位，主张以文化价值等人文因素来影响物质、制度等理性因素及整个企业的经营管理活动，以人性充实理性，试图实现物质与精神、理性与价值、个人与整体在企业管理中的融合与统一。

### （三）“复合人”假设

随着知识经济的不断发展，企业对管理的核心——人的要求也随之改变。以往传统的人力工作可以被高科技手段所取代，企业之间的竞争表现为知识创造、利用、增值的竞争。作为知识重要载体的知识型员工的稀缺性和不可替代性也更加突出。伴随人力资本地位的提升，人们有理由和能力追求更加多元化的需要。因此，单一的或等级阶梯式的需要模式正在被多元化的复合需要模式取代。有学者认为单一式需要假设（如“经济人”、“社会人”假设等）、等级阶梯式需要假设（如马斯洛的需求层次假设）、动态不定性需要假设（如“复杂人”假设），都无法适应和满足未来客观实际的需要，因此“复合人”假设应运而生。

#### 1．“复合人”假设的基本观点

（1）在一定条件下，人们倾向于同时追求多元化的目标，即同时追求多方面的需要满足。

（2）在不同条件下，人们可能会改变自己的需要结构，但处于最前端的需要通常不会只是某种单一的需要。单一需要模式或层次递进需要模式正逐渐成为过去或某一特定情势下人们需要的特例。

（3）组织内所有员工在作为独立个体依赖于团队实现个人价值极大化，追求物质利益平等的同时，追求人格平等，并在遵循“共同信念”的前提下，崇尚思想自由和行为自由。

#### 2．与“复合人”假设相适应的管理方式

基于“复合人”假设，未来管理理论将平等地对待人力资本和物质资本，并且向“和谐式”管理方向发展。随着物质资本的日益丰富，以物质资本所有者为发起人吸收人力资本的创业将成为普遍现象，而且由于知识的重要性日益增强，以人力资本所有者为发起人吸收物质资本创业的情况也会大量涌现。管理者将注重团队能力管理、团队绩效管理与团队激励机制，研究人力资本的获取、保持、开发与退出机制。要通过个人学习、组织学习氛围的营造去建立物质资本与人力资本共同治理与分享的组织愿景，并且通过建立适应社会和企业发展的企业文化来完成对员工的绩效激励和能力提升，树立良好的价值观也将成为管理者的任务之一。

同时，在知识经济时代，由于科学技术的发展，一个组织对人力资本的需求会逐渐减少，从而需要更多的组织来吸纳从原有组织中溢出的人力资本和社会新生成的人力资本。所以创业可能成为人们的普遍需要，研究怎样创业及如何管理创业的理论也将成为管理理论的发展方向。

## 课后思考题

1．什么是人性假设？

2．人的属性是什么？

3．中国古代的人性假设思想有哪些？具体包括什么内容？

4．西方国家主要的人性假设思想有哪些？具体内容是什么？

## 案例分析

### 如何看待人性假设理论

上个月月底的一次公司办公会议上，公司李总经理宣布了一项人事任免决定：考虑到销售部陈兴经理月初出车祸受伤后，销售部工作受到了一定的影响，为了加强销售部工作，任命王军为销售部经理，免去他现任的公司办公室副主任职务，以便于他全力抓销售部工作。

王经理上任后，一直在琢磨：怎样才能抓好销售部的工作呢？他认为销售部任务是否能完成全部都落在销售员身上，因此抓好销售员是关键。王经理在他上任的第一次全体销售部员工大会上表示，他先要花一周时间做调查研究，在此期间一切仍按原来的程序工作。这一周内王经理做了三件事。一是查阅近 5 年的本公司销售统计资料，特别注意每个销售员每个月完成的销售量。他发现前几年销售员完成的量在 30～40 台/月，可这两年一直在 25～30 台/月。销售员的人数从原来的 6 个，增加到 8 个，现在是 10 个，但销售总量却没有大的增加。二是他走访了本市和邻近地区的同类厂，了解它们的销售情况，特别是销售员的工作情况，了解下来大体上好的厂家销售员的销售量达 30～35 台/月，差的只有 10～20 台/月。三是制定一个销售员的奖金、浮动工资与完成销售量挂钩的方案。王经理发现，以往销售员的奖金与完成的销售量有些挂钩，但拉开的差距不大，浮动工资基本是平均分摊。王经理准备在这方面有所突破。

在第二次全体员工会议以后，王经理把 10 位销售员留下来继续开会，在会上他推出了一个奖金、浮动工资与完成销售量挂钩的试行方案。方案的要点有三：①每位销售员每月应完成的销售量定为 38 台；②完成这一指标得全奖，如完不成，则每完不成一台扣 20%奖金，达不到 34 台，扣除全额奖金（值得一提的是，全额的奖金金额约为工资的 2/3）；③连续 3 个月完成指标，第 4 个月向上浮动一级工资，连续一年完成指标再向上浮动一级工资，如享受浮动工资后，没完成指标，第 2 个月起取消浮动工资，如连续半年完不成指标，则下浮一级工资，连续一年完不成，再下浮半级工资。在对试行方案做解释时，王经理说，方案是在调查研究的基础上制定出来的，试行方案首先需要大家转变观念，要体现按劳分配原则。同时他告诉销售员，他实施奖金向销售员倾斜的原则，销售员的奖金额为一般人员的 200%，但要拿到，则必须完成指标。同时他补充，完成销售量是以资金回笼到位为准。可想而知这方案一宣布，马上引起销售员的一片哗然。但王经理坚持实施这一方案，他口头上解释说：这是试行方案，可在实施中修改，但一定要试。心里却在想：就得要采取强硬措施，好好管一管，要不大家怎么肯拼命干。

问题：

1. 王经理对人的看法属于哪种人性假设？
2. 这种人性假设下的管理方法利于对人的激励吗？你觉得应该如何改进？

# 第三章 个体认知与行为

本章重点

- ○ 了解个体认知的过程及相关的概念
- ○ 掌握社会知觉的概念、影响社会知觉的因素及社会知觉的偏差
- ○ 掌握归因的含义及相关的归因理论
- ○ 掌握相关的学习理论
- ○ 掌握个体认知的相关理论知识在组织管理中的应用

## 引例

### 哈维·兰克尔克培训新员工

哈维·兰克尔克是一家制造厂的工头，他负责培训新员工如何使用某台机器。有位新来的工人是个小伙子，是一个少数民族成员。他是通过针对难以受雇人群的特别培训计划招募来的。

兰克尔克对这类特别招聘计划没什么好感。他老大不乐意地把小伙子带到机器跟前，指导他如何使用。“每次这种金属部件从装配流水线传到这儿，你把它拉下来，放到这个压床下面。这边儿对齐了，然后踩一下脚踏板，钻头就会落下来正好在这儿打个洞。干的时候小心你的手别挨着钻头。傻瓜也能干这活儿，有问题吗？”

“没有，先生。”新来的人答道。

在这位工头看来，这个工人不大可能会成为一个特别能干的人。这种受赞助性行动而受雇的少数民族员工他见得太多了，他们根本就不能胜任工作。说实话他也弄不懂为什么会这样。没过几天，兰克尔克的这位新员工在完成工作数量和质量上都落后于别人。对此兰克尔克感到毫不意外。

过了几天，又来了一位针对难以受雇人群的特别培训计划招募来的小伙子。这个小伙子被分配了与前面小伙子完全相同的工作，也遭遇了完全一样的待遇。但不知为什么，这位新员工大约觉察出工头好像挺喜欢自己，对于“傻瓜也能干这个活儿”之类的评价并不在意。很快，他能像那些干了一段日子的熟练工人一样完成任务了。

（Paul R. Timm，Brent D. Petrson．人的行为与组织管理．北京：中国轻工出版社，2004）

**问题：**前后两位新员工在行为上有什么差别？为什么会产生这样的差别？

对于同样的事情，人们在认知上会存在巨大的差异，而这种认知上的差异又会影响到人们的决策行为。组织中的每个人既有相同之处，又有不同之处，管理者只有明白这个道理并力图去了

解员工之间的这种差异，才能够获得管理的成效。

# 第一节　个 体 认 知

一个人的知识与技能及其认知水平之间有很大关系。每个管理者都希望下属有相应的知识和技能，因此，了解员工的认知水平是每个管理者的一项重要工作。

所谓认知，是指人们对事物的认识过程，主要包括感知、注意、记忆、表象、思维、言语和智力。换句话说，就是人们对信息输入、变换、检阅、加工、存储和使用的全过程。

## 一、感知

办公室的电话铃响了，坐在话机旁的小李听而不闻，正对着电脑认真核对一份报价单；坐在远处的小王却一个箭步冲上去接起电话，因为他正在焦急地等待一位重要客户的回电。这表明组织中员工对事物的感知受到各种因素的影响。

感知是感觉和知觉的统称。

### （一）感觉

个体的行为来自他对外界环境的认识，而人的认识则是从感觉开始的。感觉是人脑对直接作用于感觉器官的客观事物个别属性的反应，是人对客观事物认识过程的最初的最简单的反应形式。虽然如此，感觉对人类的认识活动并非是可有可无的，而是有着非常重要的意义。感觉是人类认识活动的起点，是构成知觉和思维等复杂的高级反应形式的基础。没有感觉，也就没有人类的知觉和思维等复杂的高级认识形式。

感觉最基本的特点是只反映客观事物的个别属性。例如，人们对教室内黑板的感觉。黑板是客观事物，它本身有形状、颜色、光滑度等各种属性，这些属性分别直接作用于我们的视觉器官，视神经把这一刺激传递至大脑皮层，而人的大脑则分别对这些个别属性做出反应，从而形成人类认识事物的感觉。

人的所有感觉，都源于外在事物的刺激，是人的感觉器官对外界刺激的反应。根据刺激的来源不同，我们可以把感觉分为外部感觉和内部感觉。外部感觉是肌体以外的客观刺激引起、反映外界事物个别属性的感觉。外部感觉包括视觉、听觉、嗅觉、味觉和触觉。内部感觉是由肌体内部的客观刺激引起、反映集体自身状态的感觉。内部感觉包括运动觉、平衡觉和肌体觉。

### （二）知觉

#### 1．知觉的概念

人们对事物的认识，并不仅仅停留在感觉上，人们通过感觉所获得的只是事物的个别属性，而不是事物的整体和全部。在人类认识活动中，对于事物整体与全貌的认知，是通过知觉实现的。知觉是在感觉的基础上，把所有感觉到的客观事物的各种属性联系起来，在人的头脑中产生的对该事物各种属性的综合整体反映，是个体对环境信息进行选择、组织并形成意义的过程。因此，知觉是比感觉更高一级的反映形式，它比感觉更全面更深刻。

#### 2．知觉的基本特征

在管理中，经常可以发现不同的员工在同一环境中对同一对象会产生不同的知觉。这主要是由知觉的一些基本特征造成的。

（1）知觉的选择性。知觉的选择性是指人们在面对对自身有益的事物时，对它们的感知会显得格外清晰。感知的选择性与下列因素关系最为密切：个体的需要、动机、个性、经验，感知对象的大小、强度、对比、重复、新奇性、活动程度等。

（2）知觉的整体性。知觉的整体性是指人们往往把客观对象作为一个统一的整体来感知。知觉的整体性与下列因素密切相关：两个以上知觉对象的相似、接近、连续、闭合、图形完整或者同属于一个区域等。

（3）知觉的理解性。知觉的理解性是指人们的知觉受到自身知识和经验的影响，对理解的事物能更快感知。知觉的理解性与下列因素关系较为密切：记忆、思维和语言。

（4）知觉的恒常性。知觉的恒常性是指人们的知觉并不随着感知对象的变化而变化，表现得相对稳定。知觉的恒常性在事物的大小、形状、颜色及透明度等方面都可以表现出来。

**3．感觉与知觉的区别与联系**

（1）感觉与知觉的区别。感觉和知觉都是人脑对客观事物的反映，但是二者有着重要的区别，其区别在于：感觉是人脑对外在事物的个别属性如颜色、气味、形状等的反映，而知觉则是对外部事物的各种属性、各个部分及其相互关系的整体反映，如房子、苹果等。感觉到事物的个别属性和部分越丰富，对事物的知觉就越完整、越准确。

（2）感觉与知觉的联系。感觉是形成知觉的基础，没有感觉人们就不会形成知觉。

### 专栏 1

#### “感觉剥离”实验

1954 年，加拿大麦克吉尔大学的心理学家进行了“感觉剥离”实验。实验中给被测试者戴上半透明的护目镜，使其难以产生视觉；用空气调节器发出的单调声音限制其听觉；手臂戴上纸筒套袖和手套，腿脚用夹板固定，限制其触觉。被测者单独待在实验室里，几小时后开始感到恐慌，进而产生幻觉。在实验室待了三四天后，被测者会产生许多病理心理现象：出现错觉幻觉；注意力涣散，思维迟钝；紧张、焦虑、恐惧等。试验后需数日方能恢复正常。这个实验表明，人的大脑的发育是建立在与外界环境广泛接触基础之上的。通过与外部环境的接触人们首先形成感觉，在感觉的基础上形成知觉，进而促进人的不断成熟成长。

知觉反映的是人们如何从环境中获得信息从而实现对世界认识的过程。这一过程的复杂性使得不同的学者对此产生分歧的理解，但是，大多数学者认为这一过程包括了观察或注意、选择、组织、理解或解释、行为反映等多个阶段，是一个多阶段的过程。

## 二、注意

某总经理坐在明亮、宽敞的办公室里，一边审阅各部门明年的财务预算，一边听他喜欢的古典音乐，偶尔还看一下玻璃门外大办公室中员工的表现。他的注意力分配适当，各项工作都胜任愉快。管理者的注意是影响企业绩效的一个重要因素。

### （一）注意的概念及其功能

**1．注意的概念**

注意是心理活动对一定对象的指向和集中。注意可以指向外部事物，也可以指向内部活动或行为。严格地说，注意不是一种独立的心理活动，而是某种心理活动的伴随现象。当人在注意某一对象时，他总是在感知着、记忆着、思维着、体验着什么。

**2．注意的功能**

（1）选择功能。注意可以选择对个人有意义的、符合需要的和与当前活动有关的信息；避开或抑制不重要的、与需要冲突的和与当前活动无关的信息，使心理活动更有效。

（2）保持功能。注意可以使心理活动的对象长期在意识和潜意识中保持，一直到达到目标为止。这对实现目标相当重要。

（3）监督功能。注意可以使个体迅速地综合、概括、转移有用的信息，使个体的心理活动集中在应该完成的方面。有效发挥注意功能的个体可以更有效地提高心理活动的水平，进而更有效地创造业绩。

### （二）注意的分类

注意可以分为两类：有意注意和无意注意。

（1）有意注意。这是一种自觉的、有预订目的的、经过意志努力而产生并保持的注意。有意注意是人特有的一种高级注意形式，也是企业中要求员工发展的一种注意形式。

（2）无意注意。这是一种不自觉的、没有预订目的的、不需要意志努力而对某些事物产生的注意。无意注意是注意的一种初级形式。

### （三）注意的特征

注意的特征主要有四个，即注意的广度、注意的稳定性、注意的分配和注意的转移。

（1）注意的广度。注意的广度是指个体在同一时间内能清楚地认知对象的特点的数量。

（2）注意的稳定性。注意的稳定性是指个体在较长时间内把注意保持在某一事物上的一种品质。

（3）注意的分配。注意的分配是指个体在同时进行两种以上的活动时，能把注意指向不同的对象。

（4）注意的转移。注意的转移是指个体根据目的主动地把注意从一个对象转移到另一个对象上去。

## 三、记忆

在管理活动中，没有记忆的参与是不可想象的。各种例子比比皆是：组长向工人传达厂长的指示；经理向下属讲解销售的技巧；秘书回忆上午客户打来的电话；工程师写下中学时代学的计算公式等。

### （一）记忆的概念及其分类

**1．记忆的概念**

记忆是人脑对过去经验的反映，包括识记、保持、再认或再现三个基本过程。记忆也可以认为是信息在人脑中的输入、编码、储存与提取的认知过程。记忆以感知为基础，是思维的重要桥梁。认识记忆的性质与重要性，对管理者十分重要。

**2．记忆的分类**

人类的记忆各种各样，因此记忆的分类法也五花八门。在管理中主要有两种分类法：时间分类法和内容分类法。

（1）时间分类法。根据记忆保持时间的长短，主要可以分为瞬时记忆、短时记忆和长时记忆。瞬时记忆又称感觉记忆，指持续时间仅约一秒钟的记忆。短时记忆又称操作记忆、工作记忆或电话号码式记忆，指保持时间在一分钟以内的记忆。它是处于瞬时记忆和长时记忆之间的一个记忆阶段。长时记忆是指保持时间长达多年，甚至终身的一种记忆。在管理中，员工的长时记忆十分重要。

（2）内容分类法。形象记忆又称情景记忆，是一种以感知过的事物形象为内容的记忆。逻辑记忆又称语义记忆，是一种以字、词、概念、符号、公式及它们之间关系为内容的记忆。情绪记忆是以个体体验过的情绪或情感为内容的记忆。运动记忆是以个体做过的运动状态或动作形象为内容的记忆。在管理中，我们发现，上述四种记忆往往是相互联系的，其中运动记忆保持的时间最长。另外，每个员工有不同的记忆专长。

#### （二）影响记忆的因素

在一般情况下，员工都希望自己有较好的记忆力，但在实际工作中，员工的记忆并不理想。影响记忆的因素很多，主要有以下几种。

（1）态度。一个人对记忆内容有积极的态度就较容易记忆。

（2）年龄。年龄较小者，机械记忆能力较好；年龄较长者，意义识记能力较好。

（3）知识结构。与个体原有的知识结构相关的内容较容易记忆。

（4）及时复习。感知后尽早再感知的内容较易记忆，因为遗忘有先快再慢的特点。

（5）记忆环境。一般认为较安静的环境有利于记忆；现在也有人认为，在优雅的古典音乐背景下更易记忆。

### 四、表象

当我们回想起退休的老厂长时，他的音容笑貌就会浮现在脑海之中，犹如又看见他一样。这就是表象。

#### （一）表象的概念及其种类

**1．表象的概念**

表象是指人或物并没有出现而人脑中出现该人或物的形象。

**2．表象的分类**

表象可以分为两种：记忆表象和创造表象。

（1）记忆表象简称表象，是指过去感知过的事物不在面前时又在人脑中再现出来的形象。

（2）创造表象又称想象，是指个体以已有的知识、经验为基础，在人脑中经过加工改造，形成新事物的形象。

#### （二）表象的特征

表象有两个特征：直观性和概括性。

（1）直观性是指表象和感知的形象较为接近，但与感知相比得到的形象没有那么鲜明、正确、稳定。

（2）概括性是指表象反映同一事物或同一类事物在不同条件下多次感知所经常表现出来的一般特点。表象比知觉有更大的概括性，但弱于思维。

## 五、思维

策划部经理正在为明年的企业策划案苦思冥想；车间工人小何反复思考如何向生产部经理提建议；工程部杨工程师正在为产品的纯度达不到标准而绞尽脑汁；营销部经理对下一阶段的促销活动深思熟虑；总经理反复推敲谁适合担任人力资源部经理。企业中的员工，在完成组织目标时，几乎都与思维有着密不可分的联系。

### （一）思维的概念及其特点

#### 1. 思维的概念

思维是人脑对客观事物概括的、间接的反映。思维是以感知为基础，以记忆为中介的一种高级的认知过程。它主要凭借分析和综合、抽象和概括等思维工具对感知的信息及记忆中的信息进行加工，以探索事物的本质和内在的联系。

#### 2. 思维的特点

根据思维的定义，思维的特点是概括性和间接性。

(1) 概括性是指思维所反映的不是个别事物或事物的个别属性，而是同类事物的共同特征和本质特征。

(2) 间接性是指思维所反映的不是直接作用于感觉器官的当前客观事物，而是通过其他事物的媒介作用来反映的。

### （二）思维的形式

思维的形式主要有三种：概念、判断和推理。

(1) 概念。概念是人脑对同一类事物的属性或特征的抽象的、概括的反映。概念具有抽象性、概括性和间接性的特点。概念具有外延和内涵两个方面。

外延是指具有该概念所反映的本质属性的一切事物。例如，企业概念的外延是所有各种各样的企业。

内涵是指概念所反映的事物的本质属性的总和。例如，企业概念的内涵包含通过生产、流通商品和提供服务，以获取利润为主要目标的组织。一个概念的内涵增多，其外延就会减少。

(2) 判断。判断是指对客观现实的对象之间的本质联系给出结论的一种思维形式。判断以概念为基础，以语句来表达。一般由主概念、系词、宾概念三部分构成。

(3) 推理。推理是指从一个或数个已知的判断中得出新判断。推理以判断为基础，以复合句或句组来表达。推理一般由前提和结论两部分构成。

### （三）解决问题的思维过程

人类的思维是有目的的，因此，思维活动往往是为了解决某一个问题或实践问题。在解决简单问题时，思维过程很难划分。在解决复杂问题时，思维过程可以分为四个阶段：发现问题，分析问题，提出假设，检验假设。

(1) 发现问题。在这个阶段中，人们发现现有的经验不能解释新情况、解决新问题，通过思维活动，清晰地确立了一个问题。

(2) 分析问题。在这个阶段中，凭借全面掌握的感性材料，通过思维活动，对问题进行详细的分析，了解问题的各个组成部分，以及各部分之间的相互关系。

(3) 提出假设。在这个阶段中，以假设的形式提出可能解决问题的方法。

（4）检验假设。“实践是检验真理的唯一标准”，提出的假设能否解决问题，需要通过实践来检验。如果问题解决了，该假设就是答案；如果问题未解决，再回到第二阶段。

## 六、言语

“我从来没有见过像你这么笨的人，连这点小事都做不好！”厂长对着助理大声吼道。

“小张，你干得真不错，刚上班三个月，销量已经达到中上水平了，再向同事学一点处理客户抱怨的技巧，你的销量计划一定会有突破的。”销售部经理对新来的推销员和颜悦色地说。

不同的语言反映了不同的心理活动，也影响着他人的心理活动。俗语“一句话让人笑，一句话让人跳”说的就是这个道理。因此，管理者应该对语言有深刻的了解。

### （一）语言和言语

语言和言语是两个完全不同的概念。

（1）语言。语言是按照一定的语法规则由词汇所组成的符号系统，如汉语、英语、日语等。它是一种社会现象。

（2）言语。言语是人们运用语言与他人交往或自己思维时的一种过程。

讲话、听说、书写、阅读等都是言语的一种方式。言语主要包括两个方面：表达，如讲话、书写等；理解，如听说、阅读等。它是一种复杂的心理活动。

（3）言语和语言的关系。这两者之间的关系十分密切，言语离不开语言，否则人们不能思维、不能表达思维，也不能与他人交往。同样，语言也离不开言语，如果某种语言不被人们言语，该语言就会被淘汰。

语言有较大的稳定性，而言语则有较大的差异性和多变性。

### （二）言语的种类

言语可以分为内部言语和外部言语，人们的外部言语主要起人际交往作用，内部言语主要是思维时的言语活动。外部言语又可以分为口头言语和书面言语，口头言语分为独立言语和对话言语。

独自言语是指个体在一个较长的时间里阐述自己的观点，传播有关的信息，而不被他人插话打断的口头言语；对话言语是指两人或两人以上之间相互交流信息的口头言语。

## 七、智力

月亮房地产公司招聘了两位推销员小林和小洪，他们都刚刚从学校毕业，都没有推销经验。经过两周的推销上岗培训，小林很快入门了，并在三个月的工作中熟练地运用学到的知识和技能，销售业绩也和老员工不相上下。小洪却在三个月中一点建树也没有，还像新手一样，经理不得不安排他第二次参加培训。

企业中员工智力的高低对企业的生存和发展有着举足轻重的作用，因此，管理者应该重视员工的智力水平。

### （一）智力的概念及其重要性

#### 1. 智力的概念

智力是指个体的学习能力和适应环境的能力。智力是人的认识水平的综合体现，主要包括观察能力、记忆能力、想象能力和思维能力。人的智力的高低主要受到遗传和环境两方面的影响。绝大多数人出生后智力相差无几，因此，后天环境因素起了至关重要的作用。

2. 智力的重要性

企业的成功与否主要取决于高素质的人，高素质的人的一个重要组成部分是具备较高的智力水平。因此，管理者必须吸引足够多的高智力的人，同时，把每个员工的智力尽可能地发挥出来，这样，这个企业才有成功的希望。当然高素质的人还需要具备其他的品质，如良好的个性、积极的心态、高尚的品德等。

（二）智力的测验

目前，许多企业采用智力测验来了解员工的智力状况。智力测验是指通过个体的认知活动来了解其智力水平的一种心理科学方法。智力的高低以智商（IQ）来表示。一般人的 IQ 在 90～109；110～119 属于中上水平；120～139 属于优秀水平；140 以上属于天才；79～89 属于中下水平；60～79 属于临界状态水平；60 以下属于智力缺陷，也称智残。

IQ 通过智力测验获得结果。智力测验的内容多种多样，主要有判断力、推理能力、记忆力、观察力、空间知觉能力、知觉速度、走迷宫、形状分析、快速计算、词汇量、综合知识、注意力、创造能力等。

目前智力测验的形式主要有纸笔测验和计算机的人机对话。

（三）对管理中运用智力测验的评价

智力测验在管理中已经被运用了很长时期，但对智力测验有两种截然不同的看法：一种看法认为，智力测验对于了解员工的成功潜力至关重要，因此每个员工必须通过智力测验；另一种看法认为，智力测验完全无效，企业中应该严禁对员工进行智力测验。

其实，以上两种观点均有偏颇。应该说，智力测验有其本身的长短处。其长处在于能较迅速地了解一个人的认知水平，比较科学，在招聘中运用比较公平；其短处在于可能被滥用而导致测试失准，甚至由于对智力有曲解而产生误会。

# 第二节 社会知觉

## 一、社会知觉的含义

知觉是对一切客观事物的反映，而社会知觉是对社会对象的知觉。社会知觉是个体在与他人的交往过程中，观察、了解他人并形成判断的一种心理活动。

社会知觉这一概念是由美国心理学家布鲁纳于 1947 年提出来的。从知觉对象看，可以把知觉划分为对物的知觉和对人的知觉。它们都服从知觉的一般规律，但也有自己的特殊性。物是静止的，人在感知事物时，人是能动的，知觉的对象是被动的。但对人的感知就不同了，当人感知人而不是物时，他并不停留在被感知者的音容笑貌、身体姿态、言行举止等外表上，而要根据人的外部特征感知对象整体的另一部分——内部心理状态，即他的态度、动机、观点、个性特点等。这是对人的知觉与对物的知觉的根本区别。

社会知觉本质上是对人的知觉。社会知觉的刺激来源于社会客体。因此，我们可以把社会知觉定义为主体对社会客体的认识。社会客体的内涵十分广泛，既包括他人、群体、人际关系，也包括知觉主体自身。由此，我们又可以把社会知觉定义为主体对社会环境中生活的人及其关系的认识。组织行为学之所以特别注重社会知觉的研究，因为它跟人的行为密切相关。

## 二、社会知觉的类型

社会知觉可以分为他人知觉、自我知觉、人际知觉、角色知觉及因果关系知觉。

**1. 他人知觉**

他人知觉是指在人际交往过程中，通过对他人外在行为表现及特征的观察，得出对其内在情绪、态度、动机、人格等心理状态和特征的认识。

对他人的知觉也遵循知觉的一般规律，即是一个由表及里、由浅入深、由现象到本质的过程。知觉的过程首先是对感性材料，如衣着打扮、仪表风度、言谈举止、表情眼神等形成初步印象，然后在此基础上逐步认识其内在品质，如能力、品格等。

对他人知觉的信息来源是多方面的。①言语。言语是最重要的信息源之一，是人与人之间表达思想、交流信息、沟通情感的最常用方式。无论是书面言语还是口头言语，都能在一定程度上反映人的知识修养、兴趣爱好、社会态度、人格特征、能力等内在素质。此外，口头言语中的语调、语速、节奏、停止等特征也是传递个人思想或感情的信息。②面部表情和目光接触。眼睛是心灵的窗户，面部表情是情绪的晴雨表。人的一颦一笑、喜怒哀乐很容易从面部特征的变化中观察到。③体态和动作。它是社会认知过程中不可忽视的信息源，善于观察的人能够从他人不经意的体态中洞悉其潜藏的态度和情绪。④背景信息。对他人家庭生活环境、成长经历、接受教育和教养程度的了解，有助于我们更全面地认识了解一个人。

**2. 自我知觉**

自我是在社会关系和社会实践活动中所形成的每个人的心理、意识、活动及机体自身的统一体。广义地说，自我既包括个体的躯体、生理活动、心理活动，也包括所有与个体有关的存在物，如个人的事业、成就、名誉、地位、财产、权力等。自我知觉指个人对自己存在的认识、对自己及与周围事物关系的认识。

人贵有自知之明。人只有正确认识了自己，才能不断地进行自我调节和自我完善。只要我们处于清醒状态，无论自己在想什么或做什么，我们都能感觉到当前自己的存在。自己在活动中所担任的角色即自我角色知觉，自己与他人的关系即自我人际知觉。正确地认识自己，对于与他人正常交往、协调人际关系、化解矛盾和冲突具有十分重要的意义。

人不仅在知觉别人时需要通过其外部特征来认识其内部心理状态，同样也要这样来认识自己的行为动机和意图。自我知觉是在人际交往过程中，随着对他人的知觉而形成的。个体通过把对他人知觉的结果和自己加以对照和比较，产生了对自己的印象；同时，在交往过程中，个体也通过把别人当做“镜子”来了解自己，进行自我知觉。

自我知觉和他人知觉相比，有以下特殊之处：①在知觉他人时自己是主体，他人是客体；在自我知觉时，自己既是主体又是客体。②人在观察自己时所掌握的信息比观察他人时更多。首先，作为知觉对象的自我，既包括了自我的个性心理特征，也包括相应的行为表现；其次，自己对自己的知识、经验和过去的经历要比知道他人的多得多。

**3. 人际知觉**

人际知觉是个体在人际交往过程中，对人与人之间相互关系的知觉，包括对自己与他人的关系知觉和他人与他人之间关系的知觉。人际知觉主要是在人际交往中发生的，其主要特点是有明显的情感因素参与知觉过程。人们不仅相互感知，而且彼此之间还会形成一定的态度。在这种态度的基础之上还会形成各种各样的情感，如喜爱、同情和反感等。人际知觉过程中产生的情感取决于多种因素：彼此接近的程度、交往的多少、彼此的相似程度等。对个人而言，正确认识各种人际关系有利于改善、协调、发展各种人际关系；对组织管理人员而言，正确认识各种人际关系有利于分析、解决各种问题，调动员工积极性、提高员工的士气、增强群体凝聚力等。

**4．角色知觉**

角色指与某种社会身份相称的行为规范的集合。角色知觉是个体对自己或他人的角色及有关角色现象的整体认识，主要包括三个方面：对自我角色的知觉，对他人角色的知觉，对角色期待的知觉。自我角色知觉指个人对自己在某种情况下应该做出什么样的适当行为的认识；他人角色知觉指对于他人在一定情况下应该做出什么样的行为的认识；角色期待知觉则是指个人对他人对自己的期望和要求的认识。

每个人在社会生活中都充当着一定的角色。任何一种角色行为，只有在角色认知十分清晰的情况下，才能使角色得以实现，它是角色得以实现的先决条件。对于组织中的每个人，角色知觉的意义在于，只有具有正确、清晰的角色知觉，才能以合乎身份的态度和行为方式，在各种社会情境中行事，达到良好的社会适应。管理者应通过一定的方式，加强员工们的角色意识，从而更好地发挥每一角色的作用，以确保生产效率和员工满意度的提高。

**5．因果关系知觉**

对人知觉不同于对无生命客体如桌椅、机器、建筑物的知觉，我们总是对人们的活动进行推断。但对无生命客体却不是这样，无生命的物体受到自然规律的支配，它们没有信仰、动机和意愿。当我们观察人时，总是试图对为什么他以某种方式行动进行解释。因果关系知觉就是指在有关的一系列社会知觉中对其因果关系的知觉。这种知觉的形成，一方面取决于有足够的某种社会知觉，另一方面借助于思维的作用，分析出知觉之间的因果关系。

## 三、影响社会知觉的因素

为什么不同的个体看到相同的事物却产生不同的知觉？是因为有很多因素影响到知觉的形成，有时甚至是知觉的歪曲。这些因素可以归纳为知觉者、知觉目标或对象，以及知觉发生的情境三个方面。

### （一）知觉者的因素

当个体看到一个目标物并试图对他所看到的东西进行解释时，这种解释受到了知觉者个人特点的明显影响。你在新买了一辆车后，会注意到马路上跑着很多车都与你的相同。显然不可能是这种车的数目忽然间增加了，这是由于你的购买行为影响了你的知觉，因而现在更有可能注意到它们。在影响知觉方面最相关的个人因素是动机、任务、兴趣、过去的经验和期望。

**1．知觉者的动机**

未满足的需要或动机刺激了个体并能对他们的知觉产生强烈影响。一项对饥饿的研究戏剧化地描述了这一事实。研究中的被测试者持续没有吃东西的时间不同，一组被试者 1 小时前吃了东西，另一组被试者则 16 小时没吃任何东西。分别给被试者呈现一组主题模糊的图片，结果个体饥饿的程度影响了他们对模糊图片的解释。相比吃完东西才 1 小时的被试者来说，16 小时没吃东西的被试者把图片内容知觉为食物的频率高出很多。

**2．知觉者的任务**

给被试者以明确的任务，其对事物的感知就比较完整。例如，平日对楼梯的级数、教室窗户的玻璃数一般不注意，提问时可能一下子回答不出来，但明确任务之后很快就能回答。

**3．知觉者的兴趣**

兴趣的个体差异往往决定着认知的选择性。人们的兴趣往往会使他们把不感兴趣的事物排除到认知的背景上去，而集中注意力于感兴趣的事物，例如，读书入迷者会在人声嘈杂中旁若无人；一名整容外科医生可能会比一个水管工更容易注意到一个不美观的鼻子。由于个体之间的兴趣差异很大，因而在相同情境中一个人所注意到的东西会与另一个人的不同。

**4．知觉者过去的经验和期望**

过去经验也同样限制了人们的注意力。过去从未经历过的事件或物体显然会更吸引人们的注意。人们更可能注意到一个自己从未见过的机器，而不是一个很普通、很标准的、过去见过的上百个完全一样的文件柜。在很多情况下，一个人的过去经验也会减弱他对客体的兴趣。

期望能使知觉失真，它使你所看到的是你所期望看到的。如果你预期警察都很威严，北方人都豪爽不拘小节，老年人都比较保守，你就会以这种方式知觉他们，而不管他们实际的特点如何。

### （二）知觉对象的因素

观察对象的特点也能影响知觉内容，如声音洪亮的人比安静的人更容易受到注意，明星比普通人更容易吸引公众的眼球。魅力、印象整饰、知名度会影响人们对知觉对象的认识。

（1）魅力。构成个体魅力的因素既有外表特征和行为反应方式方面，又有内在性格特点方面。说一个人有魅力，意味着他具有一系列积极属性，如容貌美、有能力、正直、聪明、友好等。在实际的知觉过程中，个人往往只需要具备其中一两个特征就可能被认为有吸引力。

（2）印象整饰。知觉对象并非总是被动的，有时他们也通过调整自己的言论和行为，来控制知觉者对自己的知觉。所谓印象整饰，是指行为者通过言语与非言语信息的表达，试图操纵、控制知觉者对其形成良好印象的过程。知觉对象可以强调自己许多属性中的某些属性而隐瞒其他的属性，试图控制别人对自己的印象。这种方法有时很成功，使得不同的知觉者对同一个人形成完全不同的印象，或者同一个知觉者在不同的时间和场合下对同一个人得出不一致的看法。

印象整饰包括两个方面。一方面是印象动机，指个体实际上操纵知觉者产生印象的程度，如为工作面试准备穿着的人可能敏锐地意识到要给主考官留下美好的印象；另一方面是印象建构，指个体有意识地选择要传达的印象及怎样做，如一位妇女要应聘银行管理职位，她可能在简历中着重强调工作年限（显示稳定和可靠）并略去其在跳伞运动方面的爱好（不展示其鲁莽的一面）。

（3）知名度。一个人知名度的大小也影响着别人对他的知觉。在一个人有一定知名度的情况下，人们通过某种社会传播媒介或周围其他人传递的有关他的信息，实际上已经开始了对他的知觉。人们依据这些间接的材料形成一定的判断，当真正接触时，会首先检验原有的看法。一般来说，知名度高、社会评价积极的人，对于知觉心理有特殊的影响力。例如，很多年轻人喜欢把一些明星当偶像，用心地去模仿他们的一举一动、一颦一笑。这就是明星的知名度在其中起了作用。当然，知名度高也不一定都是好事，比如，普通人犯点错误可能不会引人注意，但明星犯错误就会被媒体无限夸大，甚至可能导致其演艺生涯的终结。

### （三）知觉的情景因素

我们并不是孤立看待目标的，因此目标与背景的关系也影响知觉，并且，我们倾向于把关系密切和相似的事物组织在一起进行知觉。知觉的情境因素通过影响人的感受性来改变知觉的结果。所谓感受性，就是人的感觉器官对外界刺激物的感觉能力。人的感受性在不同的情境下会发生变化并表现出不同的感受能力。个体的感受性受情境因素的影响主要表现在以下四个方面。

（1）适应。这是由于刺激对感觉器官的持续作用而引起感受性发生变化的现象。它可以表现为感受性的提高，也可以表现为感受性的降低。古人云，“入芝兰之室，久闻不觉其香；入鲍鱼之肆，久而不闻其臭”，是嗅觉的适应现象，表现为感受性降低。例如，白天进入熄灯的电影院，开始觉得一片漆黑，慢慢会辨别出周围物体的轮廓，这是视觉的适应现象，表现为感受性提高。

（2）对比。这是同一感受器官接受不同的刺激而使感受性发生变化的现象。例如，吃了糖以后接着吃广柑，觉得广柑很酸，这种情况为先后对比。但对知觉和感受性产生较大影响的是知觉对象和背景的对比。例如，一个女孩和男朋友约好在公共汽车站见面，而她正好站在垃圾箱的旁边，她给男朋友的印象可能会大打折扣，因为她的男朋友在远远看见她的同时，也看见了垃圾箱。这也就是为什么情侣约会总喜欢找一些环境比较雅致的地方，因为这样的环境可以让自己在对方心目中留下比较好的印象。

（3）敏感化。在某些因素影响下，感受性暂时提高的现象称为敏感化。它与适应不同，适应会使感受性提高或降低，而敏感化则都是感受性的提高。例如，感觉的相互作用、人的心理活动的变化、兴奋性药物刺激等都能提高敏感性，加深人对某一事物、活动的知觉。

（4）感受性降低。与适应引起的感受性变化不同，它是由其他因素引起的。知觉的相互作用、人的生物因素和心理因素、不良嗜好的作用，以及某些药物的刺激等都会引起感受性降低。例如，“欢娱嫌夜短，寂寞恨更长”就是由于心理因素、情绪不同产生的时间错觉。

## 四、社会知觉中的偏差

知觉和解释他人的活动是一项很艰难的工作。为了使这项工作更简单，个体发展了很多技术手段。这些技术是很有价值的，它们使我们能够迅速进行正确的知觉，并为预测提供有价值的资料，然而，它们并不是绝对安全可靠的，它们有时会使我们产生错误的知觉判断，陷入知觉的误区。常见的知觉偏差有下面几种。

### 1．选择性知觉

当刺激模棱两可时，知觉倾向于更多受到个体解释基础（态度、兴趣和背景）的影响，而不是刺激本身的影响，这种知觉就是选择性知觉。

任何人、物、事件的突出特点都会提高人们对它知觉的可能性。因为我们不可能接受我们所见到的每一件事，而只能接受某些刺激。在实际生活中，我们接受的往往是一些零散的信息，但这些零散信息并不是随机选择的，而是观察者依据自己的兴趣、背景、经验和态度进行主动的选择。选择性知觉使我们能“快速阅读”他人，但这同时也冒着信息失真的风险，因为我们看到的是我们想看到的东西，我们可以从一个模棱两可的情境中得到没有根据的结论。

### 2．首因效应

首因效应是指人们根据最初获得的信息所形成的印象较为强烈，从而能左右其对后来信息的理解。首因效应是一种先入为主的效应，也被称为第一印象效应。如果在一个人的知觉过程中，某人给我们留下了比较美好的第一印象，这种印象就将影响以后我们对他的知觉。反之亦然。即使我们感知的某人表现已经变化了，第一印象形成的影响也将是缓慢地、滞后地改变。

### 3．近因效应

近因效应是指根据最近出现的信息形成强烈印象，而忽略了过去信息所留下的印象。它和首因效应正好相反。一般来说，在知觉不太熟悉的人时，首因效应起到较大的作用，人们总是用后面得到的信息想方设法地去证实第一印象；在知觉比较熟悉的人时，近因效应起到较大的作用，但也不是绝对这样的。

**4．刻板效应**

刻板效应也称刻板印象、定型效应，是指人们对某类社会对象产生了固定的看法，这种看法对以后有关该类对象的认知产生强烈影响。人们在看待他人时，会不自觉地按其年龄、性别、职业、民族等特征进行分类，然后依据个人对这类人的固定印象来做出判断。例如，运动员都是积极进取、勤奋努力、善于处理不利环境的，所有财会人员都是安静而善于内省的，男性对照顾孩子不感兴趣，老年人无法学会新技能，亚裔移民勤奋而负责，肥胖者缺乏纪律性等。刻板印象的问题之一是它们在生活中十分普遍，尽管事实上它们可能毫无真实性或完全不相关。

**5．晕轮效应**

晕轮效应也称以点概面效应，是指在观察某一个人的时候，由于他的某种品质或某种特征较为突出，观察者将此扩大为他的整体行为特征。学生在评价他们的老师时，这种效应经常出现。学生们常常分离出某种具体的特征（如热情），并使他们的整体评价受到对这一单独特质的知觉的影响。比如，一名教师可能是安静、认真、知识丰富、水平很高的，但如果他的风格不够热情，则其他特点也不会得到很高的评价。反之，如果这位老师教学非常热情，哪怕其他方面有所缺陷，对其的评价也会较高。因此，我们对人、对事要防止以点代面，以偏赅全。

**6．对比效应**

对一个人的评价并不是孤立进行的，而是常常受到我们最近接触到的其他人的影响，这种效应就是对比效应。在对一组申请者进行的面试情境中可以明显看到对比效应的影响。对任何一名具体候选人来说，评估的失真可能是他在面试中所处的位置带来的结果。如果排在该候选人之前的是个平庸的申请者，则可能会更有利于对他的评估；如果排在他之前的是个极出色的申请者，则可能不利于对他的评估。

**7．投射效应**

投射指人们倾向于按照自己是什么样的来知觉他人，而不是按照被观察的他人的真实情况进行知觉。它能使我们对其他人的知觉产生失真。例如，如果你希望自己的工作富有挑战性并能够自己负责，则会假定别人也同样希望如此。或者，如果你是个诚实而可信的人，你会想当然地认为别人也同样是诚实可信的。而事实并不一定如此。“以小人之心度君子之腹”也是投射带来的知觉偏差。

**8．皮革马利翁效应**

皮革马利翁效应也称心理暗示，表明人们的期望决定他们的行为。如果管理者对成员的期望很高，他们就不太可能令管理者失望；如果管理者预期员工只能完成最低水平的工作，他们就倾向于符合这种低期望。

## 第三节　归　　因

### 一、归因概述

在人们日常社会生活中，无时无刻不在对自己的行为、对别人的行为、对发生在自己周围的各种各样的事件寻找原因、做出解释。比如，我为什么会迟到？经理今天为什么会对我如此无礼？

在公司里，为什么会发生如此荒诞的事情？如此等等，人们是如何对诸如此类的问题做出解释的呢？人们对这类问题做出的解释又是如何影响他们随后的思想、行为和动机，从而有助于或有碍于他们适应新的环境呢？这些问题就是归因理论中讨论和要解决的问题。

所谓归因，是指人们从可能导致行为发生的各种因素中，认定行为的原因并判断其性质的过程。归因，从其字面含义来说，是指"原因归属"，即将行为或事件的结果归属于某种原因。通俗地说，归因就是寻求结果的原因。因此，归因是指根据行为或事件的结果，通过知觉、思维、推断等内部信息加工来确认造成该结果的原因的认知活动。

在心理学中，一般将归因看成一种决策制定过程。面对一种结果，往往有多种可能的候选因素存在，到底哪一种因素是造成该结果的原因？这就需要通过比较、推断，最后做出决策，从中选出一种或几种因素作为该结果的原因。

## 二、归因理论

### （一）海德的内因、外因论

归因理论认为我们对个体的不同判断取决于我们对特定行为归因于何种意义的解释。这一理论表明，当我们观察某一个体的行为时，总是首先试图判断它是由于内部原因还是外部原因造成的。归因理论的创始人海德区分了导致行为发生的这两种因素。内因指行为者的内在因素，包括能力、动机、努力程度等；外因指来自外界的因素，如环境、他人、任务的难易程度等。对于一名上班迟到的员工，你可能会把他的迟到归因于他在昨天的晚会上玩到凌晨因而睡过了点，这就是内部归因。但如果你认为他的迟到主要是由于他常走的路线交通阻塞问题造成的，那么你进行的就是外部归因。

### （二）凯利的三度归因论

到底是该作外部归因还是内部归因呢？美国社会心理学家凯利提出的三度归因论有助于回答这个问题。凯利认为，这种决定取决于三个因素：区别性、一致性和一贯性。

（1）区别性指个体在不同情境下是否表现出不同行为。一名今天迟到的员工是否不同于平常？如果是，则观察者可能会对行为做外部归因；如果否，则可能将活动归于内部原因。

（2）一致性指每个人面对相似情境都有相同的行为反应。比如，所有走相同路线上班的员工都迟到了，则这一迟到行为就符合上述的标准。从归因的观点看，如果一致性高，我们很可能对迟到行为进行外部归因；如果走相同路线的其他员工都准点到达了，你会断定迟到的原因来自内部。

（3）一贯性指个体无论何时都有同样行为。如果一名员工并不是在所有情境下都上班迟到10分钟，则表明这是一个特例（比如，他有好几个月从未迟到过）；而对于另一种情况（比如，他每周都迟到两三次），则说明迟到行为是固定模式的一部分。行为的一贯性越高，观察者越倾向于对其做内部归因。

图3-1总结了归因理论中的主要因素。它告诉我们，如果一名员工完成目前工作的水平与其他类似的工作相同（低区别性），而在这项工作中其他员工的水平总是和他的水平十分不同（低一致性），并且他的这一工作绩效无论何时都是稳定的（高一贯性），则认为他自己对这一工作绩效承担主要责任（内部归因）。

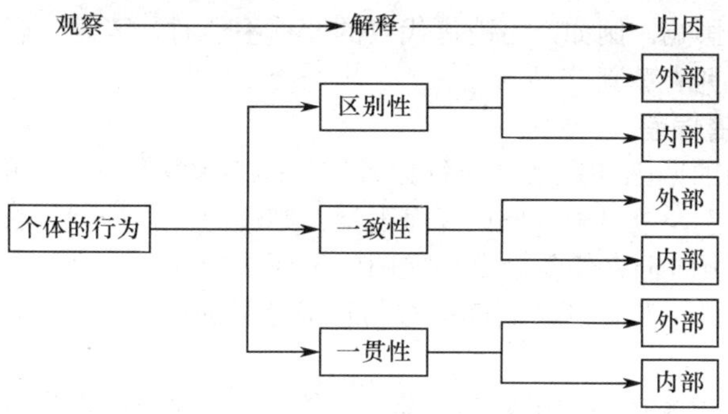


图 3-1 归因理论

### （三）维纳的归因理论

我们对发生在自己或者他人身上的事件做出归因的目的，是判断、预测或指导将来的行为。那么，在做出内外部归因之后，我们还要问一个问题：哪些因素是可以改变的，哪些因素是不能改变的，或者它们改变的难易度如何？作为管理者，又应该如何通过归因去影响员工的行为呢？

心理学家维纳在海德的内外部归因的基础上提出了另一种尺度，把原因区分为暂时的和稳定的两个方面。依照这两种尺度，就可以得到四种归因结果：稳定的内因，稳定的外因，暂时的内因，暂时的外因。如果按照这四种结果对上面提到的员工迟到行为进行归因，可以得到表 3-1。

表 3-1 对迟到行为的决定因素分类表

| 归 因 尺 度 | 内在的 | 外在的 |
|---|---|---|
| 稳定的 | 天生懒散 | 家离单位很远，交通不便 |
| 暂时的 | 对所从事的工作缺乏兴趣 | 交通事故导致交通阻塞 |

在管理者解释或预测员工的迟到行为时，暂时、稳定尺度是适用的。如果管理者把员工迟到归因于稳定因素，我们可以预测将来员工还会迟到，因为员工懒散的天性是很难改变的，员工的家庭住址及交通问题也是短时间之内没法改变的；如果管理者把员工的迟到归因于暂时因素，我们可以预测，如果给员工掉换工作岗位，让他从事自己喜欢的工作，或者上班途中不再碰到因交通事故而导致的交通阻塞，员工的迟到行为就不会再发生。

## 三、归因偏差

归因理论提出了人们在对他人的行为进行判断和解释过程中所遵循的一些规律，在管理过程中，管理者和员工对行为的归因也不可避免地受到这些规律的影响。管理者要认识到员工是根据他们对事物的主观知觉而不仅仅是客观现实做出反应的。员工对于薪水、上级的评价、工作满意度、自己在组织中的位置和成就等方面的知觉与归因正确与否，对于其潜力的发挥和组织的良好运作是有重要影响的。同时，管理者在对员工的行为进行判断和解释时也应该尽量避免归因中的偏见和误差。

归因中常见的偏差有以下几种。

**1. 基本归因偏差**

尽管我们在评价他人的行为时有充分的证据支持，但我们总是倾向于低估外部因素的影响而高估内部或个人因素的影响。例如，当销售代表的业绩不佳时，销售经理倾向于将其归因于下属的懒惰而不是竞争对手拥有革新产品。

**2. 行为者与观察者偏差**

行为者对自身行为的归因和观察者对行为者行为的归因往往是不同的。行为者倾向于强调外部环境等不可控制的因素，做出外部归因；而观察者则倾向于强调行为者本身的特质因素，进行内部归因。例如，员工倾向于将任务没有完成归因于环境的变化，而管理者则认为是员工能力差或者不够努力，这样在员工和管理者之间就容易形成意见的冲突。

**3. 自我服务偏见**

个体倾向于把自己的成功归因于内部因素，如能力和努力，而把失败归因于外部因素，如运气，这称为自我服务偏见。这样做的原因可能是个体都希望给他人留下一个好的印象，希望他人认为自己是有能力的或者是勤奋的，因此倾向于自我标榜。

不过，这种归因偏差受到文化差异的影响。比如，在中国，人们受到的教育是努力是通往成功的道路。我们认为外部原因只有通过内部原因才能起作用，因而导致结果的主要原因还是个人自身。中国人从小受到这种教育，因而形成了相应的归因倾向。无论面对成功还是失败，中国人首先反省自己是否足够努力，以及自己的态度是否端正。在一项关于运动成绩的归因研究中，中国运动员把他们的成功与失败都归结为内部原因，即使有时不好的成绩明显是由外部原因造成的，如恶劣的天气，中国选手仍然做内部归因。

# 第四节　学　　习

本章介绍的最后一个概念是学习。纳入这一内容显而易见的原因在于，几乎所有的复杂行为都是学习所得的。如果我们想解释、预测和控制行为，就需要了解人们是如何学习的。

## 一、学习的定义

有人认为，学习是“我们在学校里所从事的活动”。而实际上，学习在任何时间任何地点都可能发生。因此，心理学中给学习的定义是：由于经验而发生的相对持久的行为改变。可以这样说，行为的变化表明了学习的发生，学习是行为的改变。换句话说，如果一个人的行为、活动、反应这些作为经验的结果与过去的方式有所不同时，就意味着学习已经发生了。

在学习的定义中，有几个方面需要澄清。

第一，学习包含着变化。从组织的角度来看，这一点有利有弊。人们可以学好的行为，也可以学会不好的行为，如持有偏见或限制自己的产量。

第二，这种变化应该是相对持久的。暂时的变化可能仅仅是反射的结果，而不是学习的结果。因此，在学习方面需要把那些由于疲劳或暂时的适应性而导致的改变排除在外。

第三，我们的定义关注的是行为，只有行为活动出现了变化，学习才会发生。如果个体仅仅在思维或态度上发生了变化，而行为未发生相应变化，则不是学习。

第四，学习必须包含某种类型的经验。学习可以通过观察或直接经验得到，也可以通过间接经验得到（如通过阅读而获得）。这其中关键的问题依然在于：这种经验是否导致了相对持久的行为变化？如果回答“是”，我们可以说学习发生了。

## 二、学习的理论

一个人如何学习？在这里我们提供三种理论来解释这一过程：经典条件反射理论，操作条件反射理论，社会学习理论。

### （一）经典条件反射理论

在经典条件反射理论方面的大量研究是20世纪初俄国生理学家伊万·巴甫洛夫进行的，他的研究主要是教会狗听到铃声后做出分泌唾液的反应。

巴甫洛夫通过一个简单的手术程序使得自己可以精确测量出狗所分泌的唾液量。当他给狗一片肉时，狗的唾液分泌量明显增加。当他藏起这片肉而只摇铃时，狗不分泌唾液。然后，巴甫洛夫将肉和铃声结合在一起。每次狗得到食物之前都会听到铃声，如此反复。狗于是听到铃声后就立即开始分泌唾液。此后，狗即使只听到铃声而没有提供食物时也会分泌唾液。事实上，狗已经学会了一种新的反应，即听到铃声分泌唾液。

在这个实验中，有三个关键概念：无条件刺激物、条件刺激物和条件反应。食物是无条件刺激物，它必然会使狗做出某种方式的反应。只要无条件刺激物出现，这种反应就会发生（在这一实例中，这种反应为唾液量的明显增长），因此这种反应称为无条件反应。铃声为人工刺激物，或称条件刺激物。它原本是中性的，当与食物（无条件刺激物）联系在一起之后，最终使得条件刺激物单独出现时也产生了这种反应。条件反应描述的是狗在仅有铃声时也做出唾液分泌反应的行为。

经典条件反射可以解释为什么圣诞颂歌总能勾起人们童年时代的美好回忆。这些歌曲与圣诞节的愉快心情联系在一起，因而产生了美好的回忆和欢乐的情绪。在组织情境中，我们也能看到经典条件反射的事例。比如，在一家工厂中，每当总部高级执行官定期前来视察时，管理层总是把办公室收拾得窗明几净。这种做法已经保持许多年了。最后，员工们只要一看到窗户擦得干干净净就会立刻表现出良好的精神风貌，即使有时这种清洁卫生与总部的视察无关。

### （二）操作条件反射理论

经典条件反射是被动的。当某件事发生时，我们以某种特定的方式进行反应，它可以帮助我们解释一些简单的反射行为。然而，大多数行为，尤其是个体在组织中的复杂行为，都是主动出现的而不是被诱导出来的，它们是主动自觉的而不是被动反射的。比如，员工准时上班，遇到困难寻求上司的帮助，在没人监督时会游手好闲等行为。要想进一步了解这些行为是如何习得的，还应该学习操作条件反射理论。

操作条件反射理论认为行为是其结果的函数。人们通过学习获得他们想要的东西而逃避他们不想要的东西。操作行为指的是主动或习得的行为，而不是反射或先天的行为。该行为结果是否得到强化，影响着这一行为的重复倾向。也就是说，强化物强化了行为并增加了其重复的可能性。

操作条件反射理论是哈佛大学心理学家斯金纳提出的。斯金纳认为行为并不是由反射或先天决定的，而是后天习得的。他指出，在具体的行为之后创造了令人满意的结果，会增加这种行为发生的频率。如果人们的行为得到了积极强化，则最有可能重复这种令人满足的行为。比如，如果奖励紧跟在恰当的反应之后，会最为有效。如果行为不被奖励或受到惩罚，则不太可能被重复。例如，假设你的上司告诉你如果能在下三个星期的忙季里加班工作，下一次绩效评估中你将会得到补偿。但是，当绩效评估到来之时，你发现对于加班工作你没有得到任何积极强化，下次上司再请你加班时，你很可能会拒绝。你的行为可以用操作条件反射来解释，如果一种行为未能得到积极强化，则该行为重复的可能性会降低。

### （三）社会学习理论

个体不仅通过直接经验进行学习，还通过观察或听取发生在他人身上的事情而学习。比如，我们通过观察榜样，如父母、教师、同伴、电影电视演员、上司等，学会了很多东西。这种认为我们可以通过观察和直接经验两种途径进行学习的观点称为社会学习理论。社会学习理论是操作性条件反射的扩展，也就是说，它也认为行为是结果的函数，但它同时还承认了观察学习的存在及在学习中知觉的重要性。人们根据自己对客观结果的感知和定义做出反应，而不是根据客观结果本身做出反应。

榜样的影响是社会学习理论的核心。人们发现榜样对个体的影响方面包括了四个过程。

（1）注意过程。只有当人们认识并注意到榜样的重要特点时，才会向榜样学习。我们倾向于最受那些有吸引力、反复出现、我们认为重要、与自己相似的榜样影响。

（2）保持过程。榜样的影响取决于当榜样不再真正出现时，个体对榜样活动的记忆程度。

（3）动力复制过程。个体通过观察榜样而看到一种新行为之后，观察必须要转化成行为。这一过程表明个体能够执行榜样活动。

（4）强化过程。如果提供了积极的诱因或奖励，将会激发个体从事榜样行为。人们对被强化的行为将会给予更多的注意，学习得更好，表现得更频繁。

## 三、行为塑造

学习不但发生于工作之前，还发生于工作之中，因而管理者应该注重如何教导员工，使他们的行为对组织最有利。管理者常常通过逐步指导个体学习的方式来塑造个体，这一过程被称为行为塑造。员工的行为与管理者的追求往往有很大的差距，行为塑造为管理者提供了一种获得所期望的行为的可行做法。它通过系统地强化每一连续步骤而使个体越来越趋近理想的反应。例如，对于一名长期迟到半小时上班的员工，如果他此次上班迟到了 20 分钟，我们就应强化这种进步。当反应越来越接近所期望的行为时，强化也应不断提高。

### （一）塑造行为的方法

行为塑造有四种方法：积极强化、消极强化、惩罚和忽视。①当一种反应伴随着愉快事件时，称为积极强化。例如，管理者称赞员工工作干得好。②当一种反应伴随着中止或逃离不愉快事件时，称为消极强化。如果老师在课堂上问了一个问题，你不知如何回答，可能就要翻看课程笔记，这样老师就不再让你回答了。这就是一种消极强化，因为你学会了匆忙地翻看笔记可以防止教师提问你。③惩罚是指为了减少不良行为而导致的不愉快情境。员工因为酗酒问题而被责令停工两天不付薪金就是惩罚的一个例子。④消除任何能够维持行为的强化物则称为忽视。当行为不被强化时，便倾向于逐渐消失。在上课时，如果教师不希望学生在课堂上提出问题，则可以消除这些行为，即当这些学生举手要发言时，无视他们的存在。当举手行为得不到强化，这种行为便会消失。

积极强化和消极强化都导致了学习。它们强化了反应，增加了其重复的可能性。如前所述，表扬增强了做好工作的行为，因为表扬是令人愉快的。而学生看上去很忙碌的行为增强了中止不愉快的行为结果。惩罚和忽视也导致了学习，但它们是削弱了行为，并减少了其发生的频率。无论积极强化还是消极强化，作为行为塑造的工具都有着深刻的影响。因此，我们的兴趣在于强化而不是惩罚或忽视。

### （二）强化程序

强化程序有两种主要类型：连续的和间断的。

连续强化程序是指每一次理想行为出现时，都给予强化。比如，对于一个有不准时上班习惯的员工，每次他准时上班，主管都会表扬他这种好行为。而在间断强化程序中，并不是对每一次理想行为都给予强化。不过，为了保证行为能够重复，强化的次数也应是充分的。研究结果表明，与连续方式相比，个体在间断强化中倾向于更不愿意放弃活动。

间断强化又分为比率强化和间歇强化两种。比率强化程序取决于被试者做出反应的数量，当某一具体行为重复了一定数量后个体才可得到强化。间歇强化则取决于上次强化过后所经历的时间，个体在第一次恰当的行为之后要再经历一段时间才会得到强化。

间断强化还可以划分为固定强化和可变强化两种。由此，用来实施奖励的间断强化技术可以划分为四种类型，如表 3-2 所示。

表 3-2 间断强化的类型

| 维 度 | 时 间 | 比 率 |
|---|---|---|
| 固定 | 固定时距 | 固定比率 |
| 可变 | 可变时距 | 可变比率 |

如果每隔一定的固定时间给予一次强化，这种方式为固定时距程序。这种类型的关键变量是时间，而且必须持续进行。例如，在我国，几乎所有工薪阶层员工都受到这种程序的强化。你会在每周、每月或其他预订的时间间隔基础上拿到工资，这种方式就是以固定时距的强化程序为基础进行的奖励。

如果奖励根据时间分配，但强化的时间却是不可预测的，这种方式称为可变时距程序。比如，教师在新课的开始就告诉大家这学期里将会有一系列随堂考试（具体的考试次数学生并不知道），这些测验的成绩占总分的 20%。这位教师所运用的就是可变时距强化。

当个体反应达到了一个固定数目后，便给予奖励，这种方式称为固定比率程序。例如，计件付酬方式就是固定比率强化，员工在自己生产的产品件数基础上得到奖励。如果一个制衣工厂的工人每缝制 12 根拉链可得 5 美元，则强化（在这一实例中是金钱）取决于安装衣服拉链的数目。每缝制 12 根拉链，这名工人就可得到 5 美元。

当奖励根据个体的行为发生变化时，这种方式称为可变比率程序。代理销售商就是这种强化程序的例子。有时，对于潜在的用户，他们仅仅需要两个电话就能做成一笔买卖；有时，他们可能要打 20 次甚至更多的电话才能谈成一笔交易。这种奖励是变化不定的，因此，其奖励取决于销售商成功洽谈的次数。

连续强化程序容易导致过早的满足感，在这种程序下强化物一旦消失，行为倾向于迅速衰减。不过，连续强化方式适合于新出现的、不稳定的或低频率的反应。与之对照，间断强化程序不容易产生过早的满足感，因为它并不是每一次反应之后都有强化，这种方式适合于稳定的或高频的反应。

总之，可变程序比固定程序更能导致更高的绩效水平。尽管组织中的大多数员工是以固定时距的强化方式得到报酬，但是这种方式并未清楚明确地表明绩效和奖励之间的清晰联系。奖励是根据工作中所花费的时间而不是具体的反应（工作绩效）而提供的。相反，可变时距方式会产生更高的反应概率和更稳定一致的行为，因为在这种方式里，绩效与奖励之间的相关性很高，而且其中包括着不确定性的因素。由于这是一个出其不意的因素，员工们会更为警觉。

### （三）社会行为的塑造

人的社会行为的塑造是通过社会教化和个体内化实现的，两者是相辅相成的，没有社会教化就没有个体内化，反之亦然。

#### 1. 社会教化

社会教化即广义的教育，它是社会通过社会化的机构及其执行者实施行为塑造的过程。社会化的机构包括家庭、学校、社会团体、社会组织、大众传播媒体及法庭、监狱和劳动教养所等。

社会教化可以分为两大类：一是有系统的、正规的教育。例如，各级学校对学生的教育，以及监狱、劳动教养所对违法犯罪者的改造和教育。二是非系统的、非正规的教育。例如，社会风俗、群体亚文化、传播媒介对人的影响和教育，尤其后一种社会教化方式往往是无形发生作用的，因此，它对个人的成长，心理的成熟与变化，以及行为方式的选择，往往起着潜移默化的影响。

社会教化的具体内容包括：传授社会知识、学习职业技能、培养价值观念、确立生活目标、获得社会角色等。

#### 2. 个体内化

如果说社会教化是人的社会行为塑造的外部动因，那么个体内化则是社会行为得以实现的内在因素。从社会心理学的观点来看，个体内化是指社会行为塑造的主体——人经过一定方式的社会学习，接受社会教化，将社会目标、价值观、规范和行为方式等转化为自身稳定的人格特质和行为反应模式的过程。个体内化是在个体的活动中实现的，它是个体的内部心理结构同外部社会文化环境相互作用，并对后者加以选择和适应的过程。

社会心理学家从不同的方面研究了实现个体内化的社会心理机制，主要包括以下内容。

（1）观察学习。这是班杜拉等社会学者解释人的社会行为内化的主要概念，它说明个体从对他人行为及其后果的观察中能够得到一种潜在性强化，从而使人能够获得较复杂的内在统一的模式化的整体行为。

（2）认知加工。认知加工即个体通过感知、记忆、想象等将全部的信念内部化。

（3）角色扮演。这是一个综合的学习模式。表象、思维等认知活动，将全部信念内部化。

（4）主观认同。主观认同又称“自居作用”，弗洛伊德曾以此说明社会道德的内化，并认为儿童“超我”的内化对其行为具有强制性作用。

（5）自我强化。个体在某项活动中达到了自己的目标，便会得到精神上的满足，这就是一种自我强化，增强了个体在日后以此行为模式活动的可能性。

## 课后思考题

1. 个体认知包括哪些内容？了解了个体认知过程会给我们在管理上带来什么启示？
2. 什么是社会知觉？社会知觉可分为哪几类？
3. 影响社会知觉的因素有哪些？
4. 什么是归因？管理者应该如何归因？
5. 简述经典条件反射理论、操作条件反射理论、社会学习理论的主要内容。

## 案例分析

### 究竟是谁惹的祸

S 公司是国家定点生产某机械产品的国有大型企业，现有员工 4 200 人。多年来，经济效益平稳增长，为当地的经济发展做出了相当大的贡献。但是，自 2003 年上半年以来，公司经济效益急剧下滑，企业生产经营工作非常被动。公司领导反复思量，一致认为是“培训缺乏导致的结果”。

为改变企业生产经营中的被动局面，该公司领导决定立即着手对公司全体员工进行培训，从整体上提高员工素质，缩小与企业需求之间的差距。于是，公司上下掀起了大规模的培训运动。从高级技师到普通工人，从部门经理到车间主任再到班组组长……都被纳入了受训范围。培训内容包括基本技术和管理能力。一个月后，两个月后……直到 2004 年年底，公司的整体业绩非但没有任何改观，反而又出现了下滑。该公司领导仔细推敲，得出的结论是“培训不力犯的错”。

因此，公司领导和人力资源部在深刻反思的前提下，制定出了新一轮的培训方案。不幸的是，S 公司在 2004 年一年当中大型培训进行了三次后，企业的经济效益仍然不见起色。而对 S 公司造成更大打击的是公司内部的不少精英，由于企业经济效益不断滑坡，而自己培训后又无用武之地，所以，在培训结束后纷纷另谋高就。S 公司不断上演着“为他人作嫁衣”的悲剧。反复培训未果再加上培训后的人才外流，令该公司领导深刻感叹道：“都是培训惹的祸!”于是公司领导伤心之余决定不再做培训。

［资料来源：刘红霞. 中国劳动保障报，2005，6（4）］

问题：

1. 本案例中，培训怎么了？真是培训惹的祸吗？
2. 本章所学的哪些理论可以解释该案例？

# 第四章 个性心理特征与行为

**本章重点**

○ 气质、性格、能力三种个性心理特征与个体的心理和行为的关系
○ 掌握个体因为气质、性格、能力的不同表现出的行为特征
○ 认识个体存在的差异
○ 理解并掌握个体心理特征在管理上的应用

**引例**

### 问题出在哪里

王龙是飞腾软件股份有限公司技术部的一位难得的人才，他一直刻苦学习，努力钻研，掌握了扎实的理论知识和娴熟的软件操作技术。他经常利用业余时间，努力学习以拓展知识面，不仅掌握了本专业的业务知识，还掌握了相关领域的知识和技术。他能进行抽象的系统思维和形象思维，有良好的创造性和创新性，具有独立工作能力，从不需要别人监督，自觉加班加点，保持工作效率，保证工作效益；按照最高标准严格要求自己，能在有压力有困难的情况下竞争，克服各种阻力取得成绩；对周围世俗不随波逐流，无从众心理，独立思考，不断学习，总结经验，不轻易否定。他到公司7年，始终及时跟踪国际计算机市场上的技术行情，自行研究开发了与美国大型计算机公司的产品不相上下的新型机，为飞腾软件公司占领了国内42%的市场份额。因此，公司任命他为公司技术部经理。王龙上任后，一方面仍然同以前一样兢兢业业，继续钻研计算机技术；另一方面他还尽力避免自己陷于复杂的人际关系中，尽力保持自己作为科研人员的相对独立性。但是，上任一段时间后，因为他仍然沉迷于对计算机技术的研究，对技术部的管理跟不上，导致技术部的员工不团结，如一盘散沙。此外，技术部内部还产生了不少人际关系的矛盾和冲突。

个性又称人格，原意指“脸谱”，源于公元前一百多年古罗马的一名戏剧演员为了遮掩他的斜眼而戴上的面具。个性是指个体的经常影响个体行为的、稳定的心理特征的总和，个性使个体区别于其他个体。个性与我们日常生活中谈到的性格是不同的，性格只是个性的一部分，个性是在一个人先天生理素质的基础上，在长期的生活实践中形成的。

历史上对个性的研究从戏剧和传记开始，如作为神话和文学典型人物出现的嫦娥、耶稣、葛朗台等，他们都有独特的个性。历史上还产生过一些推测个性的方法，如观相术是通过人的外貌特征来推测其心理特征，包括颅相学、看手相等，是一种伪科学。有研究表明，面相与心理品质之间并无联系。

个性的心理结构由个性心理特征和个性品质倾向两部分组成，个性心理特征主要包括气质、性格、能力等；个性品质倾向主要包括需要、动机、兴趣、态度、理想、信念、价值观等。本章主要探讨个性心理特征。

# 第一节　气质与行为

## 一、气质的概念

气质是个体心理特征之一，主要表现为人在心理活动和行为方面的动力特点，这种动力特点是指个体的高级神经活动的兴奋过程和抑制过程在强度、均衡性、灵活性等方面具有的不同特点在人的行为方面的表现，它反映个体心理活动过程进行的速度、强度、稳定性和指向性及其外部表现，如知觉、记忆的速度、思维的灵活性、注意的稳定性、情感的强弱和心理活动的内外倾向性，以及一般动作的速度、强度和灵活性等。它使人的个性具有独特的色彩。一般人所谓的性情、脾气是气质的通俗说法。

## 二、气质类型及其特征

### （一）气质类型的划分

每个人都有不同的气质特点，这些特点有规则地互相联系，从而构成一种特定的气质类型。心理学家通过观察研究，把人们表现出来的各种特点进行不同程度的组合，对人们的气质类型进行了划分。

最早提出气质类型学说的是古希腊医师、西方医学奠基人希波克拉底。他根据人体内血液、黏液、黄胆汁、黑胆汁四种体液哪一种占优势，把气质分为四种类型：多血质、胆汁质、黏液质、抑郁质。体液学说虽然早就被废弃，但他提出的上述名词被西方各国语言所吸收，并沿用至今。

到了近代，俄国生理学家巴甫洛夫通过大量的实验，提出了关于高级神经活动类型的学说。他根据神经活动的强度、均衡性、灵活性这三种特性的不同组合，将气质划分为四种基本类型：活泼型、兴奋型、安静型、抑郁型，恰好分别相当于多血质、胆汁质、黏液质和抑郁质。

高级神经活动类型与气质类型的关系及这些类型的行为特点如表 4-1 所示。

表 4-1　高级神经活动类型与气质类型的关系及行为特点

| 神经类型（气质类型） | 强　度 | 均衡性 | 灵活性 | 行为特点 |
|---|---|---|---|---|
| 活泼型（多血质） | 强 | 均衡 | 灵活 | 活泼好动，反应灵活，好交际 |
| 兴奋型（胆汁质） | 强 | 不均衡 |  | 攻击性强，易兴奋，不易约束和抑制 |
| 安静型（黏液质） | 强 | 均衡 | 不灵活 | 安静，坚定，迟缓有节，不好交际 |
| 抑郁型（抑郁质） | 弱 |  |  | 消极防御反应，胆小畏缩 |

### （二）气质类型的特征

多血质的特点是感受性低、耐受性高，反应速度快而灵活，情绪兴奋性高，有较大可塑性，心理活动倾向于外部。日常生活中表现为精力充沛、活泼好动、善于交际。给人一种亲切感，但往往失于轻浮；热衷于表现自己，难有深交；机智灵活。工作效率高，但持久性稍差；兴趣爱好广泛，但容易转移。

胆汁质的特点是感受性低、耐受性高，反应速度快，情绪兴奋性高而不均衡。在日常行为中的表现是精力旺盛、动作敏捷、热情直率、易于冲动，心境变化激烈，难以克制自己，心理活动倾向于外部世界。

黏液质的特点是感受性低、耐受性高，反应速度缓慢而稳定，有明显的内倾性。日常生活中的表现是情绪稳定、心境平静、不易波动；情感含蓄不外露，发生较缓慢，一旦形成则较为稳固深刻；安静稳重，不善交际；灵活性较低，动作缓慢；工作踏踏实实，任劳任怨，但易因循守旧，创新精神差；注意和兴趣持久而难以转移。

抑郁质的特点是感受性高、耐受性低，反应速度缓慢而不灵活，不能经受强烈的刺激，具有极鲜明的内倾性。日常生活中表现为郁郁寡欢、多愁善感，情绪体验深刻，但很少外露，不善交际，不愿在公开场合抛头露面，比较孤僻，易受伤害；行动迟缓，动作刻板，处事小心谨慎；思考问题比较全面、深刻、细致，善于觉察别人不易觉察到的细小事物。

实际上，生活中只有少数人是上述四种气质类型的典型代表，多数人是介于上述各种类型之间的中间型或者混合型。气质类型本身并不能决定一个人活动的社会价值和成就的高低。历史证明，气质类型完全不同的人经过自己的努力都可以取得优异的成就。在许多杰出的人物当中，可以找到不同的气质类型的代表。同样，气质类型非常相似的人，由于各自的主观努力不同，可能在实践中会有天壤之别。气质是一种比较稳定的心理特征，但是在一定的生活条件和教育的影响下，通过时间活动也是可以改变的。

## 三、气质对行为的影响

在谈到气质类型对行为的影响时，苏联心理学家达维多娃是这样描述的，四种基本气质类型的人在同一情境中的不同行为表现。四个不同气质的人去看戏，但都迟到了，他们有不同的行为表现。多血质的人立即明白，检票员是不会放他进剧场的，但入楼厅容易，就跑到楼上去了；胆汁质的人和检票员争吵，企图闯入剧院，他辩解说，戏院里的钟快了，他进去看戏并不会影响他人，并且企图推开检票员进入剧院；黏液质的人看到不让他进入剧院，就自我安慰地想，“第一场戏总是不太精彩，我可以在小卖部等一会，在幕间休息时再进去”；抑郁质的人会说“我运气不好，偶尔看场戏，就那么倒霉”，接着就回家去了。从达维多娃的描述中，我们可以看到，个体的气质对个体的行为有着重要的影响作用。

## 四、气质与职业

气质是一种比较稳定的心理特征，表现了人的心理活动动力方面的特点。管理实践表明，气质类型虽然不能决定一个人的社会活动的内容和方向，但是却能影响一个人的活动效率，往往同一种工作由不同气质类型的人来担任，其工作效率差异显著。

（1）普通职业（包括教师、医生、工程师、会计、售货员、车工、钳工等）中，气质对工作的影响不如特殊职业明显，但这种影响也是存在的。在很多时候，不同人的文化水平、身体素质、敬业精神相差不是很大，但其工作的适应性和工作结果却大不一样。例如，让一个黏液质的人去承担会计工作，他会轻松愉快、应付自如，但如果让一个多血质的人去承担，他可能会为处理烦琐的日常事务而疲于应付甚至由于粗心大意而出错；相反，让一个黏液质的人来担任推销员，他将会碰到许多困难，难以与人打交道，必须克服自己内向、冷淡的缺点，要比多血质的人付出更多的努力和磨炼才有可能胜任工作。

总的来说，在普通职业中，气质虽然能影响人们工作的适应性和工作效果，但决定工作成败的关键是工作态度、技术熟练程度等因素。此外，气质的补偿作用，也能弥补某些缺陷，使人能较好地适应工作。比如，一个多血质的工人的注意力不够稳定，而注意力转移迅速、动作敏捷的优点补偿了注意力稳定性的缺陷；而一个属于黏液质的工人的注意力稳定，而注意力的转移却不够灵活，但可以通过注意力的稳定性补偿注意力转移不够灵活的缺陷。

（2）相比较一般的普通职业而言，特殊职业主要是指那些与紧张、冒险、动作变化迅速、责任重大相联系的职业（如飞机驾驶员、消防队员、特种部队战士）。这些特殊职业需要从业人员具备冷静、理智、胆大心细、临危不乱的心理素质，在气质上就要求他们具备极其灵敏的反应。这种情况下，气质特征决定着一个人是否适合从事这类职业。因此，在选择这类职业的工作人员时，首先应对他们的气质类型进行测定，把气质特征作为职业选择和淘汰的重要依据。

具体而言，对胆汁质的人，因为他们反应迅速，兴奋速度快，耐受性强，就比较适合做应急性强、冒险性较大的工作，如抢险、救护、推销员、节目主持人、新闻、记者、演员、消防员、采购员等；对多血质的人，因为他们情绪丰富，活动能力强，容易适应新的情况，就比较适合担任社交性、多变性的工作，如销售、采购、后勤管理工作、服务工作及驾驶员、律师、运动员、警察、记者等工作；对黏液质的人，因为他们的感情深刻，办事稳重，沉着坚定，善于自制，就比较适宜搞一些原则性强的工作，如医生、法官、管理、会计、出纳、翻译、档案管理、统计、打字等工作；对抑郁质的人，因为他们谨慎小心，观察细致，不轻易发脾气，就比较适应做刻板的、按部就班的工作，如会计、统计、仓库保管、机要秘书等工作。值得一提的是，具有混合型气质的人比单一型气质倾向的人的职业适应性更强。

## 五、气质差异的应用

### （一）气质差异应用的原则

（1）气质绝对原则。气质不能决定一个人的智力发展水平和成就大小。也就是说，气质不能决定一个人能干什么或不能干什么，但气质却能影响一个人能胜任什么或不能胜任什么。所以，管理者要注意人的气质类型是否与工作特点相适应，把人安排在适合发挥自己能力的岗位上。

（2）气质互补原则。不同气质类型的人组成团体，可以产生互补作用。气质学家研究了气质对群体协同活动的影响，发现两个不同气质或相反气质类型的人的合作，往往会取得更好的成就。各种气质类型都有其优缺点，管理者要做有心人，在分配工作时要注意人的气质的协调与互补。

（3）气质发展原则。虽然人们原始的气质特征是遗传的，对它加以改变并不容易，但在主客观条件下，气质可以发生变化，何况我们大多数人属于混合型，有利于气质行为的改变，向积极的一面发展。

### （二）气质差异在管理中的具体应用

在管理的过程中，管理者应该注意了解员工的气质类型，抓住员工的主要行为特征，因势利导，因材施教，如果应用得当，必将收到意想不到的效果。具体来说，管理者在管理过程中应重点注意以下几个问题：

（1）根据个体的气质特征来调动人的积极性，提高工作效率。

（2）根据个体的气质特征知人善用，合理用人。

（3）根据个体的气质特征来合理调整组织结构，增加团体凝集力和竞争力。

（4）根据个体的气质特征来做好教育培训工作，加强企业员工的礼仪培训。

（5）根据个体的气质特征对员工采用恰当的教育方式和方法。

**专栏 1**

表 4-2　不同的气质、性格与管理方法

| 气质类型 | 性格特征 | 行为表现 | 管理方法 |
|---|---|---|---|
| 多血质 | 开朗直率 | 坦白直爽，兴趣广泛，爱发牢骚，不拘小节，其言行有时易被误解 | 表扬为主<br>防微杜渐 |
| 胆汁质 | 倔强刚毅 | 能吃苦，办事有始有终，但缺乏灵活性，与领导意见不一致时不冷静，容易产生抗衡，求胜心切 | 经常鼓励<br>多教方法 |
| 胆汁质 | 粗暴急躁 | 好冲动，心中容不得不公平之事，好提意见，不太注意方式方法，事后常后悔 | 肯定成绩<br>避开锋芒 |
| 多血–胆汁质 | 傲慢自负 | 反应快，聪明能干，过分自信，好出风头，爱发议论，听不进不同意见，虚荣心强 | 严格要求<br>表扬谨慎 |
| 黏液质 | 沉默寡言 | 少言寡语，优柔寡断，任劳任怨，踏实细心，有时工作效率不高 | 少用指责<br>多加鼓励 |
| 抑郁质 | 心胸狭隘 | 小心眼儿，遇到不顺心或涉及个人利益的事，往往患得患失，难以摆脱 | 多用疏导<br>开阔胸怀 |
| 各种气质类型都有 | 自尊心强 | 上进心强，严于律己，争强好胜，听不进批评，情绪忽高忽低 | 开阔视野，正确认识自己和他人 |
| | 皮皮沓沓 | 大错不犯，小错不断，工作拈轻怕重，漠视规章制度，生活懒散 | 找出闪光点及时鼓励，要求严格而且具体 |

# 第二节　性格与行为

## 一、性格的概念

性格是个人比较稳定的对现实的态度和习惯化了的行为方式特征。例如，一位老师在各种场合都表现出的热情开朗、与人为善、严于律己。性格是个性中经常性、习惯性的、最重要的心理特征，在个性中起着核心的作用，贯穿着一个人的全部心理活动，调节着整个行为方式，人的个性差异集中表现在性格上。

## 二、性格的分类

从不同的角度，可以将性格分成不同的类型，不同类型的性格有不同的行为表现。

### （一）类型论

#### 1. 外向型与内向型

瑞士心理学家荣格（C. G. Jung）提出外向型与内向型的概念，他根据人的心理活动倾向于外部还是内部，把人的个性分为外向型与内向型。

外向型的人，心理活动倾向于外部世界，通常表现为关心外部的事物，感情流露在外，活泼、开朗、善于交际、当机立断、不拘小节、独立性强、容易适应环境。在实际生活中，我们会感到有的人很爱交朋友，对人热情，愿意帮助人，兴趣广泛，爱发议论，也爱热闹，很有人缘。这种人就属于外向型。

内向型的人，心理活动倾向于内部，通常表现为做事谨慎，深思熟虑，沉静，孤僻。交际面窄，反应缓慢，适应环境的能力比较差。在实际生活中，有的人喜欢安静，他们朋友不多，常常独来独往，遇到问题自己解决，喜欢一个人做事情，看起来比较孤独，他们言语不多，显得有些沉闷，经常一个人沉思，推理能力比较强，适应新的环境比较慢，这种人就属于内向型。

艾森克对外向型和内向型性格特点的描述如下。

（1）外向型性格。总是喜欢外界发生的事情，追求刺激，敢于冒险；无忧无虑、随和、乐观、爱开玩笑、不假思索地行动；有与别人谈话的需要，好为人师，容易冲动；喜欢变化，有许多朋友；善于交际，不喜欢独立学习和工作。

（2）内向型性格。倾向于事先计划，三思而行，严格控制自己的感情，很少有攻击性行为；性格孤僻，喜欢独立思考，生活有规律；爱好读书，不喜欢交朋友，除亲密者外对人总是冷漠，摆出一定的距离；很重视道德标准，总是有些悲观；安静，不善交际。

而大部分人则介于外向型与内向型之间，属于中间型性格。

**2．个性的机能类型**

英国心理学家培因（A. Baln）和法国心理学家李彼特（T. Ribot）根据理智、情绪、意志三种心理机能在革新结构中何者占优势，把性格分为理智型、情绪型、意志型和中间型四种类型。

（1）理智型。通常以理智来控制和支配自己的行为，他们处事比较冷静，能深思熟虑地处理问题。

（2）情绪型。言行容易受情绪的控制，凭感情用事，不善于冷静思考，情绪体验深刻。

（3）意志型。行为目标明确，勇于克服困难，行动积极果断，自制力强。

（4）中间型。不以某种心理机能占优势，而兼并某两种心理机能的特点。

**3．独立型与顺从型**

美国心理学家威特金（H. A. Witkin）根据个体独立性的程度，把人分为独立型和顺从型。

（1）独立型的人一般表现为独立程度高，善于处理问题、分析问题和解决问题，有坚定的个人信念，不容易受外界事物的影响，能独立做出判断，遇事比较有主见。但是比较固执，有时喜欢把自己的意见强加于人。

（2）顺从型性格的人则表现为依赖性比较大，容易受环境的暗示，没有主见，对别人的意见常常不加分析地全盘接受，缺乏果断性，不善于应付紧急情况。

上述对性格的分类，是从不同角度进行的比较。在管理实践中有助于我们在分析员工性格的时候广开思路，尤其对设计调查问卷具有一定的参考价值。

### （二）特质论

**1．奥尔波特的特质论**

美国心理学家奥尔波特（G. W. Allport）是特质理论的创始人。他认为，特质是一种神经心理结构，这种神经心理结构除了能刺激产生行为外，还能主动地引导行为；它使许多刺激在机能上等值起来，使反应具有一致性。如具有谦虚特质的人，在不同的情境中会做出类似的反应：和领导在一起工作时，会小心、留意、顺从；访友时，会文雅、克制、依从；遇见陌生人，会显得笨拙、尴尬、害羞；同伴给予赞扬，会不好意思，甚至不愿意露面，不愿引人注意等。他认为，同一文化形态下的群体有着共同的特质，而个人的特质则为个人所独有。

**2．卡特尔的特质论**

美国心理学家卡特尔（R. B. Cattell）对决定个性的特质及其测定方法进行了研究，他用因素分析法把个性特质分为表面特质和根源特质，认为表面特质的表现有 35 个，又深入研究隐藏在表面特质中的 16 种根源特质，结果如表 4-3 所示。

**表 4-3　16 种根源特质**

| 因　素 | 特质名称 | 低分者特征 | 高分者特征 |
|---|---|---|---|
| A | 乐群性 | 孤独、冷淡、缄默 | 外向、热情、容易相处 |
| B | 聪慧性 | 迟钝、智力较差、学识浅薄 | 聪明、智力较好、富有才识 |
| C | 稳定性 | 情绪不稳定、容易激动、烦恼 | 情绪稳定、平静、能面对现实 |
| E | 持强性 | 谦虚、顺从、随和、慎重 | 好强、固执、自负、武断 |
| F | 兴奋性 | 严肃、谨慎、寡言 | 轻松、兴奋、健谈 |
| G | 有恒性 | 权益敷衍、优柔寡断 | 有恒负责、做事尽责 |
| H | 敢为性 | 畏却退缩 | 冒险敢为 |
| I | 敏感性 | 理智、注重实际 | 敏感、感情用事 |
| L | 怀疑性 | 信赖、随和、轻信 | 怀疑、刚愎、固执 |
| M | 幻想性 | 现实、合乎常规 | 幻想、自我陶醉 |
| N | 世故性 | 坦白直率、天真、朴实 | 精明能干、世故、机灵 |
| O | 忧虑性 | 安详、沉着、自信 | 好担心、自责、忧虑 |
| Q1 | 激进性 | 保守、服从传统 | 有实验精神、自由、激进 |
| Q2 | 独立性 | 依赖、随和 | 自立、足智多谋 |
| Q3 | 自律性 | 矛盾冲突、不顾大局 | 知己知彼、自律严谨 |
| Q4 | 紧张性 | 松弛宁静、心平气和 | 紧张困扰、激动挣扎 |

卡特尔认为，根源特质是制约表面特质的基本因素。例如，一个人在日常生活中表现出好强、固执、自负、武断，这些都是个性表面的特质，通过对这些因素进行分析，发现这些特质之间有着很高的相关度，实际上有某个共同的因素在起作用，这个因素就是“持强性”。

此外，还有英国心理学家艾森克的特质论、“大五”因素模型、高尔顿的机遇词汇研究的因素模型、考斯塔和麦格雷的基于问卷研究的因素模型等理论与方法，都是因素分析法更具特色和更深入的分析方法，比较烦琐，在此就不一一介绍。

## 三、性格的形成

### （一）生理性因素

生理性因素包括遗传、体格、性别及肌肉与神经系统、体内各腺体的发育水平。例如，体格健壮的人性格外向、较活跃、有进取心；体格弱小的人性格内向、沉静、胆小。男性好强、争胜、有表现欲；女性温柔、体贴、心思细密。

## 专栏 2

### 性格与气质的关系

气质是指个体心理活动的强度（如情绪体验的强度、意志努力的强度）、速度（知觉的速度、思维的灵活性）、稳定性（注意力集中时间的长短），心理活动的指向性特点（倾向于外部还是内部）等方面在行为上的表现。

性格是个体对现实的稳定的态度和一贯性的行为方式。

性格和气质都是描述个体典型行为的概念，这两个概念既有联系又有区别。

性格与气质的区别主要表现在以下三个方面：第一，从起源上看，气质受先天影响的比重大，一般在个体发生的早期阶段，主要体现为神经类型的自然表现。性格受后天影响的比重大，在个体生命开始时并没有明显表现，它是个体在活动中与社会环境相互作用的产物，反映人的社会性。第二，从可塑性上看，气质的变化较慢，可塑性较小；即使可能变化，但较不容易。性格的可塑性较大，环境对性格的塑造作用是明显的。第三，气质所指的典型行为是它的动力特征而与行为内容无关，因而气质无好坏善恶之分。性格主要是指行为的内容，它表现为个体与社会环境的关系，因而性格有好坏善恶之分。

气质与性格又是密切联系、相互制约的。先从气质对性格的影响上来看。首先，气质会影响个人性格的形成。因为性格特征直接依赖教育和社会相互作用的性质和方法。气质作为性格形成的一种变量在个体发生的早期就表现出来，有些婴儿喜欢哭或者笑，有些婴儿安静，另一些婴儿很好动，这些气质特征必然会影响父母或哺育者的不同行为反应。一个人的性格就是在这种不同性质的教育和社会环境的相互作用过程中逐步形成的。其次，气质可以按照自己的动力方式，渲染性格特征。例如，同样是乐于助人的性格特征，多血质的人在帮助别人时，往往动作敏捷，情感明显表露于外；而黏液质的人可能动作沉着，情感不表露于外。最后，气质还会影响性格的形成或改变的速度。例如，要形成自制力，胆汁质的人往往需要做极大的努力和克制；而抑郁质的人则比较容易形成，他不用特别抑制就能办到。

### （二）环境因素

环境因素包括自然环境、社会文化、经济因素、政治因素、社会生活条件及教育等。它们是个性发展的重要条件。

#### 1. 家庭

家庭被称为“制造人性格的加工厂”，是培育个性性格的摇篮。研究表明，小学生的自尊心与家庭的贫富和社会地位无关，而与父母的教养态度和方法有关，自尊心强的男孩，其家庭气氛是民主的。而母亲对孩子的影响作用更大，母爱是儿童性格健康发展的必要条件。缺乏母爱的儿童会形成不合群、孤僻、任性和冷漠的不良性格。

#### 2. 学校教育

学校教育，如课堂教学、班级集体、同学交往、教师等，对人的性格形成和发展具有重要意义。每个学生在班组中都会处于一定的地位，扮演某种角色，担任班干部和受到老师重视的学生会更倾向于形成积极的性格。班风、校风、教师的管教方式也会对学生的性格造成影响。

#### 3. 社会文化

社会文化决定性格发展的大方向。如传统的中国文化讲究要面子，北方人直率，南方人热情。

职业也会对人的性格发展产生影响，如警察的性格特征是严肃沉稳，医生的性格特征是镇静和不动声色，政治家不怕挫折，科学家爱好钻研，律师重视公平，会计谨慎、严谨、刻板等。

### 四、性格差异在组织管理中的应用

#### （一）应用的范围

（1）思想教育。就思想教育的内容来说，基本在于改变个体的不良性格，帮助其形成优良性格。了解不同人的性格特点才能“对症下药”。在方法上，也要注意对不同性格的人采取不同的方法，例如，对独立性的人绝对不能采用对顺从型的人的方法。

（2）人员选拔。对于某些岗位来说，性格是十分重要的，如领导者需要德才兼备，德就是优良的性格。

（3）行为预测。性格测验有行为预测的作用，这也是为什么人格测验可以成为招聘工作的一项重要内容。

#### （二）应用的原则

（1）性格顺应原则。为了开展工作，顺应人员的某些性格特征，采取相应的措施，叫做性格顺应原则。人的性格的改变是有一定难度的，当我们的工作很需要某人时，而他的某些性格特点虽然与众不同，但并无碍大局，在某些方面顺应他也不失原则时就应顺应。

（2）性格互补原则。在人际关系中考虑人们的不同性格，尽量使他们之间能够互补，有利于人际关系的发展。这就是性格的互补原则。

## 第三节　能　　力

### 一、能力的概念

能力是指人们能够胜任某种任务和活动的条件，特别是掌握知识技能的程度和速度方面所必备的个性心理特征。人的能力具有两种含义，一是指现在已经具备的实际能力，二是指未来可能发挥出来的潜在的能力。

人们从事的工作或活动，都是复杂的，要完成一种任务，需要多种能力的结合。越是复杂的科学技术，需要的能力越强。一个人的智力和体力能够胜任某一项工作，我们就可以说这个人具备从事这项工作的能力。比如，学习需要观察力、理解力、记忆力和抽象概括力，企业管理需要组织协调能力、指挥能力、人际交往能力、分析判断能力和语言表达能力等，科学技术研究人员需要抽象思维能力、实验能力和创新能力等。

个体能力是个人在社会上求生存、求发展的最重要的条件，群体能力是企业创造财富的基础条件，组织就是由各种具有专门技能和能力的人集合而成的。我们的社会由于有了各式各样的人才，才显得如此多姿多彩。

### 二、能力与知识、技能

能力与知识、技能是不同的。知识是人类社会实践经验的总结和概括的结果，知识只是人获得技能和能力的基础，但并不是有了知识就有了相应的技能与能力。技能是人在实践中经过反复多次的练习而巩固了的行为方式，是相应行为方式概括的结果。能力是调节行为和活动的相应心理过程概括化的结果。

能力与知识、技能具有密切的联系。

一方面，知识、技能的掌握是以一定的能力为前提的，能力是掌握知识、技能的内在条件和可能，它制约着掌握知识、技能的速度、难易和巩固程度。

另一方面，知识和技能的掌握导致优势能力得到提高。但是两者的发展不是完全一致的。能力差不多的人不一定具备相同水平的知识和技能，具有相同知识、技能的人，他们的能力也不一定相同。

## 三、能力的分类

（1）按能力的倾向分为一般能力和特殊能力。这是美国心理学家吉尔福特提出的一种理论。一般能力指在一切活动中都需具备的能力，即通常所说的智力，包括观察力、记忆力、想象力、注意力和思维能力，以思维能力为核心。一般能力是有效掌握知识和顺利完成活动必不可少的能力，即使是最简单的活动也离不开这种一般能力。特殊能力指人们在专业活动中表现出来的能力，如节奏感（音乐能力）、彩色辨别能力（绘画能力）、数学能力、管理能力和经商能力等。特殊能力是在特殊领域发挥作用的能力，需要专门的学习和训练才能具备。

（2）按能力的创造性程度分为模仿能力和创造能力。模仿能力是指模仿别人的言行举止以使自己的行为方式达到和被模仿者相同的水平的能力。模仿能力是一般人具备的普通能力，是一个人学会生活和基本的生产劳动的基础，是人学习所必需的能力。创造能力是指产生新思想，发现和创造新事物的能力，是完成某种创造性活动所必需的条件。新颖性和独创性是区别模仿能力和创造能力的主要特征。

（3）从能力测验的角度有实际能力和潜在能力之分。

（4）桑代克（E. I. Thorndike）将能力分为“社会的智慧——社交能力”、“具体的智慧——操作能力”和“抽象的智慧——认知能力”。社交能力是指人们在社会交往中表现出来的能力，如组织管理能力、言语能力和感染能力等。操作能力是指在操作技能基础上发展起来的能力，包括操纵机器的劳动能力、体育运动能力、艺术表现能力、实验操作能力等。认知能力指人们在认知活动中表现出来的学习、研究、理解、概括和分析能力。

（5）按能力适应性分为智力、专门能力和创造能力。

（6）按能力发展水平分为能力低下、一般能力、才能和天才。

上述能力的分类，为测试能力提供了方向和维度。

## 四、能力的个体差异

中国有一句俗语：“人比人，气死人，马比骡子驼不成。”由于遗传、环境影响和接受教育的程度等因素的影响，个体能力具有客观上的差异，主要表现在以下三个方面。

**1. 能力水平的差异**

人与人之间能力的发展水平存在差异。能力发展水平的差异在智力上有最为明显的表现。人们的智商有高有低。有些人的智商高达 140 分以上，被称为天才；有些人的智商在 70 分以下，被认为智力不足。人的智力在一个国家或地区全部人口中呈现由低到高的分布，中间大两头小。

中间大，大部分人的智力属于中等水平；两头小，只有少部分人的智力超常或超低。

**2. 能力的类型差异**

（1）在一般能力上的性向差异，即在解决相同的问题或完成同类任务时善于利用智力的某些方面去实现。

（2）人的特殊能力不同和能力的组合不同。人们在知觉、表象、记忆、言语、思维等方面存在类型上的差异。比如，有的人具有商业经营的智慧和能力，在市场上纵横驰骋，游刃有余；有的人具有管理生产活动的才能，成为有名的企业家；有的人写作能力强，能够写出优美的文章或小说；有的人具有绘画才能；有的人在音乐上表现出很高的天分等。

**3. 能力表现的时间差异**

个体能力的发展有早有晚，有的人“早慧”，少年时代就表现出才华横溢，被人称为“神童”。如我国唐代的王勃在少年时就写出了历史名著《滕王阁序》；宋代的黄庭坚 7 岁作牧童诗；李白 5 岁通六甲，7 岁观百家。历史上也不乏“大器晚成”的人，如齐白石 40 岁才显露出绘画才能。但是这种人只占总人口的极少数，大多数人的智力和体力发育都集中在青少年时期，人的智力发展的最佳时期是 30～45 岁，也是一个人成才的黄金时期。

## 五、能力的测试

（1）智力测验。智力测验又称一般能力测验，国内外的许多组织选择智力测验来评价员工的能力。主要的方法有：斯坦福-比纳智力量表，是由斯坦福大学的心理学家推孟（L. M. Terman）根据比纳-西蒙量表修订的。该量表出版于 1916 年，并分别于 1937 年、1960 年和 1972 年进行了修订。我国心理学家引进这一方法并进行了修订，1982 年吴天敏先生对陆志韦先生第二次修订的比纳测验进行了第三次修改并把它称为《中国比纳测验》。还有韦克斯勒量表、瑞文逻辑推理测验、考夫曼量表、多维能力倾向成套测验等方法。在一般情况下，智力测验对员工的智力水平测试有一定的帮助，但是，过分迷信和依赖智力测验测评员工的能力则是不可取的。因为设计得再好的测验表，也不可能完全准确地测验出一个人的真实智力水平。

（2）特殊能力测验。特殊能力测验主要是在招聘新员工时，根据某些特殊专业的需要设计的测试方法，依据测试成绩决定录取还是不录取。如文书能力（写作能力）、机械操作能力、心理运动能力、视觉能力、音乐能力、美术能力、飞行能力等。

（3）创造力测验。创造力是指产生新思想，发现和制造新事物的能力。测试创造力的方法主要有：加利福尼亚大学测验法、托兰斯创造思维测验法、芝加哥大学创造力测验法等。这些方法各具特色，具有一定的实用性。

我国企业在自己的实践中，也研究出一些测试方法。但是一般情况下，不需要烦琐的测试，大部分单位根据考察对象在实际工作中的表现和成果、业绩进行评估。

## 六、影响能力发展的因素

（1）遗传。一个人能力的大小与高低，与遗传有很大的关系。天生弱智的人，学习能力很差，掌握知识和技能的能力不高，能力的提高受到限制；而天资聪慧的人，学习能力强，掌握知识多，能力提高速度快。

（2）知识和技能。一个人的知识和技能在数量和质量上的多寡，对能力的提高具有很重要的影响。

（3）环境和教育。家庭、社区、单位、媒体、同学与朋友对一个人能力的发展和提高有着重要作用。就像播种在土壤里的种子，虽然具备了成长的先天素质，但能否发芽成长，还取决于土壤的成分、湿度、气候等其他条件是否适应。人的能力的先天素质也只是获得知识和技能的可能性，可能性能否改变事实，取决于许多外在的条件。社会环境和教育作为外在条件，能激励和推动、压抑和扼杀人的能力的发展。如对“狼孩”的研究发现，由于缺少人际环境和教育，狼孩的语言能力、思维能力、交际能力等各方面都受到了损害，即便重返人类社会，也不能发展到正常人的智力水平。

（4）社会实践。社会实践是人们提高能力的重要条件和途径。人们只有参加社会实践，才能够获得真才实学。由于实践性质的不同，实践的广度和深度不同，人们在实践中形成了各种不同的能力。长期从事管理工作的人，组织领导的能力得到发展，他们善于处理组织中的各种人际关系，善于在纷繁复杂的情况下做出正确的决策；整天和油漆打交道的油漆工人，辨别颜色的能力得到高度发展，有些人能分辨 400～500 种颜色（一般人仅能分辨 40 多种颜色）。这些都说明经过长期的社会实践，相应的能力就能得到高度发展。

（5）勤奋和努力。个人能力的大小，与个人的勤奋努力是分不开的。勤能补拙，即使是先天条件差的人，只要个人勤奋努力，也能够获得一般的能力和一些特殊能力。

## 七、能力在组织管理中的应用

合理用人，从古至今都是成事的关键，也历来是管理的重要原则之一。对现代管理者来说，这一点更为重要。现代管理特别强调：“只有无能的管理，没有无用的人才。”管理者只有根据员工的能力状况做到量才为用，才能把员工的作用最大限度地发挥出来，从而提高管理效率。具体来说，管理者在使用人时，应注意以下原则。

### （一）能职匹配原则

每一项工作对从事该工作的人的能力水平都有一定的要求，管理者在安排人员时，应尽量使员工本身所具有的能力与实际工作的要求相一致，这就是能职匹配原则。比如，飞行员需要有很强的空间知觉能力和躯体协调能力，管理人员要有较高的语言沟通能力，记者要有良好的逻辑推理能力。如果一个人所具有的能力低于实际工作所要求的水平，这个人会表现出无法胜任工作。个人的能力水平如果高于实际工作能力要求时，不仅是人才浪费，而且影响员工个人的工作满意度和工作效果。

美国心理学家布兰查特（Blanchard）曾举过一个例子说明这个问题。美国建立第一个农业大工厂时，需要雇用一批保安人员，由于当时劳动力过剩，工厂规定雇用保安人员的最低标准为高中毕业生，并要求具有三年警察或工厂警卫的经验。但按这个标准雇用的保安人员工作后，感到所从事的工作（只检查进门的证件）单调、乏味，表示无法容忍，因而对工作漠不关心，不负责任，而且离职率很高。后来工厂雇用只受过四五年初等教育的人来担任这个工作，他们对工作满意，责任心强，缺勤率和离职率都很低，保卫工作做得很出色。这说明，人的能力低于或高于工作的要求时，都会影响工作的效果，只有人的能力与工作要求匹配，才能最有效地发挥人的能力。

### （二）能职优化组合原则

人的能力是多方面的，而且有着类型的差异。在使用人时，从人的“强项”出发，实现工作与长处的结合，使其较强的能力充分发挥出来，这就是能职优化组合原则。值得注意的是，世界上没有十全十美的人。人有所长，必有所短，如何扬长避短也是管理者的工作重点。

彼得·德鲁克（Peter Drucker）在《有效的经营者》（*The Effective Executive*）一书中举了林肯在南北战争中任命嗜酒贪杯的格兰特将军为总司令的事例。林肯知道喝酒可能误事，但他更知道格兰特是难得的帅才，所以他容忍了格兰特的缺点而委以重任。事实证明，格兰特将军临危受命，使南北战争出现了转折点。因此，管理者应善于发现和发挥人的长处，尽力使每个员工所从事的工作，都是最能发挥其较强能力的工作。

**（三）能力互补原则**

在组建群体时，考虑成员之间的能力搭配与协调，使之在工作过程中能够配合默契，相互补充，这就是能力互补原则。坚持这一原则应考虑两方面的问题。

一是人的能力是有类型差异的，而要圆满完成群体工作任务，实现组织目标，工作群体往往需要各种能力类型的人。因此，在组建工作群体时，群体成员应具有各不相同的特长，这样才能在具体工作中取长补短、相互配合，保证工作任务顺利完成。

二是组织中的工作岗位分为不同的层次，不同的工作对人的能力水平的要求也不同。因此，在组建群体时应考虑到这种差异，尽可能根据成员的能力水平和能力结构合理搭配。这样，虽然单个人的能力可能并不很强，但群体内耗小，群体整体可以发挥出很大的力量。有些管理者认为，人才越多越有利于组织发展，所以，总是千方百计地网罗人才。但是，事实上，如果人才超过了实际工作的需要，常常会适得其反。

## 小测试

### 气质类型自测

根据你自己的真实情况，对以下各项陈述做出判断，如果某项陈述符合你的情况，回答“是”，得1分；如果某项陈述不符合你的情况，回答“否”，得0分。

1．做任何一件事时，总会把一切可能想到，立求稳妥，从不做没有把握的事情。

2．遇到可气的事不会怒火万丈，不会求痛快把心里的话全说出来。

3．宁肯一个人干事，不愿很多人在一起。

4．到一个新环境很快就能适应。

5．厌恶那些强烈的刺激，如尖叫、噪声、危险镜头等。

6．和人争论时，总是先发制人，喜欢挑衅。

7．喜欢安静的环境。

8．善于和人交往。

9．欣赏那种可以克制自己感情的人。

10．生活有规律，按部就班，从不违反作息制度。

11．在多数情况下情绪是乐观的。

12．和陌生人在一起时很拘束。

13．遇到让自己生气的事，能很好地自我克制。

14．做事总是精力充沛。
15．遇到困难常常举棋不定，优柔寡断。
16．在人群中从不觉得过分拘束。
17．心情好时觉得什么都有趣，心情郁闷时又觉得什么都没意思。
18．当注意力集中于做某事时，别的事物很难使你分心。
19．理解问题总比别人快。
20．碰到危险情境就会心惊胆战。
21．对学习、工作、事业怀有很高的热情。
22．能够长时间做枯燥、单调的工作。
23．只喜欢干自己感兴趣的事情。
24．一件微不足道的事情也能引起情绪波动。
25．讨厌做那种需要耐心、细致的工作。
26．与人交往不卑不亢。
27．喜欢参加热烈的活动。
28．爱看感情细腻、描写人物内心活动的文学作品。
29．工作、学习时间长了，常感到厌倦。
30．讨厌高谈阔论，愿意实际动手干。
31．喜欢侃侃而谈，讨厌窃窃私语。
32．别人说我总是闷闷不乐。
33．遇到问题总是想半天才明白，总是比别人慢半拍。
34．疲倦时只要短暂的休息就能精神抖擞，重新投入工作。
35．心中有事从不愿说出来。
36．认准一个目标就希望尽快实现，不达目的，誓不罢休。
37．学习、工作时间相同，却比别人更疲惫。
38．做事只逞一时之快，不考虑后果。
39．老师讲授新知识时，总希望他讲慢些，多重复几遍。
40．能够很快地忘记那些不愉快的事情。
41．做作业或完成一种工作总比别人花的时间多。
42．喜欢运动量大的剧烈体育活动，或参加各种文娱活动。
43．不能很快地把注意力从一件事转移到另一件事去。
44．接受一个任务后，希望把它迅速完成。
45．认为墨守成规比冒风险强些。
46．能够同时注意数件不同的事情。
47．当我烦恼的时候，别人很难使我高兴起来。
48．爱看情节起伏跌宕、激动人心的小说。
49．对工作抱认真严谨、始终一贯的态度。
50．和周围的人总是闹别扭。
51．喜欢复习学过的知识，重复做已经掌握的工作。

52. 希望做变化大、花样多的工作。
53. 小时候会背的诗歌，我似乎比别人记得清楚。
54. 别人说我“出语伤人”，可我并不觉得这样。
55. 在体育活动中，常因反应慢而落后。
56. 反应敏捷，头脑机智。
57. 喜欢有条理而不甚麻烦的工作。
58. 兴奋的事常使我失眠。
59. 老师讲新概念，常常听不懂，但弄懂后就很难忘记。
60. 假如工作枯燥无味，心情就会觉得十分郁闷。

**要求：**

1. 将每小题的得分填入下表相应的栏内。

| | | |
|---|---|---|
| 胆汁质 | 题号 | 2，6，9，14，17，21，27，31，36，38，42，48，50，54，58 |
| | 得分 | |
| 多血质 | 题号 | 4，8，11，16，19，23，25，29，34，40，44，46，52，56，60 |
| | 得分 | |
| 黏液质 | 题号 | 1，7，10，13，18，22，26，30，33，39，43，45，49，55，57 |
| | 得分 | |
| 抑郁质 | 题号 | 3，5，12，15，20，24，28，32，35，37，41，47，51，53，59 |
| | 得分 | |

2. 计算每种气质类型的总得分数。
3. 气质类型的确定标准。

（1）如果某一种气质明显高于其他三种（均高出4分以上），则可定为该种气质。如果该气质类型得分超过20分，则为“典型”型，如果该种得分在10～20分，则为“一般”型。

（2）如果两种气质类型得分接近，其差异低于3分，而且又明显高于其他两种，高出4分以上，则为这两种气质类型的混合型。

（3）如果三种得分均高于第四种，或者接近，则为三种气质的混合型。可能有13种气质类型：胆汁质、多血质、黏液质、抑郁质、胆汁—多血质、多血—黏液质、黏液—抑郁质、胆汁—抑郁质、胆汁—多血—黏液质、多血—黏液—抑郁质、胆汁—多血—抑郁质、胆汁—黏液—抑郁质、胆汁—多血—黏液—抑郁质。

## 课后思考题

1. 根据所学的气质理论判断自己的气质类型，分析这种气质类型的特点。
2. 根据所学的性格类型判断自己的性格类型，分析这种性格的特点，并分析这种性格是怎样形成的。
3. 能力的含义及分类是什么？个体能力的差异表现在哪些方面？
4. 能力差异对管理有什么启示？

5．假设你是一名部门主管，应该如何纠正不同气质类型的员工在工作中出现的错误？

## 案例分析

### 谁当经理更合适

某电子电器工业公司是一家由十几家小厂组成的专业公司，公司行政领导班子由一正三副五个成员组成。总经理由于年事已高即将退休，需要物色一个合适的新总经理。该公司的上级主管部门经过一段时间的研究考察，认为现任三位副经理不宜晋升，新的总经理需从下面挑选。各方面的意见最后集中到从李厂长和王厂长中选一个。下面是有关他们的资料。

李厂长，男，39岁，文化程度大学本科（电子专业），中共党员，原是该厂技术员，高级知识分子家庭出身。“文革”中父母受到严重迫害，他也受到影响。党的十一届三中全会以后，他一反过去的消沉，工作积极努力，认真学习科学文化知识，并善于把学到的知识用于指导工作，为本厂的产品开发、产品的升级换代、提高质量、建立科学的检测手段做出了重要贡献。他从技术科长晋升为厂长后，对厂里进行了一系列的改革，加强了科学管理，使工厂的面貌大为改观，大大提高了经济效益，年创利和人均创利都居本系统的首位，员工收入也大幅度提高，全厂精神振奋，一派欣欣向荣的景象。

李厂长性格开朗，精力充沛。善言谈，好交际，活动能力很强，积极开展横向联系，在全国10多个省市开设了200多个经销点，30多个加工企业，效益都很显著。他认为，要发展就要靠技术，因此千方百计，不惜重金引进人才，至今该厂已有10多位外来的高级工程师和工程师。他还很重视产品的广告，每年要花几十万元广告费，电台、电视台、路边广告牌、电车、汽车及铁路沿线都有该厂的广告，可谓“无孔不入”。他担任了市企管会分会的理事，在协会中各方面关系融洽，对厂里工作也有促进。李厂长事业心强。一心扑在工作上，早出晚归，南来北往，一年到头风尘仆仆，不辞辛苦。该厂曾被评为“市企业管理先进单位”，李厂长获“市优秀厂长”称号，该厂的产品也被评为市优质产品。但李厂长也有一个明显的缺点，这就是骄傲自满，自以为是，常常盛气凌人，有时性情急躁，弄不好还会暴跳如雷，不太把公司的领导放在眼里，经常顶撞他们，公司的“指令”常常被他顶回去，因此公司领导对他这一点颇为不满。各科室也不大愿意和他打交道，他同公司下属的其他几个兄弟厂关系也不融洽。这些厂的厂长对他敬而远之，对上级表彰他颇有微词。他也不善于做思想工作，认为这是党支部的事。所以平时遇到思想问题他都是作为“信息”告诉书记，要支部去做工作，他和几个副厂长关系处理得也不太好，领导几次协调也无济于事。

王厂长，男，37岁，文化程度大专（企业管理专业），中共党员，有技术员职称，家庭出身小业主，在“文革”期间，他不参与任何帮派活动，而是偷偷学文化、钻业务，组建厂时就担任了厂长，至今已近10年。他经历了该厂由衰到盛，几起几落的整个过程。对电子行业的特点非常熟悉，自己又有动手设计的能力。他最大的特点是精于企业管理，在学校学了计算机原理后，率先把计算机运用到企业管理中。他对全厂的机构设置、行政人员的配备、岗位责任及各副厂长、科长、车间主任和各级管理人员的职责都有明确的规定，每年考核两次，奖惩分明。因此，平时大家各司其职，他却显得很悠闲自在。常常上这个科室转转，到那个车间看看，以便了解情况，发现问题。公司及有关部门召开的会议，他从不缺席，而有的厂长常常忙得脱不开身。他似乎比别的厂长“超脱”得多，厂长们都很羡慕他。

王厂长性格内向，沉稳，不喜欢大大咧咧地发议论，对什么事情，总要深思熟虑，三思而后行，人们说他“内秀”。他对自己厂今后5年的发展，有一个远期规划。听起来切实可行，也颇鼓舞人心。对一些出风头的社会活动，他不太喜欢参加，但对各种开阔思路的业务技术讲座却很感兴趣。他很善于做员工的思想工作，他认为企业员工的思想问题都是在生产过程中产生的，都和生产有关。一厂之长，要抓好生产怎么能不做思想工作呢？因此，对一些老大难问题，他从不推诿，都是亲自处理。他还要求各级行政干部做人的思想工作，并把它作为考核的内容。他和党支部、工会的关系都很好，积极支持它们的工作。他待人谦和，彬彬有礼，和本公司上下关系都不错，公司有什么事，只要打一声招呼，他就帮助解决了。因此，他的人缘挺好，厂里进行民意测验，几乎异口同声地称赞他。

和李厂长不同，他不喜欢花高价引进工程技术人员，他认为这些人中不乏见利忘义之徒，只能同甘，不能共苦。关键时刻还是要靠自己，宁愿多花些钱来培养自己厂里的技术人员，几年来，厂里也确实培养了一批技术骨干，有些人还很拔尖。他也不喜欢高价做广告。他说我们的产品质量自己有数。我不能干这边排队卖，那边排队修的事。他把做广告的钱用来购买先进的技术设备，为提高质量服务。他说等质量到经得起“吹”的时候再做广告。但实际上他们厂的产品质量还是不错的。开箱抽查，合格率达98%。

该厂是“市企业管理先进单位”，“区文明单位”。工会是“区先进职工之家”，团支部是“区先进团支部”，他本人则荣获“市优秀厂长”和“局优秀党员”称号。但也有不少人认为，王厂长缺乏开拓精神，求稳怕变，按部就班。工作没有多大起色。按照厂里的基础和实力，应该发展得更快些。可他们的效益都比不上李厂长他们厂。和李厂长比，他就显得保守、过于谨慎、处事比较圆滑、不得罪人。王厂长听了这些议论，不以为然，依旧我行我素。

问题：试用本节课所学知识分析李厂长和王厂长谁当总经理更合适？

# 第五章 个性心理倾向与行为

**本章重点**

- ○ 掌握需要、动机、意志与行为的关系
- ○ 掌握兴趣、情感在组织行为学中的意义
- ○ 掌握价值观的含义、种类、形成及价值观在管理中的重要意义
- ○ 掌握态度的含义、类型及态度与行为的关系
- ○ 掌握态度在管理中的应用

**引例**

### 雷尼尔效应

美国西雅图的华盛顿大学准备修建一个体育馆。消息传出，立刻引起了教授们的反对。校方只好顺从了教授们的意愿，取消了这项计划。教授们为什么会反对呢？原因是校方选定的位置是在校园的华盛顿湖畔，体育馆一旦建成，恰好挡住了从教职工餐厅窗户可以欣赏到的美丽风光。为什么校方又如此尊重教授们的意见呢？原来，与美国教授平均工资水平相比，华盛顿大学教授的工资一般要低20%左右。教授们之所以愿意接受较低的工资，而不到其他大学去寻找更高报酬的教职，完全是出于留恋西雅图的湖光山色。西雅图位于太平洋沿岸，华盛顿湖大大小小的水域星罗棋布，天气晴朗时可以到美洲最高的雪山之一——雷尼尔山峰，开车出去还可以游览一息尚存的活火山——海伦火山。

（蒋董雷，杜均，徐洪奎. 管理之美. 北京：中国纺织出版社，2004）

问题：雷尼尔效应给我们带来什么启示？

在上一章我们介绍了，个性的心理结构由个性心理特征和个性品质倾向两部分组成。个性心理特征主要包括气质、性格、能力等；个性品质倾向主要包括需要、动机、兴趣、态度、理想、信念、价值观等。本章主要探讨个性品质倾向。

## 第一节　需要、动机与行为

### 一、人类行为的产生

人们时刻表现出各种行为：吃饭、睡觉、工作、学习。这些行为是由什么力量驱使的呢？许多心理学家都在探索答案，但见解大相径庭。总的来说，可分为四种观点：本能论、内驱力理论、

需要理论和动机认知理论。

**1．本能论**

这种理论认为人类行为的根源和动物一样，都是受着本能的驱使。所谓本能，是先天的遗传倾向，是物种在适应环境的历程中形成的。这种观点忽视了人的社会性，而社会性正是人的本性，是人类个体区别于其他生物个体的最根本的东西。因而这种观点实质上是错误的，它忽视了人的本性，把人等同于动物。

**2．内驱力理论**

内驱力理论主要观点有：第一，有机体的各种生理系统经常维持在一定的平衡状态，当平衡遭到破坏时，有机体就产生生理上的内驱力，使机体恢复平衡；第二，提出二级驱力的概念，认为人除了先天的生物内驱力（如饥、渴、性等）之外，还存在后天习得的内驱力，如追求成就、威望等。这种观点仍以人的生物体本能为出发点解释人类的行为，摆脱不了机械性质的局限。

**3．需要理论**

需要理论认为需要表现为人对某一外界事物的欲望。人的需要可分为本能的机体需要和社会需要，前者如呼吸、饥渴、休息的需要，后者如劳动、学习、娱乐的需要等。有些学者认为动机、兴趣、理想、信念等倾向性的东西，也只不过是需要的表现形式。被意识到的需要往往以动机的形式表现出来，成为直接推动行为的动力。这种理论被人们广泛接受，现代激励理论大多以需要作为人类行为的出发点。

**4．动机认知理论**

动机认知理论认为人类的行为，尤其是复杂的行为，不仅受需要的影响，还受个人认知变量的影响，如人们对目标的选择、兴趣、对成败可能性的分析等。在现实生活中常有这样的例子：有升迁需要的人不一定就会努力工作，除非当他认为努力工作后获得升迁的可能性足够大。期望理论、归因理论等都属于动机认知理论。

## 二、需要

### （一）需要的概念

需要是指使特定的结果具有吸引力的某种内部状态，即个体对某种必不可少的事物感到匮乏的心理状态。例如，食物对饥饿的人产生吸引力，官职对渴望权力的人有吸引力。

### （二）需要的种类

需要按产生的根源分为以下两大类。

（1）先天性的、本能的需要。这种需要是人类在世代生活过程中，由于生存条件的需要，以本能的无条件反射的方式存在于人体之中，并遗传给下一代。它是人为了保证生存条件和种族延续所具有的个体活动的动力，如呼吸、饥渴、休息、睡眠、排泄、生殖、母性的爱与关怀、对痛苦的躲避等。应当注意的是，这种需要在人身上已经带有社会性。人和动物都要吃东西，这是简单的生理需要，但人在为解除饥饿吃东西时，其满足方式已不同于动物。马克思曾说过：“饥饿总是饥饿，但是用刀叉吃熟肉来解除的饥饿，不同于用手、指甲和牙齿啃生肉来解除的饥饿。”总之，人的自然需要也具有社会性。

（2）社会性需要。这种需要是人类在社会实践过程中，在本能需要的基础上发展起来，由外界环境诱发、从实践中学习、领悟到的需要，如交际的需要、劳动的需要、学习和受教育的需要、自尊的需要、成就的需要等。人的社会性活动主要是由这类需要所决定的，这类需要具有文化差异。

需要具有动力性。人要生存和发展，就要通过各种行动去满足各式各样的需要。比如，当人口渴时，对水的需要就成为推动他去寻找水这一活动的动力。原有的需要满足后，人们又产生新的需要，它始终是行为的动力。

## 三、动机

### （一）动机的概念

需要虽然具有动力性，但它并非直接导致行为，人类的行为是由动机引发的，而动机是由特定需要引起的。动机是在需要的刺激下直接推动人类行为的动力，它引起并维持行为，促使行为朝向某一目标进行。动机本身并不属于行为，它只是行为的原因。

### （二）动机的分类

在组织行为学的研究中，对动机种类的划分尚无统一标准，这里只介绍几种有代表性的动机分类。

（1）根据引起动机的原因，可以分为内部动机和外部动机。前者是由人的内在需要引起的，后者是与人的外在需要相联系的。

（2）根据动机的社会意义，可分为正确或高尚动机与错误或低级动机。从社会进步和人民利益出发，造福人类的动机为正确动机或高尚动机；从个人或少数人的私利出发，危害社会、损人利己的动机，称为错误动机或低级动机。

（3）根据动机维持时间的长短，可分为长远动机和短暂动机。前者影响范围广，持续时间长，后者只在短时间内对个别行为起作用。

### （三）动机的功能

动机在激励过程中具有以下四大功能。

（1）唤起行为的始动功能。一般来说，人们有了某种需要，当需要与能够满足它的具体目标相结合时，才能转化为动机，并在一定的外部条件下，按头脑中已经储存的模式或新学习的模式去行动。

（2）将活动引向一定目标的指向性功能。动机一旦发挥作用，它就引导人的行为向着满足其需要的方向发展，使行为具有一定的强度和持久性。

（3）强化功能。强化可以是来自外在诱因产生的刺激，也可以是由内在性的动机所产生的行为后果。一个人的成功和失败的体验对他的行为有一定的影响，可以起强化作用，使其活动能够顺利进行。在一般情况下，一个人在成功地完成某项工作后，可以增强把工作做好的信心，希望下次工作能做得更好。

（4）形成一定行为模式的调整功能。动机好比是汽车的发动机和方向盘，它既给行为以动力，起发动作用，又可以对行为的方向及时地进行调整。动机对人的行为的调整具体表现为：首先，建立在与人的直接利益有关的基础上的动机（如家庭观念、道德感等）常常使人不自觉地、无意识地使其他动机服从于这种动机；其次，理想、信念等高级动机，可以使那些与自己的观念相矛盾的直接冲动服从于它提出的意图和目标。

## 四、动机与需要

动机与需要是两个密不可分又不可相互等同的概念。需要是人们感到某种重要的事物匮乏的一种心理状态，它是动机的基础和出发点。只有当需要与某种具体目标相结合时，才能转化为动机，而动机才是人们行为的真正动力。因此，有需要不一定有动机，同样，需要与不同的目标相结合会产生不同的动机。

如果满足需要的目标物不存在，人们即使有需要，也不会产生动机。例如，一名被困在井下的矿工，即使他十分饥饿，如果井下根本没有食物，他也不会产生寻找食物的动机，因为无谓的行动不仅不能满足他的需要，还会浪费他宝贵的体力，使生存需要也得不到满足。

行为是人类有意识的活动。行为产生的原因是心理学家争论的焦点。德国心理学家卢因融合各派理论之长，认为人的行为是环境与个体相互作用的结果。根据这种理论，可以说人的行为是由动机决定的，而动机是由需要支配的。

## 五、动机与行为的关系

人的行为总是由一定的动机引起的。所以，人们还常将引起个人行为、维持该行为并将此行为导向某一目标（个人需要的满足）的过程称为动机。

动机具有原发性、内隐性、实践活动性的特征，由此又具有三种机能：一是始发机能，动机是个体行为发动的直接原因；二是导向、选择机能，动机指导人们做出相应选择，使行为朝着特定的方向、预期的目标进行；三是强化机能，行为结果对动机有反作用，动机因良好的结果而加强，使行为加强、重复；反之减弱、消失。

一般来说，动机是行为产生的直接动力，行为是动机的外在表现。由优势动机引发人的行为。那么动机和行为之间的关系是不是完全确定的对应关系呢？不是的。由卢因的人类行为公式可知：由于任何一个行为都是个人因素与环境因素相互作用的结果，对同一个人、相同的动机，不同环境会导致不同的行为；在个人因素中，外在表现和内在动机有时一致，有时不一致，关系复杂；内在动机又有积极、消极之分，各种成分混杂。因此，人的行为是这些因素的“综合效应”。这使动机和行为有着复杂的关系。具体表现在以下几个方面。

### （一）同一动机可以引起多种不同的行为

例如，人们都想装修一套较为舒适的住房，这种动机可能在不同的人身上引起不同行为：第一，努力工作，多得奖金，攒钱装修；第二，平时省吃俭用，省钱装修；第三，努力用正当经营赚钱装修；第四，搞歪门邪道、捞不义之财装修；第五，偷钱物来装修等。

### （二）同一行为可出自不同的动机

例如，一个人埋头工作，可由种种不同的动机引起。第一，争取做优秀职工，为社会多做贡献；第二，为了受表扬得个好名声；第三，得到领导的好感，以便受提拔重用；第四，为了多拿奖金，改善生活。

### （三）一种行为可能为多种动机所推动

有的职工工作很积极，分析一下他们的动机，其中有为社会多做贡献的动机，也有想得到领导人的提拔重用的动机，也可能有希望获得“先进工作者”荣誉称号的动机，还有可能有多拿奖金的动机等。

### （四）合理的动机可能引起不合理的甚至错误的行为

有的管理者看到自己的下级工做出了差错很痛心，一心想帮助其改正，但因急于求成，采取了简单粗暴的做法，结果未能使他认识自己的错误，反而使他产生了抵触情绪。

### （五）错误的动机有时被外表积极的行为所掩盖

在已经查处的经济犯罪分子中，有的犯罪分子早来晚归，对领导人百般殷勤，还被选为“先进工作者”。但其“先进”的行为，正是为了掩盖其犯罪动机。

由此可见，人的动机和行为之间的关系是十分复杂的。

无论动机与行为的关系如何复杂，但需要、动机、行为关系已经较明显地揭示出他们之间的关系及发展规律，即需要—心理紧张—动机—目标导向行为—目标行为—需要满足—新的需要的产生。遵循这一规律，使管理者能从宏观上掌握员工的心理，从而制定相应的较为科学的管理措施，高效地实现组织目标。

# 第二节 意志与行为

意志是个体心理过程的重要因素，是人的主观能动性的具体体现。意志是决定个人行为效果的基本因素，对个体潜能的充分发挥起着重要的作用。

## 一、意志的内涵

### （一）意志的概念

意志就是自觉地确定目的，并支配调节自己的行为，以克服各种困难，实现目的的心理过程。意志过程是人的心理过程的一个重要方面，表现出了人改造客观世界和主观世界的能动作用。

### （二）意志行为的特征

意志由意志行为表现出来，意志行为有两个特征：第一，它是自身有目的的行为、是受意识控制、符合目的的行为，它和一时冲动产生的行为完全不同；第二，它是与克服困难相联系的行为，不需要克服困难的轻而易举的行为，不能算是意志行为。

### （三）意志行为的调节作用

意志行为受意志的支配和调节，这种调节表现为三方面：一是发动作用，即推动人们为达到某种目标而行动；二是坚持作用，行动发动以后，往往不是一帆风顺的，这时就需要动员意志的力量去坚持，否则便会在困难面前败北；三是克制作用，就是用意志的力量去阻止与预订目标相违背的行为。苏轼认为：“古之成大事者，不唯有超世之才亦有坚忍不拔之志。”马克思也指出：“在科学上没有平坦的大道。只有不畏劳苦沿着陡峭山路攀登的人，才有希望达到光辉的顶点。”这些论述，都从不同角度说明坚强的意志对人的行为有支配调节作用。

## 二、意志对行为的影响

研究意志的目的是培养自己良好的意志品质。意志对行为的影响，表现在意志品质对行为的影响。一般把意志品质归纳为自觉性、果断性、坚持性和自制性。

（1）自觉性。所谓自觉性，是指对自己的行为目的的重要性和正确性有充分的认识，并根据客观规律规划自己的行为，以实现预期的目的。与自觉性相反的是受暗示性和独断性。受暗示性表现为容易受别人的影响而轻易改变自己的决定。有自觉性的人也愿意接受别人的意见和听从别人的劝告，但这是以意见和劝告符合自己的观点，并相信其正确为前提的。而暗示性则是轻信别人，不认真分析就轻易改变已做出的决定和行为。独断性表面上与受暗示性相反，即毫无理由地拒绝别人的忠告而独断专行。实际上独断性和受暗示性一样，都是缺乏自觉性，是意志薄弱的表现。

（2）果断性。所谓果断性，是指一个人能够适时地做出有根据和坚决的决定，并毫不犹豫地付诸执行，而在不需执行和情况改变时，能立即停止和改变已做出的决定。在环境复杂多变、机遇与风险并存的情况下，决策者面对困难，勇于承担风险、敢于迎接挑战是果断的意志品质的集中体现，是企业家精神的重要方面。与果断性相反的是优柔寡断。优柔寡断表现在应当立即做出决定时迟疑不决，应当行动时徘徊不前。“当断不断，必受其乱”说明的就是缺乏果断必会贻误时机、带来不良后果。有果断品质的人，也可能经过长时间才做出决定，但这不是他不果断，而往往是因为他想尽快摆脱动机斗争所带来的苦恼。

（3）坚持性。所谓坚持性，是指能顽强地克服行动中的困难，不屈不挠地执行决定的品质。这种品质表现为善于抵制不符合行动目的的客观诱因的干扰，做到面临千纷百扰，不为所动，“咬定青山不放松”；也表现为善于长久地坚持已开始的符合目的的行动，做到锲而不舍，有始有终，“行百里者半九十”。在最困难的关头能坚持下来，是对一个人意志品质的严峻考验。坚持性与顽固执拗不同，坚持性是以对活动意义的明确认识，和对行动方法的科学分析为基础的，而顽固执拗则是明知错误还要固执己见，抱残守缺，实际上也是意志薄弱、缺乏信心的表现。

（4）自制性。所谓自制性，就是自制的能力，是指在意志行为中善于控制自己的情绪，约束自己的言行。这种品质表现为善于迫使自己去执行已做出的决定，战胜有碍执行决定的各种因素，如克服恐惧、犹豫、懒惰、羞怯等，同时也表现为善于抑制自己消极情绪的冲动，自觉地控制和调节自己的行为。意志自制力强的人，在危急关头能够克服惊慌、恐惧而从容镇定、谈笑自若；在情绪震荡时善于控制、理智对待、宠辱不惊。“不管风吹浪打，胜似闲庭信步”、“猝然临之而不惊，无故加之而不怒”就是意志自制力很强的人具有的风度。意志薄弱的人缺乏自制力，他们不是情感的主人，而是情感的奴隶，常常管不住自己，以致产生各种错误行为。

意志表现了人的意识、行为的能动性，是主观见之于客观的心理过程，它受到立场、观点、信念的制约，充分地表现出一个人行为的自觉性和果断性，表现出克服困难的坚持性和自制性。良好的意志品质是一个人心智健康发展、走向成功的必要条件。具有良好的意志品质的人勇于克服困难、超越自我，愈挫愈勇、磨炼自己，持之以恒，不断积累实力，针对实际通达权变，克制自己、宽以容人，最终取得优异成绩，振奋组织士气，提高群体相容性；而意志薄弱的人往往三心二意、缺乏斗志，在困难面前畏缩不前，遇到挫折灰心丧气、怨天尤人，甚至半途而废，一事难成，影响群体情绪。这一点，古今中外，概莫能外。当然，意志不是与生俱来的，而是在实践活动中，尤其是在克服困难的过程中形成的。所以，我们应利用各种活动培养自己良好的意志品质，以各方面的杰出人物为榜样，从小处着手，在困难面前有斗志，在失败面前不灰心，坚忍不拔，顽强不懈地对待生活、工作中的逆境和各种挫折。在家庭教育、学校教育、组织的人力资源开发工作中，要把意志品质的锻炼培养作为一项重要的内容，力争做到智力因素和非智力因素并重、“智商”和“情商”并重，努力提高人的综合素质。

## 第三节　兴趣与行为

兴趣是人对客观事物的积极心理倾向，是影响个体行为的重要因素，在调动人的积极性、充分发挥个体潜能方面起着重要的作用。

## 一、兴趣的含义

### （一）兴趣的概念

兴趣是人积极认识客观事物的心理倾向。这种倾向使人对该事物给予优先的注意和反映。属于个性的动力系统。引起兴趣的原因有两方面：一是客观事物对主体的重要意义；二是该事物对主体情绪上的吸引力。

兴趣最初表现为人和动物所共有的探究反射，这是一种警觉反射，具有防御保卫机体安全的功能，进而发展为探究事物原由的好奇心和人类深化认识的求知欲。兴趣是人类探索知识、追求真理的重要内部动力。

### （二）兴趣与爱好的区别

兴趣与爱好是十分类似的心理现象，但二者也有区别。兴趣是一种认识倾向，爱好则是活动倾向。认识倾向只要求弄懂、搞清这一现象，却没有反复从事该种活动的心理要求。例如，对于某一个不解的问题，弄明白之后就不希望再重复这种活动了。活动倾向则有反复从事该种活动的愿望。例如，爱好打球或绘画的人，他希望重复进行这种活动，因为从活动中可以获得无穷的乐趣，其目的不是仅仅弄清这种活动是怎么回事。

## 二、兴趣的种类

人的兴趣是多种多样的，可以根据不同的标准进行分类。

（1）根据兴趣的倾向性来分，可分为直接兴趣和间接兴趣。直接兴趣是对某事件或活动本身发生兴趣；间接兴趣是对事物或活动本身虽无兴趣，但对该项活动的结果有兴趣。如对某项劳动将取得的成果或掌握某门知识后的作用发生兴趣。间接兴趣可转化为直接兴趣。

（2）根据兴趣维持的持久性来分，可区分为暂时兴趣和持久稳定的兴趣。暂时兴趣一般产生于某种临时性的活动之中，此种兴趣随活动的结束而消失。持久稳定的兴趣不会因某种活动的结束而消失。它往往会成为个人一生中的行为特点，这种稳定的兴趣是创造性劳动的重要条件，是事业成功不可缺少的心理因素。一个人对自己所从事的事业抱有持久稳定的兴趣，他就会对事业充满热情，潜心钻研，甚至克服一切困难坚持不懈地进行创造性的工作。

（3）根据兴趣的社会意义可分为积极兴趣和消极情趣。人们对知识的追求、对劳动的热爱、对文学艺术的欣赏及对文体活动的爱好都是有积极意义的兴趣。但贪婪的物质兴趣、有害的嗜好、低级情趣和过分的休闲性爱好却能消磨人的斗志，把人引向歧途。所谓“玩物丧志”，就是指消极情趣的危害。

## 三、兴趣在组织行为中的意义

（1）兴趣可以调动人们认识和活动的积极性，从而以充沛的精力投入该种认识和活动，对人的学习、工作和活动有重要影响。青少年时代的兴趣爱好，往往能为一生的事业奠定基础。

（2）兴趣可以提高学习或活动效率。人们对有兴趣的事物必然优先集中注意力，并增强注意的稳定性，减少分心；兴趣可以使人产生愉悦的情绪体验，克服倦怠和疲劳；兴趣还可以增进记忆、诱人进行深入的思考。从事有兴趣的活动可以提高效率，因此在学习、工作中应努力激发人的兴趣，讲课、写文章、组织活动都要注意趣味性。组织内部安排工作也要注意照顾每个人的兴趣。但对个人来说，从事学习、工作不能从兴趣出发，而应考虑该项学习或工作内容的重要意义。

（3）兴趣影响人的工作方向选择，一个人从事的创造性活动如果符合自己的兴趣，就会潜心钻研、锲而不舍。

另外，兴趣是可以培养的，对于那些有重要意义的学习、工作内容要在活动过程中培养兴趣。

# 第四节　情感与行为

情感是人对事物的态度体验，是个体心理过程的又一重要因素。它影响个人的态度和行为，在人与人、人与群体、人与组织的关系中起着不可忽视的作用。

## 一、情感的内涵

### （一）情感的定义

人们通过知觉、思维等反映客观事物，这是心理活动的认识过程。伴随着认识过程，人们还会产生喜、怒、哀、惧、爱、恶等心理体验，这种心理体验就是情感。情感是心理过程的又一个方面。

情感是在人类社会发展进程中产生的人对一定事物的态度体验。这种体验乃是事物与人的需要之间的关系反映。例如，完成工作任务会感到轻松愉快；遇到困难挫折会感到郁闷忧愁；受到污辱谩骂会激起愤怒；面临危险会引起惊慌；对美好的事物会产生喜悦；对丑恶的行为会产生憎恶等，都属于对客观事物的不同态度体验，都是情感。

### （二）情感的特征

（1）情感具有社会性的特征。情感的社会性是指人的情感总是在社会生活条件下形成和发展的，因而带有社会性的特征。例如，原始社会中，人们对自然的敬畏和对图腾的崇拜，在现代社会就不会产生。在阶级社会中，情感具有阶级性，不同阶级的人对同一事物常有不同的情感，“赤日炎炎似火烧，野田禾稻半枯焦。农夫心内如汤煮，公子王孙把扇摇”就说明了这个问题。正如鲁迅先生所说：“喜怒哀乐，人之情也，然而穷人绝无开交易所折本的懊恼，煤油大王哪会知道北京拣煤渣老婆子身受的辛酸。灾区的居民，大约不会去种兰花……贾府的焦大，也不爱林妹妹的。”

（2）情感具有内心体验和外部反映的特征。情感的内心体验是指情感产生时的主观上的感受，这种感受常表现为两极的对立性。例如，肯定性质的情感与否定性质的情感的对立：满意—失望，欢乐—悲伤，爱—恨，喜欢—厌恶等。又如，增力情感与减力情感的对立：前者提高、增强人的活动能力，后者则会降低人的活动能力。一般来说，肯定性质的情感是增力情感，否定性质的情感是减力情感。情感的两极对立性有时会呈现为复杂的、统一的体验。如啼笑皆非、悲喜交加、乐极生悲等。情感产生时通过人的身体也可以观察到。例如，发怒时心跳加速，面红耳赤或面色苍白；悲伤时泪流满面、食欲不振；高兴时趾高气扬、手舞足蹈等。但人们也能有意识地控制自己的情感表现。例如，有的人心怀不满，却笑容满面；有的人内心悲痛，却沉静如常等。

（3）情感具有实践性的特征。情感是在人类社会活动中产生的。活动的频度、深度、强度都对情感的产生、变化有影响。一般来说，事物或活动结果能够满足人的需要时，就会产生增力情感；反之，就会产生减力情感。情感的形成一般是一个逐渐发展的过程。一旦形成就不易改变，具有相对的稳定性和持续性。当然，在特殊情况下也有例外，如一见钟情、反目成仇等。

## 二、情感的形态

根据情感发生的速度、强度、持续性和对人的影响程度，可分为四种基本形态，即心境、热情、激情和应激。

### （一）心境

心境是一种微弱而持久的情感状态，如心情舒畅或郁郁寡欢，沉稳恬静或烦躁不安等，均属于心境的表现。心境产生后，会影响人的生活和工作，使人的言语、行动、思维都染上情感的色彩。例如，唐代诗人孟郊中进士前心情抑郁，中进士后则感到“春风得意马蹄疾，一日观尽长安花”，这便是他当时积极心境的写照。积极的、良好的心境使人朝气蓬勃，工作富有成效；消极颓丧的心境则使人精神委靡，工作效率低；长期心境不佳，还会影响人的健康。因此，保持良好的心境十分重要。

### （二）热情

热情是一种强烈、稳定而深刻的情感状态。热情有积极和消极之分，区分的标准主要看其指向对象的社会意义。例如，热情做好事，为人民服务，工作干劲大，属于积极的热情；热衷于拉关系、走后门、搞宗派，甚至为个人私利不惜铤而走险，就属于消极的热情。不言而喻，在组织活动中，领导者和管理者要努力激发自己和下属的积极热情，对于个人和下属的消极热情，则应加以预防。

### （三）激情

激情是一种迅速、猛烈地爆发而又时间短暂的情感状态，如狂喜、暴怒、恐惧、绝望等。激情也有积极和消极之分。例如，军队作战之前的动员，激起战士对敌人的满腔仇恨，使他们奋不顾身地杀敌立功，这种情感状态便是积极的激情；而不考虑后果，危害他人、危害社会的激情便是消极的激情。有些领导者遇事急躁、乱发脾气等，不仅于事无补，反而加剧矛盾，也是消极的激情。古希腊数学家、哲学家毕达哥拉斯说得好：“愤怒以愚蠢开始，以后悔告终。”每个人都要善于调动自己的积极的激情，抑制消极的激情。史载林则徐在其住所悬“制怒”匾，就是为了随时自我提醒，控制消极的激情。

### （四）应激

应激是出于意料的情况而引起的情感状态。例如，面对自然灾害，如洪水、地震等和暴徒的袭击等突然事件，有的人可能急中生智而化险为夷，也有可能呆若木鸡而遭遇危险。唐山大地震过后，余震不断，人们长期处于应激状态，一位青年工人在微弱地震的情况下，竟大叫一声，贸然从四楼跳下，摔断了双腿。在社会生活中，我们随时可能遇到各种意外情况，这就需要胆大心细、果断决策、镇定自若。

## 三、情感对组织行为的影响

在组织活动中，情感理论具有重要的意义。掌握情感的特点和规律，有助于领导者对下属进行情感号召、情感联络和情感感化。情感号召就是针对人富有情感这一特点，选择那些最激动人心、最有号召力的宣传内容和手段，激励人们努力完成各项任务。例如，“为了您和他人的幸福，请自觉遵守交通法规”、“为了您和他人的健康，请勿随地吐痰”等，就是情感号召的具体实例。

情感联络是指领导者经常和下属进行友好交往的联络感情。例如，领导者有意和工人一起进餐，有意参加青年人组织的各项活动，以及进行家访、个别谈心等，不仅有助于群体凝聚力的增加，有利于情感交流，而且有助于落后人员的思想转化。后者也可称为情感感化。诸葛亮对孟获七擒七纵，就是一个典型的实例。在组织工作中，运用情感原理培养员工对工作、顾客的肯定性情感，有助于形成敬业爱岗、顾客至上的观念。例如，许多服务行业的组织提倡“微笑服务”时感到，只靠制度、规范是不够的，当员工怀着对工作、对顾客的肯定性情感，才会自然地表现出亲切、友善、由衷的微笑，真正提高服务质量。在组织文化建设中，通过组织内部的各种沟通交流，对员工进行情感激励，培养员工对同事、对组织的肯定性情感，就可以有效地改善人际关系，增强组织凝聚力，改进组织绩效。非正式组织内部情感联络就是情感理论有效性的运用。

在发挥情感对组织活动积极影响的同时，也必须注意抑制其消极作用。情感因素在个体、群体心理中作用不当，就会干扰人的价值判断，使个体、群体行为偏离社会的价值规范和组织目标，这是党风、社会风气不正的一个重要社会根源。有的人在工作中过多地掺杂个人情感，背离原则，处事不公，甚至徇私枉法。有的单位用人唯亲，窒息了创造活力。有的领导为了维持一团和气，管理不严，赏罚不明，造成人心涣散。至于非正式组织的消极作用，也是情感因素在群体心理中作用不当所造成的。类似事例不胜枚举。这些现象的消极后果不可低估。

许多学者指出，“东南亚金融危机”的原因固然很多，但是经济、社会活动中裙带之风盛行、制度建设滞后所带来的腐败现象难辞其咎，这种情况被称为“裙带资本主义”。因此，在我国的社会主义市场经济体制建设和组织管理工作中，必须对这一问题有清醒的认识，保证我国市场制度和管理工作的健康发展。

# 第五节　价值观与行为

## 一、价值观的内涵

### （一）价值观的定义与属性

价值观是指个人对客观事物（包括人、物、事）及对自己的行为结果的意义、作用、效果和重要性的总体评价，是推动并指引一个人采取决定和行动的原则、标准，是个性心理结构的核心因素之一。

价值观包括内容和强度两种属性。内容属性告诉人们某种方式的行为或存在状态是重要的；强度属性表明其重要程度。当我们根据强度来排列一个人的价值观时，就可以获得一个人的价值系统（Value System）。每个人的价值观都是一个层次，这个层次形成了每个人的价值系统。这个系统通过我们赋予自由、快乐、自尊、诚实、服从、公平等观念的相对重要性而形成层次。

### （二）价值观的重要性

价值观对于研究组织行为是很重要的，因为它是了解员工的态度和动机的基础。同时他也影响我们的感知和判断。每个人在加入一个组织前，早已形成了“什么是应该的、什么是不应该的”思维模式。而且，这些观点隐含着一种观念，某种行为或结果比其他行为或结果更可取；同时，也包含着对正确与否的解释。因此，价值观使得客观性和合理性变得含混不清。

价值观会影响一个人的态度和行为。假设你加入一家公司时认为以工作绩效作为薪酬分配的基础是正确合理的，而这家公司却以资历作为付薪的基础，不是以绩效为依据。这时，你会做出什么反应呢？你很可能感到失望，这会导致你对工作不满意并且决定不付出更多的努力，因为它不可能给你带来更多的收入。相反，如果你的价值观与这家公司的薪酬政策一致，你的态度与行为是否会不同呢？

## 二、价值观的形成、影响因素及特点

### （一）价值观的形成

一个人的价值观从出生开始就在家庭、社会、学校等的影响下逐渐形成和稳定下来。个体所处时代背景、家庭经济和社会地位、父母的职业和价值观、学校教育等，对其价值观的形成具有决定性的作用，报纸、广播、电视、网络语言逐步形成自己对是非的判断。长大以后，与他人的互动形成的经验会加强或改变个体的价值观。

### （二）影响价值观形成的因素

影响价值观形成的因素很多，主要有文化、父母、老师、朋友、经验等。

**1．文化**

一个地区的文化具有很强的传承性和稳定性，人的价值观形成受到文化潜移默化的影响。比如，在中国，孝顺父母、勤奋节俭、“不蒸馒头争口气”等文化观念至今仍然得到广泛认同。

**2．父母**

父母是孩子的第一任老师。孩子来到世界上，首先通过与父母的交流获得对世界的基本看法。“龙生龙，凤生凤，老鼠生来会打洞”不仅表示遗传基因相同，还表达了价值观作为社会基因在家庭内部的继承和延续。

**3．老师**

正规教育对人的价值观的形成具有重大影响，因为，正规教育在人生中可谓密集、冗长。老师通过对什么是对的、什么是错的、什么值得表扬、什么该被批判等的引导和教育，形成了个体对世界、人生的系统看法。

**4．朋友**

近朱者赤，近墨者黑；物以类聚，人以群分。朋友往往是个体交往比较多，同时也比较相似的一个群体，群体内化的压力和归属的需要使得个体在与朋友的交往中不断调整自己对人和事物的基本认识，从而对价值观的形成具有重要的影响。

**5．经验**

经验是个体在成功或失败后对成功或失败原因的一种深刻反思。经验可以加强也可以改变人们的价值观，甚至同样的经历由于个体的感知不同，也会对人的价值观产生不同的影响。比如，有的人认为自己在商业上能够取得成功源于冒险精神，于是，他认为冒险具有非常重要的价值；有的人认为自己的人脉关系是成功的首要因素，于是，他就非常注重在日常生活和工作中建立和维持广泛的社会关系；而有的人认为，成功主要靠自己运用资源的能力，于是，他就在学习和掌控资源能力方面投入足够的精力。

### （三）价值观的特点

（1）价值观是因人而异的。由于每个人的先天条件和后天环境不同，人生经历也不尽相同，每个人的价值观的形成会受到不同的影响，因此，每个人都有自己的价值观和价值观体系。在同样的客观条件下，具有不同价值观和价值观体系的人，其动机模式不同，产生的行为也不同。

（2）价值观是相对稳定的。价值观是人们思想认识的深层基础，它形成了人们的世界观和人生观。它是随着人们认知能力的发展，在环境、教育的影响下，逐步培养而成的。人们的价值观一旦形成，便是相对稳定的，具有持久性。

（3）价值观在特定的环境下又是可以改变的。由于环境的改变、经验的积累、知识的增长，人们的价值观有可能发生变化。只是，价值观的改变非常缓慢。

## 三、个体价值观的类型

### （一）奥尔波特的价值观分类

德国学者斯普兰格在《人的类型》一书中把人的社会生活归纳为六个方面，并因此将人相应地分为六种类型：理论型、经济型、审美型、社会型、政治型和宗教型。美国心理学家奥尔波特及其助手发展了该分类，并编制了问卷，用以了解这六种价值观对被调查者的重要性程度。他们认为这六种价值观是存在的，而不是指有六种类型的人，因为每个人都可能同时具有不同类型的价值观，只不过以一种价值观为主导。这六种价值观在人的行为上表现为：

（1）理论型。重视以批判和理性的方法寻求真理，求知欲强，喜欢追根究底，富于幻想，喜欢空谈，爱做理论分析，不愿与人交往。

（2）经济型。强调有效和实用，务实，讲享受，追求实用价值，不愿高谈阔论，属于现实主义者。

（3）审美型。审美型也称艺术型，重视外形及和谐匀称的价值，注重外在形象的美和心灵的感受，用美来衡量客观事物，自身也注重给人以美感。

（4）社会型。强调对人的热爱，以爱护他人、关心他人为崇高职责，热心社会活动，喜欢与人交往，随和，能容忍他人，肯牺牲自己。

（5）政治型。重视拥有权力和影响力，喜欢支配和控制他人，固执己见，具有反抗性，爱表现自己，对权威则恭敬顺从。

（6）宗教型。关心对宇宙整体的理解和体验的融合，相信命运，注重超自然的力量和感觉的东西，宁愿相信直觉而不愿正视现实或逻辑的推理，喜欢沉思。

### （二）格瑞夫斯的价值层次论

格瑞夫斯根据组织中人员行为表现形态的差异将人的价值观和生活方式划分为七个层次，这一理论对价值观的研究产生了较大的影响（见表5-1）。

**表5-1　格瑞夫斯划分的价值层次**

| 层　次 | 类　型 | 价值观特点 |
|---|---|---|
| 一 | 反应型 | 只对自己的基本生理需要做出反应，典型的是新生婴儿，在组织中很少见 |
| 二 | 宗教服从型 | 以高度服从为特征，其行为和观点受权威、传统和权力的影响。他们服从习惯与权势，喜欢按部就班 |
| 三 | 自我中心型 | 关注个人，进取精神强烈，主要服从权威 |
| 四 | 顺从型 | 喜欢事事问个明白，对价值观与自己不同的人很难接受，希望别人接受自己的价值观 |
| 五 | 操纵型 | 渴望通过控制别人或操纵事情来达到自己的目的，是绝对的功利主义者，追求显赫的社会地位和他人的认可，喜欢炫耀自己 |

（续表）

| 层　次 | 类　型 | 价值观特点 |
|---|---|---|
| 六 | 社会中心型 | 把受人喜欢和与人友好交往看得比个人的表现更重要，为人和善、与世无争、更愿意放弃 |
| 七 | 存在主义型 | 能够高度容忍不确定性和与自己价值观不同的人，喜欢创新和灵活性，反对僵化的体制、限制性的政策、等级地位等 |

### （三）罗克奇的价值观分类

弥尔顿·罗克奇对价值观的分类最经典。他把社会中个体的价值观与行为模式及存在的终极状态联系起来，把价值观定义为个体关于怎么做人或做什么人及追求什么人生目标的考虑和判断。

个体的价值观分为工具性价值观和终极性价值观两类。工具性价值观是指达到目标的手段，即为了达到某种终极状态而采用的可接受的行为，如雄心、诚信、勇气等。终极价值观是指所要达到的目标或存在的终极状态，如幸福、自由、爱、自尊等。终极价值观反映了个体的奋斗目标，工具价值观则是实现目标的可行方法。罗克奇鉴别出来的终极价值观和工具性价值观如表 5-2 所示。

罗克奇编制了价值观调查问卷，该问卷包括两种价值观类型，每个类型有 18 个具体项目。他认为这些价值观在个人心目中的重要性可以用不同的等级来表示，人与人的差异关键在于价值体系中每条价值观的重要性和排列模式的不同。

**表 5-2　罗克奇的终极价值观和工具性价值观**

| 终极价值观 | 工具性价值观 | 终极价值观 | 工具性价值观 |
|---|---|---|---|
| 世界和平 | 诚实 | 友谊 | 情感/爱 |
| 快乐 | 宽容 | 成熟之爱 | 礼貌 |
| 平等 | 乐于助人 | 乐趣 | 理性 |
| 成就 | 自控 | 自由 | 责任 |
| 内心平静 | 独立 | 智慧 | 勇气 |
| 自然与艺术的美 | 服从 | 繁荣 | 能力 |
| 家庭安全 | 雄心 | 国家安全 | 愉快 |
| 自尊 | 开朗 | 社会尊重 | 智力 |
| 救赎 | 整洁 | 刺激、有活力的生活 | 想象力 |

## 四、与工作有关的价值观

### （一）西方的 PE 价值观

古典组织学派的奠基者韦伯认为，是加尔文教派极力倡导的那套价值观推动了西欧工业化的进程。这种被称为“新教徒道德”（简写为 PE）的价值观首次强调劳动本身的内在美德，劳动被视做上帝的号召，而劳动致富则是得到上帝保佑的证明。PE 还要求人们在生活中自我克制和推迟追求享受与满足，把所赚的钱做再投资。它认为人们有义务去劳动，而诚实的劳动本身，不论多么卑贱，都是一种报偿。

西方学者对 PE 与人们行为间的关系做过大量研究，PE 是理解个人间差异的有益概念，信奉 PE 的人要比不信奉的人能吃苦耐劳和勤奋。这些人对工作的自尊心较高，所以哪怕接受了对自己工作的消极反馈（不利评价），也不会气馁，反而更努力工作以求恢复自尊。他们还发现西方老一代人对 PE 的接受远多于年青一代。但这究竟是成人发展阶段的普遍规律，还是放纵享乐价值观泛滥和生活水平提高的双重作用，尚无肯定结论。

### （二）集体/个人主义价值观

在做跨文化价值观比较时，人们发现了一种新的重要因素，即集体/个人导向性。这个概念又是一个连续统一体，其两端分别是集体导向与个人导向。这两种导向性的差别在于对待集体与个人态度，是更关心和尊重集体及其利益还是个人及其利益。个人主义者相信个人的目标与需求最重要，每个人都被视为独一无二的，人们对自己的评价主要依据自己的成就、地位及其他特征。而集体主义者则相信成为群体成员是一项主要的考虑，群体的需要至关重要，主要依据人们所属的群体加以评价，家庭、社会阶层、组织和团队等群体皆优先于个人。荷兰社会学家吉尔特·霍夫斯泰德提出的一种由几类文化维度组成的框架，可以用来比较民族文化价值观，其中一个维度的内容是集体主义与个人主义。一般来说，东方的国家和地区，如中国、日本、韩国，都有较强的集体主义价值观；而西方，如美国、加拿大，则有较强的个人主义价值观。

### （三）职业价值观

人们对各种事物，如学习、劳动、享受、贡献、成就等，在心目中存在主次之分，对这些事物的轻重排序和好坏排序构成一个人的价值取向体系。职业价值观就是人们在职业选择和职业生活中，在众多的价值取向里，优先考虑的价值观念。

人们在选择职业的时候往往会受到职业价值观的影响。例如，是要工作舒适轻松，还是要高标准的工资待遇，要成就一番事业，还是要安稳太平。当两者有矛盾冲突时，最终影响人们决策的是存在于内心的职业价值观，由于个人的身心条件、年龄阅历、教育状况、家庭影响、兴趣爱好等方面的不同，人们对各种职业有着不同的主观评价。从社会来讲，由于社会分工的发展和生产力水平的相对落后，各种职业在劳动性质的内容上，在劳动难度和强度上，在劳动条件和待遇上，在所有制形式和稳定性等诸多问题上，都存在着差别。再加上传统的思想观念等的影响，各类职业在人们心目中的声望地位便也有好坏高低之分，这些评价都形成了人的职业价值观，并影响着一个人对就业方向和具体职业岗位的选择。

## 五、价值观对管理的影响

### （一）对管理决策的影响

每一名管理者都受到自身价值观的影响，这种影响又会通过管理者的管理行为（主要是管理决策）对其他人产生作用。这些影响和作用具体表现在以下几个方面：

（1）对其他个人及群体的看法，从而影响人与人之间的关系。
（2）个人对决策和问题解决方法的选择。
（3）对个人所面临的形势和问题的看法。
（4）关于道德行为的标准的确定。
（5）个人接受或抵制组织目标和组织压力的程度。
（6）对个人及组织的成功和成就的看法。
（7）对个人目标和组织目标的选择。

（8）用于管理和控制组织中人力资源的手段的选择。

### （二）对管理模式的影响

在人力资源管理中，根据组织的总体目标、基本的价值观、对员工的看法等方面的不同划分，存在以下三种管理模式。

#### 1．最大利润管理模式

最大利润管理模式在19世纪和20世纪初被广泛地应用于美国企业中。经营总体目标就是取得最大利润，以在市场竞争中求得生存和发展。一切管理决策和组织行动都服从这个唯一目的。与这种管理模式相适应的价值观是利己主义、适者生存、个人奋斗、竞争等。企业的员工仅仅是企业获取利润的手段而不是目的。领导方式是粗鲁的、个人专断的，组织考虑员工福利是为了组织取得最大利润。

#### 2．委托管理模式

在生产资料的所有权和经营权分离之后，作为企业的经营者，他不仅要考虑企业投资者的利益，还要考虑员工、顾客、社会等各方面的利益。这时，在企业员工既被看做手段，也被看做目的，而不再单纯是劳动力市场中任人雇用和解雇的资源。它承认员工的权利必须得到承认，可以组织工会等员工团体来关注他们的利益。但是，它仍然有强烈的利润指标需求。因此，它是一种在谋取利润与社会道德之间进行调和的管理模式。

#### 3．生活质量管理模式

生活质量管理模式承认企业需要利润，但强调追求利润要合理，要考虑社会利益而不仅仅考虑公司所有者的利益，企业利润与社会利益是共存的，对社会有利的利益对企业也有利。利润更多地被看成一种手段而不是目的，人本身在组织中及组织外部的全面自由发展被看成比金钱、物质、技术更为重要的事情，人所拥有的生活质量成为组织所追求的目标。与此管理方法相适应的价值观是使利己主义、竞争和原始的自身利益转变成大家分享、合作和开明的自身利益。生活不再被看做“你胜就是我负”的你死我活的局面，而是“我成功你也成功”的双赢局面。在管理中强调了人本主义的倾向，每个员工的尊严和价值观都得到承认，注重充分发挥员工的技术和能力，使其参与管理，领导作风也倾向于民主和分权，管理者和员工互相沟通，彼此信任。

### （三）价值观与组织文化

一个组织是由人构成的，组织成员的个人价值观往往由于自身年龄、背景、经验、成长环境的不同存在着较大的差别。如果面对这种差别，组织令其自然发展，将会给组织成员之间的协作、配合、人际交往等带来潜在的冲突，甚至影响组织的工作效率和工作目标的实现。因此，组织文化的建设就成为一个组织越来越重视的内容。

组织文化是指“在一定的社会经济条件下，通过社会实践所形成的并为全体成员遵循的共同意识、价值观念、职业道德、行为规范和准则的总和”，“是一个企业或一个组织在自身发展过程中形成的以价值为核心的独特的文化管理模式”。组织文化的本质就是组织中大多数员工共同认同的价值观和价值系统。组织价值观是组织文化的核心要素。组织价值观是组织内全体成员共同遵守和承认的，对事物和现象在思想、感情、信念、观念上的取向准则，是辨别是非的标准。组织成员为了实现组织目标，会自觉遵守组织价值观，用此来指挥人们行事，正是这种组织价值观，决定了该组织的特色。良好的组织文化将有利于组织成员之间的理解和协作，对于组织成员产生强大的凝聚效应。

组织文化的形成是一个长期的过程，在这个过程中，有众多的因素会影响组织文化的形成，比如，外部的环境文化、所在国家或地区的民族文化、组织原有的传统、领导者（创始人）的思想观念及组织的人员状况、产品特征、技术特点等都会对组织文化的形成产生或大或小的影响作用。但是组织文化形成的核心在于组织核心价值观的形成。

# 第六节　态度与行为

## 一、态度的概念与构成

### （一）态度的概念

态度是个体对特定事物的心理倾向——相对积极或消极、喜欢或不喜欢。与情绪相比，态度偏向于判断和逻辑，而情绪则是对带来愿望状态的对象心理和生理经历，偏向于感觉经历。态度是个体经常有的情感、思想和行为的倾向，是引导和指引个体行为的一个比较重要的因素，是个体在其生理基础上，在一定的历史条件下，通过社会环境的不断影响逐步形成的。

### （二）态度的构成

态度由三种基本成分构成：感知成分、情感成分和意向成分。态度的形成中每个成分都起着重要的作用。

#### 1．感知成分

感知是具有评价意义的叙述，内容包括个体对某个对象的认识与理解、赞成与反对，这是形成态度的基础。比如，你相信你喜欢某一课程。这有可能是因为教材非常好，课程的时间安排很理想，教授很优秀或作业负担轻。感知基于对真实和现实的感知，而感知与现实的切合程度则大不相同。

#### 2．情感成分

感情是指个体对于对象的体验，对其喜恶情感的反应深度。它通常表现出对对象是喜欢还是反感，是爱戴还是憎恶，是愉悦还是悲伤。情感伴随感知过程产生，并保持态度的稳定性。例如，绝大多数对像“爱”“恨”“性”和“战争”等词汇的反应与这些词汇所传递的含义的反应是一样的。

#### 3．意向成分

意向是个体对对象的反应倾向，是一种引导行为的要素，即行为的准备状态，准备对态度对象做出反应。如果你喜欢你的教师，你可能会在下学期选修他的另一门课程。不过，意向并不一定总会变成实际的行动。如果这位教师的课程安排在早晨 8 点，你也许马上会觉得上另一位教师的课也不错。

总之，态度是很重要的，因为它们会导致行动。如果态度是积极的，组织就会受益；如果是消极的，组织就不会受益。因此许多组织越来越关注对成员态度的衡量和监控。

## 二、态度的种类

既然态度是针对人、客体和事物的，而这些对象又是无限多样的，那么态度自然也就有无限多种。不过，我们在这里只关心那些与组织和工作有关的态度。组织行为学对态度研究的注意力集中在有限的、与工作相关的几种态度上。这些态度包括对工作的满足、对工作的投入、对组织的认同，在组织中具体表现为工作满意度、工作参与和组织承诺三个方面。

## （一）工作满意度

### 1．工作满意度的概念

工作满意度（Job Satisfaction）是指员工由于对工作特点进行评估而产生的对工作的积极感觉。如果员工拥有较高的工作满意度，说明他对该工作持积极的态度；如果员工的工作满意度较低，说明他对该工作持消极的态度。人们在谈论员工的态度时，往往是指工作满意度，因此，这两个词经常可以互换。

### 2．影响工作满意度的因素

哪些与工作有关的因素决定了工作满意度呢？有证据表明，决定工作满意度的重要因素包括具有心理挑战性的工作、公平的报酬、良好的工作环境和融洽的同事关系，以及上下级关系。当然，还有一个非常重要的因素就是人格与工作的匹配。

（1）工作性质与内容。员工喜欢选择这样的工作：这些工作能够为他们提供使用自己的技术和能力以展示自己价值的机会，能够提供各种各样的任务，有一定自由度，并能对他们的工作的好坏予以反馈。这些特点使得工作更富有挑战性。挑战性低的工作使人感到厌烦，但是挑战性太强的工作也会使人产生挫败感。在挑战性适中的工作中，大多数员工都会体验到愉快和满意。

（2）报酬。员工希望组织的分配制度和晋升政策能与其期望一致，并做到公平、公正、公开。当员工认为他们所获得的报酬是公正地建立在工作要求、个人技能水平及行业平均工资标准的基础上时，就会表现出较高的满意度。当然，金钱和职务本身不一定是每个人的终极追求，但是却通常被员工看成管理者对于他们对组织的贡献大小的看法的一种反映。与绝对的报酬数量相比，员工更看重与自己的付出、别人的付出及行业整体水平相比较后的相对公平。因此，如果员工觉得分配制度和晋升决策是以公平和公正为基础制定的话，他们更容易从工作中体验到满意感。

（3）工作环境。员工对工作环境的关系既是为了个人的舒适，也是为了更好地完成工作。研究表明，大多数员工希望所工作的物理环境是安全的、舒适的和最小干扰的。如果工作环境较好（例如，洁净、设备比较现代化、有充足的工具和机械设备），则人们不会有工作满意度上的问题；相反，如果条件很差（例如，燥热、嘈杂、肮脏的工作环境），则员工很容易显露不满。但是。除非工作环境实在太差，否则大多数人不会太多受这一因素所困扰。

（4）人际关系。对大部分人来说，工作不仅仅意味着对物质需求和权力欲望的满足；或者说，人们从事工作不仅是为了挣钱养家和获得权力、地位上的成就。社会交往是组织成员在工作中追求的另一种满足。许多人宁愿接受较少的报酬，而在一个温馨、和善的组织中工作，也不愿为了赚更多的钱忍受冷漠、势利、敌对的同事关系。这一点毫不奇怪。所以，可以说，友好的和支持性的同事关系会提高员工对工作的满意度。

（5）领导的管理方式。上司的行为也是一个决定满意度的主要因素。研究发现，影响工作满意度的上级管理似乎有两个维度。一个是员工中心性，可以通过员工的直接主管对其的个人关注程度来测量。当主管是善解人意的、友好的、对好的绩效进行表扬、倾听员工的意见、对员工表现出个人兴趣时，员工的满意度会提高。相当多的经验性证据表明，员工辞职离开一家公司的主要原因之一就是他们的上级不关心他们。另一个维度是参与和影响。也就是说，管理者允许其下属参与一些会影响其本职工作的决策过程。一般来说，参与会提高员工的工作满意度。

（6）人格与工作的匹配。1959 年，心理学家约翰·霍兰德（John Holland）提出了人格与工作匹配理论。他认为，员工的人格与职业的高度匹配将给个体带来更多的满意感。当人们的人格特征与所选择的职业相一致时，他们会发现自己有合适的才能和能力来适应工作的要求，并且在这些工作中更有可能获得成功；同时，由于这些成功，他们更有可能从工作中获得较高的满意度。对霍兰德的结论进行的一些重复性研究几乎都得到了完全支持性的结论。因此，在考虑工作满意度时人格与工作相匹配这个因素是非常重要的。

**3．工作满意度对组织绩效的影响**

如果工作满意度高，员工会做得更好吗？组织会更有效率吗？如果工作满意度低，会带来绩效问题和效率问题吗？这些年来，管理者和学者们一直在对这一问题穷追不舍。在早期，关于满意度和绩效关系的观点基本上可以概括成一句话——“快乐的员工是生产率高的员工”。但是以“快乐员工”为主题的信念主要是建立在美好的愿望上，而不是确凿的证据上。事实上，有关工作满意度和绩效之间的问题不仅仅是这么简单，它们之间有着复杂而间接的关系。

（1）满意度与生产率。世界上有一些通常被人们认为是自然而然的事情却往往被证明是不成立的，有关对满意度和生产率之间关系的猜想就是其一。许多年来，人们大都认为工作满意度高的员工其生产率也必然会高，就像前文我们所说的那样“快乐的员工是生产率高的员工”。然而，至少到目前为止的研究都证明，满意度和生产率之间并没有很强的联系，大约只有 0.14。除了满意度之外，还有很多因素可以影响生产率。

另一个问题是因果关系箭头的指向问题。究竟是“快乐的员工是生产率高的员工”还是“生产率高的员工是快乐的员工”？传统的观点似乎倾向于前一论断，但是研究发现，后一种论断更能站得住脚。这一点也很好理解，如果你的工作做得很好，你会从内心里感觉良好。另外，如果你所在组织对生产率设置奖励的话，那么你较高的生产率会引起组织的重视和表扬，你的收入水平因此而提高，晋升的机会也随之增加。反过来这些收获又会提高你对目前所从事工作的满意度。

当然，我们想当然的结论也并不总是错误的。研究证明，单个人的工作满意度可能并不能必然地引起他个人生产率的提高，但如果组织中所有成员的工作满意度都很高，那么可观察到这一组织的生产率确实高于同类组织。

（2）满意度与缺勤率。满意度与缺勤率之间存在着一种稳定的消极关系，但是这种关系并不强，通常小于 0.40。因为除了满意度之外，还有一些其他的外部因素，如组织制度、社会实践等也会影响两者的相关程度。例如，如果组织有病假工资制度，可以想象的结果是，有些即使非常满意的员工，也会设法休假。

（3）满意度与离职率。满意度与离职率之间也是负相关关系，也就是说，不满意的员工可能更容易离开组织。但是其他因素，如劳动力市场的状况，改变工作机会的期望，任职时间的长短，对组织的承诺水平等，都对是否真正决定离开自己的工作岗位起着重要的限制作用。例如，当总体经济形势较好、失业率低时，离职率一般会有一定的增加，因为人们会去其他组织寻求更好的机会。如果其他组织所能提供的机会更好，即使他们对自己目前的工作感到满意，很多人还是会离开。相反，如果经济形势不好，找工作很不容易，裁员、并购、合并及收购事件风起云涌，那么即使是不满意的员工也会自愿地留在他们目前的岗位上。

总体而言，工作满意度的高低对员工离职率仍然会起到重要的影响作用，两者之间呈中等强度的负相关。

## （二）工作参与度

工作参与度（Job Involvement）是指个体从心理上对其工作的认同程度及认为他的绩效水平对自我价值的重要程度。工作参与度高的员工对工作有强烈的认同感，并非常在意自己的工作。心理授权（Psychological Empowerment）与工作参与度密切相关，是指员工对工作环境、工作能力、工作意义及工作自主性的影响程度的感知。优秀的管理者可以通过授权让员工参与决策、让员工感觉到自己的工作很重要，并且让员工认为他们是在做自己的事情，从而增加员工的心理授权。

### （三）组织承诺

#### 1. 组织承诺的概念

组织承诺是指员工对于特定组织及组织目标产生认同，并且希望保持组织成员身份的一种心态。组织承诺强调员工对所在组织的认同，而工作参与强调员工对自己工作的认同。

#### 2. 组织承诺的构成

组织承诺包括三个维度。

（1）情感承诺。情感承诺是指员工对组织的情感依赖及对组织价值观的认同。比如，老李乐善好施，他在一家社会责任感很强的公司工作，公司每年都要在慈善事业上捐献大笔的金钱。这让老李对公司产生了很强的情感承诺。

（2）持续承诺。持续承诺是指员工感受到的留在组织中比离开组织更高的经济价值。例如，一家公司的老板非常重视与公司员工家人的沟通和联系。对于在公司服务满三年的员工，公司都会全额出资让员工的家人到上海旅游一周，每年公司还给员工的父母发放 2 000 元红包。因此，一旦有员工想离开公司，就会遭到家人的强烈反对。这就是员工持续承诺的一种。

（3）规范承诺。规范承诺是指员工基于道德及伦理原因而产生的留在组织中的责任感。与老板一同打江山的员工，平时老板很仗义，他们在公司遇到困难或者面对其他组织的高薪诱惑时选择留在企业就是出于自己对公司的规范承诺。

#### 3. 组织承诺的形成

组织承诺是员工的组织社会化过程的产物。员工在组织中工作和生活，与组织不断地交往、对话、相互作用，逐渐接受它的影响，感受到它的关切、培养和爱护，了解、接受进而信仰、认同了组织的宗旨与价值观，学会并被同化于它的行为模式和准则，遇事形成了对它的忠诚和责任感。

但是，对于组织承诺的形成问题，国内外学者说法不一，形成了不同的理论。例如，克尔曼将组织承诺的形成区分为由顺从或交换阶段、敬重性与倾慕性阶段到内在化或一致化阶段的过程。但是，鉴于文化与价值观的特殊性，我国很多学者并不提倡搬用外国的模式。他们在广泛的研究后认为，组织承诺的形成包括五个阶段：震荡期、认同期、平稳期、反刍期和固化期。

（1）震荡期。这一时期，个体刚刚被吸引进入一个组织，他的个人价值观和目标与组织的价值观和目标还未达到一致，也没有建立起深厚的感情承诺，规范承诺方面较低。因此，在这期间，一方面，新员工对组织只有较低的认同感和承诺，离职倾向较高；另一方面，组织的某种优势或诱因又对组织成员有一定的吸引力，双方面的因素互相作用，此消彼长，表现为新员工的组织承诺水平有时较高，有时又较低，呈震荡趋势。

（2）认同期。如果在震荡期中新员工没有离开组织，那么，在与组织及其他成员的相处过程中，新员工与组织的价值和目标渐渐融洽，这时开始进入认同期。在认同期中，由于新员工已经安然度过了试用期，并且已与组织签订了一定年限的合同，其离职倾向开始降低。此外，新员工通过不断学习，认知能力增强，薪酬、福利增加，与同事、上级关系逐渐融洽，对环境的适应能力增强，并逐渐得到组织认同，员工的工作满意度增加，因而其组织承诺水平呈显著上升趋势。同时，员工开始逐渐接受组织的规章制度、组织文化、价值观等，这也在一定程度上提高了员工的组织承诺水平。

（3）平稳期。这一时期，随着员工的认知能力、工作经验及工作技能的进一步提高，其感情承诺显著增加，规范承诺也不断增强。但受外部人力资源市场的拉动效应的影响，员工留在该组织的机会成本也随之加大，被觉察的流动机会及寻找工作的机会增加，员工开始产生离职的想法。所以，这段时期内员工继续承诺水平开始出现下降的趋势。继续承诺水平持续偏低，直到与感情承诺水平和规范承诺水平达到均衡。内部的动荡却表现在外部的波澜不惊，在这一时期，员工组织承诺水平保持不变，处于一个平稳的均衡状态。

（4）反刍期。借用生物学上描绘牛食草时的术语，我们定义这一时期为反刍期。在这一时期，员工的工作经验、技能及知识持续增长，其增长速度甚至超过了组织的成长速度和福利待遇的增长速度，这使员工感到继续留在这个组织中的机会成本增大，不公平感加剧，感情承诺和规范承诺的递增速度减慢，继续承诺的降低超过了感情承诺和规范承诺的增长，因而上一时期的均衡结构被打破，总体组织承诺水平下降。这一阶段如果组织不采取一定的措施提高员工的组织承诺，如提高福利待遇，强化感情交流，则员工的组织承诺将会持续下降，那么，员工要么离开组织，要么降低工作绩效。

（5）固化期。组织承诺的过程必须经历最后一个阶段，即固化阶段。由于员工不断对企业投入资本，感情分量不断加剧，如果员工没有离开组织，那么员工的组织承诺将会逐步上升直至退休为止。一方面，员工由于其所具有的在某一个特定组织的专业技能被镶嵌在此组织，其所具有的特定技能或核心能力在其他的企业不能复制，因而离职可能性降低。另一方面，由于年龄增长的缘故被觉察的流动机会减少，员工的组织承诺增加。此外，由于组织的价值、组织文化的根深蒂固，对组织的感情形成特定的依赖，因此也促成总体组织承诺的增加。

**4．影响组织承诺的因素**

（1）环境因素。个人和组织所处的环境状况对个人的组织承诺水平存在很大的影响。具体的环境因素可以从以下三个角度来分析。

首先，从劳动力市场看，失业率的高低决定了个人就业机会的多少，失业率与个人的组织承诺水平存在正相关关系。

其次，从文化角度看，文化中的静态因子和动态因子的多少直接影响个人的组织承诺水平。例如，在主张创业、冒险、单干的动态文化中，组织中的不安定因素受到这种文化的激发，降低了个人的组织承诺水平。

最后，从行业性质看，在人才竞争激烈的行业中，个人的组织承诺感较低，同行的人才争夺使得个人更换工作的收益提高，推动个人在行业内部的流动。

（2）组织及工作因素。员工在组织内工作，组织自身的一些因素和工作方面的因素都会影响组织承诺。

第一，组织变革。如公司合并，企业裁员等。在此种情况下，员工通常会担心自己的发展前途及是否被解雇等问题，此时组织承诺可能相对来说是比较低的。

第二，组织特征。调查表明，大部分员工认为，企业效率和发展前景、工资福利、企业领导的素质能力、企业经营理念、组织文化、管理运行机制，是影响员工的组织承诺的重要因素。

第三，工作性质。调查表明，组织承诺与工作性质有很大关系。相对稳定，没有多大风险、劳动负荷不是很大，而且有愉快的工作经历的工作，相应的组织承诺水平较高；相反，工作环境恶劣、风险较大的工作，其组织承诺水平较低。

第四，人际关系。组织中员工之间合作非常愉快、气氛融洽，员工之间沟通无障碍，此种情形下，员工组织承诺水平高。

第五，工作投入。工作投入是指成员对其本职工作的积极主动态度和热爱迷恋程度。工作投入测量的是一个人在心理上对他的工作的认同程度，以及认为他的绩效水平对自我价值的重要程度。工作投入程度高的员工对他们所做的工作有强烈的认同感，组织承诺也比较高。

（3）个体因素。根据影响组织承诺水平的个体因素来源，可以分为以下三类。

第一，年龄和任期。研究表明，新老员工与组织承诺和离职间有微妙的关系。年轻人组织承诺高，但离职率也高；与此相反，老员工组织承诺低，但离职率也低。同时，工作年限越短，员工的流动率越高。这是因为年轻员工对所在企业的依附性不强，自身适应性强，有更多进入新工作岗位的机会。另外，年轻人调动工作的成本较年长者低。一个人在企业内工作的时间越长，其社会联系的纽带也越强，与之相应的离开企业的社会交往损失就越多。

第二，种族和性别。一些研究资料表明，性别差异会造成组织承诺水平的差异，女性比男性的组织承诺水平高，这是由于女性存在养育孩子的任务，可能形成职业中断，许多组织在接纳新成员时对女性构筑了壁垒，因此，女性进入组织的成本要高，更换工作的成本也高，她们一旦进入某个组织，就会产生较高的组织依赖感，逐步形成较高的组织承诺水平，相比较而言，男性成员则不存在女性的困扰和顾虑。

第三，婚姻。由于已婚员工的各种顾虑，例如，配偶、子女等的工作、学习问题，都影响员工对组织的承诺水平。而且，一般来说，已婚员工的组织承诺明显高于未婚员工，离职率也低于未婚员工。

### （四）其他工作态度

（1）感知到的组织支持。感知到的组织支持是指员工对组织如何看待他们的贡献及关心他们的利益的一种感知和看法。研究表明，如果员工认为他们的报酬是公平的、能够参与决策，并且主管能够提供支持，他们就会认为组织具有支持性。

（2）员工敬业度。员工敬业度主要是指员工对工作的参与度、满意度及工作的热情。员工的敬业度可以通过询问员工资源是否有效、是否具有学习新技能的机会、工作对他们的重要性和意义、与同事或上级的互动是否有收获等来了解。

研究表明，这些与工作相关的态度之间存在着强相关关系，说明这些态度之间存在着大量的交叉重叠。因此，作为管理者，如果知道了员工的工作满意度，也就大致知道了员工对组织及工作的基本看法。

## 三、态度与行为的关系

人们常常认为态度与行为具有一致性，但这似乎并不符合实际情况。研究结果往往显示态度与行为之间的关系是很复杂的，并不是一种简单直接的关系。例如，一个人对其上司的态度可能是消极的，但却未必对其采取相应的消极行为。在现实生活和工作中，以下因素影响着态度与行为之间的关系。

#### 1. 一般态度和特定态度

一般来说，越是特定态度，它与行为的关联就越紧密。例如，某银行员工可能支持人类健康事业（一般态度），也可能支持一个因主张股东利益最大化而给烟草公司贷款的信贷执行官（特定态度）。不过，该员工可能不会去参加反对烟草事业的集会或游行，而可能在言行上支持信贷执行官。

2. 态度与自身的相关性

如果个体认为某问题很重要，那么与此相关的态度与该人的行为的一致性较高。如关于师范类大学生免费读书的政策，会引起师范类院校学生的强烈关注。在这个问题上的态度对他们会不会赞成相关政策有着较强的预测性。

3. 人格因素

人的性格对态度与行为之间的关系影响很大。例如，自控能力低的人，在态度和行为之间表现出更多的一致性；而自控能力高的人，其行为更依赖外部环境，因而难以预测。

4. 环境约束因素

社会环境和文化氛围包含了关于广泛认可的态度和行为方面的信息。比如，受中国传统文化的影响，工作中太锋芒毕露的人往往会受到大家的非议，而中庸的人却比较容易得到多数人的认同。

充分了解和理解上述因素，将有利于管理者在工作实践中比较准确地预测行为，而提高管理工作的针对性和有效性。

## 四、与态度相关的理论

### （一）态度的一致性

研究表明，人会自动地在各种态度之间及态度和行为之间寻求一致性。这意味着，人们会自行调和其分歧的各种态度，设法使态度和行为同步，以证明自己是理性的、言行一致的人。一旦行为与态度不一致，人们就会试图改变其中一方，或是态度，或是行为，使它们之间变为一致；或者，找出一种合理的解释来说明态度与行为之间的不一致，为其自相矛盾自圆其说。

需要注意的是，态度和行为的一致性并不意味着它们之间必然有某种因果关系。态度影响行为，但未必决定行为。曾经一度有人认为，态度决定了行为，态度是行为的原因，这就好比说“人们因为喜欢看电视才看电视”。可又有谁能说“人因为看电视才喜欢看电视”的说法不对呢？20世纪60年代后期，人们认为两者之间没有因果关系。

有研究发现，有一些中介变量是说明态度与行为相关一致性的重要原因。一个中介变量是态度、行为越是具体的，越是针对特定的事物，期间的相关程度就越高。比如，“男女平等”是笼统的、一般性的态度，而是否同意在企业某部门同等任用“女性职员”，则是具体的态度。显然，主张前一种态度的人，并不一定采取某一具体行动，而持后一种态度的人，必然会诉诸行动，导致态度与行为的高度一致性。

另一个中介变量是社会压力。社会压力既可能使态度与行为保持一致，也可能使态度与行为相分离。比如，一个人对某一事物持激进态度，而决策时群体中的大多数人却持保守态度，趋于从众压力，这个人在行为上不得不同群体意见保持一致。

此外，经验也是协调态度与行为的重要变量，因为长期的经验本身就使态度和行为都变得更具适应性，与情境更容易协调。

### （二）态度改变理论

态度形成之后比较持久，但不是一成不变的，也会随外界条件的变化而变化，从而形成新的态度，这就是态度的转变。

态度的改变有两种方式：一是一致性的改变，即只改变原有态度的强度，如由极端反对转变为稍微反对；二是不一致性的改变，即改变了态度者的方向，如由反对转变为赞同。

态度的转变受到许多因素的影响，这些因素首先来自态度本身的特性。个体年幼时形成的态度、习惯性一贯性较强的态度、较为极端的态度及与个人的基本价值观密切相关的态度，都较难改变；原有态度所依赖的事实越多，越繁杂，就越巩固，越不解其中各种赞成和反对的论点，并根据这些论点，决定是坚持还是改变自己的态度，其态度改变是主动的。

西方组织行为学关于态度改变的理论主要有以下几种。

**1. 凯尔曼的三阶段论**

该理论以满足人们的需要和期待有利于态度的改变为基础，提出态度改变过程的三个阶段——服从、同化、内化。服从是态度改变的第一阶段，是受外来的影响（包括团体规范和他人态度的影响）而产生的，是为了赢得好感而改变原有的态度。同化是态度改变的第二阶段，与服从相比前进了一步，不是受外界压力而被动产生的，而是从模仿中不知不觉地把别人的行为特性并入自身的个性特征中，逐渐改变原来的态度。但这种改变还不是信念上和价值观上的，因而是不巩固的。内化是态度改变的第三阶段，是在同化的基础上真正从内心深处相信并接受一种新思想、新观念，自觉地把它纳入自己的价值观之中，从而彻底改变自己原有的态度。

**2. 费斯汀格的感知失调理论**

该理论把人的感知分成若干个基本元素，包括思维、想象、需要、态度、兴趣、理想和信念等。其中任何两种元素的关系又分为协调、失调、不相关三种。失调主要来自两个方面：一是个人在多个有相似价值的方案中做选择的行为；二是与自己的态度相矛盾的行为。这种失调能够产生某种力量，使人们逐渐改变自己的态度。当个体发觉自己所持有的两种或两种以上的感知元素相矛盾时，便会出现感知失调，内心就会有不愉快和紧张的感觉，产生一种驱使个体解除这种不协调状态的动机。解除和减少失调状态的办法：一是改变某种感知元素，使其与其他元素间的不协调关系趋于协调；二是增加新的感知元素，以加强感知系统的协调；三是强调某一感知因素的重要性。

**3. 勒温的参与改变理论**

美国心理学家勒温在研究中发现，个体态度的改变同群体的规范和价值观密切相关。个体在群体中的活动可以分为主动型和被动型两大类。主动型的人主动地介入群体的活动，参与政策的制定，参与权力的实施，自觉遵守群体的规范等。被动型的人被动地介入群体活动，服从权威，服从别人制定的政策，遵守群体的规范等。对这两种类型的人进行的参与实验表明，主动参与群体活动的人的态度往往难以转变。因此，个体态度的改变依赖其参与群体活动的方式和程度。

## 五、态度的转变

### （一）影响态度转变的因素

**1. 原先的态度与要求改变的态度之间距离的大小**

态度改变的难易程度与前后两种态度之间差距的大小有关。具体来讲，如果一个人原来的态度与新态度两者差距太大，甚至截然相反（如劝一个抽烟成瘾的人戒烟），那么想改变这个人固有的态度就很难，甚至会适得其反，使其产生对立情绪，更加坚持原先的态度。

**2. 个体的个性特征**

人们在同一情境内接受宣传，有的容易转变态度，有的难以改变，这些都与每个人的个性特点（如智力、性格、性别、年龄等）有关。

一般来说，智力水平高的人比智力水平低的人更不容易接受宣传而转变态度。这是由于这种人的知识经验丰富，善于分辨他人的宣传是否真有道理。智力水平高的人对于不同性质内容的宣传，其接受程度不同。例如，对于强调对方要相信与执行的宣传不易接受，而对于强调对方要注意与了解并具有说服力的宣传则易接受。但是，对于智力水平低的人情况则相反，对简易的宣传易接受，而对于复杂、深奥的宣传则不易接受。

还有，个人自尊心强的人比自尊心不强的人更不容易转变态度。这是因为自尊心强的人自我评价较高，非常自爱并注重维护人格的尊严，他们在认知和情感方面比较牢固，并且对自己现有的认知和情感相当自信。而自尊心弱的人则总是把自己想象得很差，对自己的决定不自信，因此便很容易被他人的意见所左右，从而被说服而改变自己的态度。

此外，研究人员发现，女性比男性容易被说服从而改变态度，年轻者比年长者更容易改变态度。

**3. 个体与群体的关系**

个体态度的改变也依赖其参加群体活动的方式。在很多情况下，引导人们积极地参与有关活动，比口头劝说更能有效地改变人的态度。

第二次世界大战期间，由于食品短缺，美国政府当局希望能说服家庭主妇购买动物内脏做菜，但问题是美国人一直以来都不喜欢食用动物内脏。为了有效地改变家庭主妇的这种态度，美国社会心理学家库尔特·勒温（Kurt Lewin）做了以下实验。勒温把参加实验的主妇分成两组：一组为控制组，他对这一组被试者采用演讲的方式，亲自讲解动物内脏的营养价值、烹调方法、口味，以及食用这些食品对国家的贡献等，说服她们改变对内脏的厌恶态度，把其列为日常食品；另一组为实验组，勒温组织这一组的主妇们展开讨论，共同探讨动物内脏的营养价值、烹调方法等，他还为这组被试者列出使用内脏做菜时可能遇到的困难（如家人不喜欢吃的问题、清洁问题等）并逐个加以解释和解决，最后再由营养专家指导每个人亲自实验烹煮。实验结果是：实验组的主妇们有 32%改变了她们对动物内脏的态度，而控制组中仅仅有3%的人开始接受食用内脏的饮食习惯。

## （二）态度转变的方法

在了解了影响态度转变的因素之后，我们可以进一步总结出促进态度改变的方法。

（1）员工参与法是指让员工参与某些活动来转变其态度的一种方法。它又分为两种：强迫参与法和诱导参与法。

1）强迫参与法是指不管个体是否愿意，规定其一定要参加某些活动，来改变其态度的一种方法。

2）诱导参与法是指通过某些方法使员工对某些活动感兴趣、自愿参加后改变其态度的一种方法。

（2）团体规定法是指通过权威人士或权威机构公布团体成员必须遵守的规章制度来改变员工态度的一种方法。在许多情况下，宣传的效果会显得缓慢和微小，这时用团体规定法可以取得快速而有效的结果。

（3）角色扮演法是指让员工身临某种情景、担任某一角色来改变其态度的一种方法。这种方法又称“心理剧”，在管理中运用时，可以使员工设身处地地了解对方的困难和心境，从而改变对对方的错误态度。

（4）管理者预言法是指通过管理者对员工进行积极的预言，使其改变错误态度的一种方法。

这种方法的理论基础是：一个人（或一群人）被他人给予一种预订的看法之后，这种预订的看法就可能实现。这个理论在管理中，可以用下列公式来表示：

员工的态度和行为=$f$（管理者的期望）

也就是说，员工的态度和行为是管理者期望的函数，是随着管理者期望的变化而变化的。

为了有效地达成组织目标，管理者要根据不同的情景、不同的对象，采取不同的方法，才能帮助员工形成正确的态度，改变错误的态度。员工只有在正确态度指导下，才能充分发挥潜能，充分运用自己掌握的知识和技能，有效地为组织工作。

## 六、态度在管理中的应用

### （一）态度调查

态度调查是指借助调查问卷了解员工工作态度的一种方法。调查问卷一般是由一套陈述性的题目或者问题及代表其同意程度的用分数表示的评估等级构成的。

态度调查有助于管理者了解员工的工作态度，预测员工的工作行为，从而为管理员工态度提供有用信息。

### （二）在管理中转变员工的态度

转变员工的态度是管理者经常要做的重要工作之一，这是因为员工的态度将会直接影响员工的工作效率和质量。

#### 1．态度的转变

个体态度一旦形成就比较稳定，但态度并不是一成不变的，后天形成的态度在一定的条件下是可以变化的。

（1）极性改变与程度改变。态度具有两极性：积极的与消极的。从积极的态度转变为消极的态度，或者从消极的态度转变为积极的态度，都是极性改变。如果都在同一极，只是程度上有所改变，就是程度改变。

例如，原来小周极力反对计件工资制，害怕自己的工作强度会增大，收入会降低。一种情景是：公司强行推行之后，小周按照计件算下来工资比以前高出许多，而且比同事拿得还多，因此，他由原来的极力反对变成了衷心赞成。这是一种极性改变。另一种情景是：经过同事的劝说，小周虽然还不支持计件工资制，但已明显变成轻微反对了。这就是一种程度改变。

（2）积极态度与消极态度。积极态度不一定是一种正确的态度，如老张支持小李装病去请病假，目的是能够与他一起去郊外钓鱼。显然老张对小李的装病持积极态度，但这是一种错误的态度。消极态度不一定是错误的态度，如小张讨厌同事们下班去打麻将而影响第二天的工作。显然小张对打麻将持消极态度，但这是一种正确的态度。

管理者的工作之一就是使员工形成正确的态度，改变错误的态度。

#### 2．培训——转变员工态度的主要方法

现代企业中，转变员工态度的一个主要方法就是进行培训。以前，企业培训的主要任务是提高员工的知识水平和技能水平。认知心理学认为，个体不可能去做自己认为做不到的事情。因此在许多情况下，员工具有完成任务的知识和技能，但是由于缺乏正确的态度，导致不能完成任务。

目前，转变员工态度的培训日益受到企业界的重视。这类培训一般以心理学理论为基础，以正确的态度为导向，以员工参与为基本手段，在轻松愉快的气氛中使员工改变原来错误的态度，进而收到良好的效果。

#### 3．宣传——转变员工态度的常用方法

宣传主要是指通过口头言语沟通转变他人观点的一种方法，运用恰当时，会对转变员工态度起到快速而明显的作用。不可否认，如果宣传不当，有时效果几乎为零，有时反而会有负效果。

要使宣传成功，我们必须注意以下四个方面：宣传者、被宣传者、宣传内容和宣传形式。

## 课后思考题

1. 动机是怎样影响行为的？
2. 意志对行为有哪些影响？
3. 兴趣、情感对组织行为学有哪些重要意义？
4. 影响价值观形成的因素有哪些？
5. 在管理中应该如何转变员工的态度？

### 案例分析

#### 中年人的失落

俗话说，四十不惑。可是对 A 科长来说近来却是常常有很多困惑埋在心头，不知该如何面对，自己该如何处理。A 科长今年 46 岁，在这个国有大企业里已经有 22 年的工龄了，没有大起大落，一切按部就班。从实习生到科员再到副科长干了 10 年，副科长任 6 年，如今在科长任上又是近 6 年了。虽然算不上企业元老，却也是将青春奉献给了企业。A 科长本以为按资历可以向副厂长的职位作点想象，没想到上级的精神却是要年轻化、高学历，新提拔副厂级以上干部年龄不得超过 45 岁，学历不得低于本科。A 科长倒是正规本科毕业，倒霉就在于年龄问题。最后，经过考察，另一位年轻的拥有硕士文凭、有 5 年工作经验的 B 同志被上级看中并得到提拔。

A 科长愤愤不平，认为自己无论从工作能力、工作经验都比 B 同志强，凭什么被他领导？然而，A 科长没有想到的是，更倒霉的事情还在后头。上级的年轻化精神要贯彻到底，科室负责人似乎也要年轻化，A 科长甚至还听到谣言，说他的这个科长是肯定要被别人取代的。A 科长有些坐不住了，连夜去找厂长，没想到厂长也是含含糊糊，不做正面回答，只是说安心干好工作，厂里暂时不会调整人事，即使有调整也是微调。A 科长越想越觉得不对劲——微调不就是冲我来的吗？A 科长想到自己上初中的小孩、在车间三班倒的老婆、在农村的老母亲；想到自己经常为工作加班加点，吃了晚饭还常到办公室里转悠；想到前几年有机会跳槽到外资企业而被自己放弃。A 科长困惑不解，事到如今该怎么办？

A 科长开始经常不按时上班，经常出去很久也不回办公室，有时甚至不来办公室，只是打两个电话问问科里的情况。科员向他请示工作，他总是马马虎虎。

科室工作真的开始马马虎虎了。

A 科长经常挂在嘴边的“我们厂……”没有了，经常说：“他们……”科里的小年轻则更进一步，常说“管他们怎么怎么”。

（资料来源：泰德人力资源博客群，http://weboffice.taderhr.com/hrblog/）

思考：

1. A 科长为什么感到失落？
2. 该厂的管理出了哪些问题？

# 第六章 激励理论与应用

## 本章重点

○ 对比马斯洛的需要层次理论和阿尔德弗的ERG理论
○ 描述期望理论模型，并讨论它在激励员工方面的现实意义
○ 总结公平理论模型，包括人们怎样试图减少不公平的感觉
○ 掌握挫折理论的应用
○ 了解激励理论的应用

## 引例

### 小朱为何辞职

家电公司生产部的小朱最近有点郁闷。来公司五年了，工资和奖金制度还在执行五年前的标准，眼见物价一个劲儿地上涨，可小朱的薪酬却没有多大变化。这几年家电行业竞争十分激烈，为了降低人工成本，除非岗位特别需要，公司尽量不从外部招聘人员。小朱明显感觉工作上的事情越来越多，本来他只负责制定车间的生产进度计划，现在主管把原材料消耗成本统计核算的工作又交给他来做，有时，他还要完成主管交办的其他工作事项。小朱感觉工作压力越来越大，有时还要加班到晚上，属于自己的时间越来越少，工作似乎成了生命的主要部分。

工作成了沉重的负担，可所得与投入明显不成正比，小朱逐渐对公司和主管心生不满。让小朱更加难以忍受的是，与身边的几名同事比起来，他明显得到了差别待遇。个别同事能力平平，工作上敷衍了事，有时本来要大家一起合作完成的事，这些人却耍小聪明，偷奸耍滑搭便车，工资和奖金可并不少拿。有的人因为与领导关系好，或比小朱早进公司两年，收入反而比他高一级。这样的事情时有发生，让小朱心里很不是滋味。想想自己对待工作认真，能力很强，工作任务完成得也好，可主管似乎视而不见，有时还说，年轻人多干些有好处。在小朱看来，领导是在放空炮，玩管理艺术，薪酬不涨，不见提拔，哪来的好处？

一次同学聚会后，小朱失眠了。做几乎一样的工作，多数同学的薪酬都比他高出一大截，有的同学还得到了提升机会。同学会上，有人跟他说，你来我们公司吧，我们公司薪酬高，还有不少外出培训机会，保证比那个公司强。

第二天，小朱的辞职报告出现在了部门主管的办公桌上。

# 第一节 激励概述

## 一、激励的基本概念

在充满不确定性和全球竞争的时代，激励员工比以往任何时候都重要。激励是指激发、鼓励。利用某种外部诱因调动人的积极性和创造性，使人有一股内在的动力，朝向所期望的目标前进的心理过程。激励的实质在于通过有效的外在刺激引发内在的动机，达到激发潜能、努力工作，实现组织目标的目的。激励是生产力的促进剂和推动剂，是企业规范员工工作行为、提高员工工作效率、不断改善员工生活质量、提升企业形象的重要手段。

工作绩效与激励和能力之间的关系，常以下列函数式表示：

$$\text{工作绩效}=f\text{（能力}\times\text{激励）}$$

$$\text{即 } P=f(A\times M)$$

其中，$P$ 代表绩效（Performance）；$A$ 代表能力（Ability）；$M$ 代表激励（Motivation）。

可见个人的能力、天赋不能直接决定其对组织的价值，对一个人的工作积极性的激励，对工作绩效和组织受益都非常重要。

## 二、激励的特性

### （一）激励是外力正向作用于人的内在动力的结果

人的行动积极性是受三种力量的支配：内在动力、目标引力、外在压力。内在动力是人由某种需要而产生的动机形成的原动力；目标引力是人经过努力达到某种目标而得到满足需求的吸引力；外在压力是不付出努力会受到某种损失或惩罚的威胁力。激励就是通过强化目标引力和外在压力作用于人的内心，进而激发人的内在动力，调动主观能动性和行动性的过程。激励成功与否，就在于外力的作用是否激发了人的内在动力，并且发生组织期望的行为，进而达到组织发展的目标。

### （二）激励内容要考虑的三个问题

#### 1. 行为方向

激励要考虑一个人面临多种可能的目标时会选择哪个去为之奋斗，即行为方向问题。高水平的工作绩效需要有高水平的努力，并且这种努力的方向是有利于组织发展方向的。激励要有明确的目标，要将组织成员的努力引导到有利于组织发展的方向上去，同时也要引导员工的行为保持正义性和科学性，这才是激励的最终目标。

#### 2. 行为强度

一个人实现目标的积极性不同，努力的程度也会不同。为实现个人或组织目标而投入多大的精力，付出多大的努力，即行为强度问题。激励的任务是在明确目标的基础上，调动员工的更高的积极性，发挥更大的潜能，投入更多的精力，加大行为的力度，提高行为效率。

#### 3. 行为持久程度

一个人为实现目标而努力时，特别是在遇到挫折和困难时，能否保持长时间的积极性，能否坚持长久的努力，即行为的持久程度问题。激发人的短期积极性和努力工作状态是比较容易的，但是保持长久的积极性和坚持不懈的努力是比较困难的。激励不仅仅要产生一时的成效，更要研究如何将人的积极性长期保持下去，建立激励的长效机制，只有这样才能成为一支具有长久凝聚力和战斗力的员工队伍。

## 三、激励过程

依据心理学对人的心理和行为关系的基本研究结果，可以用图 6-1 表示激励的过程。

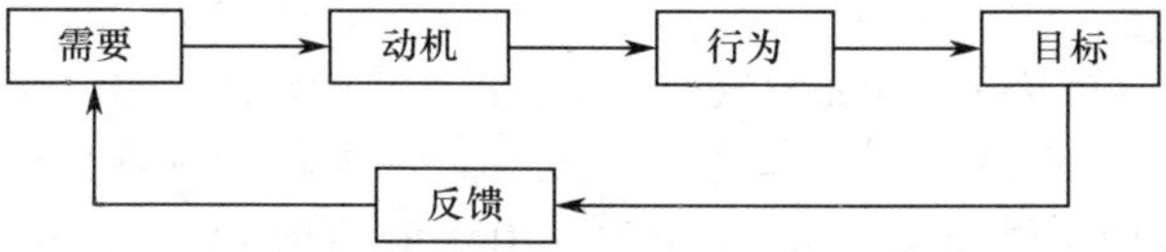


图 6-1　激励的过程

图 6-1 表明，激励过程由需要未能满足开始，需要引起动机，动机激发人的行为，行为又指向一定的目标。目标的实现反过来又作为结果反馈而使人产生新的需要，继而产生新的动机与行为。

在这个过程中，动机的激发是关键。所以，激励的目的是使人产生动机，而要想使人产生动机，则应当让他出现需要，即让他对某种重要事物产生缺乏的主观体验。当一个人无论在生理还是心理上有了某种需要时，就会对大脑产生一种刺激，其心理就会进入紧张不安的失衡状态。为了改变不平衡状态，便产生一种力求实现需要的满足、消除紧张感的内在的驱动力，也就是动机。可见，动机是将需要和目标联系起来的关键环节。当达到目标后，需要得到满足，紧张感得以消除，新的需要继而产生。激励过程就是这样周而复始，循环进行的。

## 四、激励思想的发展

在西方发达国家，用激励的方式刺激劳动者的积极性和创造性，已经有近百年的历史，西方的激励理论建立在以下几种假设的基础之上。

**1．复杂人的假设**

复杂人假设理论认为，人们工作的动机不但复杂，而且是经常变动的。不同的人生理、心理不同，同一人在不同时间和情况下也会形成不同的生理、心理表现。人们可以依据自己的动机、能力及工作性质来适应各种不同的管理方式。也就是说，很难制定一种对任何人都适用的万能管理方法。所以，要求根据不同时间、地域、职业和劳动者之间的个别差异，采取灵活多样，能够适应不同人的多种管理方式，其中也包括奖励方式。西方企业实行多层次的不同奖励模式，对不同层次的人员实行不同的激励模式。

**2．社会人的假设**

社会人理论来源于梅奥的霍桑实验，这一理论认为，工作动机主要来自社会需要，在工作当中能够享受到认同感、归属感和工作的乐趣，金钱的一败涂地已经失去原有的诱惑力，众人更需要的是社会需要的满足，主要是归属感和良好的人际关系。美国和日本企业实行亲情管理，日本企业实行终身雇用制等，都是依据这一理论。

**3．经济人的假设**

这种假设来源于泰勒的科学管理，这种理论认为，人是由经济诱惑引发工作动机的，人们参加劳动的目的是获得最大的经济收益，金钱高于一切，在奖励制度上，主要考虑人的生理需要和安全需要，用金钱来刺激员工的积极性。

**4．自我实现人的假设**

这种假设认为，人类最高层次是自我实现，在工作中追求成就，实现自治和独立，发展特殊的能力和技术，使自己的工作富有弹性，能够适应环境的变化。奖励制度要求在增加工资、晋升职务的基础上，能够使员工在工作中获得知识和才干，充分发挥自己的潜力。

根据上述不同的假设，人的需要和动机各不相同，根据不同时间、地域和职业，相应地设计了 3 类不同的激励模式。

第一类：内容型激励理论（Content Theory）。主要有马斯洛的“需要层次理论”、“X 理论和 Y 理论”、阿尔德弗的“ERG 理论”、麦克莱兰的“成就需要理论”、赫茨伯格的“双因素理论”等。

第二类：行为改造型激励理论（Behavior Modification Theory）。主要有“强化理论”、“挫折论”、“归因论”等。

第三类：过程型激励理论（Process Theory）。主要有“期望理论”、“公平论”、“目标设置管理理论”、波特和劳勒的激励过程模式和综合激励模式等。

# 第二节　内容型激励理论

内容型激励理论也可称为动机激励理论，主要研究行为的动机因素。大多数当代理论都认为激励起始于个人的需求和他们的潜在动机。需要产生动机，是激励人们工作的基础和源泉，内容型工作激励理论就是要研究如何满足人们的需要来激励人们努力工作，取得最好的效益和业绩。

## 一、马斯洛的需要层次理论

### （一）需要层次理论的内容

一个最早和最著名的需求理论是需要层次理论。1943 年，心理学家亚伯拉罕·马斯洛（Abraham Maslow）在《人类动机论》一书中提出了需要层次理论，把学者们提出的无数需要归结为五个基本层次，如图 6-2 所示。

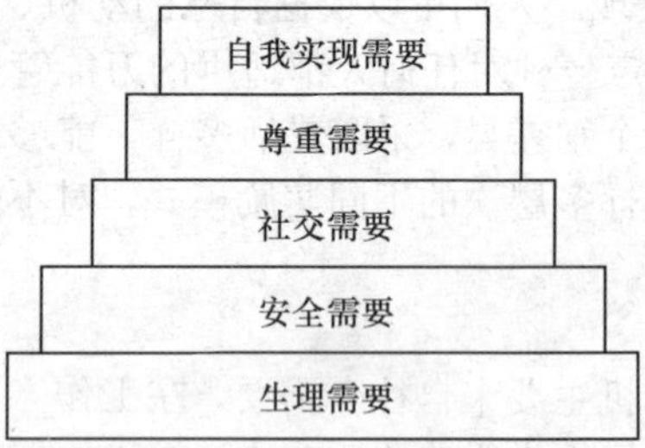


图 6-2　马斯洛的需要层次理论

（1）生理需要：包括衣、食、住、行、婚姻、疾病治疗等人类最原始、最基本的维持个体生存的生物性需要。

（2）安全需要：渴望安全和稳定的环境，远离痛苦、威胁或疾病的需要。

（3）社交需要：包括对爱情、友情及人际交往的需要。

（4）尊重需要：包括通过个人得到的自我尊重需要，通过被他人承认和尊敬获得的社会尊重需要。

（5）自我实现需要：一种追求个人能力极限的内驱力，包括成长、发挥自觉的潜能和自我实现。

### （二）需要层次理论分析

马斯洛认为人们同时会有多种需要，但行为总被最不满足的需要所激励。当人们满足了低层次的需要时，高一层次的需要就成为主要的动机，这就是所谓的满足前进过程。即使一个人不能满足高层次的需要，他会被它激励直到这种需要最终得到满足。生理需要是最原始、最重要的需要，人们最先被激励去满足它们。生理需要满足后，安全需要成为最强烈的激励因素。当安全需要得到满足后，社交需要成为最重要的需要，以此类推，满足推进过程的例外是自我实现，当人们体验过自我实现后，他们对这种感觉要求更多而不是更少。

马斯洛认为满足低层次需要比满足高层次需要的途径更多。所以低层次的需要容易得到满足，越是高层次的需要，实现的难度也越大，满足需要的可能性越小，但是激励的力量越强。

在特定的时期内，人可能受到各种需要的激励，但存在某种占优势地位的需要。任何人的需要层次都会受到个体和环境的影响，并会随着时间的推移而发生相应的变化。对于管理者，为了激励员工，必须要了解其下属要满足的是什么需要，哪些是最迫切的需要，并且寻求不同的途径和方法满足他们不同的需要，调动其工作的积极性。

下面是管理者如何根据员工的不同需要和追求目标而采取的相应激励手段和管理措施（见表 6-1）。

**表 6-1　需要层次与激励手段对照表**

| 需要层次 | 追求的目标 | 相应的激励手段 |
| --- | --- | --- |
| 生理需要 | 住房、薪金、各种福利、良好的工作环境 | 住房基金、合理的报酬、身体保健、度假与休息、保证健康的工作环境 |
| 安全需要 | 工作和职位的保障、意外事件的预防、生活稳定、生命安全 | 有保障的工作前景、安全的工作条件、医疗保险、工伤保险、失业保险、养老保险、困难补助 |
| 社交需要 | 良好的人际关系、融洽的组织情感、友谊与合作、群体中的归属感、快乐感、温暖感 | 沟通与交流、团队建设、培训教育、谈心活动、娱乐活动、互助活动、营造家庭氛围 |
| 尊重需要 | 地位、权利、名誉、责任、自尊心、信任感、器重感 | 科学的考核、合理的奖励、晋升、表彰、领导重用、选拔进修、民主管理、参与决策、合理化建议制度 |
| 自我实现需要 | 具有挑战性的工作、个人理想和兴趣、能够充分发挥个人能力的工作环境、自我价值的实现 | 员工职业生涯规划、科学的岗位和任务安排、大胆使用人才、委以重任、提供自由发挥的空间、兴趣小组活动 |

马斯洛的需要层次理论是一个著名的行为理论，被专业出版物广为引用，然而，学者们并不经常引用马斯洛的理论，这是因为它太刚硬以致不能解释员工需要的动态性和不稳定性。研究者发现，个人的需要并不能被清晰地归为模型中的五种类型。而且，一个需要层次的满足并不必然地增加满足更高需要层次的激励。

## 二、ERG 理论

组织行为学者克莱顿·阿尔德弗（Clayton Alderfer）提出 ERG 理论，旨在克服马斯洛需要层次理论的问题。ERG 理论把人们的需要归结为三个大类：生存（Exsistence）、相互关系（Relationship）、成长（Growth）。如图 6-3 所示，生存需要对应于马斯洛的生理需要和安全需要，关系需要对应

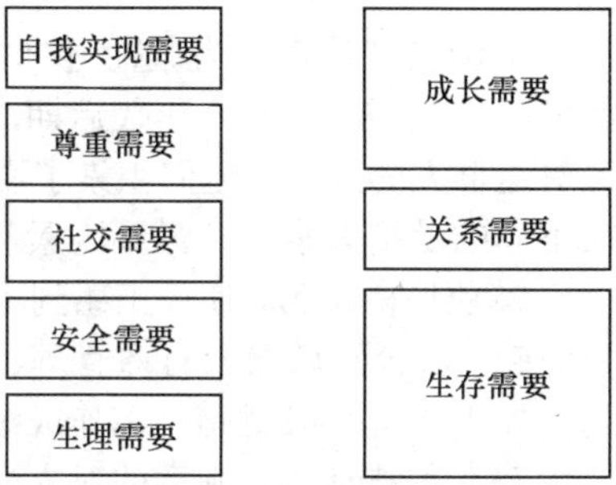


图 6-3　马斯洛的需要层次理论和阿尔德弗的 ERG 理论的对比

于马斯洛的社交需要，成长需要对应于马斯洛的尊重和自我实现需要。

第一种需要是生存需要，指满足我们基本生存要求的需要。包括一个人的生理和与生理有关的安全需要，如对食物、房屋和安全的工作条件的需要。

第二种需要是相互关系，包括一个人与其他人交往、获得公众认可、在人群中感到安全的需要。这类需要与马斯洛的社交需要和尊重需要中的外在部分相对应。

第三种需要是成长需要，个人发展的内部需要。包括马斯洛的尊重需要的内在部分和自我实现需要的一些特征。

除了以三种需要代替五种需要以外，与需要层次理论不同，ERG 理论还证实了：

（1）多种需要可以同时并存。马斯洛的需要层次是一个严格的阶梯式序列，ERG 理论却不认为必须在层次需要获得满足后才能进行高层次的需要。例如，一个人甚至在生存和相互关系需要没有得到满足的情况下，也可以为成长而工作，或者三种需要同时起作用。

（2）ERG 理论还包括挫折–倒退维度。马斯洛认为，一个人会滞留在某一特定的需要层次直到这一需要得到满足。ERG 理论却认为，当一个人较高层次的需要不能得到满足，那么满足低层次需要的愿望会更强烈。例如，无法满足社会交往的需要可能会带来对更多的工资或更好的工作条件的需求，所以受挫折以导致倒退到较低层次的需要。

总之，ERG 理论像马斯洛的理论一样，认为较低层次的需要的满足会带来满足较高层次需要的愿望；但是同时也认为多种需要作为激励因素可以同时存在。并且，满足较高层次需要的努力受挫会导致倒退到较低层次的需要。

ERG 理论比马斯洛的需要层次理论更受欢迎，主要是因为人们的需要可以更容易地被归纳为阿尔德弗提出的三种类型而不是马斯洛提出的五种类型。满足前进和受挫后退的结合也可以更好地解释员工需要为什么会随时间而变化。但是，学者们也在怀疑人类天生具有相同的需要层次，相反，一些人认为人们会根据个人价值观对需求进行排序。也有些人认为人们在社会身份变化时，会改变他们的需要优先性。特别是当员工认为他们是独一无二时会受到成长需要的驱动，而当他们认识到自己的团队成员属性时，会受到关系需要的驱动。总之，人们可能有需要层次，但在人类的本性中它可能不像 ERG 理论和马斯洛需要层次理论所假设的那样一成不变。

## 三、赫茨伯格的双因素理论

### （一）双因素理论概述

双因素理论也称为激励–保健理论，由心理学家弗雷德里克·赫茨伯格提出。赫茨伯格与他的同事们在 20 世纪 50 年代后期，考察了一批会计师和工程师的工作满意感与生产率的关系，通过对这群人的采访，他们积累了影响这些人对其工作感情的各种因素的资料，提出了存在两种性质不同的激励因素——激励因素和保健因素。

赫茨伯格认为，使员工感到不满意的因素和使员工满意的因素是不同的。前者往往由工作环境引起，如公司政策及行政管理、监督者、与主管的关系和工作条件等。后者通常由工作本身引起，如工作富有成就感、工作成绩得到认可、责任大小、晋升、成长等。

赫茨伯格认为，满意的对立面不是不满意，不像通常人们认为的那样。消除工作中的不满意因素并不必然带来工作满意。如图 6-4 所示，赫茨伯格的观点认为，带来工作满意的因素和导致工作不满意的因素是不相关的和截然不同的。因此，管理者若努力消除带来工作不满意的因素，可能会带来平静，却不一定有激励作用。他们能安抚员工，却不能激励他们。因此，赫茨伯格把公司政策、监督、人际关系、工作环境和工资这样的因素称为保健因素，当具备这些因素时，员工没有不满意，但是它们也不会带来满意。如果我们想在工作中激励人们，赫茨伯格提出，要强调成就、认可、工作本身、责任和晋升。这些因素是激励因素。

赫茨伯格提出双因素理论后，引起管理界的极大重视，但也存在着一些局限性。

（1）赫茨伯格运用的程序受到方法论的限制。当事情满意时，人们倾向于把功劳记在自己身上；相反，把失败归于外部环境因素。

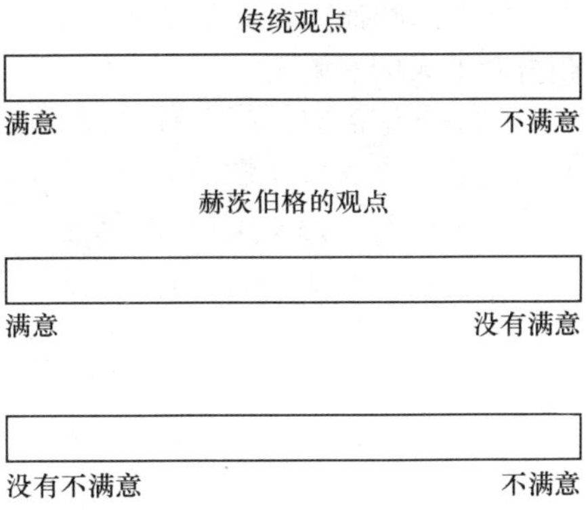

图 6-4　满意与不满意观点对比

（2）赫茨伯格研究方法的信度值得怀疑，既然评价者必须对回答结果做出解释，那么，他们有可能用一种方法来解释这个回答，却用不同的方法来解释另一个相似的回答，这就可能使调查结果失真。

（3）没有对满意度进行整体的测量，也就是说，一个人可能讨厌他的工作的一部分，但仍认为工作是可以接受的。

（4）这个理论与以前的研究结论不一致。激励-保健理论忽视了环境变量。

（5）赫茨伯格假设满意和生产率之间有一定关系。但他所用的研究方法只考察了工作满意度，没有考察生产率。为了使研究有参考意义，人们必须假设满意度和生产率之间有密切关系。

**（二）双因素理论的应用**

赫茨伯格的双因素理论，强调内在激励，虽然有一定的局限性，但在组织行为学中具有划时代的意义，为管理者更好地激发员工工作的积极性提供了新思路。

（1）管理者在实施激励时，应区别保健因素和激励因素，前者的满足可以消除不满，后者的满足可以产生满意。

（2）管理者在管理中不应忽视保健因素，如果保健性的管理措施做得很差，就会导致员工产生不满情绪，影响劳动效率的提高。另外，也没有必要过分地改善保健因素，因为这样做只能消除职工对工作的不满情绪，不能直接提高工作积极性和工作效率。

（3）管理者想持久而高效地激励员工，必须改进职工的工作内容，进行工作任务再设计，注意对人进行精神激励，给予表扬和认可，注意给人以成长、发展、晋升的机会。有这些内在因素来调动人的积极性，才能起更大的激励作用并维持更长的时间。

## 四、麦克莱兰的成就需要理论

成就需要理论是由美国哈佛大学心理学家麦克莱兰提出的。他曾对企业家、科学家等高级人士的成就需要做过广泛的研究，他认为人有三种基本需要，即成就需要、权力需要和友谊需要。

（1）成就需要就是想按高标准做事的愿望，要在竞争中取胜，获得较大成就的愿望。成就需要是麦克莱兰理论的核心。

（2）权力需要是指渴望控制所在环境中的各种资源的需要。具有高权力需要的人喜欢承担责任，努力影响他人，喜欢处于竞争性和重视地位的环境。与有效的绩效相比，他们更关心威望和获得对他人的影响力。

（3）友谊需要是指一种希望与他人为伴、归属于某些群体的需要。具有高友谊需要的人努力寻求友爱，喜欢合作性而非竞争性的环境，渴望有高度相互理解的关系。

### （一）高成就需要者的特征

高成就需要者的特征如图 6-5 所示。

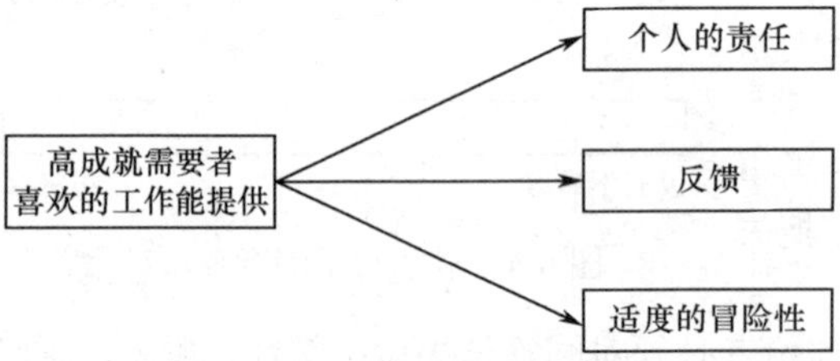


图 6-5　使高成就需要者与工作相匹配

（1）高成就需要者喜欢制定计划，设定奋斗目标。他们不满足于现状，想把事情做得更好。他们追求的是个人成就而不是成功的报酬本身。他们有一种使事情做得比以前更好或更有效率的欲望，并且能够为解决问题的方法承担责任。

（2）高成就需要者敢冒风险，但不是冒险家。因此选择时倾向于回避极端困难和极端容易的目标。他们喜欢中等难度的目标。

（3）高成就需要者及时获得对自己绩效的反馈，以便于判断自己是否有改进。

（4）高成就需要者是积极进取的现实主义者，时刻注意自己的处境，克服困难，取得成就，从中得到乐趣。

### （二）成就动机的培养

高成就需要者是可以通过一定的方式进行判断的，可以使用问卷或使用投射测验的方法。如果工作中需要高成就需要者，就需要进行选拔具有高成就需要的人。也可以通过成就培训来开发员工的成就需要，主要是建立强化高成就需要的培训计划。

（1）要不断找到学习的榜样。可以是他人成功的故事，也可以是商业游戏中成功的实践。

（2）及时反馈成就。在计划时，总体目标下有许多分目标。在实现每一个分目标时，要及时鼓励自己的成就，增进自己完成下一个目标的信心，直至实现总体目标。

（3）改变自己的形象。由于高成就感的人喜欢担当重任，并不断得到他们取得成绩的反馈，如果在工作实践中能有意识地增加自己的体会，以这种体会增强自我的满足感，这种满足感起到自我强化的作用，通过自我形象的强化，不断改变自己的形象，就会增强成就动机。

# 第三节　过程型激励理论

过程型激励理论是从联结“需要”和“行为结果”的心理过程角度来研究激励问题的。着重研究从行为动机的产生到行为的产生、发展、变化这一过程中人的心理活动规律，阐明如何通过心理激励使人的行为积极性维持在一个较高的水平上。

## 一、弗鲁姆的期望理论

美国心理学家和行为科学家维克多·弗鲁姆（Victor Vroom）1964 年在《工作与激励》一书中首次提出了期望理论。该理论阐述了人们的行为会受理性思考过程的影响。期望理论基于这样的观点：工作被引导向人们相信可以以此获得期望结果的行为。

## （一）期望理论的模型

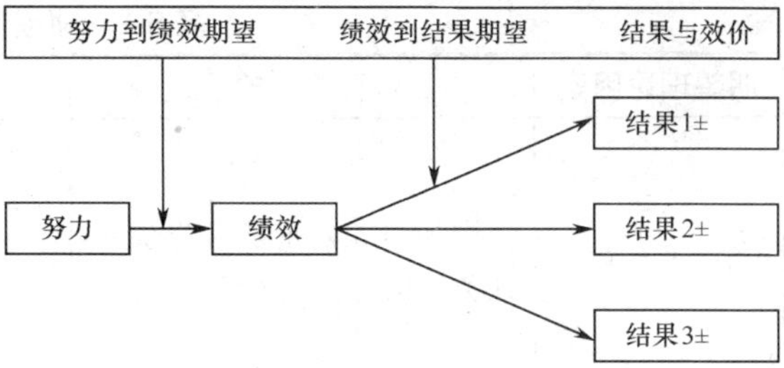


图 6-6　激励的期望理论

期望理论的模型如图 6-6 所示。期望理论的关键变量是努力（Effort），即个体能量的真实付出。个体的努力水平取决于三个因素：努力到绩效期望（E→P），绩效到结果期望（P→O），结果效价（V）。员工的激励受到期望理论模型三元素的综合影响。如果一个元素弱化，激励就弱化了。

### 1. E→P 期望

努力到绩效（E→P）期望是个体对他的努力可以导致特定水平绩效的期望。期望可以用概率来定义，范围为 0.0～1.0。某种情况下，员工可能相信他们可以确定无疑地完成任务（概率为 1.0）；在另外的情况下，他们觉得即使付出最大的努力也不可能达到期望的绩效水平（概率为 0.0）；在大多数情况下，E→P 期望落在这两个极端之间。

### 2. P→O 期望

绩效到结果（P→O）期望是对特定行为或绩效水平导致特定结果的认知概率。这一概率由先前的学习获得。例如，高校学生通过一些经历学习到，逃课要么会葬送获得高分的机会，要么根本没有任何影响。在极端的情况下，员工会相信完成特定的任务（绩效）肯定会有一个特定的结果（概率为 1），或者他们可能相信这种成功的绩效对结果没有任何影响（概率为 0）。P→O 期望常常落在这两个极端之间。

P→O 期望的一个重要问题是我们考虑什么样的结果。我们的确不能估计每个可能结果的 P→O 期望值，因为结果太多了。相反，我们只考虑感兴趣的结果。激励依赖一种行为或工作绩效水平会导致某种想要结果的可能性。

### 3. 结果效价

期望理论的第三个因素是考虑每个结果的价值。效价指一个人对某项结果的期望满意或不满意。效价表明一个人对结果的感觉，取决于他对该结果可以在多大程度上满足或干扰人们需要和动机的认知。它也受到个人价值观的影响。当结果和我们的价值观一致，直接或间接满足我们的需求时，结果效价就是正的；当结果和我们的价值观相违背，不能满足我们的需要时，结果效价就是负的。比如，如果你有强烈的关系需要，你就会对集体活动或其他有助于满足这种需要的事情评价很高。而那些不能使你满足社会需要的结果（如单独在家里工作）将会得到很低的评价。

## （二）期望理论的应用

期望理论的一个显著特征是它为通过改变人们的 E→P 期望、P→O 期望和结果效价来提高员工激励提供了明确的途径。期望理论的一些实际应用如表 6-2 所示。

### 1. 提高 E→P 期望

E→P 期望受到个人自我效能（Self-Efficacy）的影响，自我效能指一个人相信自己有能力、有动机并且环境允许去成功完成一件任务的程度。具有高度自我效能的人对某项特殊的任务会采取“能做”的态度。一些企业通过确保员工具有完成既定绩效水平所必要的能力、清晰的任务理解和愉快的环境条件来增强这种“能做”的态度。这包括基于员工能力进行员工的合理匹配，就工作需要进行清晰的任务沟通，为员工完成任务提供足够的资源。培训可以提高自我效能，正面反馈通常会加强员工的自我效能。

表 6-2 期望理论的实际应用

| 期望理论因素 | 目 的 | 应 用 |
|---|---|---|
| E→P 期望 | 增加员工对能够成功完成任务的信心 | • 选择那些有必要知识技能的员工<br>• 提供必要的培训，明确工作要求<br>• 先安排简单或较少的任务，直到员工可以掌握它们<br>• 提供成功完成工作的员工范例<br>• 为那些缺乏自信的员工提供培训 |
| P→O 期望 | 增加员工对好绩效可以有好结果的信心 | • 正确衡量绩效<br>• 清晰解释成功绩效可能产生的结果<br>• 描述员工的奖金怎样和过去的绩效挂钩 |
| 结果效价 | 提高特定绩效结果的期望价值 | • 分配员工重视的奖金<br>• 使奖励个性化<br>• 使负的效价最小化 |

**2．提高 P→O 期望**

提高 P→O 期望的最有效途径是正确衡量员工绩效，多奖励那些高绩效的员工。员工看到日常行为和报酬的联系越大，他们提高绩效的激励就越强。但这一事实必须沟通。分配奖金时，应该理解他们的报酬怎样和过去的绩效挂钩。一般来说，企业需要有计划地通过范例、公开仪式解释基于绩效的薪酬体系。

**3．提高结果效价**

绩效结果只有在员工重视这些结果时才会影响工作努力。企业要关注员工的需要和奖励偏好，要建立个性化的激励体系以使绩效好的员工获得选择奖励的权力。管理者要善于发现和综合具有相反效应的需要。这些需要会产生负的效价并会降低现有的薪酬体系的有效性。

## 二、亚当斯的公平理论

公平理论（Equity Theory）是美国心理学家亚当斯（J. Stacy Adams）在 20 世纪 60 年代提出来的，又称为比较理论。该理论主要研究的是奖酬分配制度的公平性、合理性对员工行为与工作积极性的影响。

### （一）公平理论的基本内容

该理论的基本观点是，在组织中，员工对自己是否受到公平合理的对待是十分敏感的，他们有时更关注的不是自己所获得的报酬的绝对值。人们往往喜欢不断地与他人进行比较，并对公平与否的程度做出判断，从而对自己的工作积极性产生影响。

在管理活动中，员工会将自己付出的投入（包括教育、智慧、经验、培训、技能、工龄和年龄等）和所得的报酬（包括工资、福利、资历津贴、工作地位和职务象征等）的比值与他人付出的投入和所得的报酬的比值进行横向的社会比较，或者进行现在与过去的纵向的历史比较。比较的结果，如果两种比值是相等的，就会产生公平感；否则，就会产生不公平感。这种关系可以用表 6-3 来表示。

表 6-3 公平感

| 比率比较 | 感觉 |
|---|---|
| $O/I_a < O/I_b$ | 由于报酬过低产生的不公平 |
| $O/I_a = O/I_b$ | 公平 |
| $O/I_a > O/I_b$ | 由于报酬过高产生的不公平 |

注：$O/I_a$代表员工的产出/投入之比；$O/I_b$代表相关的其他人的产出/投入之比。

### （二）分配公平感的特点

（1）相对性。不平等是比较出来的，是社会比较的结果，且无绝对标准。

（2）主观性。完全因个人特点而异，甲认为不公平的事，乙可能认为是公平的。

（3）不对称性。人们常在自己稍有吃亏时，便怨声载道，但在占了便宜时，却心安理得，毫无内疚之心。

（4）扩散性。人们在某项分配上感到不公，心存不满，会涉及个情绪。

### （三）不公平感的行为反应

（1）改变自己的投入。

（2）改变自己的产出。

（3）改变自我认知，如设想自己获得某种额外奖励，或贬低对方所获价值。

（4）改变对其他人的看法。

（5）改变参照对象。

（6）退出比较，辞职另谋高就。

### （四）公平理论对管理者的启示

（1）重视了解员工的公平感。公平比较是一种客观存在的普遍现象。管理者应该尽可能公正地对待每一个员工，做到一视同仁，注意了解员工的公平感，对症下药。

（2）建立赏罚分明的制度。组织要建立赏罚分明的制度，消除有功不奖，有过不罚的不良现象。

（3）增加透明度，进行量化管理。由于不公平感更多地来自员工的主观感受，人们总是倾向于认为自己得到的比别人少，而付出的比别人多。为此，组织要在绩效考评和激励制度上实行一定程度的量化管理，并提高整个工作的透明度。

（4）加强员工的教育，战略为主，平衡为辅。在组织中做到绝对公平是不现实的，为了实现相对的公平，管理者一方面要从战略方面建立一套制度，还要适当地采取平衡和补偿的策略，加强对员工的思想教育，要对有不公平感的员工进行心理疏导。

## 三、洛克的目标设置理论

美国马里兰大学管理学兼心理学教授洛克（Edwin A. Locke）在研究中发现外来刺激（如奖励、工作反馈、监督的压力）都是通过目标来硬性规定动机的。目标是员工试图努力完成的即时或最终目的。目标设定是通过建立绩效目标激励员工和明确角色认知的过程。目标设定可以从两方面提高员工绩效：一是延伸努力的强度和持久度；二是为员工提供清晰的角色认知，以使他们将努力付诸可以提高工作绩效的行为。

### （一）有效目标的特点

设定目标并不是很随意、简单地告诉某人“努力去做吧”，相反，设定目标是很复杂的。要使绩效最大化，在目标设定时要符合以下基本要求。

（1）目标明确。只有目标明确才能更好地传达绩效期望，员工才能更加有效和可靠地引导自己的努力。明确目标规定了在一个明确或相对短的时间里，发生变化的可衡量标准。

（2）相关的目标。目标必须和个人的工作相关，在他的控制范围。例如，如果员工不能控制生产过程的浪费，则降低废料的目标就没有价值。

（3）挑战性的目标。当员工完成的是一个挑战性而不是一个容易完成的目标时，满足了一个人的持久或成长需要，其会付出的努力更强、更持久。但这一挑战性的目标，必须在员工获得了必要的资源并在过程中没有过度压力时，才能有效。

（4）认可的目标。目标的挑战性是员工所能承受的，员工才能接受委任。如果目标的挑战性强度过高，目标的困难水平超过员工的承受度，完成任务的 E→P 期望较低，员工就没有动力接受委任。

（5）参与目标制定（有时）。现代社会员工更强调参与组织的各种决策。当员工参与目标设定时，可能会提高目标的质量，员工对自己参与设定的目标更具有认同感。这就保证了员工接受目标，并且有能力和必要的资源完成。

（6）目标反馈。反馈是指人们接收到自己行为结果的任何信息。反馈能够使人明确是否达到了目标或是否正确地朝着目标付出努力。反馈是激励的基本因素。只有在接到目标完成信息后，员工的成长需要才得以满足。

### （二）有效反馈的特征

反馈对目标设定及提高员工绩效都非常关键。反馈通过经常提供改进绩效问题的信息，使员工能力提高。这就是改进绩效。它使人们意识到绩效误区，帮助他们迅速改正错误。反馈也是激励的来源，它使人们更加自信自己可以完成既定的目标，满足人们的成长需要。

反馈是目标设定的基本条件，有效反馈的特征如图 6-7 所示。

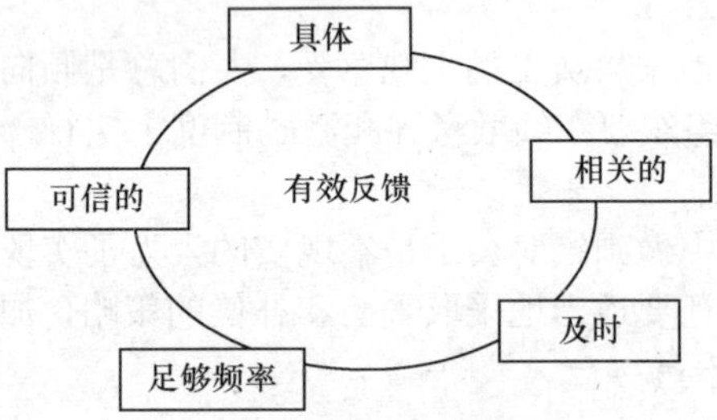


图 6-7　有效反馈的特征

（1）反馈必须是具体明确的。反馈提供的信息必须关系到目标的具体问题。

（2）反馈必须是相关的。反馈必须和个人的行为有关，而不是和个人不能控制的条件有关。这保证反馈不受环境因素的干扰。

（3）反馈必须及时。行为或结果之后立即反馈。及时帮助员工明白行为和结果之间的明确关系。

（4）反馈应该足够频繁。反馈的频率主要受以下两个因素的影响。第一个因素是员工对任务的知识和经验。从事新任务与熟悉工作的员工需要的反馈是不同的。第二个因素是任务周期。周期长的比周期短的工作需要的反馈少。

（5）反馈应该可信。员工更愿意相信来自值得信任的途径的反馈。为了提高员工接受工作绩效信息的可靠性和质量，越来越多的组织采取多渠道反馈——360 度反馈，即绩效反馈来自员工周围所有的人。

# 第四节　行为改造型激励理论

行为改造型激励理论（Reinforcement Theory）主要是研究人的行为是如何转化和改造的，如何使人的心理和行为变消极为积极的理论。

## 一、强化理论

强化理论是由美国心理学家斯金纳（K. F. Skinner）于1953年提出的。该理论主要是在巴甫洛夫的条件反射论、华生的行为主义论和桑代克的尝试学习论的基础上，提出的一种新行为主义理论。

### （一）强化理论的内容

斯金纳认为，人们为了达到某种目的，都会采取一定的行为，这种行为作用于环境，当行为的结果有利于个体时，这种行为就可能重复出现，行为的频率也会增加。这种状况在心理学中称为“强化”。凡能影响行为频率的刺激物，即称为强化物。因此，人们可以通过控制强化物来控制行为，求得员工行为的改造。这一理论就称为强化理论。

### （二）强化的基本类型

（1）正强化（Positive Reinforcement）。正强化指积极的强化，在某种行为发生后，立即用具有吸引力的结果肯定这种行为，在这种刺激下，个体感到对其有利，从而增加该行为出现的频率。正强化的刺激物主要包括组织中的各种奖酬，如认可、赞赏、加薪、晋升及创造令人满意的工作环境等。

（2）负强化（Negative Reinforcement）。负强化指消极强化，预先告知某种不符合要求的行为或不良绩效可能引起的不良后果，从而让员工通过按组织所要求的方式行事或避免不符合要求的行为来回避这些令人不愉快的后果。

（3）消退（Extinction）。消退指在某种行为发生后，对该行为不予理睬，以表示对该行为的轻视或某种程度的否定，使其自行消失或减少该行为出现的频率。

（4）惩罚（Punishment）。惩罚指以某种带有强制性和威胁性的结果（如批评、降薪、降职、罚款、开除等）来创造一种令人不快甚至痛苦的环境，以表示对某些不符合要求行为的否定，从而消除这种行为重复发生的可能性。

### （三）强化理论的形式

（1）连续强化。连续强化是对员工的每一个第一次行为都给予强化。

（2）间隙强化。间隙强化是在员工的多次行为后再给予强化。间隙强化还可按强化时间间隔的稳定性分为固定时间间隔强化和变动时间间隔强化。前者如职工每月定期发放工资、季度奖金、年终分红，后者如职工不定期升级、临时性奖励、不定期的工作检查。

### （四）强化理论的应用

强化理论较多地强调外部因素或环境刺激对行为的影响，忽略人的内在因素和主观能动性对环境的反作用，具有机械色彩。但强化理论的一些具体做法在实践中很有用。强化理论的应用原则主要有以下几个。

（1）强化要有针对性，力度要恰当。要按照强化对象的不同需要采用不同的强化措施。员工的年龄、性别、职务和文化的不同，需要不同，强化方式也应不一样。奖惩的力度要恰当，要让接受者感受到影响力。奖惩力度太小，不会产生较大的激励作用。奖惩力度太大，不但成本高，也失去进退的余地，还会对员工产生负向作用。

（2）小步子前进，分阶段设立目标。在鼓励人前进时，不仅要设立一个鼓舞人心而又切实可行的总目标，而且要将总目标分成许多小目标、小步子进行激励，完成每个小目标都要及时给予强化，不仅对实现目标有益，而且通过不断的激励可以增强被激励者的信心。

（3）及时反馈。要通过某种形式和途径，及时将工作结果告诉行动者。无论结果好与坏，对行为都具有强化的作用，好的结果能鼓舞人心，继续努力，坏的结果能促使其分析原因，及时纠正。

（4）强化理论认为奖励和惩罚都有激励作用，但是应该以正激励为主，负激励为辅，才会收到更好的效果。如果只奖不罚，会降低奖励的价值，影响奖励的效果，还会使不良行为得不到纠正，不良风气滋长蔓延；如果只罚不奖，就难以激发员工的进取心、荣誉感、信任感，达不到调动工作积极性的目的。

## 二、挫折理论

人们在生活和工作中，为实现目标而采取行为，遇到难以克服的困难或障碍，目标无法实现，需要无法满足时，个人的心理紧张状态和情绪反应叫做挫折。挫折理论是研究人们遇到挫折后的心理状态和行为表现，产生挫折的原因和对挫折采取的防卫措施，其目的是改造个体行为，有利于组织目标的实现。

### （一）引起挫折的原因

引起挫折的原因是多方面的，人们对挫折的感受也是不同的，但是总体来说，挫折主要是由客观因素和主观因素两个方面造成的。

#### 1. 客观因素

由客观因素引起的挫折叫做环境起因的挫折。这是由于外界事物或情况阻碍人们达到目标而产生的挫折。包括自然环境方面的原因，如自然灾害、时空环境等因素阻碍行为目标的实现；也包括社会环境方面的原因，如政治、经济、法律、道德、习俗、习惯势力、人际关系、管理方法、评价标准等人为因素的影响。

#### 2. 主观因素

由主观因素引起的挫折叫做个人起因的挫折。主要包括个人的体力或智力的限制、个人身体条件和健康原因、个人知识和经验不足、方法错误等的影响。

一个人是否体验到挫折，与他的抱负水平密切相关。抱负水平是指一个人对自己所达到的目标规定的标准的高低。规定的标准高，表明抱负水平高，反之亦然。在达到相同目标的情况下，抱负水平高的人容易产生挫折感。

每个人对挫折的容忍力不同，人们对挫折的感受程度也不同。人们遇到挫折时容忍力强的人能忍受较严重的挫折，毫不灰心丧气，而容忍力弱的人遇到轻微的挫折也会失掉信心。

### （二）挫折行为的表现

人对挫折的体验，称为挫折感。人们在遭受挫折后会有多种反应，归结为两类。

（1）理智反应。一是升华，普遍会产生激动和奋发的心理，经过再次努力行动，如果达到目标，会树立进取精神；二是替代，个体会设置一个新的目标来代替或补偿，体现了行为的可变性。

（2）非理智反应，又称消极适应或挫折防卫。主要会产生以下行为。

1）攻击。攻击行为可能直接指向阻碍人们达到目标的人或物，也可能转向其他的代替物。

2）倒退。在受到挫折后会表现出一种与自己年龄不相称的幼稚行为。倒退的一种表现形式是受暗示性，即人们在受到挫折后会盲目地相信别人，盲从地去执行某些人的指示。如听信谣言、迷信思想，或者像小孩一样地无理取闹等。

3）固执。固执指被迫重复某种无效的动作，尽管反复进行某种动作并无任何结果，但仍要进行这种动作。

4）妥协。人们受到挫折时会产生心理或情绪上的紧张状态。这种紧张状态在心理学上被称为“应激”。人们长期处于过渡应激状态会引起各种疾病，因此需要采取各种妥协性的措施减轻应激状态。妥协性的措施主要有以下几种表现形式：

- 文饰作用。人们在受到挫折后会想出各种理由原谅自己或者为自己的失败辩解。文饰作用起着自我安慰的作用。
- 投射作用。一个人把自己的缺点或不良品质强加于别人身上就是投射作用的表现。投射作用会减轻自己的内疚、不安和焦虑。
- 替代作用。当一个人确立的目标与社会的要求相矛盾，或者受条件的限制无法达到时，他会设置另一目标替代原来的目标，或者以新的需要替代原来的需要。
- 反向作用。人们表现于外向的行为或情感，与他们的内心感受完全相反，称为反向作用。人们受到挫折后，会表现出与内心感受相反的行为和情感，来掩盖内心的沮丧、不安、愤怒、敌视等情感。
- 表同作用。表同作用是与投射作用完全相反的表现形式。投射作用是把自己的不良品质强加在别人身上。而表同作用是把别人具有的、使自己感到羡慕的优秀品质加到自己身上。这往往表现为模仿某些令其羡慕的人的言谈举止、衣着打扮、气质风度，在形式上趋同于对方。

上述种种妥协措施并不能从根本上消除人们的挫折和应激状态，但是人们受到挫折时的这些行为表现，对于我们了解受挫折的心理状态和行为特点有一定的意义。

### （三）挫折理论在实践中的应用

挫折在现实中具有普遍性，作为组织的管理者，应善于分析员工产生挫折感的原因，努力创造条件减轻或消除人们的挫折感，以积极的态度和适当的方法克服障碍，增强员工应对挫折的承受能力。

#### 1. 正确认识挫折

在社会生产与工作中，每个人都可能面临各种挫折的考验，对工作产生一定的影响，它具有消极的一面，影响工作任务与目标的完成，但挫折也有积极的一面，它能够激发人的进取心，促使人为改变境遇而奋斗，使人对所面临的问题能有更清醒的认识，增长人的知识和才干。

#### 2. 学会正确归因

正确归因，就是要对造成挫折的原因进行实事求是的认识和分析，不同员工造成挫折的原因可能有外部的、内部的，或者是二者兼有的。对于不同的挫折原因，要采取不同的处理办法，才能用切实的行动去促使挫折情境的改变。

3．改变挫折情境

对于由于年龄、能力等原因不能胜任某些工作的人，可以减轻他们的工作负担，或进行再培训。对于遭受外部环境挫折的员工，可以让他暂时离开挫折情境，到一个新的环境去，接触新生活、新工作，摆脱挫折带来的痛苦。

4．减轻挫折引起的不良影响

有些挫折情境一旦发生，是无法消除或一时无法改变的。那么作为管理者就要创造好的环境氛围，给受挫者以同情、安慰、支持和温暖，使他们感到集体的温暖，而不是集体的排斥。

5．对受挫者的攻击行为有容忍的态度

面对受挫者的攻击行为不要采取针锋相对的反击措施，更不要激化对立情绪。要能够容忍受挫者过激语言和情绪，把他看成一个需要同情和帮助的人。这样才能形成一种解决问题的和谐氛围。

6．适当采用精神发泄方法

当人们处于挫折情境时，会以紧张的情绪反应代替理智行为。因此，只有使这种紧张的情绪发泄出来，才能恢复理智状态。管理者要创造一种情境，使受挫折的员工可以畅快地表达他们受到压抑的情感，自由地阐述他们的思想，使紧张的情绪得到释放。要通过坦诚的谈心和沟通，认真倾听他们的意见、想法、苦恼，理解他们的情感，做耐心细致的思想工作，使他们能够摆脱紧张情绪，以更自信的精神状态、更加理性的行为投入新的挑战。

## 三、综合激励理论

激励是一个非常复杂的问题，它涉及人类行为的诸多方面。对现实中复杂的激励问题，应该从各个方面综合地加以考虑。为此，波特和劳勒提出了综合激励理论。

### （一）影响激励的主要变量

（1）员工的努力程度。员工的努力程度是指个人所受到的激励程度和所发挥出来的能力的大小综合取决于个人对某项奖酬价值的主观看法，以及个人对努力将导致这一奖酬可能性的主观估计。其中，奖酬对个人的价值因人而异，取决于它对个人的吸引力。而个人每次行为最终得到的满足，又会以反馈的形式影响个人对这种奖酬的估计。同时，个人对努力可能导致奖酬概率的主观估计又受上一次工作绩效的影响。

（2）工作绩效。工作绩效是指员工的工作表现和实际成果。工作绩效不仅取决于个人所做出的努力程度，而且也有赖于一个人的能力与素质，以及对自己所承担角色的理解程度。

（3）奖酬。奖酬是指绩效所导致的各种奖励和报酬，它包括内在性奖酬和外在性奖酬两种。内在性奖酬、外在性奖酬及主观上所感受到的奖酬的公平感，共同影响着个人最后的满足感。内在性奖酬更能给员工带来真正的满足。

（4）满足感。满足感是指个人实现某种预期目标时所体验到的满意感觉，它是一种态度，一种内在的认知状态，是各种因素的总和。

综合激励理论的关系主要体现为，员工的努力程度产生其工作绩效，而工作绩效将使员工获得组织给予的内在性和外在性奖酬，各种奖酬将影响员工的满足感。具体来说，几个主要变量之间的关系如图 6-8 所示。

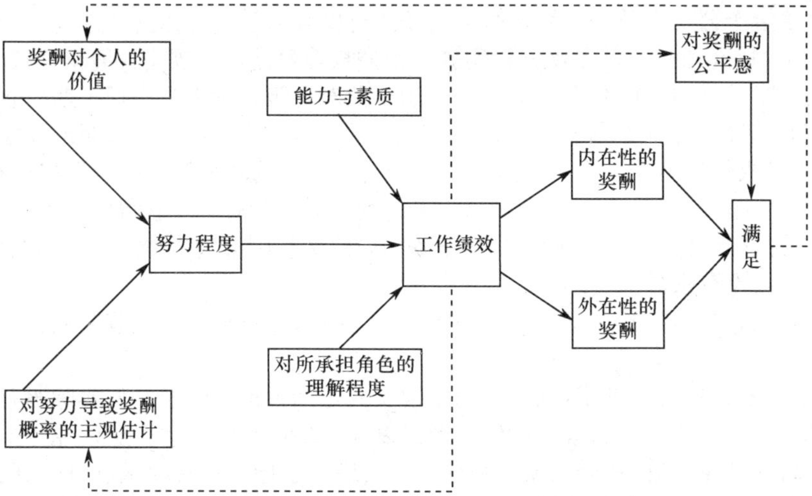


图 6-8 综合激励理论关系变量模式

### （二）与其他激励理论的关系

从图 6-8 所示的关系来看，波特和劳勒的综合激励理论实际上是弗鲁姆的期望理论、亚当斯的公平理论、赫茨伯格的双因素理论及斯金纳的强化理论的综合。

### （三）综合激励理论的应用

（1）对员工的激励是十分复杂的问题，要从各个角度进行激励。

（2）对员工进行激励的方式的选择要有针对性。

# 第五节 激励理论的应用

## 一、股权激励

### （一）股权激励的产生

从激励理论到实践，报酬始终是激励的重要手段。在新经济时代，股权作为一种长期报酬形式，对企业组织中的人力资本具有独特的激励作用。

20 世纪 60 年代以来，人力资本日益成为一种重要的资本融入到经济生活中，人才成为企业竞争最锐利的武器，尤其是高科技企业，谁拥有最优秀的人才，谁就能获得快速发展并获得最好的经济效益。而企业经营管理人员和高科技人员由于人数少，需求大，很多企业用超过他人的高薪吸引人才，所以优秀的高新技术人才流动性也大。企业为了激励高级管理人员和关键的技术人员，达到长期留住关键人才的目的，就发明了股权激励的方式。

股权激励最先出现在美国，之后欧洲各国纷纷仿效。现在，世界上发达国家的大多数企业都实行这种激励方式。股权激励作为一种长期的激励制度，在组织管理的过程中发挥了重要的作用。

### （二）股权激励的形式

（1）给予公司实际权益的奖励方案或认购方案，即股票持有计划，如限制性股票、绩效股、管理层收购等。

（2）不直接给予公司权益利益而是给予接受公司权益利益的选择权利方案，即股票期权。20世纪 50 年代初美国辉瑞公司就首次开始实施股票期权，目前，美国实行股票期权的公司已经超过企业总数的一半，全球 500 强企业中有 90%的企业对高级管理人员实行了期权制度。

股票期权是指企业参照当前股票的市场价格，授予其经营者在一定时期（国外一般为 3～10年），以预订的行权价格购买公司一定数量份额的公司股票选择权利。股票期权持有者在行权以前没有任何收益，在行权时，如果股票价格上升，股票期权持有者可获得股票市场价与预订行权价格的价差收益；在行权时，如果股票价格下跌，股票期权则会失去价值，股票期权持有者会选择放弃行权，个人没有损失。

（3）根据公司价值（股价）效益，给予提高现金收入但不给予实际股票权利，如虚拟股票、股票增值权等。

（4）根据公司利润的变化或资产收益，给予现实利益回报但不给予任何实际股票权利的方案。

我国自 20 年纪 90 年代实行股份制经济形式以来，大批企业进行了股份制改造。为了激励企业的经营者和高级管理人员，在一些城市和地区先后进行了持股经营的试点，现在已经逐步推广，大部分股份制上市公司先后实行了年薪制中加入股票期权的激励方式，在一些未上市的股份制企业里实行高级管理人员和技术骨干加入回购公司股权、职位责任制抵押方式或股权奖励等方式。

## 二、知识型员工的激励

### （一）知识型员工的激励

#### 1．知识型员工管理中面临的问题

知识型员工在企业内担负着重要的技术开发和技术管理工作，对企业的发展和经济效益的提高有着重要的影响。知识型员工具有以下特点：素质高，自主性强，学习欲望高，劳动复杂程度高，有较强的成就动机，蔑视权威，崇尚平等，流动意识强，流动频率高等。目前，大多数企业对知识型员工的管理没有单独的激励，存在着不少问题，影响了知识型员工的工作积极性。主要存在以下问题：

（1）认为知识型员工与一般员工没有多少差别，在管理上和支付报酬上一视同仁。

（2）认为只要有高工资、高福利，企业就能吸引知识型员工，对他们缺乏必要的关心和爱护，尤其是缺乏起码的尊重，不注意创造良好的工作环境。

（3）不了解知识型员工流动性高的特点，对跳槽过分敏感，措施不当。

（4）对知识型员工的工作动机缺乏深刻了解，认为知识型员工是打工者，缺乏精神需求方面的满足。

（5）对知识型员工的工作方式有误解，他们建议多，喜欢对企业存在的问题提意见，认为难于管理。

（6）忽略知识型员工的职业生涯规划，对他们的学习、培训要求往往置之不理，影响了他们的自我提高和自我发展等。

这些问题对充分发挥知识型员工的作用非常不利。

#### 2．对知识型员工激励的意义

（1）对知识型员工的激励，可以激发他们的创新能力。知识型员工的这种创新能力，是企业的无价之宝，是企业利润增长的源泉，也是企业的核心竞争力。

（2）可以防止员工的负面行为。知识型员工的努力程度关系企业的生存与发展，对他们进行

激励，可以避免怠工和不愿意创新等消极行为，还可以防止他们有意泄露公司的技术秘密和商业机密的行为，避免故意拖延使企业错过良好的发展时机。

（3）尽可能降低管理成本，克服不可预测性。知识工作的不可预测性及知识型员工和管理者在信息占有方面的不对称性，是激励知识型员工的制度设计需要考虑的两个问题。当一个系统分析员对企业经济运行情况非常关心并认真分析时，谁也无法排除他正在为竞争对手收集商业信息的可能性；当一个软件设计员工作的时候，谁也无法排除他会在企业系统程序里埋下导致企业系统程序瘫痪的逻辑炸弹；当企业领导得知竞争对手最新上市的产品与自己公司处于试制期的产品非常相似时，他根本就不知道这项产品中是否有自己公司外泄的关键技术。这些都是高层管理者需要在激励制度中考虑的问题，激励制度必须能够真正激发知识型员工内在的工作热情和对企业的忠诚，唤起他们献身工作的强大动力。通过激励，降低监控成本，从而最大限度地降低信息不对称带来的管理风险和管理成本。

（4）确保不让品质低劣的知识型员工进入。品质低劣的知识型员工一旦进入企业，很可能发生所谓劣币驱逐良币的行为，导致企业整体工作人员的素质下降，工作效率下滑，严重的会威胁到企业的生存。因此，合理地激励知识型人才，就有可能将知识型人才中的低劣者拒之门外。

（5）有效降低知识型员工的流失。防止优秀知识型人才流失对企业分外重要，在优秀知识型人才日益缺乏的情况下，关键性岗位的优秀知识型人才极易流失，如果企业失去了他们，对企业来说将会是致命的损失。所以，合理的激励可以吸引和留住优秀的知识型员工。

**3. 知识型员工的激励方法**

（1）对组织知识创新进行激励。实现知识和技术创新是企业管理的最终目标。要千方百计地通过激励的手段促使知识型人才不断进行创新，使他们自己的隐性知识在企业得到充分交流、沟通、共同分享，进而转变为企业的竞争优势和强大的生产力。

（2）激励要体现知识的价值。知识和技术在企业中显得日益重要，企业的激励要充分体现知识和技术的价值，按照业绩、贡献大小和工作年限，通过现金、实物、股权、期权奖励使优秀的知识型人才安心留在企业工作，对于他们的努力和贡献，要给予高于市场平均价格的鼓励与奖励。

（3）注重精神激励，但不要忽视物质激励。我国当前知识型员工的收入不是很高，在企业里与高级管理人员的收入相比有很大差距，多数人的生活还不富裕，很多人还为购房、买车努力，经济压力很大。所以，重奖有重大贡献的知识型人才，使他们获得更多的奖金是十分必要的。但是，对知识型人才的激励不能一味地注重金钱，还要考虑他们的特点，满足他们在精神、荣誉、发展、生活、健康和休闲等方面的需要。

（4）重视情感激励。对于知识型人才来说最有效的情感激励是对他们的尊重与对工作给予理解和支持，对他们的生活给予关心和体贴。由于知识型人才的工作是一种创新性劳动，他们要进行长期的艰苦劳动，体验着常人难以理解的痛苦、困难与欢乐。所以，企业领导者要充分认识他们的价值，尊重和信任他们，对于他们的努力和贡献，要给予及时的鼓励与关怀。要对他们采取宽容的态度。

## 课后思考题

1．激励的内涵是什么？激励内容要考虑哪些问题？

2．什么是内容型激励理论，它主要包括哪些理论？

3．双因素理论的保健因素和激励因素各发挥什么作用?

4．期望理论在实际管理中如何应用?

5．挫折理论在实践中应用的意义是什么?

6．如何在管理实践中应用强化理论?

7．组织管理者如何实现对知识型员工的管理?

## 案例分析

### 通用电气公司的员工激励

美国通用电气公司（GE）是跨越三个世纪而长盛不衰的卓越企业，这家公司的营业额和利润连续多年保持高增长率，每年获取的赢利相当于创造一个全球500强公司，曾连续蝉联“全球最受尊敬的公司”之首。GE 实施的别具一格、富有成效的员工激励是其获得成功的重要原因。

**“区别化”的激励机制**

GE 用人强调“区别化”，把最好的人挑出来，为他们创造条件，让他们承担更大的责任，激励他们，取得更大的成功。

每年，GE 都要对员工进行业绩评估，通过评估，将员工划分为 A、B、C 三级。

A 级：公司表现最好的前 20%员工。

B 级：表现较好或一般的中间 70%员工。

C 级：表现欠佳的人为最后的 10%。

如何激励“A、B、C 三个层面”的不同员工?

A 级：充分发展前 20%最优秀的员工，GE 会为这部分员工制定详细的培训计划，为他们提供更广阔的发展空间。杰克·韦尔奇认为，失去 A 类员工是一种罪过。所以对待 A 类员工，GE 会热爱他们，拥抱他们，亲吻他们，是的，他们是 GE 的“超级明星”。

B 级：GE 同样离不开这部分员工，他们毕竟占到了总员工 70%的比例，他们是公司的主体，也是 GE 业务成败的关键。这部分员工同样可以得到培训与提升的机会，但 GE 鼓励他们努力进入 A 类。

GE 依靠成熟的奖励制度来支持 A、B 类员工，增加工资、股票期权、职务晋升统统给他们，但 A 类员工得到的奖励肯定要比 B 类高得多——这就是“区分”。

C 级：每年，总会有 10%的员工表现欠佳，他们必须快速调整状态，找出原因并迅速赶上，争取进入 70%部分并继续进步。若他们在 3~6 个月中仍旧不能适应 GE 的前进步伐，便面临被辞退的危机。GE 不允许不全力以赴工作的平庸之辈拖公司后腿，这看起来有些不讲人情，但其实这正是 GE 尊重人才的表现。GE 认为，必须为所有员工创造公平的竞争环境，为每一名员工提供均等的发展机会，必须遵守标准!

**GE 的激励手段**

在 GE，物质的奖励，职位的晋升，荣誉上的嘉奖，各种激励手段被淋漓尽致地使用，激励着 GE 员工取得更大的成功。

1. 工资增涨计划

GE为员工提供有竞争力的薪酬，但并不认为这是主要的激励方式。根据员工的业绩确定A、B、C三级，员工的工资增涨都是根据员工的业绩制定的，员工上一年的业绩好坏，直接决定着工资增涨的周期和工资的涨幅。

A部分的人，工资增涨的幅度高，周期短。表现非常优秀的员工，根本无须一年时间，有的10～11个月就可以加薪。

2. 股票与期权

对表现特别突出的员工，奖励GE的股票与期权，这也是一种行之有效的激励方式，只有表现非常突出的员工才能得到这种奖励。

3. 灵活的物质激励

在日常工作中，还有一些很小，但富有人性化的奖励。比如，奖励500元钱给某位员工，让他与他的家人共享晚餐，共同度过一个愉快的晚上，以感谢员工家属对GE员工的支持。

每个部门内部这种奖励非常灵活，经理可以随时为部门内表现优秀的员工颁发这种奖励。让员工体会到只要业绩表现突出，肯定会被公司注目，被激励。这就是GE的核心价值观之一——注重业绩。

4. 职位晋升

晋升表现突出的员工，让他们承担更大的责任，肯定是一种必不可少的有效的激励手段。在GE全球13大业务集团，有着大量的充满诱惑与挑战的机会，激励着员工去为之奋斗。

5. 海外工作机会

有时，对于有潜力的员工，公司会安排他们到美国总部或海外其他GE公司工作一段时间，这种海外工作机会同样被视为一种非常有效的激励方式。不但是绝佳的培训计划，更是一种荣誉，虽然GE的经营是全球化的，奉行培养国际化的人才，但并不是每一个人都能够被派往海外工作。

6. 给员工荣誉

GE同样不会吝啬给员工荣誉，精神上的嘉奖有时所起的作用甚至更大。这种例子有很多。

（1）杰出领导奖。2003年年初，GE副总裁、GE塑料集团亚太区总裁温凯伟因在推广全球化举措中的杰出表现荣获董事长颁发的“杰出领导奖”，GE董事长兼CEO杰夫·伊梅尔特在美国佛罗里达博卡举行的“GE全球领导大会”上亲自颁奖。温凯伟是非洲裔人，同时也是GE“非裔美国人论坛”（AAF）的领导人——而这正是GE全球化、多元化的体现。

（2）团队奖。为表彰GE工业系统集团亚太区团队在扩展亚太区业务的杰出表现，GE工业系统集团总部CEO将“全球化举措”的奖励颁发给了GE工业系统集团亚太区团队。

（3）爱迪生奖。这是针对GE科学家等研究人员设立的奖项，旨在奖励那些为GE的科技创新与发明做出最佳贡献的研究与开发人员。

问题：

1. GE的员工激励综合运用了哪些激励理论？请依据所学激励理论进行具体分析。

2. GE的员工激励在哪些方面值得中国企业借鉴？

# 第七章 群体与团队行为

本章重点

- ○ 掌握群体的概念和类型，群体的特征及组成要素，群体的发展阶段
- ○ 了解社会堕化现象、社会促进、社会干扰、社会标准化效应及社会从众行为的含义
- ○ 理解影响群体绩效的因素
- ○ 了解头脑风暴法、德尔菲法、名义群体法
- ○ 掌握团队的概念、性质、角色和类型
- ○ 高绩效团队的特征以及如何构建高绩效团队

## 引例

### 某技术部门的工程师

李刚是某电器制造企业的技术部主管，手下有8名工程师，均为男性。多年来，小组成员之间关系良好。随着工作任务的增加，李刚招聘了一名刚刚获得某名牌大学工学硕士学位的郑红，将她安排在一个正在研究一项提高生产效率的技术小组。该项目小组原先只有三人，由王强任组长。

作为一名刚毕业的学生，郑红很喜欢有挑战性的工作，因为工作中能够完成自己的目标。她工作十分认真，对其他项目组成员也很友好，但在业余时间，她从不和同事闲聊。由于工作主动，郑红总是率先完成自己分担的那份任务，而且还经常帮助其他同事。

几个月后，王强找到李刚讨论项目组的问题。王强汇报说："郑红骄傲自大，好像什么都明白一样。对人不友好，大家都不愿意和她一起工作。"李刚回答说："据我所知，郑红是个优秀的工程师，成绩突出。大家对她的印象这么不好？这怎么可能呢？这几天我找她谈谈。"

一周后，李刚找郑红谈话说："郑红，自从你来到技术部，工作很勤奋，能力很出众，我本人非常赞赏。但是，听说你和同事的关系处理得不好，怎么回事？"郑红大吃一惊，回答说："没有啊!"李刚提醒道："有些同事说你骄傲自满，好像无所不能，而且常常对别人的工作指手画脚。"郑红反驳道："我从来没有公开批评过其他同事。而且，每当我完成自己的任务后，还经常帮助别人。"李刚问："那为什么别人对你的意见那么大呢？"郑红感到愤愤不平说："那几位同事根本没有尽全力工作，他们的时间都用在足球、音乐、酒吧。还有，他们从没把我当做一名真正的工程师。"李刚说："工程师的考评和激励属于人力资源管理的工作，你的职责是做好本职工作。公司招聘你是由于你的能力、知识符合条件，好好干，把管理问题留给我。"

# 第一节 群体概述

## 一、群体的含义

### （一）群体的概念

所谓群体就是一个介于组织和个人之间的人群集合体。具体来说，是指在组织机构中，由两个或者两个以上个体组成的，为实现组织的目标相互依存、相互影响、相互作用，并规定其成员行为规范的人群集合体。组织、群体和个体是不可分割的整体，群体介于组织与个人之间。管理部门所面临的群体不是个体的简单结合，例如，几个人乘坐一辆公交车就不能把他们称为群体，群体要是一个整体。作为群体的一个显著标志是群体成员在心理上是否有一定的联系，是否有共同的需要和共同的目标。从这个意义上讲，构成群体必须具备以下条件：

（1）群体成员间有共同的目标和利益；

（2）群体要满足各成员的归属感；

（3）群体成员之间要有工作、信息、思想及感情上的交流。

美国心理学家维曼斯（G. G. Homars）经过研究认为，任何一个群体的社交活动行为都包括以下三个因素。

（1）任务活动：即人们所从事的工作活动。这种活动一般比较容易为他人所觉察，例如，工作、学习、交流等。

（2）相互作用：即完成任务时，人与人之间的行为影响。如彼此之间语言或非语言的相互沟通和接触，以及分析他人在做什么，有什么反应，与自己有什么关系。

（3）情感活动：即个人之间、个人与群体、个人与工作之间的情感反应，它虽然不容易直接察觉到，但是，一般的情况下可以通过人们的活动和相互作用表现出个人的态度、感受、意见和观点。

维曼斯的观点得到许多研究者的认同。首先，群体必须有工作任务，没有工作任务，群体的存在就没有任何意义。其次，任务的完成又取决于人们对任务的认识、态度和情感。

### （二）加入群体的原因

人们加入群体是要完成某项任务或是要满足自己的社会需要，当然这两个原因不是截然分开的。具体来说，人们在群体中可以获得如下需要的满足：

（1）安全需要。群体可以为个人提供安全感。作为一个大型组织的成员可能会产生不安全感的焦虑，但归属于一个小群体则可以减轻这种恐惧。

（2）情感需要。群体可以满足个人的友谊和情感需求。被他人所接纳是一种重要的社会需求，可以增强个体的自信心。

（3）尊重和认同的需要。群体给个人提供了得到称赞和认可的机会，使他们感到自己的重要性。

（4）完成任务的需要。群体产生的主要原因是为了完成任务。有许多任务必须协调努力才能完成。

### （三）群体的心理效应及行为趋向

群体是由单个的个体组成的，群体应该具有不同的个体的心理和行为特征，从而，势必形成群体的心理效应和行为取向。

**1．从心理效应看，群体成员间的相互影响会产生三个方面的心理效应**

（1）群体价值观。群体成员在长期的活动中会逐步形成共同的价值取向，即以共有的价值评估为基础看待组织中的人和事。这种价值观一经形成，将对群体成员产生无形的、巨大的影响，群体成员受群体价值观的制约和指导。

（2）群体凝聚力。群体一经形成，将会对群体成员产生一种吸引力，也就是群体成员对群体的向心力，它是群体价值观和行为准则一致的反映，是群体生存和发展的必要条件。这种凝聚力来自群体成员的归属感、群体角色感和群体力量感。

（3）群体责任感。群体成员在实现群体目标中逐步形成的对群体生存与发展的责任观念和对所担任角色的明确认识，在行动上表现为认真履行职责。建立起群体责任感，群体成员就会关心集体，尽心尽力地为群体发展做贡献。

**2．从行为趋向看，群体成员的行为方式产生四个方面的作用**

（1）社会助长作用。即生活在群体中的个体在与其他成员的交往过程中有助于消除单调、孤独、沉闷的心理状态，有利于激发群体成员的工作热情和行为动机，提高了工作效率。

（2）社会致弱作用。即个体在大众面前感到不自在，感到拘谨，有所顾虑，从而，影响工作和活动效率。

（3）行为趋同作用。即生活在群体中的个体在个性差异方面逐步变小，受群体规范的影响使其行为逐步趋于同一标准。

（4）行为遵从作用。即个体按照社会要求、群体规范或他人的意志而产生的行为。这种遵从行为来自两个方面的影响，一是在一定的组织团体规范影响下的遵从；二是对权威人物的遵从。

## 二、群体的类型

群体的类型很复杂，按照不同的划分标准，可以给群体划分为不同的类型。

### （一）根据群体构成的原则和方式可以分为正式群体和非正式群体

正式群体是指组织正式确定的具有明确的组织方式、任务目标的群体。正式群体中的成员有明确的分工、职责、权利和义务，他们要遵守统一的规章制度。非正式群体不是由组织正式的规定而形成的，而是组织中的成员处于某种需要自然而然地组成的群体。非正式群体相对比较松散，没有正式的组织形式，对群体中成员的责任、权利和义务也没有明确地规定。

再进一步细分，正式群体通常有两种主要的类型，即命令型群体和任务型群体。命令型群体是由组织结构中有直接汇报关系的主管和下属人员构成的群体。例如，工厂厂长与各部门负责人之间、车间主任与所属部门各班组长之间、各班组长与工人之间等都属于命令型群体。任务型群体与命令型群体的不同是这种群体中成员不一定具有组织结构上的直接汇报关系，而是围绕特定的工作任务建立起来的。如为了保证公司产品和服务质量，公司决定由各个不同部门的人员组成全面质量控制小组（TQC），这个小组中的人员只是为了质量管理这个任务而形成的群体。除此之外，还要承担他们原岗位的工作。

非正式群体发生作用是靠大家约定俗成、心照不宣的一些行为规范，群体成员之间存在某种默契。非正式群体有各种各样的类型，比较典型的是利益型群体和友谊型群体。利益型群体中的成员是为了某种共同的利益而走到一起的，如公司里的一些员工为了反对老板拒付加班费的行为，争取到自己的权益而走到一起，形成一个群体。友谊型群体则是由于群体的成员有着共同的爱好、兴趣，或者性格相同、脾气秉性相投，或者具有其他共同的特点而结合在一起的，如摄影小组、书画协会等。综上，根据群体构成的原则和方式划分的群体类型如图 7-1 所示。

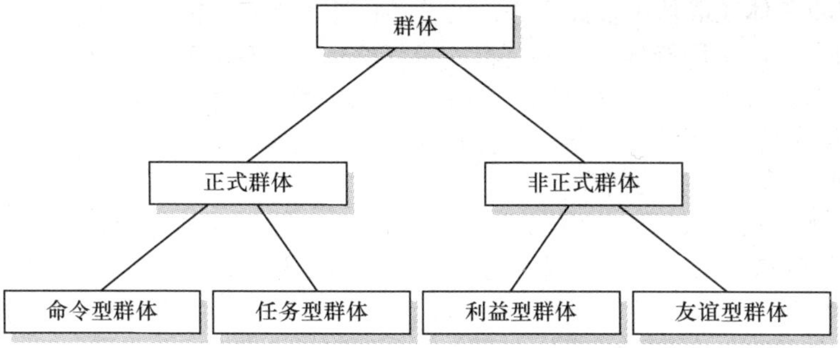


图 7-1　群体的类型

### （二）根据群体规模的大小可以分为大群体和小群体

这种划分具有相对的意义。车间相对于工厂就是小群体，相对于班组就是大群体。凡是成员之间有直接的、个体间的、面对面的接触和联系的群体就是小群体，这些成员容易在感情上和心理上接近。大型群体是指成员之间是以间接的方式（通过群体的目标、各层组织机构等）联系在一起的群体。一般情况，大群体包含许多小群体。

### （三）根据群体的开放程度分为开放型群体与封闭型群体

开放型群体经常更换成员，成员来去自由，地位、权力不稳定，与外界联系密切，内部联系相对松散。不适合完成长期的任务，但也有其好处，例如，因经常输入“新鲜血液”而可以吸收新思想和人才，他们对周围环境适应能力都很强。封闭型群体成员相对比较稳定，变动较少，关系严密明确。一般来说，封闭型群体思想相对保守，对外界新鲜事物接受较慢，有的甚至有抵触情绪，但其好处在于比较稳定，适合完成长期的任务。如对于长期规划，封闭型群体更好一些，对于发展新产品而言，开放型群体更加有效。封闭型群体具有历史发展的眼光，开放型群体则着眼于现在。以上两种类型的群体适合不同类型的活动。

## 三、群体的组成要素及特征

### （一）群体的组成要素

（1）角色（Role）：指占据某一组织中特定位置的个人所期望的一套行为模式。

（2）规范和遵从（Submission）：指群体中所有成员必须要接受的标准。它规定了该群体的产出水平、工作节奏的快慢、工作中相互帮助的程度、努力程度、工作绩效以及对组织的忠诚度。

（3）地位（Status）：指个人在群体中所处的威望等级、位置和阶层。地位与个人的某些特征有一定的关系，如教育程度、年龄、技能、经验等。地位有正式地位和非正式地位之分，非正式地位并不意味着不重要和不认可，应该使个人所感受到的地位和群体所授予的地位利益相一致。

（4）群体规模（Scale）：规模扩大，群体中成员个人的贡献往往下降。

（5）群体凝聚力（Cohesiveness）：群体成员相互吸引及共同参与群体目标的程度。

### （二）群体特征

#### 1. 共同的目标

一个群体必须具有共同的目标。因为任何群体都是为目标而存在的，不论这种目标是明确还是隐含的，目标是群体存在的前提。群体目标反映了个体追求的方向，但需要依靠群体的力量才可能实现。不同的个体在群体中彼此合作，以己之长补人之短，以人之长补己之短，使群体组织会聚诸多个体的力量，实现群体的共同目标。尽管群体的目标有较大的区别，但有一个共同点，那就是每个群体都要有自己的群体目标。比如，某个计算机开发公司的目标可能是推广计算机的应用技术，并获得利润；而某个大学的目标是为了培养高级科学与技术人才。

**2．有共同的价值观和行为规范**

群体中成员都是具有共同的价值观（View of Value）与行为规范（Group Norm）的，为了实现群体的目标，群体成员应有的价值观和行为规范尤为重要。共同的价值感和行为规范是在群体成员相互磨合的过程中共同制定并共同遵守的。正是这些共同的价值观与行为规范才可以把不同的个体凝聚为一个群体，这是一个群体存在和发挥作用的思想灵魂所在。

**3．群体中有一定的（或稳定的）结构**

一定的结构、分工和合作是一个群体存在的机构基础，分工与合作是由群体目标限定的。群体中每个成员都将扮演一个角色，担负一定的义务和责任，并在做好自己的工作的同时还要积极配合他人的工作，从而保证群体目标的有效实现。企业为了达到经营目标要有采购、生产、销售、财务和人事等部门。不同的分工之间又要相互配合，才能达到高效率的群体运作。同时，群体中还有不同层次的权力和责任制度，分工之后，就要赋予每个部门、每个人相应的权力和责任，以便实现群体的目标。

**4．群体成员具有群体意识和归属感**

一个群体想成功的保持并发挥功能，就要使每个成员具有群体意识和对群体的归属感。这是在实际中最能够体现群体的特征的方面，一个成员对于一个群体的忠实和服从往往决定于对群体整体的认同，这是建立在共同的价值观和行为规范的基础之上的，具有更加内化的思想特征。

## 四、群体的发展阶段

群体是怎样形成的？群体的发展要经历怎样的过程？这是多年以来学者们关心和研究的一个问题。人们也提出了很多关于群体形成与发展阶段的不同观点，有人认为群体的形成与发展有特定的过程和规律，而有人则认为群体的形成与发展没有什么特定的过程。尽管人们的观点不一，但有两种关于群体形成和发展的观点受到比较多的认同。一种是群体发展的五阶段模型，一种是间断–平衡模型。

### （一）五阶段模型

从20世纪60年代中期起，人们大都认为，群体的发展要经过5个阶段的标准程序，这五个阶段分别是形成阶段、震荡阶段、规范化阶段、执行任务阶段、中止阶段。

第一阶段：形成阶段。其特点是群体的目的、结构、领导都不确定，群体成员各自摸索群体可以接受的行为规范。当群体成员开始把自己看做群体的一员时，这个阶段就结束了。

第二阶段：震荡阶段。是群体内部冲突阶段，群体成员接受了群体的存在，但对群体加给他们的约束，仍然予以抵制。而且，对于谁可以控制这个群体，还存在争执。这个阶段结束时，群体的领导层次就相对明确了。

第三阶段：规范化阶段。在这个阶段中，群体内部成员之间开始形成亲密的关系，群体表现出一定的凝聚力。这时会产生强烈的群体身份感和友谊关系，当群体结构稳定下来，群体对于什么是正确的成员行为达成共识时，这个阶段就结束了。

第四阶段：执行任务阶段。在这个阶段中，群体结构已经开始充分地发挥作用，并已被群体成员完全接受。群体成员的注意力已经从试图相互认识和理解转移到完成手头的任务。

第五阶段：中止阶段。对于长期性的工作群体而言，执行任务阶段是最后一个发展阶段，而对暂时性的委员会、团队、任务小组等工作群体而言，因为这类群体要完成的任务是有限的，因此，还有一个中止阶段。在这个阶段中，群体开始准备解散，高绩效不再是压倒一切的首要任务，注意力放到了群体的收尾工作。这个阶段，群体成员的反应差异很大，有的很乐观，沉浸于群体的成就中，有的则很悲观，惋惜在共同的工作群体中建立起的友谊关系不能再像以前那样继续下去。

五阶段模型的许多解释者都带有这样的假设：随着群体从第一阶段发展到第四阶段，群体会变得越来越有效。虽然这种假设在一般意义上可能是成立的，但使群体有效的因素远比这个模型所涉及的因素复杂。在某些条件下，高水平的冲突可能会导致较高的群体绩效。所以，我们也可能会发现这样的情况：群体在第二阶段的绩效超过了第三和第四阶段。同样，群体并不总是明确地从一个阶段发展到下一个阶段。事实上，有时几个阶段同时进行，比如震荡和执行任务就可能同时发生，群体甚至可能回归到前一个阶段。因此，即使这个模型的最强烈的支持者也没有假设所有的群体都严格地按照五阶段或者四阶段发展。

### （二）间断–平衡模型

有的研究者认为，群体发展的过程并不一定像五阶段模型中所描述的那样需要经过统一的一系列阶段，而是在群体如何形成和变化的方式上有一些明显一致的地方。这种模型认为，群体发展的过程中基本上以接近中间的某个时间作为分水岭划分成两个阶段，第一个阶段中群体运行的方式与第二个阶段有着明显的不同。

在第一个阶段中，群体首先界定任务、确定目标，并且这些在第一个阶段中不太容易发生改变。即使有的群体成员有新的想法提出，大多也不会被付诸行动。因此这个阶段群体的运行是处于一个平衡的阶段。

当群体发展到它的寿命周期的中间阶段时，就仿佛拉响了警钟一样经历着一场危机。群体成员感到时间的压力和完成任务目标的紧迫，他们认识到必须迅速采取行动，必须对原有的运行方式做出某些改变。于是群体就放弃了旧的思维方式，采纳新的见解，进入效率更高的第二阶段。群体的运行进入了新的平衡阶段。第二阶段发展到最后，以最后冲刺迅速完成任务而宣告结束。

研究者们发现，无论是寿命周期很短（如只有几个小时的群体），还是寿命周期较长的群体，其发展的过程都会遵循这样的规律。我们不妨想象一下，当自己在一个项目小组中时，如果完成项目的时间限制是 5 周，那么在前面两周会比较平静地度过，到了中间阶段，群体会采取积极的变革行动，后面的阶段表现出更好的绩效水平，而最后一次项目会议则往往会比其他几次会议时间更长，很多问题都得到了最后的解决。

## 第二节 影响群体绩效的因素

群体绩效是群体成员共同的工作成果。影响群体行为绩效的因素是比较复杂的，主要包括群体规模、群体构成、群体规范和群体角色和凝聚力。

## 一、群体规模

### （一）群体规模会影响群体的整体行为及群体绩效

群体规模对群体行为和绩效的影响力取决于所考察的变量。群体规模可以为 2～16 个人。研究结果发现，5～7 人的群体在执行具体任务时，比更大或更小规模的群体更有效。就解决复杂和困难的任务而言，大群体总是比小群体做得更好，大群体有利于获得各种渠道的信息。因此，如果群体的目标是搜寻和发现事实，则规模较大的群体应该更有效率。另外，较小群体在利用信息从事生产方面的效果更好。一般来说，7 人左右的群体在采取行动时效率最高。

### （二）社会惰化现象

群体行为与群体规模有关的最重要发现是社会惰化现象。社会惰化又被称为社会懒惰行为，它是指一个人在群体中工作不如他单独一个人工作时更努力的一种倾向。这种社会惰化行为倾向，使得群体规模的增大与个体绩效的提高呈现负相关关系，挑战了群体作为一个整体的生产力等于或大于群体成员个体生产力总和的逻辑。

#### 专栏 1

### 社会惰化试验

法国人瑞琼曼（Ringelman，1913）做了一个拔河比赛的试验，他要求被测者分别在单独与群体的情境下拔河，同时用仪器测量他们的拉力。结果发现随着被测人数的增加，每个被测者平均使出的力减少了。一个人拉时平均出力 63 公斤；三个人的群体拉时，平均出力是 53.5 公斤；八个人时是 31 公斤。这种共同完成一项任务时，群体人数越多个人出力越少的现象，后来在其他人的试验中也得到证实。这些现象不仅在实验室里可以看到，在日常生活中也很普遍。根据有关研究和统计，在苏联，私有土地占总农用地的 1%，但产量却是农业总产量的 27%；在匈牙利，农民则曾在 13%的自有耕地上生产出了全国 1/3 的农产品；在中国，自 1978 年土地承包责任制后，农作物总产量每年递增 8%，这一速度是过去 26 年里平均增幅的 2.5 倍。在东西方的很多国家里，社会惰化现象较为普遍。

社会心理学家通过研究已经证实，出现社会惰化的原因，是个人的评价焦虑减弱，使个人在群体中的责任意识下降，行为动力也相应降低。拉特纳在 1979 年以及威廉等人在 1981 年的研究都发现，如果让被测者相信自己的行为效率可以被鉴别出，或是对个人作为贡献单独测量，则即使与群体一起完成一项工作，也不再有社会惰化作用存在。单独测量使人们保持了足够的被评价焦虑，因而行为动机也得到激发。20 世纪 80 年代中后期的进一步研究表明，群体共同完成一项工作并不一定导致“浑水摸鱼”式社会惰化作用。社会惰化的主要原因是：个体在群体活动中责任意识降低，被评价的焦虑减弱，因而行为的动力也相应降低。

（资料来源：许芳. 组织行为学. 162）

为什么会出现这种现象呢？

造成惰化的原因之一是不公平感。人们常常习惯把自己付出的努力和所得的奖励，与别人或自己过去所得的奖励进行比较。如果比较结果证明是公平的、合理的，那么就会心情舒畅地努力工作；如果比较后得出相反的结果，就会产生不公平感，影响积极性的发挥。

原因之二是“责任分散”。所谓责任分散是指在与他人共同工作时，个人的责任感下降、有将工作推给他人去做的倾向。产生责任感分散的原因在于，指向群体的责任压力分散开来，落到每个人头上的责任就少了。因此，个人没有责任压力，而且互相依赖、互相推诿扯皮，人们常说的“一个和尚有水吃，两个和尚抬水吃，三个和尚没水吃”就是这个道理。

现实中也是这样，只要是责任不清晰，任务不明确，就会产生指标落空，严重影响工作效率。与其相反，尽管人数少一些，责任一旦清晰，任务明确，指标肯定能够落到实处，工作效率也一定会得到提高。

人们在以下情境下，较少出现社会惰化作用。

（1）群体成员之间关系密切。

（2）工作本身具有挑战性、号召性或有效激发人们的加入水平。

（3）以群体整体成功为目标的奖励引导和利益驱动。

（4）群体有鼓励成员投入的“团队”精神。

（5）个人相信群体成员也像自己一样努力工作。

总之，如果团队成员认为自己的贡献无法被衡量时，团队的合作效率就会下降。所以，为了削弱社会惰化效应，在团队合作中，团队应该注意解决成员的公平感和归属感的问题。公平地、客观地测量群体中每个成员所要完成任务的数量和质量，并加强指标的制定、分解、考核和落实，使得每个成员人人肩上有指标，做到责任清楚，指标明确，任务落实，形成千斤重担众人挑的局面。另外，还要缩小群体规模，从而避免责任分散的问题出现。

## 二、群体构成

群体构成即群体组成成分的构成，它是指在一个群体中各个成员所具有的各项个体特征的分布和组成情况。根据群体成员的构成，群体可以分为同质性群体和异质性群体。

### （一）异质性群体

异质性群体也称为异类群体，是指群体成员在性别、年龄、个性、专业、观点、能力、技能、视野、经历等个体特征方面存在显著不同的群体。这种群体更可能拥有多种能力和信息，在需要具备多种技术和知识的群体活动中，运行效率会更高。但是这种群体可能冲突较多，沟通相对困难，不太容易随机应变。一般认为，异质性群体在完成复杂任务、集体任务以及时间性不强的任务时效果较好，更为适宜。例如，企业中的新产品开发小组，大学中一些综合课题组，一些组织的领导班子、委员会，政府等组织中的决策机构、咨询委员会等一般多采用异质性群体。

### （二）同质性群体

同质结性群体是指群体成员在性别、年龄、个性、专业、观点、能力、技能、视野、经历等个体特征方面都比较接近的群体。这种群体的特点与异质性群体基本相反。一般认为，同质性群体在完成简单任务、连续任务、合作性任务以及要求速度快的任务时效果较好，更为适宜。例如，机械制造工厂的车床组、钳工组、铣床组是以同质性来组建的群体。

在实践中，到底是采用同质性群体还是异质性群体来组建群体，还需要考虑组织和管理者的管理能力。一般而言，同质性群体的成员容易沟通，冲突较少；异质性群体的成员在很多方面差别较大，沟通困难，容易发生冲突。处理这些潜在的沟通和冲突问题就需要领导具有相应的管理能力。否则，异质性群体是很难取得良好绩效的。

总之，群体构成对群体的心理气氛、和谐程度、凝聚力和工作成效都会有较大的影响。组建工作群体时，应根据工作的性质、类型、特点、员工个体特征以及其正式领导的组织管理能力等实际情况进行合理的人员搭配，从而优化结构，建设高效群体。

## 三、群体规范

### （一）群体规范的含义

群体规范又称为群体行为规范，它是群体所形成或确定的，群体成员应当共同遵守的一些行为准则。群体规范意味着，群体对其成员在一定情境下一定行为方式的期望和潜在约束。群体规范规定了群体成员在一定环境条件下的行为范围和行动规则，它使其成员知道什么可以做，什么不可以做，应该怎么做，不应该怎么做等行为准则和是非标准。群体规范一旦被群体成员认可并接受之后，就会成为一种可以用最少的外部控制来影响群体成员行为的手段。任何群体都会有自己的群体规范，不同群体会具有不同的群体规范，会以不同形式、不同程度、不同内涵去影响和塑造群体的成员。

### （二）实施群体规范的理由

一个群体并不会对所有能够看见的情况建立和实施规范。群体只会为某些对自己非常重要的行为建立和实施规范。人物维护责任和社会维护责任之间的区别解释了群体有选择地对某些行为实施规范控制的原因。与个人一样，群体总是试图增大成功地完成工作任务的机会，而尽力缩小失败的可能。

首先，群体会实施有利于自己生存的规范。它会尽力保护自己不受组织内和组织外的群体的干扰和侵袭。

其次，群体希望能够更好地预测群体成员的行为。规范为预测他人行为提供了基础，使得群体成员能够预测彼此的行为，并迅速地做出反应。

再次，群体希望能够确保其成员感到满意，尽可能地防止人与人之间发生不愉快的事情。群体可以实施规范避免出现令人窘迫的人际关系。

最后，规范还具有表达功能。实施规范使群体成员有机会阐述自己的核心价值观念，说明这个群体与众不同之处，以及群体的主要特点。

### （三）群体规范的类型

按照不同的划分原则可以把群体规范划分为不同的类型。而群体规范是每个组织所特有的，不同群体的规范就像人的指纹一样，绝无重合的可能。这里，我们只是就大多数工作群体的某些共同特点，概括划分其一般类型。

（1）按照群体规范的性质，可以分为正式规范和非正式规范。正式规范是指成文的规章制度，是写入组织手册，用正式文件明文规定的员工应当遵循的规章制度、行为规则和程序等。群体的正式规范主要会受到组织正式规范的影响和限制，比如员工不能无故旷工等；非正式规范是群体自发形成的，不成文的，以习惯和言传身教的方式传承的人们共同接受的行为标准，比如员工之间沟通的方式和态度、风俗习惯等。但无论是正式规范还是非正式规范都有约束和指导成员行为的效力，有时非正式规范的作用甚至会超过正式规范。

（2）按照群体规范的内容可以分为与群体绩效有关的规范、与群体形象有关的规范、与资源分配有关的规范、与群体中成员行为有关的规范等。

### （四）群体规范的影响因素

群体规范的建立和发展要受其相关因素的影响。对群体规范产生影响的因素可以概括为以下几点。

（1）个体的特征。群体成员智力越高，他们就越不愿意建立和遵循规范。例如，比起工厂里流水线作业的班组，一个科研小组更不容易形成行为的规范，因为后者往往更倾向于视自己为具有独特价值观、人格、动机的个体。

（2）群体的构成。同质性群体比异质性群体更容易确认规范。

（3）群体的任务。如果任务较常规、清楚，那么规范容易形成。

（4）地理环境。如果成员们工作地点离得近，相互作用机会多，则容易形成规范。

（5）组织规范。多数群体规范与组织规范是一致的，但如果群体成员不赞成组织的规范，他们就会发展与组织相对抗的规范，如怠工、罢工等。

（6）群体的绩效。一个成功的群体将维持现有的规范并发展与其一致的新规范，而一个失败的群体将不得不改变有关的规范，而重建一些可能导致好结果的规范。

### （五）群体规范的作用

（1）群体规范对于群体有维持作用。群体的存在必然要体现出整体性，否则就是一盘散沙。群体规范通过约束群体中个体的行为、情感和认知，促使群体产生一致的观点和目标，实现相同的目标，从而尽力减少其他群体和个人的干扰。

（2）群体规范有认知标准化的作用。日常生活中每个人的看法是不同的，而群体规范使群体中的个体在交往中相互制约着对事物的知觉、判断和态度。

（3）群体规范的行为矫正作用。群体规范在思想上统一群体成员的意识，在行动上监督群体成员的行为，明确什么可以做、什么不可以做。

（4）群体规范的去个性化作用。群体规范反映的是群体的整体意见，把全体成员都限制在一个中等的水平上，一些创造性的想法和行为会被看成不符合群体要求的越轨事件。

## 四、群体角色

每个人都在一定的社会组织和群体中扮演着这样或那样的角色。组织或群体中的角色是指人们对在某个社会性单位中占有一定职位的人所期望的一系列行为模式。群体成员在群体中承担的角色异同，也同群体成员个性特点的组合一样，会影响群体的运作过程及其产出。由于群体和群体的领导者很难改变成员的个性特点，所以在群体运作中侧重于影响或改变群体成员的行为角色则更为有用。

### （一）群体角色的种类

每一成员在群体中都表现出自己特定的行为模式，可称之为角色。几乎在任一群体中，都可以看到成员有三种典型的角色表现，这就是自我中心角色、任务角色和维护角色。这些不同的角色对群体绩效会产生不同的影响。

#### 1．自我中心角色

自我中心角色是指成员处处为自己着想，只关心自己。这类人包括：

1）阻碍者，指那些总是在群体通往目标的道路上设置障碍的人。

2）寻求认可者，指那些努力表现个人的成绩，以引起群体注意的人。

3）支配者，这类人试图驾驭别人，操纵所有事务，也不顾及对群体会产生什么影响。

4）逃避者，这类人对群体漠不关心，似乎自己与群体毫无关系，不做贡献等。

研究表明，这些角色表现对群体绩效带来消极作用，造成绩效下降。

**2. 任务角色**

任务角色的表现有：

1）建议者，是指那些给群体提建议、出谋划策的人。

2）信息加工者，指为群体收集有用信息的人。

3）总结者，指为群体整理、综合有关信息，为群体目标服务的人。

4）评价者，是帮助群体检验有关方案、筛选最佳决策的人。

**3. 维护角色**

维护角色的表现有：

1）鼓励者，指热心赞赏他人对群体的贡献的人。

2）协调者，指解决群体内冲突的人。

3）折中者，协调不同意见，帮助群体成员制定大家都能接受的中庸决策的人。

4）监督者，指保证每人都有发表意见的机会，鼓动寡言的人，而压制支配者。

任务角色和维护角色都起积极作用。每一个群体不仅要完成任务，而且要始终维持自己的整体。而成员的任务角色和维护角色的作用正是为达到这两个目的。研究发现，在任务角色、维护角色和群体绩效之间有正比关系。

### （二）群体角色对绩效的影响

**1. 群体角色构成的群体模型**

一个群体要想取得高绩效，以上所说的任务角色和维护角色都是很重要的。到底哪种角色更重要，则视群体发展阶段而定。在形成阶段，监督者和建议者的角色有助于群体奠定一个良好的基础。前者可以使每个成员都增强主人翁责任感，后者可以为群体提出努力方向。在风暴阶段，总结者、信息加工者、协调者和折中者的角色可以帮助群体解决不可避免的冲突，顺利进入正常化阶段。在群体正常化和发挥作用阶段，任务角色和维护角色都很重要。总之，一个有效的群体应激发成员扮演任务角色和维护角色的需要，而避免自我中心角色。

如果以任务角色的表现为横轴，以维护角色的表现为纵轴，可以把群体分为四种类型，如图 7-2 所示。

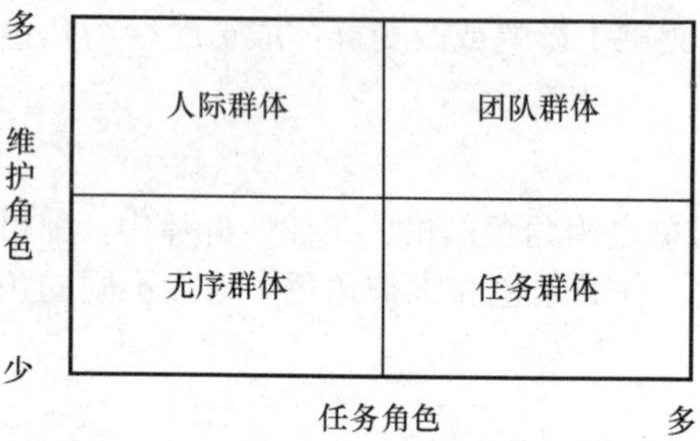


图 7-2　以任务角色和维护角色两维度构成的群体类型

在一个群体中，如果成员们扮演任务角色的多而扮演维护角色的少，则被称为任务群体。这种群体对于应付紧急任务很适合，但很容易瓦解。作为管理者，就应该多扮演维护角色以帮助群体发展为团队类型。

在团队群体中，任务角色和维护角色都很多。对于长期目标来说，团队群体是最有绩效的，这种群体的领导可以放心大胆地充分授权给下级。

如果群体成员扮演维护角色的多，扮演任务角色的少，则称为人际群体。在这种情况下，管理者就需要扮演任务角色，以免群体成员自我陶醉，忘乎所以而耽误了任务的完成。

在无序群体中，任务角色和维护角色都很少。在这种群体中，多数成员只顾自己，而很少关心任务及人际关系。无序群体是最没有绩效的。管理者需要既扮演任务角色又扮演维护角色。一般是先着重任务角色，待群体有几次成功经验后，就可以削弱任务角色而更多地注意维护角色。

**2. 群体角色的特点**

每个人在工作和生活中都必须扮演多种不同的角色，个人的行为会随着其所扮演角色的不同而不同。理解一个人的行为，关键是弄清他当时在扮演什么角色。不同的群体对个体的角色要求不同，同一个群体扮演不同角色时的行为模式也不同。理解和影响群体成员的角色行为，需要了解角色同一性、角色知觉、角色期待、角色冲突等组织和群体角色的概念。

（1）角色同一性。角色同一性指的是个体对一种角色的态度与该角色实际角色行为模式保持一致性。也就是说，当人们清楚地意识到环境条件需要自己做出重大改变时，就能够迅速变换自己所扮演的角色行为。比如，一个人在营销部分负责时就想争取更多的产品宣传和销售费用，而如果他调到财务部负责的话就会把如何节约各项开支作为工作的重点。人的这种角色同一性的现象源于角色知觉。

（2）角色知觉。角色知觉是指一个人对于自己在某种环境中应该做出什么样行为反应的认识和理解。人们的角色知觉及其所做出的相应行为反应，是以个体对群体或他人对自己所扮演角色的期望行为模式为样板，以自己对于外界希望自己怎样做的感知和解释为基础的。角色知觉源于对角色行为的认知，这种认知过程既可能是一种亲身经历，也可能是学习而得，比如通过书本、电视、电影等渠道获得某一角色的认知。例如在许多组织或企业中，设立学徒制、导师制，目的就是要让初学者在有经验的员工或专家指导下，在工作实践中进行角色知觉，从而学会按照组织或他人的期望模式来采取恰当的角色行动。

（3）角色期待。角色期待，是指群体或他人对个体所扮演角色的期望行为模式，也就是群体或他人认为，承担某种角色的个体在特定的情境中应当做出什么样的行为反应。个体的行为方式在很大程度上由其做出反应的背景所决定。比如当一个警察巡逻时看到一个歹徒逃跑，人们本能地认为警察就应该奋不顾身地去抓歹徒而不是逃跑，而对于路上的百姓，人们就不认为他必须捉拿歹徒。当人们的角色期待集中于一般的角色类别层面时，就变成（角色）刻板印象或角色定式了。

心理契约是一个有助于我们更好地理解角色期待的概念。组织或工作群体中的心理契约，一般是指雇主和雇员之间（也可以包括正式领导与成员之间等）伴随着正式契约或协议的同时，双方存在的一种不成文的心理约定，这种约定是交往双方对对方所抱有的一系列微妙而含蓄的期望——预料和期待对方将会满足自己的某些需要。这种心理契约规定了劳资双方的期待、规定了对每个角色的行为期待。比如，企业的所有者、管理者期待员工认真工作，忠于企业，听从指挥；员工期待能公平对待自己，合理分派任务，提供工作条件，公平计发薪酬等。

心理契约许多时候是隐藏于人们心里，有待双方去细心体察、领悟和估测的。心理契约是影响组织或群体行为的权威决定者之一。当人们心理契约中所蕴涵的角色期待不能得到满足时，就会使工作绩效和工作满意度受到消极影响，或者使个体或群体受到某种形式的损害和处罚。

（4）角色冲突。任何组织或群体中的个体都不得不扮演多种不同的生活角色和工作角色，不得不应对多种角色期待。当个体面临多种角色期待时，如果个体服从于某一种角色的期待或要求，却很难遵从另一种角色期待时，便发生了角色冲突。更为复杂的情况是，个体有时候不得不去面对两种或两种以上相互矛盾的角色期待。例如，一位边防军官在过年过节时，作为军人角色他应该坚守工作岗位，守卫祖国边防；作为丈夫和儿子角色，他应当回到内地家乡与父母、妻小团圆，孝敬父母，爱惜儿女。由于不同角色期待的矛盾和差异很难调和，于是便在他身上发生了角色冲突。

每个人都会经历多种多样的角色冲突。组织或群体内部的不同角色期待会给个体带来角色冲突，角色冲突会增加个体内心的紧张感和挫折感，个体既可能做出正规而积极的行为反应，也可能做出非正规而消极的行为反应，角色冲突会影响个体行为以及群体行为和组织行为。

### 专栏 2

## 津巴多的模拟监狱实验

一个相当具有说服力的角色实验是由斯坦福大学的心理学家菲利普·津巴多和他的同事所完成的。他们在斯坦福大学的心理学系办公大楼地下室里建立了一个"监狱"，他们以每天 15 美元的价格雇 24 名学生来参加实验。这些学生情感稳定，身体健康，遵纪守法，在普通人人格测验中，得分属于正常水平。实验者对这些学生随意地进行了角色分配，一部分人作为"看守"，另一部分人为"罪犯"，并制定了一些基本规则。然后，实验者就躲在幕后，看事情会怎样发展。

两个礼拜的模拟实验刚刚开始时，被分配做"看守"的学生与被分配做"罪犯"的学生之间，没有多大差别。而且，做"看守"的人也没有受过专门的训练如何做监狱看守员。实验者只告诉他们"维持监狱法律和秩序"，不要把"罪犯"的胡言乱语（如"罪犯"说，禁止使用暴力）当回事。为了更真实地模拟监狱生活，"罪犯"可以像真正的监狱中的罪犯一样，接受亲戚和朋友的探视。模拟看守 8 小时换一次班，而模拟罪犯除了出来吃饭、锻炼、去厕所、办些必要的其他事情之外，要日日夜夜地呆在他的牢房里。"罪犯"没用多长时间，就承认了"看守"的权威地位，或者说模拟看守调整自己，进入了新的权威角色之中。特别是在实验的第二天"看守"粉碎了"罪犯"进行反抗的企图之后，"罪犯"们的反应就更加消极了。不管"看守"' 吩咐什么，"罪犯"都唯命是从。事实上，"罪犯"们开始相信，正如"看守"经常对他们说的，他们真的低人一等、无法改变现状。而且每位"看守"在模拟实验过程中，都做出过虐待"罪犯"的事情。

例如，一位"看守"说，"我觉得自己不可思议，我让他们互相喊对方的名字，还让他们用手去擦洗厕所。我真的把"罪犯"看做牲畜，而且我一直在想，'我必须看住他们，以免他们做坏事。'"另一位"看守"补充说，"我一到'罪犯'所在的牢房就烦，他们穿着破衣服，牢房里充满难闻的气味。在我们的命令面前，他们相对而泣。他们没有把这些只是当做一次实验，一切好像是真的，尽管他们还在尽力保持自己原来的身份，但我们总是向他们表示我们才是上司，这使他们的努力收效甚微。"

这次模拟实验相当成功地证明了个体学习一种新角色是多么迅速。由于参加实验的学生在实验中表现出病态反应，在实验进行了 6 天之后，研究人员就不得不终止了实验。参加这次实验的学生，就像我们大多数人一样，是通过大众传播媒介和自己的亲身经历，如在家庭、在学校，以及在其他包含有权和无权关系的场合，学习到了关于罪犯和看守的角色定式的内容。在这个基础上，这些学生就能够不费力地、迅速地进入与他们原来的人格迥然不同的假设角色中。在这个例子中，我们可以看到，人格正常、没经过新角色要求训练的人，也会非常极端地表现出与他们所扮演的角色一致的行为方式。

（资料来源：Stephen P·Robbins. Organizational Behavior：Concepts·Controveries·Applications. 北京：清华大学出版社，1997，306）

## 五、凝聚力

群体凝聚力是指群体成员之间相互吸引并愿意留在群体之中，为群体承担义务的愿望的强烈程度。凝聚力是把成员维持在群体中的一种合力，它通常表现为成员对群体的向心力，是组织活动的主要构成因素之一，是一种深层次的心理因素。当一个群体的成员强烈希望留在群体之中，并且都接受群体的目标时，就可以认为这个群体凝聚力强，而凝聚力弱的群体则恰好相反。但是，是不是凝聚力高的群体就一定很有绩效呢？到底是什么因素影响着群体凝聚力的高低呢？群体凝聚力对于组织绩效究竟又产生什么样的影响呢？这是下面要讨论的问题。

### （一）影响群体凝聚力的主要因素

影响群体凝聚力大小的因素较多，有效地控制和利用这些因素，可以改变群体的凝聚力。这些因素主要包括：

（1）群体内部一致性。指群体成员在价值观、工作态度、生活兴趣方面的一致性，以及群体成员有共同的利益和目标。当群体成员普遍认同并接受群体的目标时，凝聚力就高；反之，凝聚力就低。

（2）群体绩效和地位。成功可以增加成员之间的好感，增强群体的凝聚力；失败会引起相互之间的埋怨，削弱群体的凝聚力。一个群体在组织中的声誉和地位越高，越会让成员产生成就感，越容易产生凝聚力。

（3）群体的领导方式。尊重员工、愿意与员工沟通、虚心听取员工意见的民主式的领导方式，更能活跃群体的气氛，促进群体成员之间的交往，增强群体的凝聚力。

（4）群体的规模。群体规模大小与凝聚力成反比，即群体规模越大，凝聚力越小；群体规模越小，凝聚力越大。这是因为群体规模的大小直接影响着群体成员间交往机会的多少和交往强度的大小。但是群体规模太小，又不利于任务的完成，一般群体规模在 7 人左右，凝聚力可达到最佳。

（5）群体与外部的关系。群体外部的压力会增强群体成员之间相互合作的需要，从而提高群体的凝聚力。与外界相对比较隔离的群体，凝聚力较强，反之则较弱。

除了这些因素之外，群体内部的奖励、群体内的信息沟通、成员间的相互学习等，也都会影响群体的凝聚力。

### （二）群体凝聚力的作用

#### 1. 满意度

高凝聚力群体的成员比低凝聚力群体的成员可以得到更大的满足。他们认为作为群体的一员很值得，也很愿意参加群体的活动，并忠诚于群体。凝聚力也使得成员们更加遵守群体规范。

#### 2. 沟通

高凝聚力群体中的成员比低凝聚力群体中的成员沟通的机会要多得多。因为凝聚力高的群体成员间往往有共同的价值观和目标，互相之间愿意交流，因此有更多的沟通机会。这样的沟通又反过来加深了相互关系和了解的程度，促进了凝聚力的增加。

#### 3. 生产率

关于群体凝聚力和生产率之间关系的研究得出了矛盾的结果。有些研究发现凝聚力高，生产率也高，而另一些研究则发现凝聚力高的群体生产率还不如低凝聚力的群体。还有些研究报告表明，在生产率和群体凝聚力之间没有关系。最具典型的研究是社会心理学家沙赫特（Schackter）

的实验：沙赫特等人在严格控制的实验条件下检验了群体凝聚力和对群体成员的诱导（宣传）对于生产率的影响。实验的自变量是凝聚力和诱导，因变量是生产率。选择了两个凝聚力强的实验组 A、B，两个凝聚力弱的实验组 C、D，以及一个对照组 E，同时制作棋盘。工作的前 16 分钟五个组的工作效率相差无几，然后对 A、C 两组提出了“提高生产量”的要求作为正诱导，对 B、D 两组提出“不要太快工作”的负诱导，对 E 组不作任何要求。实验条件如图 7-3 所示，实验结果如图 7-4 所示。

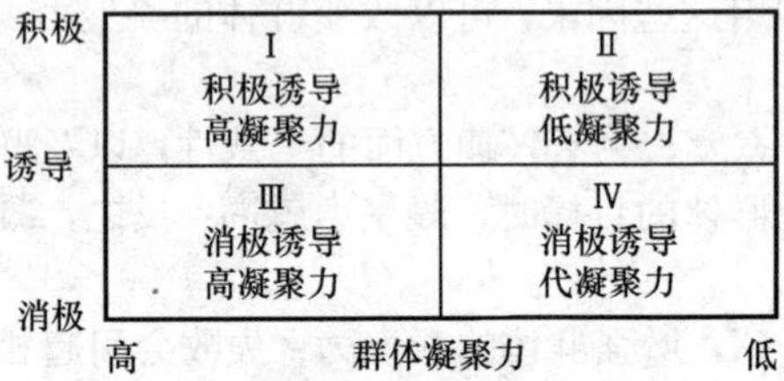


图 7-3　沙赫特实验有关凝聚力与生产率关系的条件

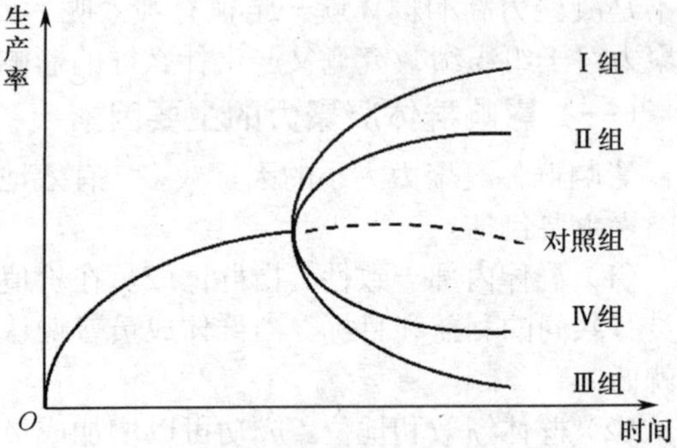


图 7-4　沙赫特实验有关凝聚力与生产率关系的结果

图 7-4 结果说明：两种诱导产生明显不同的效应，极大地影响了凝聚力与生产率的关系。无论凝聚力高低，积极诱导都提高了生产率，而且高凝聚力组的生产率相对更高。而消极诱导则明显降低了生产率，高凝聚力组的生产率更低。这说明高凝聚力条件比低凝聚力条件更易受诱导因素的影响。

# 第三节　群体内互动

群体对于个人的态度和行为是有很大的影响的。我们通常讲，好的群体是个大熔炉，在这个群体中，就会营造一种精诚团结，你追我赶、奋发向上的工作氛围，后进的可以变先进，先进更先进；坏的群体是个大染缸，中间的可变后进。所以，群体对每个成员都会产生一定的影响的。这就是群体的互动。那么，群体互动在群体中的影响作用有哪些具体的表征呢？

## 一、社会促进和社会干扰

社会促进是指个体活动由于有他人同时参加或有他人在场旁观而使其活动效率得到提高的现象，反之则称为社会干扰。如图 7-5 所示。

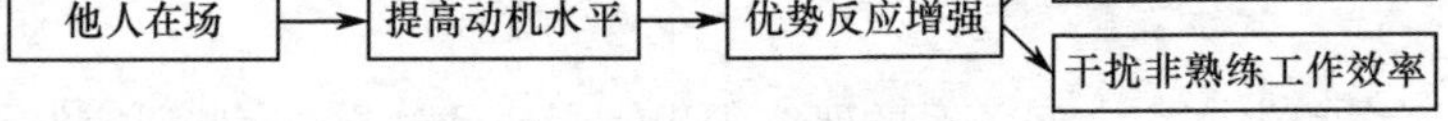


图 7-5　社会促进和社会干扰

奥尔波特（F. H. Allport）为被试者在个人单独工作和多人工作这两种不同的条件下设计了多

项难易程度不同的活动，结果发现有些工作多人一起做比一个人单独做时工作效率高，而有些工作则相反。分析表明，这是优势反应的影响。优势反应是指那些已经学习和掌握得很熟练，成为不假思索就可以表现出来的习惯动作。进一步的研究表明，群体中个体受他人影响的程度与个性有关，内向、独立性差、易受暗示的人对他人在场的反应要更强烈一些；另外，在场其他人的权威性、严肃性和陌生程度，与个体受影响的程度存在正相关关系。

一般来讲，性格开朗、乐于表现的人在群体环境下工作效率会提高；而一个性格内向、喜欢独处的人在群体环境下工作容易受到负面影响。当工作的复杂度和难度都大，需要相互协调时，一些个体的绩效会下降。

## 二、社会标准化效应

社会标准化效应是指成员在群体共同活动中对事物的知觉和判断，以及工作的速度和效率趋于统一化的倾向。任何一个群体都有许多成文或不成文的，但却被大家所认可的行为标准。这些标准很少是群体领导者规定的，往往是自然形成的。而这些标准对大家的行为有着极大的影响力，成为群体成员的行为规范，我们称为常规。

常规是一种非道德行为标准，它表明群体对成员的要求和希望。常规的具体内容取决于群体的性质和目的，但是一般而言，常规受社会标准的影响。例如，干活的速度不能太快也不能太慢，一天完成的工作量不能太多也不能太少，既不可太勤快，也不可太懒惰，否则就会受到谴责和讽刺。个体行为不只受所在群体的影响，而且一个群体和个人也要受到社会其他群体的行为、社会舆论、宣传和报道的影响。

由此可见，要改变个人的行为，不仅要求本人要做工作，更重要的是改变社会行为和群体行为。

## 三、社会从众行为

从众是指当一个人在群体中与多数人的意见有分歧时，会感到群体的压力，进而在知觉、判断、信仰及行为上违背自己的意愿，表现出与群体多数成员一致的倾向及行为。而且大量事实证明，群体能够对其成员施加巨大压力，使他们的态度和行为符合群体的标准。

美国心理学家阿希（S. Asch）所做的著名的阿希实验充分证明了群体对个体的从众压力，如图 7-6 所示。他将试验的大学生 8 人组成一组，让他们一起来比较实验者手中的两张卡片，要求他们指出如图中的 A、B、C 三条线中哪一条和 X 线等长，其中每组只有一位是真正的被实验者，安排在每组的最后。让每组的前 7 个人都经过“深思熟虑”做出错误判断，结果有 37%的真正被试者放弃了自己正确的判断，遵从了群体的压力，给出了同样的答案，尽管他们明知自己的答案是错的，这说明个体渴望成为群体的一员，而不愿与众不同。阿希实验也表明，并不是所有的个体都遵从了群体的压力。

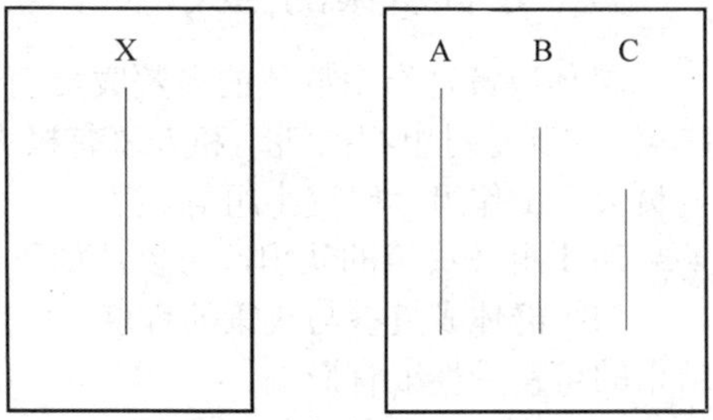

图 7-6 阿希从众实验

会产生从众行为的主观原因是自我怀疑和不愿意被孤立。当个人的意见与众不同时，心理上就有一种紧张感，往往产生自我怀疑，甚至有一种孤立的感觉。

从而使个体产生不愿意标新立异，而愿意顺从多数人的倾向。

从众行为的客观原因是外来的影响和压力。当群体中出现不同意见时，为了保持群体一致性，达成群体的目标，使群体免遭分裂，群体确实会对持有异议的成员施加影响和压力。这种影响和压力是逐渐施加的，它的形式和强度也是逐渐改变的。开始是讨论协商，进而劝说、诱导，再而批评、攻击，以至孤立、排斥。

正由于上述两方面的原因，通常从现象来看，群体成员都有顺从群体的倾向，但也不都是这样。实际上有顺从，也有不顺从。顺从有口服心服的真顺从，有口服心不服的假顺从，或权益顺从。哪些因素决定群体成员顺从不顺从呢？这取决于群体、个人及问题性质这三个方面因素。

**（一）从群体方面来说，可以归纳为四点**

（1）群体的性质起重要作用。人越需要这个群体，则越愿意顺从。

（2）如果这个群体一贯是团结的，群体成员的感情深厚，则容易顺从；反之，不容易服从。

（3）如果这个群体的气氛是民主的，允许不同意见发表，则个人的不同意见则容易坚持；如果群体组织是专横的，排除异己，打击报复，则个人意见不容易坚持。

（4）如果群体的多数意见受到社会支持，个人意见不受社会支持，则容易顺从；反之，则不容易。

**（二）从个人方面来说，可以归纳为五点**

（1）如果个人在群体中的地位比别人高，不容易从众；反之相反。

（2）如果个人的智慧和能力高，不容易从众；反之，则容易从众。

（3）如果个人的情绪是稳定的和自信的，不易从众。情绪不稳定，并缺乏自信，则易从众。

（4）重视人际关系的人，易产生从众行为，不重视人际关系的人，不易从众。

（5）态度和价值观对个人是否产生从众行为也有影响，如果个人整体价值观强，则易从众；反之，则不易产生从众行为。

**（三）从问题性质与明确程度说，可归纳为两点**

（1）对于非原则问题比对原则性问题容易从众，对一般问题比重大问题容易从众。

（2）有明确答案的，不易从众；没有明确答案的易从众。

# 第四节　群体决策

## 一、群体决策的含义

群体决策是指由群体的多数成员而不是个人实行的决策行为，又称集体决策。组织中的许多决策，尤其是对组织的活动和人事有极大影响的重要决策，多是由群体来完成的，这些群体包括：委员会、工作组、研究小组等。

对于群体决策的认识，可以从如下三个维度进行理解。

（1）群体成员参与决策的程度，从很少参与决策到充分参与决策，不同的参与程度对于决策结果的可接受性很有影响。

（2）群体决策的内容，包括管理、日常人事、工作本身和工作条件四个方面。

（3）群体决策的范围，可分大范围和小范围。

个体在行动之前要进行思考和推理。正因为如此，了解人们做出决策的方式有助于我们解释和预测他们的行为。群体决策是组织行为学中一个值得关注的领域，随着员工受教育程度的普遍提高，参与意识的不断提高，人们不仅仅像过去那样只关注组织内决策的结果，而且越来越在意决策过程的公开和透明。

群体决策是实现群体目标的有效手段，恰当地运用这一手段，将大大提高群体决策的效率。我们可以把群体决策看成群体中的一个开放的动态系统，既包括群体成员在各决策阶段的活动和作用，也要考虑到来自群体外部的各种信息的影响。

## 二、群体决策与个体决策的比较

群体决策和个体决策究竟哪个更好，这取决于界定决策效果的标准。就准确性而言，群体决策可能更准确。但就速度而言，个体决策更占优势。

在考察决策效果的同时，不能不考虑决策效率。就效率这点来说，群体决策几乎总是劣于个体决策。如果处理一个问题，群体决策所用的时间几乎总比个体决策多。一般情况下，群体不如个体效率高，因此，在决定是否采用群体决策时，应该权衡一下群体决策在决策效果上的优势能否超过它在效率上的损失。

群体决策在信息收集的深度和广度上有很大优势。如果群体成员来自不同的背景，他们能想出更多的办法，做出更深刻的分析。当最终做出决策时，也会得到更多人的支持，有更多的人来执行这项决策。不过，群体决策的这些优势可能被一些不利因素所抵消。比如群体决策浪费时间，容易引发内部冲突，令群体成员感到从众的压力。

不一定任何情况下都采取群体决策，需考虑下列各方面。

(1) 待解决问题的类型。群体决策适合由不同方面构成的复杂重大问题，而个体决策则更适合创造性，效率也高；当复杂问题需要分若干阶段完成时，个体决策更便于阶段间协调。

(2) 群体成员的接受对实施的影响。大家的接受与认同对贯彻与实施影响大时，用群体决策更合适，否则可用个体决策。

(3) 对决策的要求。一般来说，集思广益，群体决策质量偏优，但不一定好于最内行的个人，如果能够确认内行，可选择个体决策。

(4) 个人特点。群体成员若有共同合作、集体共事的经验，宜采用群体决策；若个人竞争性强，不愿合作，则只能用个体决策。

(5) 组织文化与氛围。组织提供和支持群体协作时，宜采用群体决策。

(6) 时间限制。群体决策比个体决策更费时，若情况紧迫，不容大家从容研究，则唯有用个体决策才现实可行。

到底应该采用群体决策还是个体决策，显而易见，要看具体情况而定。有时个体是做决定的最佳选择，有时群体决策更适合要解决的问题。

## 三、群体决策的利弊

群体决策的优势有以下几点。

(1) 决策质量高。通过综合多个个体的资源，可以获得更全面的信息和知识，可以使我们在决策过程中投入更多的信息。

（2）决策一贯性强。除了更多的信息以外，群体决策能够增加观点的多样性，给决策过程带来异质性，这就为多种方法和多种方案的讨论提供了机会。

（3）提高了决策的可接受性。许多决策方案在做出之后，因为不为人们接受而夭折。但是，如果那些会受到决策影响的人和将来要执行决策的人能够参与到决策过程中去，他们就更愿意接受决策，并鼓励别人也接受决策。这样，决策就能够获得更多支持，执行决策的员工的满意度也会提高。

（4）增加合法性。群体决策的过程与我们所倡导的民主是一致的，越来越多的管理政策会要求相关决策要经过多数人的讨论和认同。因此，群体决策被认为比个体决策更合乎法律要求。如果个体决策者在进行决策之前没有征求其他人的意见，决策者的权力可能会被看成独断专行。

当然，群体决策也不是没有缺点的。其主要不足有以下几点。

（1）浪费时间。组织一个群体需要时间。群体产生之后，群体成员之间的相互作用往往是低效率的，这样，群体决策所用的时间与个体决策所用时间相比，就要多一些，从而就限制了管理人员在必要时做出快速反应的能力。

（2）从众压力。群体中存在社会压力。群体成员希望被群体接受和重视的愿望可能会导致不同意见被压制，在决策时使群体成员都追求观点的统一。

（3）少数人控制。群体讨论可能会被一两个人所控制，如果这种控制是由低水平的成员所致，群体的运行效率就会受到不利影响。

（4）责任不清。群体成员对于决策结果共同承担责任，但谁对最后的结果负责呢？对于个体决策，责任者是很明确的。对于群体决策，任何一个成员的责任都会降低。

群体决策与个体决策相比，既有其有利的一面，又有其不利的一面，但两者之间的利弊是相互对应的，可以互相取长补短的。群体决策的优势可能就是个人决策所缺乏的，而个人决策的优势又是群体决策所缺乏的。

## 四、群体思维

### （一）群体思维的含义

群体思维是指由于从众的压力使群体对不寻常的、少数人的，或不受欢迎的观点得不出客观的评价（因为该观点未被充分表达）。群体思维表现为：成员继续强化假设而不顾事实；成员对不同观点者施加压力；不同观点者往往用沉默来避免观点不一致；若有人沉默，往往被认为表示赞成。

美国心理学家贾尼斯（I. Janis）详细研究了一些美国历史上失败的高层政治和军事决策事件，例如 20 世纪 60 年代的越南战争、尼克松的水门事件以及侵略古巴的“猪湾事件”。发现了一种称为“群体思维”的现象，或者称“小集团思想”。所谓“小集团思想”，用贾尼斯的话来说，是“参与一个统一群体中的人们的一种思想作风，在这个群体中，认为追求思想一致比现实地评价各种可能行动方案更为重要”。这一群体的成员认为，保持群体的统一、创造和谐的气氛有特殊意义。由于把这样的目的摆在首位，往往不能理智地分析各种可能的备选方案，使决策质量受到很大影响。

### （二）群体思维的特点

#### 1．顺从性思维

在这种群体中顺从作风占主导地位。如果某一群体成员不接受领袖人物或多数人的意见，会受到孤立、嘲笑或排斥。在这种条件下即使群体成员对采取的决策有怀疑也不敢公开发表意见。因此，“小集团思想”会造成一批俯首帖耳的顺从者。

**2．有倾向性地选择信息**

在具有“小集团思想”的群体中，其成员往往会封锁怀疑群体决策正确性的信息，尤其是对群体领导人封锁这种信息。这样，会严重影响群体决策的质量。

**3．盲目乐观情绪**

在这种群体中往往过高估计成功的概率，过低估计失败的概率，认为本群体的决策一定会成功，其结果却往往适得其反。

**4．相信群体无所不能**

这种群体的成员往往认为，一切都决定于他们的行动，过高估计自己拥有的物质手段、自己的组织和专长，而对外部条件、敌方力量估计过低。例如，在第二次世界大战期间，美军指挥机关认为日本不敢攻击珍珠港军事基地，结果，日本偷袭珍珠港使美军遭受严重损失。

**5．首创精神的假象**

这种群体认为自己在解决经济或政治问题上具有首创精神，人们或社会组织的命运取决于它的决策。而实际上，这种信念只不过是一种假象。

总之，群体思维（小集团思想）一方面会提高群体的凝聚力和群体成员的自我满意感；另一方面却会降低决策的质量，使群体决策的效果比个人决策的效果更差。应当指出，贾尼斯“小集团思想”的概念并不是以实验研究为基础，而是在分析了美国以及历史上若干重大决策成败的案例之后所得出的结论，这种研究方法并不是十分可靠的。此外，贾尼斯过分夸大“小集团思想”在群体活动中的作用，而没有充分估计其他因素的作用。例如，珍珠港事件的发生实际上取决于政治、经济、军事等一系列因素，把它仅仅归结为“小集团思想”，则是一种把一切社会现象简单地归结为心理因素的错误倾向。

尽管如此，“小集团思想”的特点确实在某些决策群体中出现。这提醒人们要注意这种现象，并采取适当的措施克服和防止这种现象的不利影响。一般来说，在组织群体活动时应鼓励发表各种不同的意见，群体的领导者在做出最后决策之前应持中立态度。此外，还可以听取不属于本群体的各种专家的意见等。

## 五、群体决策技术

群体决策是群体成员相互作用的产物，群体的行为受群体规范、群体规模、领导、成员构成、外界环境等多种变量的影响，群体会对群体成员个人形成压力，迫使他们从众。在组织事件中，人们设计出头脑风暴法、名义群体法、德尔菲法、电子会议法等多种决策技术。

### （一）头脑风暴法

头脑风暴法又称“头脑激荡法”、“头脑振荡法”。最早由奥斯本于20世纪50年代提出。头脑风暴的原意是指精神病人的胡言乱语，用于群体决策则是指让人敞开思想、畅所欲言的一种方法。这种方法的主要特点是把有关的人员召集在一起，让他们就某一专门问题无拘束地发表意见。

在一个典型的头脑风暴法的讨论中，往往需要6～12个人围坐在桌子周围。由主持人提出要解决的问题，鼓励群体成员进行创造性思维，尽可能多地提出解决问题的各种新颖方案。而在此过程中，不允许对别人提出的意见进行反驳，即使提出极其荒谬的意见也不允许反驳。在这样的讨论会上也不作结论，鼓励大胆自由地思考问题，思路越广越受欢迎，意见提得越多也越受欢迎。但允许人们经过协商联合提出某种意见。所有的观点都记录在案，直到最后才允许群体成员来分析评价这些观点和意见，综合集体智慧形成最终的决策意见。

采用头脑风暴法时，由于群体的每一个成员都受到了其他成员提出意见的刺激和启发，能激起他的发散性思维，因而在同样的时间里，能够产生两倍于其他独立思考时的意见数量。据统计，这种方法每小时可产生60～150项建议，比一般方法多70%。另外由于大家相互交流想法的气氛与相互启发，会使个人对原本不会关注的问题产生兴趣，迫使自己去思考，从而起到了创造性思维的启发工作。但在采用此法时，还要注意一个问题，那就是个人常因注意别人发表意见，而使自己的思维受到干扰或中断，影响新思想的产生。

一般来说，采用这种方法应针对比较单一明确的问题。如果问题涉及面很广，因素很多，则应把复杂问题分解为单一性的小问题。这种方法的优点是使人解放思想，敢于大胆地想问题，而缺点是整理意见、分析意见要花很多时间，拖延决策。

### （二）德尔菲法

德尔菲法又被称为专家意见法。它是一种通过反复通信的方式来解决问题的一种方法，也是一种集中各方面专家的意见预测未来事件的方法。德菲尔法是20世纪40年代由美国兰德公司设计的一种方法。其特点是不需要群体成员面对面地聚在一起，而采用背对背匿名通信的方式进行决策。其实施步骤如下。

第一步：在问题明确之后，要求群体成员通过填写精心设计的问卷，提出可能解决问题的方案。

第二步：每个群体成员匿名并独立完成第一份问卷。

第三步：把第一次问卷调查的结果在另一个地点进行归纳整理。

第四步：把整理和调整的结果分发给每个人。

第五步：在群体成员看过整理结果后，要求他们再次提出解决问题的方案。结果通常会启发出新的解决办法，或使原有方案得到改善。

第六步：如果有必要，重复步骤四和步骤五，直到找到大家意见一致的解决办法为止。

就像名义群体法一样，德菲尔法能够保证群体成员免受他人的不利影响，个人可以更自由的独立思考，更充分地发表意见。德菲尔法不需要群体成员相互见面，它可以使地理位置分散的群体成员参与到一个决策中。这样可以节省召集群体成员到一起的巨额费用。同时，个人以书面形式表达意见往往比口头表达更为慎重、认真、理智。当然，德菲尔法也有不足，因为这种方法要耗费大量时间，如果需要快速做出决策，此法就不适用了；另外，因为缺乏群体成员之间热烈的相互讨论，因此没法提出丰富的解决方案。

### （三）名义群体法

名义群体法又称“非交往程式化群体决策术”，是与德尔菲法密切相关的群体决策技术。名义群体简单而言就是一个“纸张群体”，在这个群体中的成员是不可以进行言语交流的。在群体动力学的研究中，社会心理学家将完全互动的群体与名义群体进行比较。就思想的数量、想法的新颖性、想法的质量而言，研究结果发现名义群体优于真实的群体。名义群体法是一种为专门目的而设计的群体决策过程，包括若干已标准化的步骤和环节，形成了如下的固定程序。

（1）预先通知决策小组成员开会的时间、地点，却不预告议题。其实每次只讨论一个议题，不超过 2 小时。

（2）沉默准备。主持人在小组成员到齐后，宣布决策议题，并指定一段时间，令每人各自专心准备，写下尽可能多的主意与方案。此期间不允许相互交头接耳，不允许看报纸和文件，不许吸烟，必须专心构想，据统计，一个 7～12 人的决策班子可提出 18～25 条主意来，比常规决策中同样大小的群体所想出的主意多 3 倍左右。

（3）轮流发言，陈述己见。不许任何人一口气把准备的意见全讲完，而是每轮发言每人只得陈述一条意见；与别人已谈意见基本一致的就不再谈，以节约时间。每条意见都由专人把要点记录在黑板或大纸上，使人人可见。每轮发言均由主持人随机指定发言起点与顺序，以保证尽可能使人人获得均等发言机会。如此一轮发言下去，直到全部准备好的意见都陈述完为止。

（4）提问与回答。对已陈述意见有不够清楚之处，可提出澄清要求。在提问及做补充说明时，都不得做任何评论，既不鼓吹，也不批评，每人只就事论事，客观说清事实。

（5）主持人要求每人从已陈述并记录在黑板或大纸上的意见或方案中，按其有效性以书面方式选列出一定数量（由主持人酌情判断，一般 8～12 条）的较佳方案来。然后唱票统计，由主持人确定筛选标准（例如，凡支持率超过 80%者入选），从中获得一定数量的意见或方案，即是群体决策的最终方案，也可以是主持人要求参与者将众多备选方案按其他标准（如重要性、相似性等）整理分类。

不难看出，虽然德尔菲法是“背靠背”式，名义群体法是“面对面”式，但两法都使每人获得均等参与机会，相信每人的责任心与判断力，做到“非交往”，即具有无辩论、无批判氛围，做到决策真正民主化。

名义群体法比较好地解决了德尔菲法的一些缺点，又结合了头脑风暴法的一些优点，是一种比较好的群体决策方法。

### （四）电子会议法

这种群体决策方法是名义群体法与复杂的计算机技术的结合。具体实施步骤是：50 人左右围坐在马蹄形的桌子旁，面前放一台计算机外，其他一无所有。通过计算机的屏幕把问题呈现给参与者，要求他们把自己的意见输入计算机终端屏幕，个人意见和投票都显示在会议室的投影屏幕上。

电子会议法的主要优势是匿名、可靠、迅速。参与决策的人可以采取匿名形式发表自己的任何意见。专家们认为，电子会议法比传统的面对面的会议决策速度快 55%。

但是这种方法也存在一些问题。通过电子会议得到的信息往往不如面对面的沟通所能得到的信息丰富；而且那些想出最好建议的人无法现场得到别人的赞扬和反馈；此外，打字速度也会影响参与者表达自己的观点。

表 7-1 呈现了各种决策方法效果的评价标准。

**表 7-1 群体决策效果的评价标准**

| 决策方法 / 效果标准 | 传统决策法 | 头脑风暴法 | 名义群体法 | 德尔菲法 | 电子会议法 |
|---|---|---|---|---|---|
| 观点的数量 | 低 | 中 | 高 | 高 | 高 |
| 观点的质量 | 低 | 中 | 高 | 高 | 高 |

（续表）

| 效果标准 \ 决策方法 | 传统决策法 | 头脑风暴法 | 名义群体法 | 德尔菲法 | 电子会议法 |
|---|---|---|---|---|---|
| 群体压力 | 高 | 低 | 中 | 低 | 低 |
| 财务成本 | 低 | 低 | 低 | 低 | 高 |
| 决策速度 | 中 | 中 | 中 | 低 | 高 |
| 任务导向 | 低 | 高 | 高 | 高 | 高 |
| 潜在的人际冲突 | 高 | 低 | 中 | 低 | 低 |
| 成就感 | 从高到低 | 高 | 高 | 中 | 高 |
| 对决策结果的承诺 | 高 | 不适用 | 中 | 低 | 中 |
| 群体凝聚力 | 高 | 高 | 中 | 低 | 低 |

## 第五节　团队及团队建设

当今企业中，团队越来越成为组织工作的主要方式。据统计，大约 80%的《财富》500 强企业中，至少有一半或一半以上的员工以团队方式工作。团队比单独的个体具备更多种技能、经验和判断，结构更为灵活、对外界的反应也更为迅速。

### 一、团队的内涵

#### （一）团队的概念

西方学者从不同的角度对团队下了定义。斯特芬·罗宾斯（1994）认为，团队是指一种为了实现某一目标而由相互协作的个体所组成的正式群体。刘易斯（Lewis，1993）认为，团队是由一群认同并致力于为达成沟通的结果而努力的组织。该定义强调了团队的三个重点：共同目标、工作相处愉快和高品质的结果。

沙勒斯（Salas 等，1992）认为，一个团队是由两个以上具有不同背景及特色的人所组成的，他们被赋予特定的角色与功能，并表现出不同的功能，在有限的期间内紧密地在一起互动，相互依存，机动式地完成共同目标或具有特别价值的任务。

综上所述，我们可以这样理解团队：一小群具有不同技能的人相互依存地工作在一起。这群人认同于某一共同目标，为了达到这一目标，他们扮演好自己的角色，贡献自己的能力，彼此分工合作，沟通协调，为完成目标而齐心协力，并为此目标的实现与否共同承担责任。

#### （二）团队与群体

团队是一类特殊的群体，团队中的个体具有相互补充的技能，且愿意为了共同的业绩目标而共担责任、积极协同。一般群体的目的在于共享信息、进行决策，帮助每个成员更好地承担起自己的责任。团队则不同，它需要成员的共同努力产生积极的协同效应，取得远远大于个体绩效之和的团队绩效。团队与群体的不同如表 7-2 所示。

团队与一般意义的群体的明显区别在于以下几点。

首先，群体的绩效依赖于群体中的每个成员，而团队的绩效不但取决于每个成员的贡献，还应该产生团队共同的工作成果。

表 7-2 团队与群体的不同

| 项目 | 工作群体 | 工作团队 |
| --- | --- | --- |
| 目标 | 信息共享 | 集体绩效 |
| 协同配合 | 中性 | 积极 |
| 责任 | 个体化 | 个体或共同的 |
| 技能 | 随机的或不同的 | 互相补充的 |

其次，在群体中，尽管群体成员将自己的资源聚集在一起实现目标，但一般来讲，个人只为个人的工作结果承担责任，也就是说群体不会为某个人承担责任，个人也不必为群体承担责任；而在团队中，工作结果的责任则被视为团队共同的责任。

再次，团队不但像一般性的群体一样有着共同目标，而且还要对这个目标做出承诺。

最后，在群体中，群体成员的技能有时是相同的，有时是不同的；而在团队中，团队成员的技能通常是互补的，他们在各自擅长的领域发挥贡献，共同实现团队的目标。

## 二、团队的类型

### （一）问题解决型团队

问题解决型团队是一种临时性团队，专注于其职责范围内的特殊问题，它会得到部分授权，用以实施自己的解决问题的方案，但权力不大。它不能从职能上重组工作或改变管理者角色。这些团队成员一般由来自某一具体部门的5～12名员工组成，他们定期地聚集在一起，讨论如何提高产品质量、生产效率和改善工作环境等。例如，我们常见的企业质量小组、高校中的课题组等都属于这种类型。在问题解决型团队里，成员就如何改进工作程序和工作方法，各自承担的任务和分工，互相交流看法或提出建议，但是这些团队几乎没有权力根据这些建议单方面采取行动。

20世纪80年代，应用最广的问题解决型团队之一就是质量圈，这种工作团队由职责范围部分重叠的员工及主管人员组成，人数一般在8～10人，他们定期聚会，讨论所面临的质量问题。调查问题的原因，提出解决问题的建议，采取行之有效的行动。

### 专栏 3

#### 问题解决型团队——“质量圈”

20世纪50年代，美国管理学家戴明到日本，为企业讲授质量管理。戴明提出一个观点，如果我们更信任和尊重员工，那么他们就可以负起责任，并且将更加努力地从事自己的工作。作为这一思潮的一部分，许多企业形成一些机制，鼓励雇员就公司经营方面提出建议。在日本，这一体制逐渐演变为质量小组。最初，质量小组是由同一单位的雇员及主管人员组成，他们定期聚会，讨论研究生产过程中出现的质量问题，提出实际解决问题的建议，并自主采取行之有效的行动。20世纪80年代，这一概念又输回美国，并在全世界推广开来。例如，惠普公司引入“质量团队”的工作方式后，在6个月内，这些团队就使整个公司的工作效率提高了50%。他们对主管人员进行了长达40小时的培训，而后，让他们自己找到了在员工中实施这一做法的恰当的方式。团队成员迅速在他们的工作中参与这一改革，他们变得更加负责，生产效率更高。

（资料来源：张一纯. 组织行为学. 183）

在我国，工业企业引进全面质量管理是在 1984 年，推行全面质量管理的方式，对于我国工业企业的质量管理工作取得很大的管理成效。就问题解决型团队而言，确实能够促进生产及工作效率的有效提升。但是，这种团队无权执行解决问题的方案，因此，它在调动成员参与决策的积极性方面，尚有不足。

### （二）自我管理型

自我管理型团队通常由 10～15 人组成，他们承担部分以前自己的上司所承担的一些责任，同时仍然负责完成他们以前的责任和任务。这是一种真正独立自主的团队，他们不仅探讨解决问题的方法，而且亲自执行解决方案，并对工作承担全部责任。自我管理团队的成员可以就工作日程、分配任务、培训技能、评估绩效、挑选新人和控制质量等方面进行自主决策。

在自我管理团队中，员工的行为呈现五个特征。

（1）员工对工作结果负责，并表现出相应的工作态度。

（2）以一种持续方式监控绩效，预先收集数据和测定反馈，做到不打无把握之仗。

（3）对每个人的绩效做出评估，随时纠正错误的做法。

（4）为取得优异成绩，积极寻求组织资源和各种帮助及指导，因为它们是达到目标的必要要素。

（5）主要帮助其他岗位的人改善工作，从而提高整个团队的真正的绩效。

应该注意的是，自我管理团队并不是对所有组织、团队都适用的。在设计这样的团队以及期望它们的工作效率之前，组织应开展一项环境分析，以确定自我管理团队是否与一些组织因素保持一致。应该做到以下几点。

（1）企业对团队有明确和具体的要求，并赋予其相应的权力和责任。

（2）组织的价值观和目标与团队具有一致性，组织文化和领导的支持为团队运行提供了环境。

（3）组织的资源、政策和训练保证团队具有竞争力，成功地实施和使用自我管理团队通常取决于组织是否为这样的团队做好了准备。

### （三）多功能型

多功能团队是由来自不同部门、不同工作领域、具有不同职能和经验的员工组成的团队，他们走到一起的目的就是完成某项任务。它能够监督、改善涉及组织中不同部门的工作程序，使之标准化，并有效地提高工作效率。当今大型项目的开发和管理大多采用了多功能团队的方式。

总之，多功能团队是一种有效的方式，它能使组织内甚至组织之间不同领域员工交换信息，激发产生新的观点，解决面临的问题，协调复杂的项目。但是，多功能团队在其形成的早期阶段往往要消耗大量时间，因为团队成员需要学会处理复杂多样的工作任务。在成员之间，尤其是那些背景、经历和观点不同的成员之间，建立起信任并能真正合作也需要一定时间。

### （四）虚拟型团队

由于计算机和通信技术的飞速发展，使虚拟组织、虚拟团队越来越普遍。虚拟团队是指一群在不同地域的个人，通过一个或更多的项目上的多元化信息技术进行合作。团队成员可能来自一个或多个组织。团队成员由计算机网络联系在一起，为了共同的目的和任务在一起工作。

虚拟团队在团队成员不能面对面协商的情况下，提供了有效的工作方式，并且提高了工作效率，有效控制成本。但是尽管通信技术使得相隔很远的人能相互沟通，但成员间可能很少有“个人”的接触，这就使虚拟团队可能缺乏和谐，缺乏成员间的直接沟通。虽然以计算机为媒介可以更专注于事实和客观信息而不是情感的考虑，但在一定的社会背景下，它可能增加决策制定的风险。

## 三、团队的角色

英国学者贝尔滨（R. M. Belbin）博士和他的同事在 20 世纪 80 年代，经过多年在大洋洲和英国的研究与实践，提出了著名的贝尔滨团队角色理论，认为高效团队应该由如下 8 种角色构成，如图 7-7 所示。

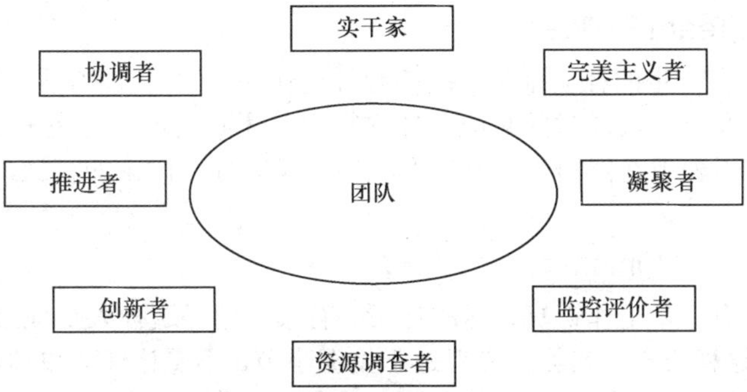


图 7-7 团队的角色

### （一）实干家（Company Worker）

实干家的典型特征是保守、顺从、务实可靠、有组织能力和实践经验，工作勤奋，有自我约束力，但是缺少灵活性，对没有把握的观点不感兴趣。在团队中能把建议化为实际行动，会考虑哪些建议是可行的，哪些建议是不可行的。能够归纳、整理建议。

### （二）协调者（Coordinator）

协调者的典型特征是沉着、自信、有控制局面的能力，对各种有价值的观点不带偏见地兼容并蓄，看问题比较客观。在团队中，协调帮助团队成员明确目标和方向，选择需要决策的问题，帮助团队确定其角色分工、责任和工作界限。做事的目标性强，但是其智慧和创造力一般。

### （三）推进者（Shaper）

推进者的思维敏捷、性格开朗、主动探索、有干劲，随时准备向传统、低效率、自满自足挑战。在团队中推进者积极寻找和发现团队中可能实施的行动方案，帮助团队成员完成目前特定的目标和任务，积极推动团队成员形成一致的意见，并采取积极行动。但是，推进者急躁易怒，容易引发争端。

### （四）创新者（Planter）

创新者的特征是有个性、才华横溢、想象力丰富、充满智慧、知识渊博。在团队中，善于提出有价值的观点和建议，对已经形成的行动方案提出新的看法。不过，创新者往往自负，容易骄傲自满，目中无人，不愿意做一般性工作。假如要安排他一般性的工作，便心存不满和怨气，牢骚满腹。

### （五）资源调查者（Resource-Investigator）

资源调查者的性格外向，待人热情、好奇心强，善于与人交流，消息灵通，思维敏捷，头脑清楚，分析、判断能力强。这种团队成员有很强的人与人沟通能力，能不断地探索新的事物，勇于迎接新的挑战，对组织内外的变化有较强的应对能力。但容易产生疲倦感。

### （六）监控评价者（Monitor Evaluator）

监控评价者做事比较冷静、理智、多谋、处事谨慎，有很强的分析力和判断力，做事认真、脚踏实地，工作作风严谨。但缺乏鼓动和激发他人的能力。在团队中，监控评价者能客观分析问题和情景，能够对繁杂的材料进行简化，并澄清模糊不清的问题，能够对他人的判断和作用做出客观的评价。

### （七）凝聚者（Team Builder）

凝聚者在团队中有一定的社会地位，能够起导向作用，性格温和，同时比较敏感。这种人对团队成员和出现的情况能够做及时的响应，能鼓舞整个团队精神。但在关键时刻往往优柔寡断。凝聚者在团队中的作用表现在能给他人帮助和支持，能够打破讨论的沉默，积极采取行动解决团队的分歧。

### （八）完美主义者（Finisher）

完美主义者勤奋有序、工作认真、尽职尽责、有紧迫感。这种人是理想主义者，能够完成任务，追求完美。由于这种心理，完美主义者过于拘泥小节，不愿让任何事情随意通过。在团队中，完美主义者的作用是强调任务的目标要求和活动日程表，在方案中寻找并指出错误、遗漏和被忽视的内容，激励其他团队成员参加活动，并促进团队成员产生紧迫感。

贝尔滨指出，如果团队构成中有一位塑造者和一批素质、能力好的成员，团队的绩效水平往往较高。尤其是当众人对团队的期望值较高时，更加如此。在实践中，团队也许不止一位推进者为团队带来更多的主张和见解。团队中很可能存在互不喜欢、互不买账的团队成员，这些团队成员很难与人相处和协调工作。

在实践中，成功的团队首先是这八种角色的综合平衡。管理者在组织团队时，应该充分认识到各角色的基本特征，容人短处，用人长处。真正成功的管理者，对团队角色的秉性和特征了解透彻，在此基础上能构建高绩效团队。

## 四、高绩效团队的建设

高绩效的团队会带来愉快的经验和成功的体验，在圆满完成组织任务的同时，为成员带来进步与成就感。因此，高绩效团队的建设无论对组织还是对个人都非常重要。

### （一）高绩效团队的特征

（1）明确的目标。团队成员清楚地了解所要达到的目标，以及目标所包含的重大现实意义；清楚任务的分派、工作的进度，知道如何集中精力完成任务。

（2）内部与外部的支持。既包含内部合理的基础结构，如明确的角色与任务分派，也包括外部给予的必要的资源条件，如合适的设备、及时有效的反馈通道等。

（3）多元化风格。团队成员拥有多种实现目标所需的相关技能，队员之间的个性有所差异但是相互吻合。

（4）良好的人际氛围。每个团队成员对队内其他人的品行和能力都确信不疑；乐于与别人分享成功的喜悦，而不在意贡献的大小；对于别人要说的事表现出极高的兴趣；运用幽默感创造轻松的气氛。

（5）共识。经过公认的程序，当团队达成最后的决定时，每个人都能够在行动上支持最后的结果。

（6）合适的领导。有效团队的领导往往担任的是教练或后盾的作用，他们对团队提供指导和支持，而不是试图去控制下属。

（7）建设性冲突。每个人都可以自由地表达意见，没有破坏性敌意与诋毁。

（8）合理的绩效评估体系。根据个人贡献的评估和奖酬体系与基于团队绩效的利润分享和团队激励相结合，在个体和集体两个层次上提升团队的责任心。

## （二）高绩效团队的塑造

塑造高绩效团队是许多企业管理者的主要任务之一，也是对企业管理者的管理能力的特殊挑战。企业在塑造高绩效团队时主要应考虑以下几方面。

### 1. 确立清晰明确的愿景和目标

共同的目标是团队存在的基础，马斯洛曾说，杰出团队的显著特征便是具有共同的愿望与目的。由于人的需求不同、动机不同、价值观不同、地位和看的角度不同，对企业的目标和期望值有着很大的区别，因此，要使团队高效运转，就必须有一个共同的目标和愿景，就是让大家知道“我们要完成什么”、“我能得到什么”。这一目标是成员共同愿望在客观环境中的具体化，是团队的灵魂和核心，它能够为团队成员指明方向，是团队运行的核心动力。为了使团队的目标更具激励作用，在设计目标和愿景时，必须坚持以下原则：①明确原则。必须明确确定团队的目标、价值观以及指导方针。②激励性原则。制定的目标愿景必须能够激励成员，使每位团队成员都相信团队的愿景并愿意努力去实现它。③切实可行原则。团队的目标应该根据团队及其企业现有内外环境资源及市场机会理性，综合评判，必须建立在团队确实能做到的愿景的基础之上，目标不能定得太高，也不应太低。④共识原则。团队目标应该是团队成员利益的集中体现，不仅要合乎规范，而且要与团队成员的价值取向统一。⑤未来潜力原则。团队发生变化以后，理念和目标也必须获得更新，否则就会丧失其导向功能和动力作用，目标必须得到有效地贯彻推行。

### 2. 培养良好的团队氛围

健康和谐的人际关系能使团队成员之间从生疏到熟悉、从提防到开放、从动荡到稳定、从排斥到接纳、从怀疑到信任，可以在长时期内使人们保持亲密。团队成员之间需要相互帮助和支持，以团队方式开展工作，促进成员之间的合作并提高员工的士气，培养一种积极向上、锐意进取、爱岗敬业、尽职尽责的工作氛围和团队精神，以此激发团队成员的工作热情，较好地完成工作任务。

### 3. 选择合适的领导和团队结构

团队应选择合适的领导和内部结构来协调团队成员的不同意见，并解决团队中的日常问题。例如，如何安排工作日程，如何解决内部冲突，如何分配具体的工作任务使之与团队成员的个人能力相匹配等。

### 4. 培养成员的信任感

团队成员之间的相互高度信任对于创建高效团队至关重要。研究表明，信任包括五个维度：正直、能力、忠实、一贯、开放。而且，正直程度和能力水平是一个人判断另一个人是否值得信赖的两个最关键的特征。因为如果对别人的道德和基本的诚实缺乏把握，信任的其他维度就没有意义了。

人际关系表明，信任是脆弱的，信任感需要很长时间才能建立起来，却又很容易被破坏，破坏之后要恢复又很困难。因此。培养团队成员之间的信任感需要采取有效的思路和方法。总结起来有如下几种方法可以借鉴。

（1）表明你既是在为自己的利益而工作，又是在为别人的利益而工作；

（2）成为团队的一员，用言语和行动来支持你的工作团队，表现你的忠诚；

（3）开诚布公，让人们充分了解你，解释你做出某项决策的原因，对于现存问题则坦诚相告；

（4）涉及利益分配时，要客观、公平、不偏不倚；

（5）表明指导你进行决策的基本价值观是一贯的；

（6）真诚地说出你的感受；

（7）保守秘密。

**5．建立合理的激励机制**

团队应建立平等明晰的评价标准，让每位团队成员的贡献都可以衡量，每位成员都可以清楚地看到谁做了什么，而且每位成员都对自己的行为负责。要制定统一的业绩标准，以防止“鞭打快牛”的不公平现象，避免团队内由此引发的冲突。

要改变传统的以个人导向为基础的绩效评估与奖酬体系，除根据个人贡献进行评估和奖励外，还应当以团队为基础进行绩效评估和利润分享，鼓励合作而不是鼓励某一个优秀的人。除了基本的个人薪酬系统之外，还可以设定一种以团队完成目标为前提的个人奖金。另外，给团队成员的晋升、加薪以及其他各种激励都应以他们在团队合作中的表现为衡量标准。

**6．确立适当的团队规模**

为了使团队成员之间都能够充分了解并且互相影响、保证团队结构的简单化和组织目标的纯正，应当严格控制团队成员数目，一般不要超过 12 人。适当的团队规模，容易形成较强的团队凝聚力、忠诚感和相互信赖感。

**7．开展高质量的团队培训**

通过培训来保证团队成员价值观与团队价值观的一致，矫正团队成员的个人行为，保证团队成员工作的高效率。在团队培训中，成员对新知识和信息的接受至关重要。培训已经不是传统意义上集中时段的训练，而应该是即时的、全方位的学习。要让团队成员感觉到学习的紧迫性，并把每个学习机会转变成交流和合作的机会。为此，必须制定周密的培训计划，来实现培训思路的根本转变。

**8．将团队文化建设贯穿到团队管理的各个环节**

高效团队需要相应的团队文化来配合。首先，要增强成员对团队的认同感，使团队成员为自己是团队的一员而感到自豪。如果团队成员都能有“风雨同舟”的感觉，将会对团队管理非常有利。其次，让每个团队成员认识到他们之间的协作以及贡献对团队的成功来说是至关重要的。

团队文化建设可以贯穿到管理的各个环节。比如，在绩效考核和薪酬管理方面，充分体现团队的特点，以集体的成果来决定创造的价值；把团队价值观贯穿于培训的始终；在宽松的环境中树立团队的榜样等。总之，要持之以恒地把团队管理必需的理念渗透到每个团队成员的行为中。

总之，同其他形式的管理一样，创建高效团队是件复杂的事情，不存在确保成功的简单易行的规则。将上述原则和方法整合起来，进行系统思考，并根据实际情况有针对性地采取措施，那么就可以创建高效团队，不断提高团队效能。

# 自我诊断

## 你知道你在团队中的角色吗

对下列问题的回答，可能在不同程度上描绘了你的行为。每题有 8 句话，请将 10 分分配给这 8 个句子。分配的原则是：最能体现你行为的句子分数最高，依次类推。最极端的情况也可能是 10 分全部分配给其中的某一句话。

1．我认为我能为团队做出的贡献是：

a．我能很快地发现并把握住新的机遇。

b．我能与各种类型的人一起合作共事。

c．我生来就爱出主意。

d．我的能力在于，一旦发现对实现集体目标很有帮助的人，我就及时把他们推荐出来。

e．我能把事情办成，这主要靠我个人的实力。

f．如果最终能导致有益的结果，我愿面对暂时的冷遇。

g．我通常能意识到什么是现实的，什么是可能的。

h．在选择行动方案时，我能不带倾向性，也不带偏见地提出一个合理的替代方案。

2．在团队中，我可能有的弱点是：

a．如果会议没有得到很好的组织、控制和主持，我会感到不痛快。

b．我容易对那些有高见而又没有适当地发表出来的人表现得过于宽容。

c．只要集体在讨论新的观点，我总是说的太多。

d．我的客观看法，使我很难与同事们打成一片。

e．在一定要把事情办成的情况下，我有时使人感到特别强硬甚至专断。

f．可能由于我过分重视集体的气氛，我发现自己很难与众不同。

g．我易于陷入突发奇想之中，而忘了正在进行的事情。

h．我的同事认为我过分注意细节，总有不必要的担心，怕把事情搞糟。

3．当我与其他人共同进行一项工作时：

a．我有在不施加任何压力的情况下，去影响其他人的能力。

b．我随时注意防止粗心和工作中的疏忽。

c．我愿意施加压力以换取行动，确保会议不是在浪费时间或离题太远。

d．在提出独到见解方面，我是数一数二的。

e．对于与大家共同利益有关的积极建议我总是乐于支持的。

f．我热衷寻求最新的思想和新的发展。

g．我相信我的判断能力有助于做出正确的决策。

h．我能使人放心的是，对那些最基本的工作，我都能组织得井井有条。

4．我在工作团队中的特征是：

a．我有兴趣更多地了解我的同事。

b．我经常向别人的见解进行挑战或坚持己见。
c．在辩论中，我通常能找到论据去推翻那些不甚有理的主张。
d．我认为，只要计划必须开始执行，我有推动工作运转的才能。
e．我不在意使自己太突出或出人意料。
f．对承担的任何工作，我都能做到尽善尽美。
g．我乐于与工作团队以外的人进行联系。
h．尽管我对所有的观点都感兴趣，但这并不影响我在必要的时候下决心。
5．在工作中我得到满足，因为：
a．我喜欢分析情况，权衡可能的选择。
b．我对寻找解决问题的可行方案感兴趣。
c．我感到，我在促进良好的工作关系。
d．我能对决策有强烈的影响。
e．我能适应那些有新意的人。
f．我能使人们在某项必要的行动上达成一致意见。
g．我感到我的身上有一种能使我全身心地投入到工作中去的气质。
h．我很高兴能找到一个可以发挥我想象力的天地。
6．如果突然给我一件困难的工作，而且时间有限，人员不熟：
a．在有新方案之前，我宁愿先躲进角落，拟订出一个摆脱困境的方案。
b．我比较愿意与那些表现出积极态度的人一道工作。
c．我会设想通过用人所长的方法来减轻工作负担。
d．我天生的紧迫感，将有助于我们不会落在计划后。
e．我认为我能保持头脑冷静，富有条理地思考问题。
f．尽管困难重重，我也能保证目标始终如一。
g．如果集体工作没有进展，我会采取积极措施去加以推动。
h．我愿意展开广泛的讨论，意在激发新思想，推动工作。
7．对于那些在团队工作中或与周围人共事时所遇到的问题：
a．我很容易对那些阻碍前进的人表现出不耐烦。
b．别人可能批评我太重分析而缺少直觉。
c．我有做好工作的愿望，能确保工作的持续进展。
d．我常常容易产生厌烦感，需要一两个有激情的人使我振作起来。
e．如果目标不明确，让我起步是很困难的。
f．对于我遇到的复杂问题，我有时不善于加以解释和澄清。
g．对于那些我不能做的事，我有意识地求助他人。
h．当我与真正的对立面发生冲突时，我没有把握使对方理解我的观点。

请在老师的帮助下诊断自己在团队中的角色。

（资料来源：http://www.baidu.com）

## 课后思考题

1．什么是群体？群体有哪些类型？
2．群体有哪些特征及组成要素？
3．描述群体的五阶段模型。
4．什么是间断–平衡模型？
5．什么是社会惰化现象？为什么会产生社会惰化现象？
6．什么是群体规范？其受到哪些因素的影响。
7．群体凝聚力的影响因素有哪些？凝聚力的作用有哪些？
8．什么是社会从众行为？其产生的原因有哪些？
9．什么是群体决策？群体决策的利弊是什么？
10．群体思维的含义及其特点？
11．什么是团队？团队的类型有哪些？
12．结合实例谈谈如何打造高绩效团队。

## 案例分析

### 办公室里来的年轻人

小张2002年毕业于某重点大学行政管理专业。在校期间品学兼优，多次获得奖学金、"三好"学生、优秀团员，并于2001年光荣加入中国共产党。2002年，小张参加了某市公务员考试，顺利通过，被该市政府法制办录用。

进入了公务员系统，小张认为从此有了稳定的收入，而且自己的所学又能派上用场，感到很高兴，并且暗自下定决心：要好好地做出一番事业。于是，每天小张早早地来到办公室，扫地打水，上班期间更是积极主动地承担各种工作任务，回家还钻研办公室业务。

法制办公室是一个有五个人的科室，包括主任甲，副主任乙，三位年纪较长的办事员A、B、C。几位老同志听说办公室要来这么一个年轻人，顾虑重重，他们认为现在的大学生从小娇惯，自命甚高，很难相处，而且业务又不熟，还需要他们手把手地教，来了他无异于来了一个累赘。令他们没有想到的是，这个年轻人热情开朗，待人谦虚，很容易相处。更重要的是，小张有行政学专业背景，再加上聪明好学，很快就熟悉了业务，成为法制办工作的一把好手。而且小张很勤快，承担了办公室大量工作，让几位老同志一下子减轻了许多压力。几位老同志渐渐喜欢上了这个年轻人，主任、副主任也经常在办公室会议上表扬小张。

可是，聪明的小张发现，随着主任表扬的次数增多，几位老同志对自己越来越冷淡。有一次，忙着赶材料，B居然冷冷地对他说："就你积极!"小张一时间"丈二和尚——摸不着头脑"。一年很快就过去了，小张顺利转正。

市政府办公室年终考核的时候认为，法制办工作能按量优质提前完成，被评为"优秀科室"。并且在制定下一年度（2004 年）计划时，又增加了法制办的工作量。法制办的几位老同志本来因为小张的到来轻松了许多，这下子又忙了起来。而且他们发现，虽然繁忙依旧，但是“名”却给夺走了，每次得到表扬的总是小张。小张更加被排斥了。随着2004年小张被评为法制办第一季先进个人，A、B、C对小张的反感达到了顶点。从此，几位老同志再也不邀请小张参加任何一次集体活动，还在背后称小张是“工作狂”、“神经病”、“都这么大了还不谈恋爱，是不是身体有毛病”。话传到小张耳朵里，小张很伤心，“我这么拼命干不也是为办公室吗？要不是我，去年办公室能评上先进科室？怎么招来这么多怨恨？”他一直都不能理解。有一次，小张把自己的遭遇同另外一个部门的老王讲了。老王叹了口气，“枪打出头鸟，你还年轻，要学的还很多啊!”小张恍然大悟，正是自己的积极破坏了办公室原有的某些东西，让几位老同志倍感压力，才招来如今的境遇。

从此，小张学“乖”了，主任不布置的任务，再也不过问了；一天能干完的事情至少要拖上两天甚至三天。办公室又恢复了平静与和谐，先进个人大家又开始轮流坐庄，几位老同志见到小张的时候又客气起来了，集体活动也乐意请上他。小张觉得，这样很清闲，与大家的关系也好多了，心理压力骤减，生活也重新有了快乐。

（资料来源：http://www.tianya.cn）

问题：

1. 法制办公室里的三个办事员基于共同的职位和心理结成的是非正式群体吗？
2. 非正式群体有什么积极性和消极性的作用？
3. 如何对非正式群体加以引导和管理？

# 第八章 权力与冲突

**本章重点**

- ○ 权力的概念，权力的来源
- ○ 授权的含义，授权的原则
- ○ 冲突的含义及类型
- ○ 冲突管理的含义及基本原则
- ○ 影响冲突管理的因素

**引例**

### 某电子公司

某网络公司是一家专门从事电子产品生产和服务的中韩合资企业。公司自 2000 年 7 月成立以来发展迅速，销售额每年增长 50%以上。与此同时，公司内部存在着不少冲突，影响着公司绩效的继续提高。如果冲突不得到有效解决，公司很难继续发展。

因为是合资企业，尽管韩方管理人员带来了许多先进的管理方法，但是韩国式的管理模式未必完全适合中国员工。例如，在韩国，加班加点不仅司空见惯，而且没有报酬。该公司经常让中国员工长时间加班，引起了大家的不满，一些优秀员工还因此离开了这家公司。

该公司的组织结构由于是直线职能制，部门之间的协调非常困难。例如，销售部经常抱怨研发部开发的产品偏离顾客的需求，生产部的效率太低，使自己错过了销售时机；生产部则抱怨研发部开发的产品不符合生产标准，销售部门的订单无法达到成本要求。

研发部吴经理虽然技术水平首屈一指，但是心胸狭窄，常常压制其他工程师。这使得工程部人心涣散，士气低落。

## 第一节 权 力

### 一、权力的概念

#### （一）权力的内涵

权力（Power）问题一直是我们时代的敏感问题，权力是什么？权力的作用是积极的还是消极的？如何正确、高效地发挥权力的作用？这些问题与我们每个人的命运息息相关，很值得我们加以研究和解决。

马克斯·韦伯认为，权力是“一个人或一些人在某一社会活动中，甚至是在不顾其他参与这种行动的人进行抵抗的情况下实现自己意志的可能性”。斯蒂芬·罗宾斯指出，权力是“个体 A 对于个体 B 的行为产生影响的能力”。

这些学者对权力的解释虽然着眼点不同，但都从不同角度揭示了“权力”的特性：权力是一种力量，借助这种力量可以或可能产生某种特定的预期局面和结果。

那么，什么是权力呢？

从管理的角度来看，权力是特定管理主体在实现组织既定目标的过程中对管理对象的理念、行为等方面的影响力和控制力。管理主体可以是个人，也可以是群体或组织。

在现代社会学和政治学中，权力被认为个人或群体控制或影响他人活动的能力。假如 A 能够影响 B 的行为，使 B 做出在其他情况下不可能做的事，我们就说 A 对 B 拥有权力。那么，我们应该如何理解权力的内涵呢？

（1）权力是潜在的，无须通过实际行动来证明其有效性。如尽管领导没有因为下属迟到了而立即进行惩罚，实际上下属们都知道领导拥有进行惩罚的权力，这表明拥有权力的人并一定马上行使权力。但权力也是具有外显性的，如领导命令下属必须在一定时间内完成的生产任务，下属就一定要按照命令执行。

（2）这个定义还隐含着一个重要的假设：权力关系中必须有权力的主体和客体的存在。不存在没有主体的权力，也没有缺少客体的权力。因此，权力不是单向的发布命令，也不是单向接受命令，而是双向互动的。

（3）权力是依赖性的函数。B 对 A 的依赖性越强，则在他们的关系中 A 对 B 拥有的权力就越大。依赖性取决于个人拥有他人需要的重要的、不可替代的、稀缺的资源。例如，对微软这样的高新技术公司而言，软件开发工程师因为拥有对公司发展至关重要的、不可替代的、稀缺的资源——专业知识和技术，因此，软件工程师在微软公司比在宝洁公司更有权力。

### （二）与权力相关的概念

#### 1. 职权

职权是我们常用的一个概念，职权是指组织正式授予某一特定职位的权力，职权往往是授予特定职位而不是授予某个人的。因此，当有人走到这个职位的时候，就可以行使这个权力，而当他脱离这个职位时，就不再拥有资格继续使用这个权力。人们常说的“有权不用，过期作废”，实际上就准确地描述了职权这种特性。

#### 2. 领导

领导是另一个容易与权力混淆的概念，在管理学中，领导一般被作为管理的职能之一，是通过影响他人实现目标的过程，领导者必须利用权力完成任务、实现预期目标，权力是领导者实现目标的一种手段。

权力与领导的区别在于：

① 目标的相容性不同。权力不要求构成权力关系的双方有一致的目标，只需要依赖性。然而，领导则要求领导者和被领导者双方的目标具有相当的一致性。

② 影响的方向不同。领导权一般侧重于向下属施加影响，而尽量减少横向和向上的影响。而权力则不同，被领导者由于知识、资源、决策、网络等因素，也可以导致领导者对被领导者产生依赖，形成权力。

③ 研究的领域不同。在组织行为学中，有关领导的研究集中于领导方式，探讨与研究领导

者对下属的支持程度、决策范围等。有关权力的研究包括更为宽泛的领域，集中于探讨和研究如何获得权力。

**3. 影响力**

影响力也是一个与权力相似的概念，所谓影响力，是指影响他人思想、行为和情感的能力。在现代管理活动中，影响力的研究更加广泛和深入。哈格斯认为影响力涉及目标行动者态度、价值观、信念或行为的改变。权力可能会改变人们的行为，但是改变不了人们的态度、价值观和内心的认同感。管理者影响力的实现主要是通过自身的素质、魅力和品格去影响下属自觉自愿地、愉快而努力地完成组织目标。

因此，影响力的概念要比职权和领导都要宽泛得多，包括如何赢得信任、服从，如何以无形资产、人格的魅力唤起人的不可估量动能等，存在本质的不同。

## 二、权力的来源

美国社会学家佛伦奇（John French）和雷文（Bertram Raven）在1959年提出被广泛接受的权力的来源理论，他们指出，在组织环境中，权力来自五个方面：法定性权力、强制性权力、奖赏性权力、专家性权力和参照性权力。

### （一）法定性权力

法定性权力是组织内各等级领导职位所具有的正式权力，其核心是指挥和命令、决定和否定，通常由组织按照一定程序和形式赋予领导者进行命令和指挥的权力。法定权力的作用基础是职位的权威性，凡是处于某一职位上的领导者都拥有一定的法定权力，可在其职权范围内行使运用有关权力。被领导者也必须服从领导者依权发布的指示。

法定性权力包括强制性权力和奖赏性权力。但是，法定性权力涵盖的内容比强制性和奖赏性更加宽泛，值得注意的是，法定性权力包括组织成员对职位权威的接受和认可。如部队首长的训话士兵们洗耳恭听，而且通常是必须服从。

### （二）强制性权力

强制性权力是一种对下属在肉体、精神或物质上进行威胁，强迫其服从的权力。这种权力是建立在惧怕基础之上的，个人如果不服从的话就可能产生不好的后果，出于对这种后果的惧怕，个人就对强制性权力产生了反应。这种权力取决于使用或威胁使用处罚，如肉体的痛苦，精神上打击，对基本生理、安全需要的控制。例如，管理者对被管理者进行训导、批评和警告，就是在执行强制性权力；上级有时安排的工作很不合理，下级不得不硬着头皮去处理上级交代的难题，是因为怕受到降级和停职；有些下属明明知晓上司的违法行为却睁一只眼闭一只眼，是怕一旦揭发后遭到恶意的打击报复。也就是当下属意识到违背上级的指示或意愿会导致某种惩罚，如降薪、扣发奖金、分配不均、降低待遇、免职等，就会被动地遵从其领导。在所有权力的来源中，强制性权力是被经常使用的一种权力，同时也是最容易遭到谴责和最难以控制的权力。

### （三）奖赏性权力

这是决定给予还是取消奖励、报酬的权力，是一种通过提供益处对他人施加影响的权力。管理者拥有很多潜在的奖励资源，如加薪、晋升、好的工作安排、更有挑战性的工作、赞扬等。当下属认识到服从领导者的意愿能带来更多的物质或非物质资源的满足时，就会自觉受其领导，领导者也因此享有相应的权力。在组织中，领导者对奖酬的控制力越大，他对下属人员的奖酬方面拥有的权力就越大。

奖赏性权力与强制性权力性相反，奖赏性权力指权力客体服从权力主体的指示，权力主体能够给予权力客体奖励的能力。在组织中，强制性权力与奖赏性权力实际上是一组相对的概念，如果你能够剥夺他人有价值的东西那么你就对他拥有了强制性权力；如果你能够给他人带来利益，你就对他拥有了奖赏权。

#### （四）专家性权力

专家性权力来自专家和技术人员的专业知识、专长和专业技能。现代社会经济的发展日益取决于专业技术的发展，专业知识、技术和技能因此成为权力的主要来源之一。这种权力是以敬佩和理性崇拜为基础的，领导者本人学识渊博，精通本行业务，或具有某一领域的高级专门知识与技能，即获得一定的专长权。领导者拥有的专长权越多，越容易赢得下属的尊敬和主动服从。比如一个医生取得更多的专业技能和知识，如果他治疗的成功病例越多病患就越信任他，他的医疗方案更容易被同行医生认可。因此，诸如网络工程师、会计师、营销策划专家、理财顾问等新兴职业的从业者，都因为他们掌握的知识和技能获得影响人们工作和生活的权力。

#### （五）参照性权力

参照性权力又称感召性权力，是一种基于对理想人格的崇拜和对高尚品格的敬仰而形成的权力。因此，通常也被人们称为个人魅力。所以，组织中的领导者认真负责、敢于管理、清正廉洁、勇于进取，这些个性特征都可能成为下属尊重的个人魅力，成为参照性权力。它一般包括以下三种权利。

（1）个人魅力权力。这是一种无形而难以用言语表达或概括的权力。个人魅力权力建立在对个人素质的认同及对人格的赞赏这一基础之上。领导者的个人魅力构成了他的权力，吸引组织成员去欣赏他、追随他，并且以接近他为荣。同时，领导者的个人魅力激发了追随者的热忱和忠诚，因此这种权力具有巨大而神奇的影响力。

（2）背景权力。这种权力是由于辉煌的经历或者特殊的人际关系背景、血缘关系而获得的权力。

（3）情感权力。这种权力是由于领导者和追随者之间感情融洽、心灵契合而形成的影响力。

在上述五种权力的来源中，强制性权力、奖赏性权力和法定性权力属于组织赋予的正式权力，其大小取决于个人在组织中的地位高低和职务大小。任何人，只要他有了一定的职位，他同时就有了这种权力。我们称这类权力为职务性权力；而专家性权力和参照性权力属于个人拥有的非正式权力，是由个人素质决定的，即领导者不是凭借特权，不是组织赋予的正式权力，而是能说服、影响、指导他人行为的能力。这种权力的大小取决于领导者品质的感召力和个人才能的大小。我们称这类权力为个人性权力。因此，要成为一个出色的领导者，必须加强自身素养的锻炼和提高，学会充分挖掘人的潜能，正确运用组织上赋予的权力，以巧妙的管理技巧和方法，特别要注重专业特长、个人魅力、高尚品格来影响下属，最大限度地调动其积极性和创造性。只有这样，下属才能发自内心的信服、跟随和认可。

### 三、授权

#### （一）授权的含义

授权是指组织管理者为激发下属的参与性和责任感，共同实现组织目标而采取的下放管理权限，授予下属一定的权力和责任，使其在一定范围内拥有相对的自主权，共同参与组织管理的过程。授权者对被授权的下属有指挥权、监督权，获得授权者负有向上级汇报及完成任务的责任。

有一个与授权相近的概念叫做分权，分权是指领导者将其一部分权力分配给下属，让下属代表领导者处理某些工作。两者区别主要在于，授权的本质是领导将工作任务交给下属完成，不管下属完成得好不好，领导者必须承担责任；而分权的本质是权力的转移，分权后下属将对任务完成的结果负直接责任。

现代组织面临异常复杂多变的环境，领导者面临的问题也是各种各样的，每个领导者的精力、能力和时间也都是有限的，他们没有分身术，无法解决所有问题。GE 前 CEO 杰克·韦尔奇有一句经典名言："管得少就是管得好。"那么怎样才能做到管得少呢？授权是管理者必须要做的事情，好的管理者都是善于授权的人。只有能够自如地、合理地授权，才能做好管理工作。因此，学会正确地向下属授权是领导者的基本技能。

对员工而言，授权的益处有：

（1）授权能有效提高被授权者的积极性、创造性和责任感，进而提高他们的工作满意度和成就感。

（2）被授权者不仅获得了权力，而且被提供了资源，从而能较充分的发挥其个人的潜能为组织工作。

（3）向员工充分授权能够培养员工的团队合作精神，营造积极进取、团结合作的工作氛围。

由此可见，授权是有效激励员工的重要的途径之一，因此，有效授权日益成为一项管理技巧。

管理者向员工的授权一般来说包括三个步骤：

（1）委派任务，明确所要实现的工作目标。

（2）授予必要、适度的职权。

（3）下属必须对管理者做出授权的承诺。

成功的授权一定要在组织中建立起两种责任：前两个步骤所确定的责任是管理者交给下属的责任；第三个步骤确定的责任是下属对管理者承诺的责任。

### （二）授权的原则

尽管授权很重要，但是，很多管理者不愿意或者不敢授权，因为授权不当比不授权造成的后果更加严重。但因为害怕承担责任或者不信任员工而选择不授权也是不正确的，为了提高授权的效率，防范下属可能出现的失误，管理者正确的授权应当遵循相应的原则。

#### 1. 目的性原则

授权是让下属分担领导者的工作任务。因此，领导者在授权之前必须要对自己的职责进行科学的分解，确定将一部分职权交给下属执行的任务，领导者必须明确告诉下属这个任务的目的是什么，如何才能达到目的，完成任务的质量标准与奖惩。

#### 2. 自担责任原则

领导者授权时，把职责分派给下属，但不能把最终的责任也同时转嫁给下属，不管下属任务完成的是好还是不好，领导者都要准备为此承担责任。因此，授权后领导者应当对下属行使监督权力，发现下属执行权力过程有问题时，应立即收回权力。

#### 3. 责权对等原则

授"权"过程就是授"责"的过程，授权要避免发生下属"有权无责"或者"有责无权"的现象，权大责小，容易造成下属不负责任、滥用职权；权小责大，下属就难以开展工作。因此，责权对等尤为重要。

**4. 择人授权**

授权能否取得成功，很大程度要取决下属的成熟度。因此，领导者应认真观察、考察下属的素质、品格、能力和个性，选择那些品格端正、值得信赖、综合能力强的下属逐步授予权力。同时，对那些未能很好运用权力的下属，要及时予以指导和帮助，必要时逐步收回赋予的权力。

**5. 正式性原则**

授权必须当众进行，这样赋予下属的权力就能够被他人确认，从而可以避免工作程序混乱或他人不认可的现象。在通常的情况下，都要以文件、聘书、授权书等形式进行确认，使授权双方以及他人都明确权力和职责的转移。

## 四、组织中的政治行为

### （一）组织政治行为的含义

组织政治是指组织成员采取的获取、加强、使用权力和其他组织资源来获得期望结果的活动。组织中的政治行为是指那些不是由组织正式角色所要求的，但又影响或试图影响组织中利益分配的活动，是人们在特定利益基础上，围绕着权力的获取、使用、实现而展开的活动，其宗旨是使行为者如愿以偿。政治行为是组织生活中普遍存在的、不可避免的行为。如在组织提升员工过程中，政治常常是决定提升谁的唯一依据。

组织政治行为的含义包含这样几个层次。

（1）组织政治行为不在组织成员正式职责要求的范围内，因此，组织政治行为的内容一般是组织规章制度中没有规定的，正是由于组织政治行为的这种特性，国内的学者又将组织政治行为所遵循的规则称为“潜规则”。

（2）组织政治行为的主要途径是运用权力或影响力对他人产生影响，这种影响有可能符合组织规范，也有可能不符合组织规范，有可能符合道德，也有可能是不道德的。但组织中的绝大多数政治行为都属于合法行为，原因是采取非法治行为的人会承受失去组织成员身份的风险，或受到严厉惩罚，从而使其拥有的权力很难产生影响力。

（3）组织政治行为的目的是为自己或自己所隶属的群体争取利益。

下表 8-1 为组织政治行为的类型。

**表 8-1　组织政治行为的类型**

| 行为名称 | 主要参与者 | 内容和使用的目的 |
|---|---|---|
| 叛乱 | 大型雇员群里（无须技能），有时是个别专业技术人员 | 自下而上，反抗合法权威 |
| 平息叛乱 | 高级管理者 | 自上而下，平息对合法权威的反抗 |
| 需找靠山 | 任何下属、下级，通常是低层管理者、单个员工或年轻的专业技术人员 | 攀附、依靠高层管理者，依靠上级的权威建立权力基础 |
| 建立同盟 | 基层管理者、专家 | 与同事建立联盟关系，依靠同事建立权力基础 |

（续表）

| 行为名称 | 主要参与者 | 内容和使用的目的 |
|---|---|---|
| 建立“独立王国” | 基层管理者 | 从组织中争夺尽可能多的资源，依靠资源建立权力基础 |
| 抢占专业技能 | 专家、技术工人 | 依靠真/假知识和技能建立权力基础 |
| 展示权威 | 在拥有权力的职位上的人 | 依靠向下属发号施令、展示权威（特别是通过科层制获得的权威）建立权力基础 |
| 直线管理者与参谋人员 | 直线管理者与参谋人员<br>直线部门与职能部门 | 更大权力直线管理者熟悉日常管理，参谋人员期望操作流程优化、规范化，双方都希望击败对手 |
| 不同竞争阵营的对垒 | 任何同盟或“独立王国”之间 | 更像不同营垒之间的战争，常发生在利益冲突的不同部门之间（如市场部与销售部），双方都期望击败对手 |
| 战略候选人 | 较高层管理者/职员，有时是专业人员 | 不同人员和群体找到特定的人代表自己的利益（就像选举中的候选人），通过支持这些人的观点影响组织决策和变革 |
| 散布谣言 | 基层雇员 | 一种短暂、简单的政治手段，如诋毁、造谣、揭短、中伤 |
| 冲突和攻击 | 较高层管理者/职员，有时是专业人员 | 希望通过挑战权威、彻底改变组织战略、替换意识形态、铲除领导阶层来对组织进行变革 |

### （二）组织政治行为存在的原因

权力是组织的“黏合剂”，当组织一旦形成，权力就开始发挥作用。组织中的每位成员都希望在组织中发现适合自己的岗位用以发挥自己的才能，实现自己的个人目标。组织政治行为是指一些人为了保证他们的自我利益、满足自己的需求并推进他们自己的目标而影响他人行为和组织中事态的进程的行为。因此，只要组织存在，就无法避免地存在着组织中的政治行为。政治行为普遍存在的原因归结为：

（1）组织成员是由具有不同背景、价值观、目标和利益的个体以及群体所组成的，这就导致了对于决定目标、过程、决策程序和争夺资源的潜在冲突。

（2）组织所控制和掌握的资源是有限的，而组织中不同利益群体的需要又是多种多样的，如果组织的资源是足够的，所有的群体需要都可以得到满足，那就在一定意义上不存在冲突。而实际上却无法达到所有群体利益的满足，这就使潜在的冲突可能转变为现实的冲突。因为一个人或群体的利益往往是以牺牲其他个人或群体利益为代价的。这种对资源和利益的争夺压力，导致了组织成员为争夺这些资源和利益展开激烈的竞争。

（3）组织对组织成员以及组织成员之间对行为的评价标准是不同和模糊的。当把某些行为称为政治行为时，人们通常都是以自我为中心和有偏见的。组织成员会为他们自己的政治行为进行辩护，声称是为了保护合法性权力或利益的有效管理，然而却把其他人类似的行为称做“玩弄权术”的政治行为。更为重要的是，组织对成员某些行为的绩效考核标准也是模糊的。

（4）组织政治行为的产生与组织文化也有关系。当组织文化具有如下特征：组织内部信任度低、角色模糊、绩效评估标准不明确、民主化决策、以高压手段追求高绩效、高层管理者自私自利，那么这样的组织往往会更容易产生政治行为。

# 第二节 冲突概述

冲突存在于人类生活的各个领域，因此冲突的含义非常广泛。它既包括个人内心的冲突，也包括人与人之间的争论、争吵，甚至国与国之间的争端。冲突的形式既可以是轻度的意见分歧，也可以是挑衅性的身体攻击，甚至是战斗和战争。冲突的原因既可能是道德观、价值观的差异，也可能是物质的、利益的对立，甚至是文化的、宗教的分歧。因此，专家与学者们要对冲突给出一个统一的定义是非常困难的，但这并不影响我们对冲突概念的把握。

## 一、冲突的含义

### （一）冲突的内涵

冲突是心理学、社会学、哲学等学科中的重要概念，心理学关注微观层面，探讨个体的内在冲突，认为当个人在面临两个不兼容的、矛盾的、相互排斥的目标或行为时就会出现冲突；社会学家从社会关系的强制性和社会变迁的普遍性出发，主要关注人际冲突或群体冲突；哲学家则探讨问题的根本，探寻冲突背后的根源，并进行价值分析判断。组织行为学主要研究广泛存在于组织内部和组织之间各项活动中的冲突。这些冲突作为组织活动的基本内容和基本形式之一，影响和制约着组织和组织成员的行为倾向和行为方式。

组织行为学及其相关文献中的冲突定义很多。

（1）彼得·康戴夫（P. Condlife）把冲突定义为“……一种彼此相关或互动的形式，在这种形式中，我们发现我们自己（要么作为个体，要么作为群体）处于某种被察觉到的对我们个人或集体目标的威胁之下。这些目标通常要涉及人与人之间的需求关系。这些被察觉到的威胁可能是真实的，也可能是想象出来的”。

（2）莫顿·多伊奇则认为“无论何时有不一致的活动出现，就有冲突的存在”。冲突是“对不一致，或者至少是对表面上不一致的目标的追求，以致一方获得利益必须以牺牲另一方的利益为代价”。

（3）芬克（K. Fink）则认为冲突是“在任何一个社会环境或过程中两个以上的统一体被至少一种形式的敌对心理关系或敌对互动所联结的现象”。

（4）托马斯（K. W. Thorms）认为冲突是“一方感到另一方损害了或打算损害自己利益时开始的一个过程”。

（5）托纳（Jonstham H. Tomer）倾向于认为“冲突是两方之间公开与直接的互动，冲突中的每一方的行动都是旨在禁止对方达到目标”。

尽管对冲突概念的观点不一致，但都有着共同的理论取向和观点。通过对以上冲突概念的解释和归纳，可以总结出比较全面的关于冲突的内涵。

（1）冲突是不同主体或主体的不同取向对特定客体处理方式的分歧，而产生的行为、心理的对立或矛盾的相互作用状态。前者主要表现为行为主体之间的行为对立状态，后者主要表现为主体内部心理矛盾状态。

（2）冲突的主体、客体具有多元性。冲突的主体可以是组织、群体或个人；冲突的客体可以是利益、权力、资源、目标、方法、意见、价值观、感情、程序、信息、关系等。

（3）冲突是一种主观感受。冲突是否存在不仅是一个客观性问题，而且也是一个主观的知觉问题。如果没有“知觉”到冲突的存在，就没有所谓的冲突。

（4）冲突是互动关系行为。冲突中各方所采取的行动，会招致相应的措施。采用建设性的做法，双方关系得到改善，可以减缓冲突；采取破坏性的做法，会引发更激烈的冲突。

（5）冲突是一个过程，它反映了冲突主体之间交往的状况、背景和历史。同时冲突本身也有一个发生、发展和结束的过程。

综上所述，可以把冲突定义为行为主体在人际交往或工作互动中，一方感知到另一方对自己的利益和偏好产生了消极影响或者将要产生消极影响而导致对立的心理状态或采取相应行动的过程。

### （二）冲突观念的变迁

人们对冲突的认识和理解随着社会的变化和发展也在不断的变迁，社会学家和管理学家对冲突的看法经历了一个发展演进的过程，从开始把冲突视为消极的、具有破坏性的组织大忌，逐渐地演变到认为冲突是组织难以避免的自然现象，直到发现冲突也有良性作用，斯蒂芬·P·罗宾斯把人们对冲突的认识过程分为三个阶段。

（1）传统观点（19 世纪末到 20 世纪 40 年代）。传统观点认为所有冲突都是破坏性的、消极的、有害的，冲突会破坏组织和群体的人际关系，是群体内工作失调的结果。造成组织、群众、个人之间的矛盾，产生分裂和对抗，降低工作效率，影响工作绩效，最终阻碍组织目标的实现。因此，管理者最好的办法是尽量减少冲突，最理想的状态是避免冲突发生。这种观念下，许多组织的管理者把防止和消除冲突作为管理工作的主要任务之一。

（2）人际关系理论观点（20 世纪 40～70 年代）。这期间，人际关系学派在管理学研究中非常活跃，他们对冲突的观点受到人们重视。他们认为对于任何组织、群体和个人来说，冲突都是与生俱来的，无法避免和客观存在的。冲突虽然有其消极的影响，但同时也有其积极的影响，管理者应接纳冲突。

（3）相互作用观点（20 世纪 80 年代以后）。人际关系学派建议管理者接纳冲突，而相互作用理论认为冲突对组织来说，既有积极的、建设性的作用，也有消极的、破坏性的作用（如表 8-2 所示）。一个组织如果过分融合、平静、融洽、安宁，组织内形成一团和气，反而就会缺乏活力和创新精神，也容易对环境表现出冷漠和迟钝。相反，适当的冲突能够刺激组织始终保持旺盛的生命力健康的发展。相互作用理论提醒人们关注冲突的积极作用，控制其消极作用。

**表 8-2　冲突的作用**

| 正面作用 | 负面作用 |
| --- | --- |
| 产生新的观点 | 耗费工作精力 |
| 刺激创造性 | 威胁心理健康 |
| 激励变革 | 浪费资源 |
| 提升组织的活力 | 产生消极的工作氛围 |
| 帮助个体和群体建立认同感 | 破坏群体的凝聚力 |
| 作为暴露问题的安全阀 | 增强敌意和攻击性行为 |

（资料来源：黛布拉·L·纳尔逊（Debra L. Nelson）．组织行为学：基础现实与其挑战．北京：中信出版社，2004，409）

在此基础上，冲突被分为两类：功能性冲突和功能失调性冲突。前者具有建设性，能够提高组织群体的绩效，冲突发挥其积极作用，后者具有破坏性，阻碍组织目标的实现，冲突显现其消极作用。

## 二、冲突的类型

根据人们看待冲突的不同视角，我们把冲突划分为不同类型。

### （一）根据冲突产生的原因划分

根据冲突产生的原因不同，可以把冲突分为认知冲突、权利冲突、情感冲突和目标冲突四种类型。

（1）认知冲突。认知冲突是指冲突主体内部或冲突主体之间的建议、意见和想法与他人或组织存在不一致或不相容的结果时产生的冲突。例如，员工认为公司的薪酬制定方式不够合理，不能够客观地反映薪酬与劳动程度的关系，而管理层认为这种考评方式是适用的，这时就产生了认知冲突。

（2）权利冲突。权利冲突一般发生在组织出现机构调整、职位空缺或权责不明时。例如，当某主管退位或离职时，组织中两个人或更多人都认为自己可以接替这一位置时，就可能形成权利冲突。

（3）情感冲突。情感冲突是指由于人与人之间因为生气、不信任、厌恶、害怕、怀恨和喜欢等感情而产生的交流障碍。这种冲突会出现在不同情境中，尤其是出现于合作共事者和直接上下级之间的关系中。

（4）目标冲突。目标冲突是指冲突主体内部或冲突主体之间在目标结果追求上的不一致。例如，营销部门认为做出最精彩的产品宣传是最重要的，可以获得更高的销售额而得到更多的利润，而财务部门却觉得合理开支、节约支出最为实际。

### （二）根据冲突对组织的影响划分

根据冲突对组织影响的不同，可分为建设性冲突和破坏性冲突。

（1）建设性冲突。或称功能正常的冲突，是对个人、群体或组织提供创造性，带来积极性利益的冲突。它能够解释组织深层次的问题以便于解决，使人们仔细考虑甚至重新考虑原先所做的决定，以保证在行动中采取正确的方法。

（2）破坏性冲突。或称功能失调的冲突，是对个人、群体或组织不利的冲突。它分散人们的精力，破坏群体的凝聚力，加深人际冲突，在员工中形成消极的工作环境。例如，组织内的两个员工由于性格不合而产生矛盾无法在一起共事就属于破坏性冲突。

### （三）根据冲突的激烈程度划分

根据冲突的激烈程度，可以将冲突分为论辩性冲突、战斗性冲突和竞争性冲突。

（1）论辩性冲突是指冲突主体在理性控制状态下的分歧和对抗，采用摆事实、讲道理等方式来维护自身，处理冲突。

（2）战斗性冲突是指冲突主体认为双方的冲突牵涉根本利益，无法协调解决，只能存在一个受益方，于是不惜用尽各种方法来处理矛盾。在这种情况下，一方的行动会成为对方行动的起点，各方矛盾会不断升级乃至失控。

（3）竞争性冲突是一种良性的冲突，冲突各方都会考虑采取什么策略对自己有利，自己的决定和行为会如何影响对方，会招致对方的何种反应，最终自己会落得什么样的结果，各方会在相同的游戏规则下，追求有利于自身的差别均衡状态。

### （四）根据冲突的影响层面及范围划分

根据冲突的影响层面及范围不同，冲突可分为个人内心冲突、人际冲突、群体间冲突和组织间冲突的四种类型。

#### 1. 个人内心冲突

个人内心的冲突是指个人内心的认识、情感和目标冲突，即个人意识到其行为会带来相互矛盾的后果时，内心产生的紧张、挫折和不安的感觉。当冲突发生在个体内部时，就属于个体内部冲突。个体内部冲突又可分为角色间冲突、角色内部冲突和个人角色冲突。角色是外人对某个体的一系列期望。

（1）角色间冲突。当某个人所承担的两种或多种角色之间发生冲突时，就属于角色间冲突，例如，一女性在事业和家庭两种角色不能很好协调时发生的冲突。

（2）角色内部的冲突。当某个个体在组织内部承担两个或两个以上的不同工作任务时所发生的冲突。例如，当部门主管和企业高层管理者对某个员工的角色期望不一致时，就可能发生角色内冲突。

（3）个人角色冲突。当角色指派者对扮演特定角色的某个个体的期望破坏了个体的价值观时，就会出现个人角色冲突。例如，一个很诚实的销售员，在介绍产品时要按照主管的要求将产品的实际功能扩大化，就产生了个人角色冲突。

德国心理学家勒温曾按个人心理冲突的接近和回避两种倾向为参照，提出了个人心理冲突的四种模式：

第一，双趋式冲突。也称为接近-接近型冲突，指一个人同时要达到两个目标，但这两个目标是背道而驰、不可能同时达到的。要走出这种困境，必须放弃一个目标，或同时放弃两个目标而追求另一折中的目标。

第二，双避式冲突。也称回避-回避型冲突，指一个人同时要回避两件具有危害性的事情。这两件事的危害程度差不多，且只能回避其一，因而陷入的内心冲突状态。

第三，趋避式冲突。指当一个人一方面想接近一个目标，另一方面又想回避这一目标时产生的心理冲突。当一个人越接近目标所需投入的精力或付出的代价越大时，回避的愿望就会快速增长，这时会陷入犹豫不决的状态，直到做出决定或情况突变。

第四，双趋避式冲突。指个人面临两个互相矛盾的目标，它们同时既有利又有弊，很难做出决定。

#### 2. 人际冲突

人际冲突指两个或两个以上的个体因个人对问题、目标或行动产生不同的认识、态度、立场时所产生的冲突。由于组织中成员的生活背景、接受教育的程度、年龄、文化和社会经历、性格等方面有诸多差异，其对价值观、客观事物的理解程度以及沟通能力等方面的影响，增加了人际冲突的发生。人际冲突产生的原因是多种多样的，主要归纳为人格差异、彼此间缺乏信任和归因错误。

人与人之间存在性格差异。两个人互不信任对方、相互不喜欢或者就是无法共处都有可能产生人际冲突。人际冲突大多源于人与人之间对工作的信念、知觉、处事方式的不同，还可能来自个人之间的过度竞争，例如两个对同一领导岗位感兴趣的个体就会产生人际冲突。如果竞争者认为对方的行为有问题，心理会很不服气的，即使在赢家已经确定之后，这样的冲突仍然可能主导两人的关系。人与人之间越是缺乏信任度，冲突的概率就多；反之，冲突的概率就少得多。减少冲突的最有效方法是彼此要建立和谐的人际关系、遇事以大局为重，并处以公心、对待同事要以诚相待和宽容大度并善于有效沟通。

归因错误也是产生人际关系冲突的原因之一。如果个体的利益受到他人侵害，利益受损的人就会认真的分析、揣摩对方的动机和行为，当认为这个人是故意所为，人与人之间的冲突必定产生；如果认为对方不是故意所为，冲突的概率就会降低。归因在很大程度上取决于人格特质与行为动机，归因错误还会造成人与人信任度的减弱或降低。

**3. 群体间冲突**

群体间冲突是指组织内部不同群体之间在互动过程中，由于诸如强调自身的立场观点、利益，忽略对方和共同的利益等多种原因，彼此间发生分歧、争论、对抗行为，使得相互关系出现一定程度的紧张状态并为双方所意识到的对立情形或现象。

群体间的冲突可以划分为以下几种类型：

第一，纵向冲突。它指组织内不同级别的群体间所发生的冲突。这种冲突通常发生在下级群体认为上级群体的部署根本无法完成或者上级妨碍了他们完成工作的自由。

第二，横向冲突。它指组织内部同一级别的职员群体间的冲突。主要是由不同群体不同的价值观、涉及的利益和权力的不同引起的。

第三，一线人员群体与职能部门群体之间的冲突。职能部门通常会掌握一线人员所需的部分资源，当一线人员感觉受到职能部门的羁绊、牵扯或职能部门认为一线人员不遵守规矩、为所欲为时，会产生这类冲突。

第四，多样性冲突。随着组织发展的区域化和国际化，组织成员的民族、信仰等也趋于多样化，再加上组织中存在着形形色色的非正式群体，决定了群体间多样性冲突的存在。

## 专栏 1

造成群体间冲突的主要原因主要体现在三个方面：工作的协调；内部资源的争夺；群体间的竞争。

1. 工作的协调

为了实现组织目标，组织必须有效协调不同群体的工作。在协调的过程中，冲突常常不可避免，领导者要做好解释和说明工作，尽可能减少冲突。群体间的工作往往是相互依存的，越是相互依赖，冲突产生的可能性就越大。例如，企业内部的处室与车间、生产车间与辅助生产车间的工作都有一定的依赖关系。群体之间的工作依赖主要有顺序性依赖和互惠性依赖。

顺序性依赖是指一个群体为了完成工作任务必须依赖组织其他群体提供的保证程度。通常的情况下表现为一个群体的产出是另一个群体的投入，或者是一个群体的工作结果将直接影响另一个群体的工作绩效。再如，市场研究部的消费者调查结果成为广告部促销设计的依据；建筑师、工程师设计的产品规格、参数成为工程施工的基本要件。由此看出，一个群体的活动对另一个群体的绩效影响越大，群体间的冲突的可能性就越大。

互惠性依赖是指活动流在群体之间的双向传输。这是最复杂、出现冲突可能性最大的依赖。例如，在高档酒店，订房部、前台、客服部之间就存在着互惠性依赖的关系。订房部必须向前台提供入住客户的预计数，客服部有多少房间需要优先清理，前台需要了解多少房间已经预订，还要了解有多少房间已经清理完毕，还有多少房间可以再行办理入住。三个部门中任何部门没有完成工作，其他部门就会受到不同程度的影响，冲突也就会产生。

群体之间需要协调还表现在组织中各职能群体在对时间的看法上存在差异。例如，组织中的研发部的工作要比生产部的目标长远得多，组织对生产部的绩效评价的依据是某一时间段所生产的产品质量和数量，对研发部的绩效评价只能等到很长一段时间的产品开发试验之后。另外，不同群体的目标差异也很大。生产部的目标要比研发部的目标来得更具体、更明确，生产部在产量、成本消耗和产品合格率上都有明确的目标，而研发部的目标比较笼统而且不易评价。另外，不同群体内部成员之间的人际关系存在差异。研发部与生产部中的成员之间也存在明显不同。正因为这些不同的差异，群体间就容易发生冲突，所以，组织上要注重协调性工作，减少和杜绝群体间的冲突。

2. 内部资源的争夺

绝大多数组织的资源都是有限的。为了争夺有限的资源，如资金、人力和设备等，各部门为了更好地完成任务，群体间必定要想尽办法争夺组织中有限的资源。例如，两家独立核算的公司为了在总部争取预算分配指标或人力资源而展开争夺。比如，别克和雪佛兰等公司经常因为争夺公司研发的新品种而发生冲突。

3. 群体间的竞争

组织中的管理者通常运用群体间的竞争作为激励的手段。这种策略的基本假设是：员工在有压力时会生产出更多的产品，因而群体中的竞争对于组织固然是有利的。然而，实际上群体间的竞争常常导致群体间的冲突的增加，而生产率却没有得到提高。事实上，不竞争群体生产率更高。一般来说，相互合作的群体能更好地相互协调和沟通信息，从而，能够提高相互合作的群体的生产率。如果相互竞争的群体在工作上高度依赖，竞争将使生产率降低很多。销售部门是合作和竞争对生产率产生影响很好的例子。一般来说，组织中销售群体之间常常相互竞争，销售最多的群体能够得到销售提成和特别奖金。诚然，如果销售群体之间相互合作、资源共享，组织的生产率以及效益就会更好一些。

（资料来源：樊建芳. 组织行为学. 杭州：浙江大学出版社，2009，270）

**4. 组织间冲突**

发生在两个或多个组织之间的冲突称为组织间冲突。竞争会增加组织间的冲突。系统管理学派的创始人巴纳德认为，组织是一个“由两个或两个以上的人有意识地加以协调的活动或效力的系统”。任何组织都是一种生存于特定环境中的开放系统。当不同组织为了自身的生存与发展，在与外界环境之间进行各种要素的交换过程中，必须与其生存环境中的其他一些组织发生关系，当发生关系的组织之间由于目标、利益的不一致，或者由于市场、资源、人才等的竞争（或争夺）而形成矛盾、对立、对抗时，就会发生多种多样的组织之间的冲突。组织间的冲突有时是有利的，例如有些企业为了竞争把自己的产品提高质量，这对消费者是有好处的。但有时组织间的竞争是有害的，如组织间不切实际的价格战，不仅损害了单个企业的利益，而且阻碍了整个行业的发展。除了与竞争对手之间的冲突，组织还会因为与供应商、客户、政府机构、社会团体等之间的相互依存关系而发生冲突。

### （五）杜布林对冲突的分类

杜布林（Andrew J. Dubrin）根据冲突的结果和原因两个维度将冲突区分为四种类型。从结果看，冲突可以分为有益的和有害的（有作用的和机能失调的），从原因看，可以分为以实质为

| | 有益 | 有害 |
|---|---|---|
| 实质 | 类型Ⅰ（有益-实质） | 类型Ⅱ（有害-实质） |
| 个人 | 类型Ⅲ（有益-个人） | 类型Ⅳ（有害-个人） |

图 8-1 杜布林划分的冲突类型

主和以个人为主。实质性冲突主要是指由技术和管理上所关切的事情引起，而个人性冲突则指憎恨和忌妒，其中有个人情绪和态度，个人的冲突就属于这一类。他把两种维度的划分综合起来，形成二维空间中的四种类型，如图 8-1 所示。

类型Ⅰ：例如，两个生产部门竞争开发一种产品，尽管是重复生产，但产品都成功地投放到市场。

类型Ⅱ：例如，两个部门为购买一部昂贵的设备发生冲突，最后以购买一部相比而言价格较低的设备而取得妥协。

类型Ⅲ：例如，财务部门和采购部门之间经常有矛盾。财务部门总是指责采购部门忽视公司的财会制度，最后从账目中查出采购员有不法行为，于是制止了这种行为的重现。

类型Ⅳ：例如，企业的生产经理对上级不满，故意拖延生产，延期交货，引起用户不满，造成企业损失，最后这个生产经理被解雇。

# 第三节 冲突分析

## 一、冲突的系统分析

杜布林运用系统的观点来观察冲突问题，提出了冲突的系统分析模式，如图 8-2 所示。

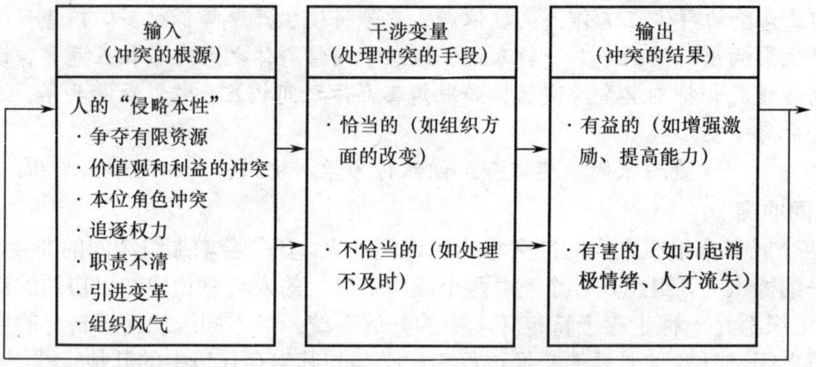


图 8-2 杜布林的冲突的系统分析模式

这个系统模式包括三个要素，即输入、干涉变量和输出。输入部分是指冲突的根源；输出部分是指冲突的结果；干涉变量是指处理冲突的手段。杜布林列举了 8 个方面作为输入部分，并且认为处理冲突的手段恰当与否，将影响冲突结果。如恰当处理冲突，将导致有益的结果；反之，处理不恰当就会产生有害的结果。而冲突的结果又会造成进一步冲突，图中的反馈箭头表示了这种冲突。

### （一）冲突的根源

在一个组织的日常活动中，存在着许多导致冲突的潜在根源。杜布林模式列举了如下 8 个方面的冲突根源。

（1）人的“侵略本性”。心理学研究表明：许多人存在着潜在的侵略意识，并想寻找机会表现出来。战争、攻击、杀人以及球赛等现象都是这种侵略性的证据。这种潜在的侵略性，是冲突的根源之一。在组织中，恶意的攻击和中伤、使用带有敌意的尖刻的语言，有时就是发泄“侵略性”的表现，从而引起了“冲突”。组织和群体是人们经常表现这种个性的基本场所。

（2）争夺有限资源。企业中各个部门常常因为争夺材料、资金、人员而发生冲突。资源的稀缺性与资源需求主体的多元化、资源需求的无限性，所造成的个人、群体之间的有限资源的争夺乃是导致冲突的普通根源之一。很难做到完全合理的配置，所以源于资源争夺的冲突便在所难免。

（3）价值观和利益的冲突。价值观的不同和利益的不一致也是引起冲突的根源之一。不同的个人和群体参与生产和社会活动过程动机之一是追求自身的目标和利益，必然抱有自己的价值观念，在错综复杂的交往与互动过程中，彼此间价值观和利益不可能协调一致，常常存在着多种形式的分歧或对立，从而导致彼此间的冲突发生。

（4）角色的冲突。组织中的个人和群体在履行职责、承担任务、从事活动、表现形象时，常常不得不扮演两种或两种以上的相互矛盾或相互排斥的角色，这种角色矛盾会引发个人或群体的紧张状态，从而导致冲突发生。

（5）追逐权力。冲突有时是因为人的贪婪和对权力的追逐而引起的。为了取得某项权力攻击对方，抬高自己，打击别人。消极的影响作用于与自身发生交往和互动关系的其他个人或群体，从而在彼此间可能导致冲突的发生。

（6）职责不清。由于对待不断出现的任务该由谁负责，存在着不同的看法而出现冲突，这是组织内部经常发生的事。职责规定不清，使两个部门对工作互相推诿或者争着插手，引起冲突。

（7）组织变革。组织实施改革、重组或兼并时，必然会打破原有的利益格局，为不同的个人或群体带来恐慌、焦虑、利益上的上升或下降，在旧的平衡被打破，新的平衡尚未建立或正在建立的过程中，是组织冲突的高发阶段。变革是组织中重要的压力源，也是群体间冲突的重要来源。

（8）组织风气。冲突与组织风气有关。组织风气正，则多为建设性冲突，且冲突程度适中，往往得益于正常健康的组织文化、传统、组织风气和组织关系。组织风气不正，人际关系庸俗化，则多为破坏性冲突，且冲突程度失控。此外，冲突的程度与人的互依性、目标差异和知觉差异有关。

### （二）冲突的结果

在“冲突的系统分析模式”中，输出部分就是冲突结果。它包括两类结果：有益的结果和有害的结果。

#### 1．冲突的积极作用

（1）加强组织内部凝聚力。冲突会冲淡内部的某些分歧，群体的凝聚力增加，成员变得更加忠诚于群体。

（2）建立和谐组织关系。旧的关系引起冲突，说明在某个方面出现问题。在冲突后，可能会消除了分裂因素，取得了更加一致的意见，组织内重新形成团结和谐的气氛，冲突者可能会感到相互之间更加接近。

（3）促使企业管理者做出适当的调整。冲突之后，特别是一些重大冲突之后，会发现某些冲突是由领导者引起的，这时只有改变原来的领导者，产生新的领导者，才能缓解或解决冲突，也有利于组织的发展；有些冲突的产生是由于组织内部制度不完善而造成的，如绩效考核方式的不当，这样，通过冲突，可以了解到究竟问题出在哪里，追根究底，找出组织内部制度不完善的地方，然后加以修正；有些冲突的产生可能是因为组织目标制定的不够科学合理，旧的不合适的目标可能被修改，取而代之以合适的目标。

（4）冲突可以促进创新。由于不同意见、观点的交锋，使人们的认识深化，引发创造性的思想。

（5）有利于阐明观点与立场。冲突双方为了说服对方和说明自己观念的正确性，往往会千方百计寻找论据支持自己观念。这样，有关冲突的观点会越来越明白，这对于解决某些疑难问题大有益处。

（6）发泄员工的不满情绪。在冲突中，员工会宣泄自己的不满情绪。这种不满情绪如果不宣泄出来，对于员工的身心健康会相当不利，因此，冲突是一个“出气筒”，适当的宣泄对于员工相当有益。

**2．冲突的消极作用**

（1）引发消极情绪。冲突会给一些人造成情绪上的压力，发生冲突时，每个参与者都会有情绪激动的状态。这种消极的情绪状态和精神压力会使员工产生一些极端的不理智行为，如罢工、打架、破坏工具和设备，甚至行凶或自伤。

（2）造成人才流失。如果冲突长期得不到解决，一部分员工会觉得再留在该组织中不能很好地发挥作用，而选择“跳槽”。这样，组织可能会失去一部分人才。

（3）造成资源损失。剧烈的冲突常常造成组织资源的错误分配，给组织的整体效果带来损失，在冲突中还会浪费时间和金钱。最严重的是由于冲突造成的离心力，对其破坏性不可低估。

（4）恶化员工关系。有些冲突由于引起的原因比较复杂，如果处理不当，员工之间的关系会不断恶化。这时往往会出现恶意攻击、无端谩骂、人身侵犯等现象。

（5）曲解组织目标，走上歪道，给组织造成损失。当冲突蔓延时，一部分员工会对组织的指示、命令茫然无措，不知道该听谁的；一部分员工根本不听组织的指示，他们自行其是，不受上级的约束，严重地破坏了组织结构和秩序。

## 二、冲突的过程

冲突是一个动态的过程。实际的冲突一般是从冲突的相关主体的潜在矛盾映射为彼此的冲突意识，再酝酿成彼此的冲突行为意向，然后表现出彼此显性的冲突行为，最终造成冲突的结果与影响，这样一个逐步产生、发展和变化的互动作用过程。组织冲突是由相互依赖、相互作用的不同冲突主体之间的差异性和矛盾性所引起的一种对抗情形的产生、发展与变化的过程。

目前，有关冲突形成过程的分析影响最大的理论是美国行为科学家庞地（Louis R. Pondy）提出的“五阶段模式”，如图 8-3 所示。

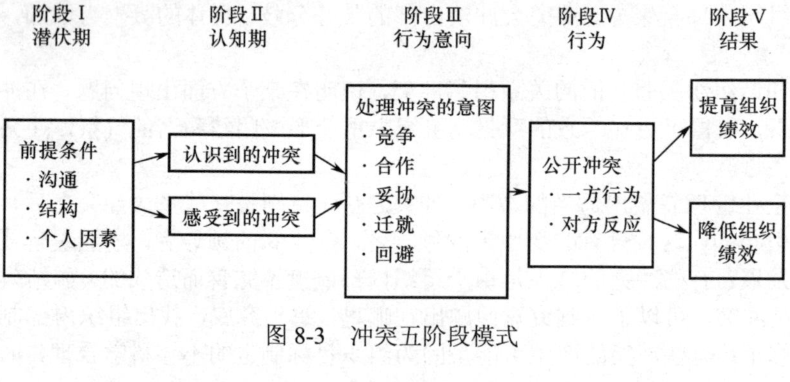


图 8-3　冲突五阶段模式

### （一）阶段Ⅰ：潜伏期

冲突过程的第一阶段是潜在的对立，这一阶段表明可能是产生冲突的条件。这些条件不一定导致冲突，但他们则是冲突产生的必要条件。这些条件也就是冲突产生的根源，它包括三类：沟通、结构和个人因素。

**1．沟通**

沟通因素来自误解、语义理解困难以及沟通渠道中的“噪声”。这些因素构成了沟通障碍，成为冲突的潜在条件。沟通过多或过少都会增加冲突的可能性。人们之间传递信息会进行过滤，来自正式的或已有的渠道中的沟通，都有冲突的产生潜在的可能性。

**2．结构**

结构因素包括群体的规模、群体成员任务的专业化程度、管辖范围的清晰度、员工与目标的匹配度、领导风格、报酬体系、群体间相互依赖的程度等方面。研究表明，群体的规模和任务的专业化程度可能成为激发冲突的原因。群体规模越大，员工的分工越细，分工越细则越发容易引起冲突。管理者管辖范围的清晰度越低，冲突出现的可能性就越大，管辖范围的模糊性也增加了群体间为控制资源和领域而产生冲突的可能性。组织内不同的群体有着不同的目标，群体间的目标差异以及难易程度不同是冲突的主要原因之一。严格控制下属行为的领导风格，也增加冲突出现的可能性。如果一个人获得的利益以另一个人的损失为代价，这种报酬体系也会产生冲突；如果一个群体依赖于另一个群体，而不是相互独立，或群体之间的依赖关系表现为一方的利益是以另一方的损失为代价，都会成为冲突的原因。

**3．个人因素**

个人因素包括个体价值观和个性特征。比如胆汁质的人，更有可能导致冲突的产生。价值观的差异，例如对自由、幸福、勤奋、诚实、服从和平等的看法不同，也是导致冲突的重要原因。

### （二）阶段Ⅱ：认知期

在第二阶段，潜在的对立和失调会显现出来。一方或双方对冲突已经体验到紧张或焦虑，此时冲突问题已经明朗化。在这一过程中，双方将决定冲突是什么性质，这一点很重要。因为定义冲突的方式极大地影响到冲突的可能解决办法。

值得注意的是，在这一阶段，冲突问题容易明确的显现出来。另外，情感对知觉的影响十分重要。消极情绪使个体对问题进行简单化处理，人与人之间的信任度降低，对对立方的行为做出负面解释；积极情感有助于解决问题，通常都会以积极友善的情感和意愿，以宽阔的视野、宽宏大度的姿态看待冲突情境，从而采取具有创造性的方法、途径解决冲突。

### （三）阶段Ⅲ：行为意向

行为意向介于一个人的认知和外显行为之间，它指的是采取某种特定行为的决策。之所以把这一阶段作为独立阶段划分出来，是因为行为意向导致行为。很多冲突不断升级，主要原因是由于一方对另一方进行了错误的归因。另外，行为意向与行为不尽一致。行为意向的种类如图 8-4 所示。

图 8-4 中一个维度代表相互合作程度，即冲突的一方愿意满足对方愿望的程度。另一个维度代表自我肯定程度，即冲突的一方愿意满足自己愿望的程度。共有五种处理冲突的行为意向：竞争、合作、妥协、迁就、回避。

（1）竞争指的是一个人在冲突中寻求自我利益的满足，而不考虑他人的影响。例如，试图说服对方赞同自己的观点和意见。

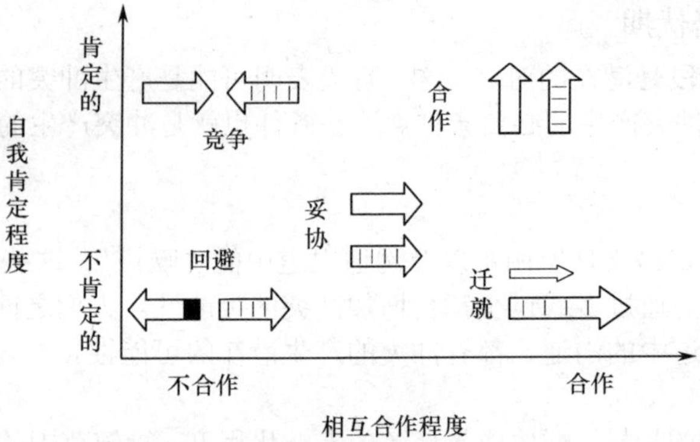


图 8-4 处理冲突的行为意向

（2）合作指的是冲突双方均希望满足两方利益，并寻求相互受益的结果。在合作中双方的意图是坦率地澄清差异并找到解决问题的办法，而不是迁就不同的观点。

（3）回避指的是一个人可能意识到了冲突的存在，但希望逃避它或抑制它。

（4）迁就指的是为了维持相互关系，一方愿意做出自我牺牲。

（5）妥协是指冲突双方都放弃某些东西，而共同分享利益。在妥协中，没有明显的赢者或输者。他们愿意共同承担冲突问题，并接受一种双方都达不到彻底满足的解决办法。

行为意向界定了各方的目标。但人们的行为意向并不是固定不变的。在冲突过程中，由于重新认识或对对方行为的情绪性反应，它可能发生改变。

## （四）阶段Ⅳ：行为

在这一阶段，冲突是明显可见的。行为阶段包括冲突双方进行的声明、活动和态度。冲突行为通常是冲突各方对行为意向的公开尝试。它与行为意向不同，这些行为带有刺激性。由于判断失误或在尝试过程中缺乏经验，有时外在行为会偏离原本的行为意向。

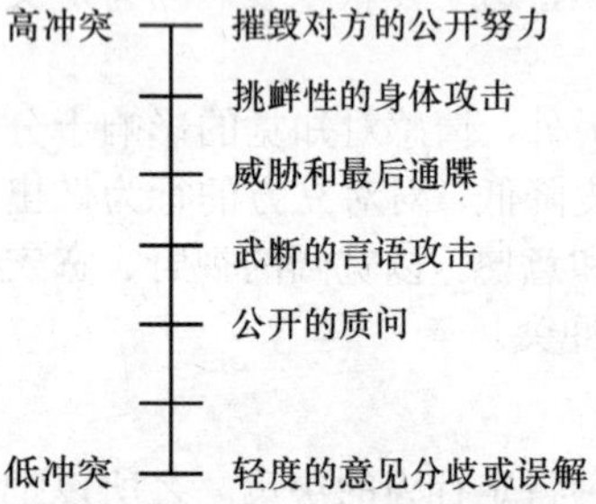


图 8-5 冲突行为的连续体

所有的冲突都处于行为连续体的某一位置上，如图 8-5 所示。在连续体的低端，冲突以微弱、间接、高度控制紧张状况为特点。如果冲突水平升级到连续体的最高端，则具有极大的破坏性。例如，游行示威、罢工、骚乱、恐怖活动、战争等行为。大多情况下，处于连续体最高端的冲突通常是功能失调、失控的，功能正常的是处于连续体中部和底部的。

## （五）阶段Ⅴ：结果

冲突各方之间的行为–反应相互作用导致了最后的结果。如果冲突能提高决策的质量，激发革新与创造，调动群体成员的兴趣与好奇心，提供公开问题、解决紧张的渠道，培养自我评估和变革的环境，那么，这种冲突就具有建设性。事实上，建设性冲突有利于形成百家争鸣的局面，使一些不同寻常的建议或由少数人提出的建议在重要的决策中受到重视，并因此提高决策的质量。冲突有助于防止和校正集体决策过程中群体思维极端化。通过研究发现，冲突与生产率之间属于正相关，群体间的冲突往往有助于竞争机制发挥作用，时时激励员工积极向上的工作热情，更能充分发挥组织内成员的潜能。这种环境下，组织内的劳动生产率将会更高。与其同质性群体相比，由兴趣、专业、特长等不同的成员组成的群体，解决问题的质量更高。因此，异质性的群体中，成员的多样性和灵活性有助于提高创造力和决策质量，进而促进变革。如果群体中沟通不畅，凝聚力不强，面对冲突不能很好地利用和解决，将会影响组织的生存。

## 第四节 冲 突 管 理

我们研究冲突的过程、冲突的类型，对冲突进行系统的分析都是为了更好地认识冲突，然后为解决冲突提供依据，认识冲突、分析冲突、解决冲突的全过程就是冲突管理的过程，也就是说，使冲突能够更大限度地发挥功能正常的结果而避免功能失调的结果。

### 一、冲突管理的含义

冲突管理有广义与狭义之分。广义的冲突管理应当包括冲突主体对于冲突问题的发现、认识、分析、处理和解决的全过程和所有相关工作，也就是对于潜在冲突（潜在的对立或不一致阶段）—知觉冲突（认识和个性化阶段）—意向冲突（行为意向阶段）—行为冲突（行为阶段）—结果冲突（结果阶段）的全过程进行研究管理；狭义的冲突管理则着重把冲突的行为意向和冲突中的实际行为，以及反应行为作为研究对象，研究冲突在这两个阶段的内在规律、应对策略和方法技巧，以便有效地管理实际冲突。

### 二、冲突管理的基本原则

处理冲突必须要以效果为依据，讲究方式、方法。分析冲突是为了处理冲突，分析为处理提供依据，但不能代替处理。分析得当还要处理得法，才能收到处理预期效果。得法者事半功倍，而不得法者事与愿违。

处理冲突管理的基本原则归纳如下。

#### （一）倡导建设性冲突，避免破坏性冲突，把冲突控制在适当水平

这是现代西方冲突理论文献中论述的冲突管理的最主要的原则。冲突具有客观性，因为冲突本身不可避免，但却可以避免冲突向破坏性方向发展，引导冲突向建设性方向转化。适度地诱发建设性冲突并把冲突控制在所需的水平之内，以达成“弃其弊而用其利”。

#### （二）实行全面系统的冲突管理，而不是局限于事后的冲突控制和解决问题

以往的对冲突的管理总是放在冲突发生后的对冲突控制、解决冲突上，这种管理方式是比较被动和片面的。而我们现代的冲突管理理论认为，冲突的形成、发展、变化是一个系统工程，我们要对冲突的全过程中所有冲突的相关因素及矛盾和问题进行全面系统的管理，才能把握冲突管理的最佳时机，最大限度地减少破坏性冲突带来的消极作用，充分发挥建设性冲突的积极作用，降低冲突管理的成本。

#### （三）防止走极端，持中、贵和地处理冲突

这一原则源于中国传统文化的儒家思想。在儒家思想中，所谓“持中”，是凡事不能走极端，去其两端则其中以达和谐之境界；所谓以“贵和”，指的是和而不同的意思，以此作为解决矛盾的上策和根本。将其思想应用在冲突管理中是要以和来统一差异性、多样性，求大同存小异，追求“共赢”，维护整体利益，从而减少冲突的恶性发展风险和冲突管理的成本。

"贵和"和"持中"思想是中国传统的思想，也就是中国人本就十分注重和谐局面的实现和保持。做事不能走极端，着力维护集体利益，有着积极的意义。但是，这也有可能造成个人创造性的萎缩，抑制组织中群体、成员的竞争性。

**（四）具体问题具体分析，因地制宜处理冲突**

对冲突的处理方式不存在一成不变，没有某一种处理方法和策略适用于所有组织的所有冲突，最为科学、有效的冲突管理的基本原则及方式方法就是要具体问题具体分析，实事求是、随机应变地根据冲突产生的具体类型、程度、影响因素等解决冲突问题，以求得冲突管理的有效性。

## 三、影响冲突管理的因素

影响冲突的因素与冲突双方的依赖程度、双方的结构、风险的大小等因素有关，这些因素直接影响着冲突管理的过程，以及冲突是否容易得到管理，如表 8-3 所示。

**表 8-3　影响冲突管理的因素**

| 影响因素 | 难以管理 | 易于管理 |
| --- | --- | --- |
| 争论中的问题 | 有关原则性的问题——价值观，伦理道德，或问题关键部分的先决条件 | 可分解的问题——很容易就可以分解为细小部分、单元的问题 |
| 风险大小 | 很大——结果影响重大 | 很小——结果不重要或影响不大 |
| 双方的依赖程度 | 零和游戏——一方所得，即为另一方所失 | 正和游戏——都相信合作比单独行动的结果要好 |
| 相互作用的连续性 | 一次性交易——没有过去和未来 | 长期合作——将来仍然会发生作用 |
| 双方的结构 | 无组织——结构松散，领导不力 | 有组织——结构严谨，强有力的领导 |
| 第三方的卷入 | 没有中立的第三方存在 | 有可信任的、强有力的、具有良好声誉的第三方存在 |
| 对冲突过程的感觉 | 不平衡——一方感觉受到太多伤害，并寻求报复和补偿 | 平衡——双方都受到同样的伤害，获得同样的收获，并愿意称此为平局 |

## 四、冲突管理的策略

美国行为科学家托马斯（Thomas）认为冲突发生之后冲突各方至少存在两种可能的行为反应：关心自己和关心他人。其中关心自己是试图使自己的关心点得到满足，以此作为纵坐标；关心他人则是试图使他人的关心点得到满足，以此作为横坐标，根据关心自己和关心他人这两个维度，来定义冲突行为的二维空间。托马斯以此为依据提出解决冲突的五个策略：竞争、合作、回避、迁就和折中，如图 8-6 所示。

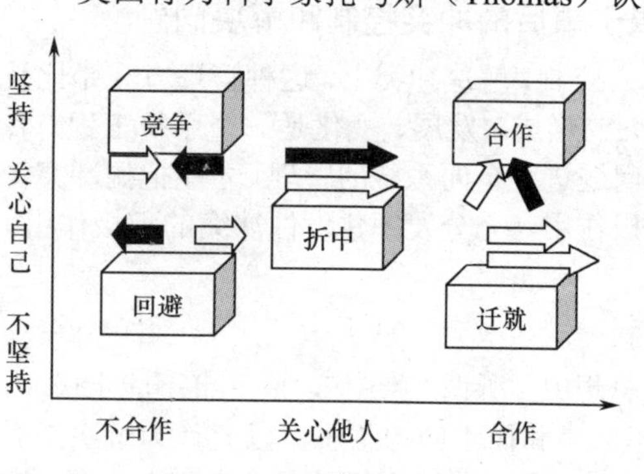


图 8-6　冲突管理的策略

**（一）竞争策略**

竞争是一方寻求自我利益的满足，未达到自我利益的满足而无视他人利益，不合作的冲突管理策略。

冲突一方一般会通过权力、地位、资源、信息等优势向对方施加压力，迫使对方放弃，来解决冲突问题。这种策略因为施加的压力，使得冲突一方对另一方威吓、处罚，难以使对方心悦诚服。此方法并不是解决冲突问题的最佳解决方法。但在冲突双方实力悬殊或应对危机时比较有效。

竞争策略常常适合以下情境：冲突中有一方具有强大力量；冲突各方的利益彼此独立，互不干扰；无法达到冲突双方或多方的双赢或共赢或相容部分；冲突对利益的影响不大；冲突一方或多方坚持不合作立场。

### （二）合作策略

合作是一种积极地解决问题的方法，通常也被认为是解决问题的首选方法。在此情形下，人们将冲突视为有益的、自然的，如果处理得当，会给组织带来意想不到的收获。在合作中，双方的意图是找到解决问题的办法，合作是冲突双方均希望满足各方利益而进行相互之间的协作以求得相互受益的结果。冲突双方积极地寻求双赢的解决方案，从而，实现双方目标或寻求可以综合双方意见的最终结论。

合作策略经常适用于下列情境：冲突双方不参与权力斗争；双方未来的正面关系很重要，未来结果赌注很高，双方都是独立的问题解决者；冲突双方力量对等或相互依赖性很强。

布莱柯和莫顿等人提出了合作的具体步骤：①双方共同议定、讨论问题；②问题应得到具体阐述，从一开始就对目标先后次序的认识的异同加以认定；③双方共同找出可行方案，若不行，双方各提出一个可接受的范围，而不是先假定一个最佳方案；④如果某方案能使双方利益最大化，但对某一方更有利，该方应提供补偿，以使双方利益均衡。

### （三）回避策略

回避是一种不武断也不合作的行为，既不满足自身的利益，也不满足对方的利益，冲突的一方努力将自己置身事外，任凭冲突自然发展，通常也被认为是一种无效的冲突管理策略。回避策略可以避免冲突问题扩大化，在明确自身是正确的及冲突需要尽快解决的时候，它又是必要的。但当冲突双方相互依赖性很强时，回避策略会影响工作，降低绩效，并可能会忽视某些重要的看法、意见和机会，招致对手的非议和影响冲突的解决。

回避策略常用于下列情境：冲突主体中没有一方有足够的力量去解决问题；忽略冲突并希望冲突消失；与冲突主体自身利益不相干或输赢价值较低；要求放慢节奏以抑制冲突；采取保密手段以避免正面冲突；冲突一方或多方不关心、不合作。

### （四）迁就策略

迁就是合作和不武断的行为，往往只考虑他人的利益而牺牲自我利益，屈从于对方意愿，压制或牺牲自己意愿，是冲突一方为了安抚对方，愿意把对方的利益置于自己的利益之上。换言之，迁就是指为了维持相互关系，一方愿意做出自我牺牲，从长远的角度出发希望能和对方继续合作。

迁就通常用于下列情景：冲突的对方过于强大，不得不屈从对手的意愿才能使自己的损失最小化；问题对冲突对方来说更加严重，达到目的的意愿更加强烈；为了长期的利益而放弃眼前利益，特别是保持和谐、避免分离在短期内格外重要；人际关系比较紧张，必须采取手段缓和紧张的关系。

### （五）折中策略

折中是中等水平的合作与武断，是冲突各方都选择放弃一些利益，从而共同分享利益时会选择的冲突管理策略，这种策略是一种实用主义的解决方法。在折中策略里，没有明显的赢家和输家。大家愿意共同承担冲突问题，并接受一种双方达不到彻底满足的解决办法。因此，妥协策略的突出特点是，双方都倾向于放弃一些利益。但它也可能带来负面影响，即为了眼前利益而牺牲长期利益。这种方法的成功取决于双方要进行良好的协商。

## 专栏2

### 模拟买卖汽车实验

齐托夫（1967）利用模拟买卖汽车的实验进行研究，他让被试者充当汽车的买主或卖主，有关信息由主试者告诉被试者。被试者首先收到的信息与他们希望卖出或买进汽车的价格有中等或很大的差距，最后达成一致性意见。结果发现，当主试者提出的最初价格与被试者的希望价格有很大差距时，买主愿意付更高的价格，卖主愿意接受更低的价格。可见，在协商中比较适当的策略是开始时提出差距很大或非常强硬的要求，这样能使他从对方那里获得更大的让步。当然，最初的强硬立场未必总是有利的。它有时会激起对方的愤怒，使对方也采取相应的强硬立场，从而使协商中止。所以，最初采取强硬立场也会产生负效应。因此，适当地做些让步有利于协商的顺利进行。考墨吏特等人对这个问题进行了研究。他们要求被试者与某个假想的人就某个商品的价格进行协商，直至达成一致为止。主试者通过操纵假想者的让步发现，当主试者只做出小小的让步时，被试者就愿意付出更高的代价。因此，他们认为，协商的最佳策略是开头采取强硬立场，然后只做出小小的让步。

（裴利芳，胡德旺. 组织行为学. 北京：经济管理出版社，2003）

折中策略常用于下列情境：冲突双方实力均衡，旗鼓相当，无法获得双赢，从而决定按各方的有限资源和利益来分配；双方未来的利益有一定的相互依赖性和相容性，有某些合作、切磋或交换的余地；暂时化解冲突，防止问题复杂化；尝试竞争或者合作都没有取得成功。

研究发现，上述五种策略中的合作策略能更好地、更有效地解决冲突问题。竞争策略效果不是令人满意的。折中策略在合作和竞争无法实现时也是比较实用的一种策略。回避和迁就策略一般情境下很少用，使用的效果也不是很理想。

## 专栏3

### 谈　判

尽管组织中的冲突无处不在，但是任何一次冲突都不可能无休无止地延续下去。无休止的冲突不仅会对冲突双方产生毁灭性的打击，甚至会对组织造成致命的伤害。谈判可以使冲突双方进一步了解对方的需求，明确自己的意图，寻找都可以接受的方式和过程，是解决冲突的一种特殊技能，可以贯穿整个冲突过程的始终。

1. 谈判的类型

依据不同的标准，可以将谈判分为不同的类型，如多方谈判和双边谈判、组织内谈判和组织外谈判等。根据谈判的目的不同，将谈判分为分配谈判和综合谈判的方法较为常用，表8-4列举了这两种类型谈判的主要特点。

表 8-4 分配谈判和综合谈判

| 谈判策略 | 分配谈判 | 综合谈判 |
|---|---|---|
| 目标 | 获得尽可能多的“蛋糕” | 把“蛋糕”做大，使双方满意 |
| 动机 | 零和 | 双赢 |
| 焦点 | 立场 | 利益 |
| 利益 | 相互对立 | 相互融合或一致 |
| 信息共享 | 低 | 高 |
| 关系的维持时间 | 短期 | 长期 |

（资料来源：斯蒂芬·P·罗宾斯，蒂莫西·A·贾奇. 组织行为学. 北京：中国人民大学出版社，2008）

（1）分配谈判。分配谈判最明显的特点是在零和条件下操作的，即一方的收益来自另一方的损失，因此谈判双方的目的都是尽可能地提高自己的收益，或者说，降低自己的损失，如图 8-7 所示。

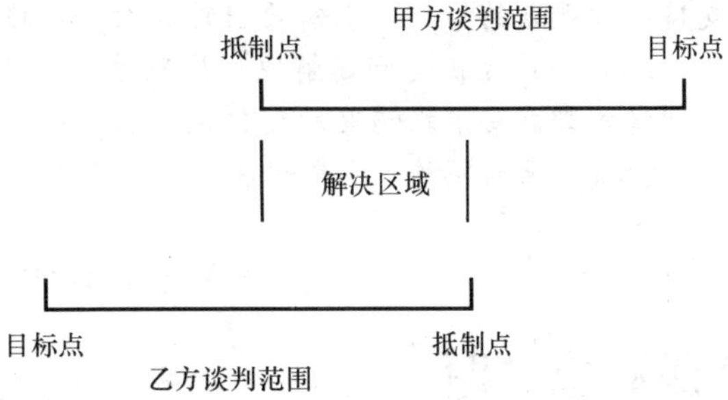


图 8-7 谈判双方的解决区域

谈判双方都有自己希望实现的目标点和自己希望止损的抵制点，抵制点表明了可接受的最低水平，如果谈判的预期低于这个点，人们会终止谈判。于是，每方的目标点与抵制点之间会有一个范围，称为愿望范围。如果双方的愿望范围存在重叠，则这一区域就被称为问题解决区域，双方最终达成的解决方案会在这一区域产生。

分配型谈判的过程，就是使最终的解决方案在解决区域内尽量靠近目标点而远离抵制点，采用以下一些方法会影响对手调整自己的目标点，有助于你实现自己的谈判目标。①让对手感觉到他的目标点是毫无可能性的，而在你的目标点上接受解决方案是明智的。②让对手感觉到你的目标是公正的，而他的则是缺乏公正性和合理性的。③调动对手的情绪，让他从感情上感觉到应该对你慷慨。④如果可能的话，己方谈判代表可以扮演不同的角色，有的演红脸，有的演白脸，以影响对方的感情和判断。⑤透露谈判最后的截止期限，打乱对方的部署，迫使对方重新考虑自己的立场。

（2）综合谈判。综合谈判最大的特点是可供分配的利益不是固定不变的，或者双方有可能创造更大的价值。例如，当网上商家和顾客为了货到付款还是款到付货而争论不休的时候，第三方支付的出现解决了这个问题。创造价值需要开放性的思维和积极乐观的情绪，因此充分交换信息、努力寻找更多的解决方案就成了综合性谈判的关键，也是一个难点，毕竟信息公开的内容和程度严重依赖双方的诚实和信任的程度。做到以下几点，会帮助你更好地开展综合性谈判。如加强交流和沟通，培养双方的信任感。保持乐观的情绪和维持灵活性的愿望。营造融洽的谈判氛围，鼓励更多的想法和建议。遇到瓶颈时善于重新定义问题，发现新的框架。不要轻易采用折中的方案，也不要放弃对双赢方案的追寻。以团队成员的身份进行谈判的个体比单独谈判更有可能获得综合的结果。

2. 谈判的过程

按时间顺序，谈判可以分为以下五个阶段。

（1）准备与计划。准备与计划的过程，就是分析自己并了解对方、制定谈判策略的过程。从了解自己的角度讲，要弄清楚为什么卷入了冲突，期望从谈判中得到什么，自己的目标点和抵制点是什么等问题。从了解对方的角度讲，要弄清楚对手是谁，对方会提出什么样的要求，对他们来说有哪些重要的利益等问题。弄清楚了这些问题，就可以制定出切实可行的谈判策略，并事先估计到对方的反应，避免陷入被动。

（2）界定基本规则。任何谈判都需要双方能够遵守基本规则，以保证谈判过程顺利进行。如确定谁将参加谈判，谈判在哪里进行，谈判是否要设定期限，谈判中有哪些问题需要设定，若谈判陷入僵局该如何处理等。这一阶段，双方可以交流他们最初的报价和要求。

（3）阐述与辩论。双方就自己的提议进行解释、阐明、澄清、论证和辩论。这个阶段主要是就为什么这些问题很重要，怎样才能使双方达到最终的要求等问题进行讨论和信息交换，提供能支持己方观点的材料，不需要针锋相对、剑拔弩张。

（4）讨价还价与问题解决。谈判过程就是一个为了达成协议而讨价还价、相互让步的过程，谈判双方都需要根据情况的变化调整自己的报价。

（5）结束与实施。谈判的最后一步是将已经达成的协议规范化，并为实施和监督制定出必要的程序。

（资料来源：任浩．组织行为学．北京：清华大学出版社，2011）

## 课后思考题

1．什么是权力？权力的来源有哪些？

2．授权的含义是什么？授权的原则有哪些？

3．结合实际谈谈你对组织中政治行为存在的原因及影响作用的认识。

4．冲突的含义是什么？冲突的类型有哪些？

5．冲突产生的根源及可能产生的结果有哪些？

6．冲突管理的含义是什么？影响冲突管理的因素有哪些？

### 案例分析

#### 女秘书PK老板“邮件门”事件

女秘书 PK 老板“邮件门”传遍全国外资企业圈。如果你今天还不知道“史上最牛女秘书”是谁，只能说明你不是那些著名外资企业中的一员。最近一周，从北京、上海到成都、广州、南京……全国所有知名外资企业都在疯狂地转发一封来自 EMC（全球最大的网络信息存储商，总部在美国）北京总部的电子邮件——EMC 大中华区总裁陆纯初和他的高级女秘书因工作琐事发生激烈争吵，导致后者被迫离职。这起本该在企业内部消化的事件却因牵连“老外和中国员工的文化障碍”的敏感话题，数天之内成为各大外资企业员工和网络舆论谈论的热点。

昨天上午，当事人瑞贝卡（秘书的英文名）无奈地告诉记者：“这件事传得太广，我都找不到工作了。”而面对记者的质询，EMC 公司从美国发来的邮件却认为“该员工离职只是个人事件”。目前，该邮件仍在毫不停歇地转发中。

（1）下班锁门引起总裁不满。4 月 7 日晚，EMC 大中华区总裁陆纯初回办公室取东西，到门口才发现自己没带钥匙。此时他的私人秘书瑞贝卡已经下班。陆试图联系后未果。数小时后，陆纯初还是难抑怒火，于是在凌晨 1 时 13 分通过内部电子邮件系统给瑞贝卡发了一封措辞严厉且语气生硬的“谴责信”。

陆纯初在这封用英文写的邮件中说：“我曾告诉过你，想东西、做事情不要想当然！结果今天晚上你就把我锁在门外，我要取的东西都还在办公室里。问题在于你自以为是地认为我随身带了钥匙。从现在起，无论午餐时段还是晚上下班后，你要跟你服务的每一名经理都确认无事后才能离开办公室，明白了吗？”（事实上，英文原信的口气比上述译文要激烈得多）。陆在发送这封邮件的时候，同时传给了公司几位高管。

（2）秘书回了咄咄逼人的邮件。面对大中华区总裁的责备，一个小秘书应该怎样应对呢？一位曾在通用电气公司和甲骨文公司服务多年的资深人士告诉记者，正确的做法应该是，同样用英文写一封回信，解释当天的原委并接受总裁的要求，语气注意要委婉有礼。同时给自己的顶头上司和人力资源部的高管另去信说明，坦承自己的错误并道歉。

但是，瑞贝卡的做法大相径庭，并最终为她在网络上赢得了“史上最牛女秘书”的称号。两天后，她在邮件中回复说：“第一，我做这件事是完全正确的，我锁门是从安全角度上考虑的，如果一旦丢了东西，我无法承担这个责任。第二，你有钥匙，你自己忘了带，还要说别人不对。造成这件事的主要原因是你自己，不要把自己的错误转移到别人的身上。第三，你无权干涉和控制我的私人时间，我一天就 8 小时工作时间，请你记住中午和晚上下班的时间都是我的私人时间。第四，从到 EMC 的第一天到现在为止，我工作尽职尽责，也加过很多次的班，我也没有任何怨言，但是如果你们要求我加班是为了工作以外的事情，我无法做到。第五，虽然咱们是上下级的关系，也请你注重一下你说话的语气，这是做人最基本的礼貌问题。第六，我要在这强调一下，我并没有猜想或者假定什么，因为我没有这个时间也没有这个必要。”

本来，这封咄咄逼人的回信已经够令人吃惊了，但是，瑞贝卡选择了更加过火的做法。她回信的对象选择了“EMC（北京）、EMC（成都）、EMC（广州）、EMC（上海）”。这样一来，EMC 中国公司的所有人都收到了这封邮件。邮件被数千人转发。昨天上午，记者打通瑞贝卡的电话，她已不愿回忆那两天的经历，“这只是我和 EMC 之间的事，跟别人没关系”。可就在瑞贝卡回邮件后不久，这封“女秘书 PK 老板”的火暴邮件就被她的同事在全国外资企业中广泛转发。

近一周内，该邮件被数千外资企业白领接收和转发，几乎每个人都不止一次收到过邮件，很多人还在邮件上留下如“真牛”、“解气”、“骂得好”之类的点评。其中流传最广的版本居然署名达 1 000 多个，而这只是无数转发邮件中的一个而已。记者在邮件上找到了两位留有私人邮件的人士。黄小姐供职于 IBM 中国研究院。据她回忆，该邮件最早从公司同事的大学同学处转来，后来的来路也多为业务关系、大学同学等。张先生就职于通用电气公司北京总部，“我收到邮件比较早，当时就转给了成都和上海的大学同学，结果后来又从南京同学那里收回来了”。

从邮件的转发过程中，可以发现这样一个顺序：EMC—Microsft—MIC—HP—SAMSUNG—Honeywell—Thomson—Motorola—Nokia—CE……这些大名鼎鼎的外资企业大多为 IT 或电子类相关企业。

（3）女秘书已离开公司。邮件被转发出EMC后不久，陆纯初就更换了秘书，瑞贝卡也离开了公司。目前，EMC内部对此事噤若寒蝉，一些参与转发邮件的员工挨个儿被人事部门找去谈话。

尽管无论邮件附加的个人点评还是BBS上的讨论，力挺瑞贝卡的声音都超过了八成，但外资企业人力资源部的管理层却并不买账。昨天早上，记者刚在电话中表明身份，瑞贝卡就明白了，“这事儿闹得太厉害，我已经找不到工作了”。她没有料到邮件会被转发出去，也没有料到目前的局面。

（4）最后消息：EMC回应“邮件门”。“邮件门”对陆纯初有何影响？昨天晚上，陆纯初授意远在美国的EMC公司大中国区市场部经理吴薇给记者发来声明。这份外交措辞的声明表示：“最近这位北京员工的离职完全是一个个人行为和独立的事件，EMC中国区的员工都充满了信心与EMC一起取得更大的发展。”有IT业资深人士分析，像对大中华区总裁这种高管的评价，一般只有美国总部的总裁和总部人力资源部的主管才有发言权。

（资料来源：黄亮. 女秘书PK老板“邮件门”事件. 北京青年报，2006）

问题：

1. 本案例中的冲突根源是什么？
2. 老板如何应对女下属？职业女性如何应对上司？
3. 用冲突理论如何解决这次冲突？
4. 本案例对如何处理上下级人际关系冲突有何启发？

# 第九章 人际关系

**本章重点**

○ 掌握人际关系的含义及特征
○ 认识人际关系的类型和功能
○ 掌握人际交往中存在的障碍、产生障碍的原因及克服办法
○ 了解人际交往的基本礼仪

**引例**

### 如何处理与领导的关系

在公司里，我是个人人羡慕的角色。大学刚毕业就当上了“总秘”（总经理秘书的简称），成了离老板最近的人。“你的工作最接近高层，最容易得到老板的欢心，也最容易高升。”同事们的说法让我着实兴奋了一阵。

我是在一个比较优越的环境下长大的，爸爸是一家企业的领导，妈妈是机关干部。因为父母的关系，身边的人对我都是客客气气的。从小学到大学，我在别人的赞扬声中长大，不懂得什么是“迎合”；向来是别人逗我说话，我自己却不知道如何在交谈中寻找话题……

正因如此，进入公司一个月后，我开始为如何与领导相处犯了难。不管怎样下决心，有很多话我都说不出口，哪怕是一些很正常的话，在我看来，那都是在讨好老板。一开始老板还对我问长问短，而我除了有问必答外，也绝不多说什么。渐渐地，我发现老板不太和我搭讪了，即使说话，也局限在工作范围内。工作伊始，我和老板的关系就陷入僵局，我该怎么办？

问题：你认为我应该怎样做才能改善和领导的关系？

“关系”就像围绕在我们身边的空气一样，虽然看不见也摸不着，却无处不在，时时刻刻影响着我们的学习、工作和生活，甚至在很大程度上左右着我们的事业发展和前途命运。因此，“关系”自然而然地成为了我们研究的热门话题，成为了社会学、社会心理学、组织行为学等多门学科的综合研究对象。

## 第一节　人际关系概述

### 一、为“关系”正名

关系虽然无人不知，无人不晓，但对于什么是关系这个问题，却是仁者见仁、智者见智，学

者们对其褒贬不一。在现实生活中，人们对关系存在两种看似矛盾实则一致的看法，即“关系庸俗论”和“关系万能论”。

“关系庸俗论”者几乎认为“关系”是不正之风的代名词，一提起关系，人们会自然而然地想起“拉关系、走后门”等勾当，与关系时时相关的是吃吃喝喝、吃吃拍拍，任人唯亲、裙带关系，拉帮结派、结党营私等为君子所不齿的行为勾当。

“关系万能论”者则将关系看做万能的，他们认为“关系”就是一切，没有关系一切事情均无从谈起，而有了关系就没有办不成的事。特别是在中国的现实状况下，由于固有观念和宗法制度的根深蒂固，人们十分讲求关系，没有关系就几乎寸步难行，没有关系的人往往面临“门难进，脸难看，话难听，事难办”的尴尬境地。

以上两种对“关系”的看法，表面上看是截然相反的，事实上却并不矛盾。两者都认为讲关系可以不用讲原则，不用讲规范，他们都认为关系只是手段和工具，为了达到目的可以不择手段。这两种观点反映了人们对关系问题的普遍看法和心理状态。

事实上，上述两种对“关系”的看法是不科学的。

首先，关系本身并不是庸俗的。应该承认，社会中有庸俗关系的存在，尤其是在我国这样一个具有深厚宗法血缘基础和宗法制度的国度中，人们比较讲求“私德”，不崇尚公德，这就使得庸俗关系有了深厚的土壤，并不断蔓延，“人情大于王法”的不正之气蔚然成风。庸俗的关系结构几乎成了人们行为处事的潜规则和思维定式，并因其行之有效而大行其道。这也是人们既痛心疾首又津津乐道的厚黑学的真正缘由。它是我国社会运行机制中存在的一种顽症，严重干扰和冲击着民主法治社会的建设。尽管如此，“关系”本身并不庸俗，如真正的友谊、爱情关系，是容不得这种尔虞我诈的庸俗成分的。现实中有着更加健康、正当和互利的社会关系，这种积极向上的“关系”远比那些庸俗“关系”要科学文明、要进步得多。事实证明，良好关系的盛行对我国目前物质和精神文明建设及和谐社会的建设有着不可低估的作用。我们可以通过传播和弘扬正常的社会关系，反对和阻止庸俗关系的流行，把人际关系引进健康发展的正常轨道，这也是我国社会主义精神文明建的设应有之义。

其次，关系是有效能的。它是一种潜力巨大的社会资源，这种资源一旦得到开发利用，就能转化为巨大的社会财富，可见关系本身也是一种生产力。同时，良好的人际关系也是一个人取得成功的重要素质和必不可少的条件之一。如果关系没有效用，它就不会成为人们谈论的焦点话题，我们研究人际关系也就没有了价值。但是，必须清醒地认识到，关系不是万能的，一个组织和个人要取得成功，也并非只靠关系就能奏效，况且不讲原则、利尽则散的关系也是靠不住的。

## 二、关系的含义及特性

关系一词，从哲学意义上讲是指事物之间相互联系、相互影响的一种状态。但关系必须依赖于人而存在，离开了人，事物之间的各种关系就变成抽象而没有意义的了。人类面临着三类关系：一是人与自然的关系；二是人与人的关系；三是人与自身的关系。这三类关系依次递进，在人与自然的关系基本得到解决后，人与人的关系、人与自身的关系（即人生问题）问题必将依次暴露出来。马克思有句名言：“人的本质并不是单独个人所固有的抽象物。在其现实性上，它是一切社会关系的总和。”社会是由各种人际关系按一定模式组建的一个总体网络，无处可逃，任何人都在关系中出生，在关系中成长，在关系中取得成功并最终在关系中消亡。

由于不同国家社会的历史文化背景不同，各自具有独特的人际关系格局。由于中国传统社会以家庭为本位，西方社会以个人为本位，因此中西方社会呈现出的人际关系的格局也各有不同。中国乡土社会的人际关系结构呈现出一种“差序格局”，以“己”为中心，和别人所联系成的社会关系像“水的波纹一样，一圈圈推出去，越推越远，也越推越薄”。西方人际关系结构则呈现为“团体格局”，在团体格局里个人间的联系靠着一个共同的架子，先有了这个架子，每个人接上这架子，而相互发生联系。这共同的架子，一方面是平等观念，即在一个团体中各分子之间地位平等，个人不能侵犯大家的权利；另一方面是宪法观念，即团体不能抹杀个人，只能在个人所需交出的一份权力上控制个人。

正确了解关系的含义对于我们正确认识和把握人际关系的实质特性至关重要。我们认为关系具有三个基本特性：客观性，广泛性和效能性。

关系的客观性是指关系是不以人的意志为转移的客观存在。“凡一切实存的事物都存在于关系中，而这种关系乃是每一个实存的真实性质”（黑格尔）。关系的客观属性是双重的：一方面，它以人的存在为先决条件，有了人，有了社会才会产生关系；另一方面，关系一旦因人的存在而存在，便又超越了人的意志，成为人的外在对象物，影响和控制人的行为，想要摆脱它是不可能的。人际关系的存在，是一种客观实在，从深层次的原因分析，主要是由于关系是人类生存发展的前提和需要。“个人的脆弱性和种种限制，使得他无法单独地达到自己的目标。如果只有一个人孤零零地活者，并且他只想凭自己的力量来应付自己的问题，他必然会灭亡。他必须和他人发生联系，此种联系是因为他的脆弱、无能和限制所造成的”（A.阿德勒）。在很多方面，人类确实是自然界所有动物中最弱小的种类，有许多动物比人类更适合单独地应付生存挑战，虽然它们也会团结起来补偿它们的软弱而成群结队地生活。人之所以为人，一方面由于人类具有发达的大脑，能发明制造工具，弥补自身各种功能的不足；另一方面是因为人类能够而且善于合作，因此人类为了自身的进一步生存和发展，需要建立更加良好和健康的社会关系求得深刻的合作。

我们在承认关系客观性的同时，并不意味着抹杀人在各种关系中的主观能动作用。相反，正如马克思所说的那样，“正是个人相互间的这种私人的个人的关系，他们作为个人的相互关系，创立了——并且每天都在重新创立着——现存的关系”。

关系的广泛性，是指关系所具有的普遍的多种多样的联系。关系不仅是一种客观存在，而且还是一种广泛而多样的客观存在。社会关系网络纵横交错，千头万绪，但从总体上看，在社会交往中，人与人的关系一般分为三个层次：一是以个体为主体与支点而结成的各种社会关系，即人际关系；二是以组织为主体与支点构成的各种社会关系，即公共关系；三是以国家为主体和支点而形成的各种关系，即国际关系。

关系的效能性是指关系所具有的各种社会功能。关系具有它的效能，如果不承认这一点，就难以理解关系存在的合理性及其价值。从管理学的角度看，一切有使用价值的东西均可作为资源，关系是有使用价值的，因此它也是一种资源，而且它还是一种无形的潜能巨大的社会资源。这种资源一旦得到开发利用，便可转化为巨大的社会财富。这种财富不仅是一种物质财富，而且还是一种精神财富。就物质财富而言，良好的人际关系可以做到人尽其才、地尽其利、货畅其流、物尽其用，从而转化为巨大的生产力；从精神财富而言，各种社会关系的协调，也是社会主义精神文明建设的题中之意。

## 三、人际关系的内涵

### （一）人际关系的含义

人际关系（Interpersonal Relationship）的含义十分广泛，学者们对此意见并不统一。总体上来讲，人际关系的含义有广义和狭义之分。广义人际关系泛指人们在社会交往过程中所形成的各种关系，即社会关系，具体包括经济关系、政治关系、法律关系、伦理关系、心理关系等。狭义上讲，所谓人际关系主要是指个人与个人之间通过相互交往和作用而形成的一种心理关系，或称心理距离。本书所讲人际关系主要是指狭义的人际关系。

人际关系不同于社会关系，逻辑上来讲，人际关系属于社会关系范畴，但并不能与社会关系等同，同时也不能简单地把人际关系看成社会关系的一个组成部分或某一个层次，事实上，人际关系渗透在所有的社会关系中。

为了更准确地理解和把握人际关系的内涵，必须把握人际关系的具体特性。

第一，人际关系主要是指个体与个体之间的关系。其主体与对象都是个人，具有显著的个体性。这就与社会关系、公共关系具有社会性、组织性的特点有了明显的区别，人际关系的本质体现在具体的个人与个人之间的互动过程中。

第二，人际关系的实质是人与人之间的心理距离。这与其他社会关系层面上的经济关系、政治关系、法律关系、伦理关系等有了本质区别。人际关系必然要受到社会生产关系及建立在这种生产关系基础之上的上层建筑的各种社会关系的深刻制约和影响，以至于离开这些因素，人际关系也无从建立。但是，人际心理关系的形成和发展也有独特的运行和发展规律，如果把人际心理外在的影响因素等同或者替代内在的心理因素，就无法真正理解人际关系的真谛。

第三，人际关系的亲疏主要取决于人及心理距离的远近。这种心理距离主要以情感活动为基础，因而体现出强烈的情感色彩。一般而言，人与人之间的心理距离越近，人际关系越亲密；人与人之间的心理距离越远，人际关系就越疏远。不过从审美的角度而言，人际心理距离不能太远，也不宜过近，即使最亲近的人际关系，也应该保持一定的距离，包括时间、空间和心理距离，否则摩擦、矛盾、冲突、斗争和痛苦也就在所难免了。

第四，人际关系是在人与人之间相互交往的过程中建立和发展起来的。从动态结构上说，人际关系主要包括主体、对象与媒介三大要素。媒介就是交往，是连接主体与客体的渠道和桥梁。没有交往，就谈不上人际关系，人际关系是在人们直接的乃至面对面的交往过程中逐渐形成和发展起来的，因此人们可以切实地感受到它的存在，具有可感性，即为人们所直接体验到。

### （二）人际关系的心理结构

人际关系的心理与人的心理结构一样，分为三个层面，包括人际认知、人际情感和人际行为。

人际认知是指人与人在交往过程中的相互认知，即通过彼此相互感知、识别与理解而建立的一种心理联系。人际关系的建立是从人与人之间的相互认知开始的，只有在人际相互认知和理解的基础上才能建立和发展良好的人际关系。人际认知是双向可逆的过程，一方面要使自己了解他人，另一方面要使他人了解自己。为了使他人更好地了解自己，一定程度上的“自我暴露”是必要甚至必需的，每个人都要向他人开放一定的自我领域。良好的人际关系不仅需要深入的互相认知和理解，而且需要相互欣赏和赞同，但人际认知仍然是建立人际关系不可回避的前提。

人际情感是指人际交往中各自的需要是否得到满足而产生的情绪、情感体验。一般把人际情感分为积极情感、消极情感和中性情感三种类型。积极情感能够使人际关系更加亲近和融合，如喜爱、喜欢等；消极情感则能够造成人际关系的疏远和分离，如讨厌、仇视等。事实上，人际情感除了上述两种类型之外，还有一种若即若离、不即不离的中性情感，这种情感在人际关系中大量存在着，是不容忽视的现象。人际情感是人际关系的核心，是人际关系中最本质、最具有决定性影响的因素，是衡量人际关系好坏的晴雨表。

人际行为是指双方在相互交往过程中的外在行为的综合体现，它包括人们的仪容仪表、服饰打扮、言谈举止、精神面貌等。在人际关系中，不论认知因素还是情感因素，都要通过人际行为表现出来，人际行为是人际关系的调节剂，人们可以通过各种行为调节、修补和改善各种人际关系。

总之，人际认知、人际情感和人际行为构成了人际关系的三个层面的支撑系统。三者相互联系、相互作用、相互渗透、相互影响。

**（三）人际交往的原则**

（1）平等的原则。社会主义社会人际交往，首先要坚持平等的原则，无论公务还是私交，都没有高低贵贱之分，以朋友的身份进行交往才能深交。切忌因工作时间短、经验不足、经济条件差而自卑，也不要因为自己各方面条件的优越而趾高气扬。这些心态都影响人际关系的顺利发展。

（2）相容的原则。主要是心理相容，即人与人之间的融洽关系，与人相处时的容纳、包含及宽容、忍让。主动与人交往，广交朋友，交好朋友，不但交与自己相似的人，还要交与自己性格相反的人，求同存异、互学互补、处理好竞争与相容的关系，更好地完善自己。

（3）宽容的原则。表现在对非原则性问题不斤斤计较，能够以德报怨、宽容大度。人际交往中往往会产生误解和矛盾。现实中许多人个性较强，接触又密切，不可避免地产生矛盾。这就要求人们在交往中不要斤斤计较，而要谦让大度、克制忍让，不计较对方的态度和言辞，并勇于承担自己的行为责任，做到“宰相肚里能撑船”。宽容克制并不是软弱、怯懦的表现。相反，它是有度量的表现，是建立良好人际关系的润滑剂，“化干戈为玉帛”能赢得更多的朋友。

## 第二节 人际关系的类型和功能

### 一、人际关系的类型

人际关系普遍存在于社会生活的一切领域。由于人们社会活动的复杂性和人际交往的多样性，使得人际关系呈现出千姿百态的局面，学术界对人际关系的研究出现了百家争鸣的景象。美国心理学家雷维奇通过对一千多对夫妇进行研究，将人际关系分为主从型、合作型、竞争型、主从-竞争型、主从-合作型、竞争-合作型、无规则型等。舒兹则从人际反应倾向的角度研究了人际关系类型。他把人际关系的需求分为三类：包容的需求、控制的需求和感情的需求。在人们的人际交往中，每个人对别人的需求方式不同，也就使每个人对他人的基本反应倾向有所不同，这种基本反应倾向叫做人际反应特质。舒兹根据以上三类人际反应特质，将其分为主动的表现者和被动的期待他人的行为者，从而得出六种基本的人际关系倾向，如表 9-1 所示。

依据不同，可将人际关系分为不同的类型。区别不同的人际关系类型，有助于进一步描述和准确把握人际关系的性质，有助于指导人们处理复杂的人际关系。

表 9-1　六种基本的人际关系倾向

| 需求类型 | 主动型 | 被动型 |
|---|---|---|
| 包容需求 | 主动与别人交往 | 期待别人接纳自己 |
| 控制需求 | 支配他人 | 期待别人支配自己 |
| 感情需求 | 对别人表示亲热 | 期待别人对自己表示亲热 |

### （一）按联结纽带划分人际关系

按照人际关系的联结纽带来划分，可将人际关系分为血缘关系、地缘关系、业缘关系和趣缘关系。

血缘关系是指以血缘为纽带而结成的人与人之间的关系，如父子关系、母子关系及兄弟姐妹关系等。血缘关系无论在人类自身的生产和发展中，还是社会生活的其他方面，都占据着极其重要的地位。尤其是在我国这个家庭本位的国度里，血缘关系更是占据了极其重要的分量，"血浓于水"的亲情关系孕育出"父慈子孝、兄友弟恭"的浓浓亲情。地缘关系是指以地缘为纽带而结成的人与人之间的关系，如老乡关系、邻里关系等。一定的共同地域赋予人际共同的经验范围和背景，如共同的乡音、共同的风俗习惯、共同的观念等，使人与人之间更容易产生认同感和积极的情感体验。一般而言，现代化程度越低、居住处所搬迁越少的地方，地缘关系越重要，反之地缘关系越不重要；地理范围越小，地缘关系的亲密程度越高，反之亲密程度越低。业缘关系是指以职业为纽带而结成的人与人之间的相互关系，如同事关系、干部关系、师生关系等。从社会总体发展趋势来看，血缘关系和地缘关系在人际交往中的影响力越来越小，而业缘关系的作用将越来越明显。业缘关系的利益色彩更突出，合作与竞争是永恒的主题。趣缘关系是指以一定的兴趣爱好为纽带形成的人与人之间的相互关系，如友谊关系、情爱关系等，趣缘关系一般以志同道合为基础，以情感上的依恋为主要特征。

这是社会学中对人际关系的经典分类。

### （二）按所属领域划分人际关系

按人际关系所属领域来划分，可将人际关系分为经济关系、政治关系、法律关系、伦理关系等。

经济关系是指人与人之间所发生的经济联系，是人际交往中常见的一种关系。一般而言，在人际交往中，经济地位占优势的一方往往掌握着人际关系的主导权。这是因为每个人在社会关系中的地位和作用主要由其经济地位所决定。政治关系是指人们在政治活动中所发生的人与人之间的关系。并非所有的人际关系都具有政治联系，人际政治关系表现在其交往是否属于政治活动的范畴，在政治关系中以一方服从另一方的权力为显著特征。法律关系是指人们根据法律规范而结成的人与人之间的相互关系，如夫妻关系、领养关系等。人际法律关系有双方各自权利与义务的明确规定，对于调整和规范人际关系有着重要的意义和作用。伦理关系是指人们在伦理道德规范调整的范围内所形成的人与人之间的关系。这种关系依靠人们内在的信念、习惯、传统即社会舆论的力量来维持，带有非强制性的特点，与法律关系形成互补，共同规范着人们之间的关系。

这种分类带有政治学和伦理学的明显色彩。

### （三）按所属的群体特征划分人际关系

按照人际关系所属的群体特征来划分，人际关系可分为正式群体中的人际关系和非正式群体中的人际关系两类。

正式群体中的人际关系是指正式组织内部由条文明确规定的人与人之间的关系，实际上就是一种业缘关系。组织中的正式群体职责分明，谁应该做什么、不该做什么、应该怎么做、不应该怎么做、和谁保持着什么关系，都有明确的规定，这样可以减少互相推诿的现象，有利于提高工作效率；正式组织的特殊作用可以产生组织合力，人与人之间通过业务方面的合作，产生 1+1>2 的整体效果；同时，正式组织还可以满足个人自我实现的需要，在工作过程中人们通过充分发挥自己的才能实现自己的理想和抱负。非正式组织中的人际关系是指非正式组织的人群集合体内部的人与人之间的关系，其特征是以感情兴趣为纽带，体现自愿的形式，关系比较松散，非正式组织主要满足人的情理需要、心理安全需要和社交需要等各种需求。这种人际关系是客观存在的，对正式组织发生着重要的影响，不能忽视。

这种人际关系的分类带有明显的管理学和组织行为学的色彩。

### （四）按心理倾向划分人际关系

按人际关系的心理倾向性来划分，大致可分为主从型、合作型、竞争型人际关系。

主从型人际关系是人际关系中最基本的一种。几乎所有的人际关系都有主从型的痕迹，只是程度不同而已，尤其是亲密人际关系的主从型更为明显。人或多或少都有支配别人的心理，同时也有愿意顺从别人的心理，这就容易形成主从型的人际关系。合作型人际关系是理想的人际关系，合作型的人际关系适合于同事、朋友关系，在夫妻关系中，合作型的关系并非是一种理想的关系。竞争型的人际关系是指双方为了各自目标而互相竞争、互相排斥的人际关系，这是一种令人兴奋、又使人精力过度紧张的紧绷型人际关系。现实生活中，合作、竞争、主从因素并不十分分明，各种因素往往互相交织，区别只是在于哪种因素占据这种人际关系的主导地位而已。

这种分类具有明显的社会心理学色彩。

### （五）按目的性质划分人际关系

按照人际关系的目的性质来划分，人际关系大致可分为情感性人际关系、工具性人际关系和混合型关系三类。

情感性人际关系是指为了满足相互之间的情感交流、形成良好的心理气氛而建立起来的人际关系，如友情、爱情关系等。工具性人际关系是指基于某一种功利目的而建立起来的人际关系，如客户关系。但在社会交往中，纯粹意义上的情感关系和工具关系十分罕见，大量的人际关系表现为同时具有情感与工具双重意义的混合型人际关系。无论何种人际关系，不可能不含功利的成分，因为互相支撑和互相合作是人与人之间所必需的，同时，在现实生活中在互利基础上建立人际关系也是正当和牢靠的；在人际关系中更不可能没有感情的色彩，既有利益需求又有感情润滑的人际关系才是最牢固持久的健康人际关系。

## 二、人际关系的功能

本书所讲的人际关系的功能仅针对个体而言，它对个体各方面的作用与影响十分巨大。主要表现在以下几个方面。

### （一）人际关系的身心保健功能

人人都有克服孤独、追求与他人融合的心理需要，如果这种需要得到了满足，就会产生积极的情感体验，否则势必产生消极的情感体验。美国心理学家做了一个实验，让五名被试者在与外界完全隔绝的黑屋子里待着，其中一人只待了两小时，三人待了两天，时间最长的一名被试者待了八天，出来后说如果再让他多待一分钟就会发疯。这个实验结果说明人有合群和亲和的需要。研究表明，长期孤独的人慢慢会变得忧郁甚至精神失常，其寿命也比乐观开朗的人要短。从心理卫生的角度看，良好的人际关系可以满足人的安全需求和归属需求，提高自尊心和自信心，有利于人的身心健康。反之，人际关系失调，会严重影响身心健康，产生不良的情绪反应，如焦虑、不安、恐惧、愤怒、敌对等负面情绪，进而会导致神经衰弱、抑郁症等众多身体疾病。

世界卫生组织提出了身心健康的八大标准：①食得快。②便得快。③睡得快。④说得快。⑤走得快。⑥良好的个性。⑦良好的处世能力。⑧良好的人际关系。可见，良好的人际关系是人们身心健康的重要标准之一，也是重要的保障。

### （二）人际关系的信息功能

现实社会中的绝大部分信息、知识、思想等都是通过人际交往获得的，人际交往对每个人的工作、生活和自我发展产生至关重要的影响。研究表明，一个人除了八小时睡眠之外，其余 70%的时间都用在了各种各样直接或间接的人际交往和沟通上。人际交往既是人们之间信息交流的过程，也是人与人之间思想交流的过程。随着人类社会交融和传播技术的迅猛发展，社会信息传递、交流和共享的手段日新月异，似乎把人际关系给抹杀了。实则不然。每个人都是信息的传播者，也是信息的接受者，而瞬息万变的信息传播技术只是媒介，人际沟通作为信息传播的方式和手段，这一重大前提是不可或缺的。人际交流较之大众传播和公共传播的一大优势就是人际交流具有双向性，在人际交往中，信息不仅是被单纯地复制传播，而是不断有新的信息形成、发展。

### （三）人际关系的自我认知功能

自我认知，也叫自我意识，是对自己存在的察觉，即对自己的生理状态、心理特征及自己与周围事物关系的认识。自我认知是基于自我体察和分析基础上的自我评价，受到自我认知水平的影响和制约。人的自我认知水平是在社会交往中形成和发展起来的。自我认知的途径主要有两个方面。第一，周围人的评价。一个人对自我的认知，特别是对自己人格方面的评价受社会的制约，自我观察对此往往无能为力。人关于自我的观念在很大程度上取决于周围人对他的评价，尤其是来自群体、集体及自己所重视的人的评价。在有利意见的影响下，自我评价会提高；在不利意见的影响下，自我评价会降低。但是，在人际交往中，他人的评价固然可作为自我评价的重要参照指标，可他人的意见并非完全正确，而且情况复杂，人们在做自我评价的过程中，需综合考虑多方面因素。第二，社会比较。人们对自己认知的另一个重要途径就是通过与他人的比较形成。自我概念的形成是社会比较的产物，费斯廷格认为人具有想要清楚地评价自己的意义和功能的要求，如果有评价自己意见和能力的物理的客观的手段，人们会首先选择这种手段，如果找不到这种手段，就会通过和很多的他人比较来判断自己的意义和能力，因为和自己类似的他人对评价自己的意见和能力有重要作用，所以容易被选作比较对象。实际上，人们还会和不同的人进行比较，以此来改变自我概念和评价。

总之，在人际关系中，他人是一面镜子，每个人都能在与他人交往中或多或少地认识自己，这里有着心理与性格的相互比较。只有努力拓展交往视野和范围，才可能深入而全面地进行自我认知，从比较中看到自己真实的社会价值，避免盲目自大和妄自菲薄两种极端心理。

### （四）人际关系的社会化功能

人从一出生就开始投入社会生活，但人的一生有一个逐渐适应社会的过程，也就是通过不断的学习和实践发展自己的社会过程，这就是所谓的社会化。社会化程度的高低是衡量一个人成熟程度的重要尺度。人是社会性动物，不能离开他人而孤立地生活，个体的社会化在很大程度上是通过社会关系实现的。个体在与他人交往的过程中，通过与他人建立各种各样的关系，逐渐发展和形成个性，通过不断的社会化过程来实现自身的价值。正因人际关系是个体社会化的重要环节，贯穿个体社会化的始终，在人的社会化过程中发挥着重要作用，因此，要慎重选择交往的对象。尤其是青少年，青年期是社会化的关键时期，人际交往与青年人的社会化关联尤其密切，青年人处于心理不成熟时期，这一时期的社会化任务主要是解除心理断乳而形成的危机。由于青年人涉世不深，对社会的认识和判断有很大的局限性，一旦交友不慎会误入歧途。所以，需慎重选择人际交往的对象。

总之，一个人的成长发展，离不开人际关系；一个人的身心健康，离不开人际关系；一个人的幸福生活，离不开人际关系；一个人的事业成功，离不开人际关系。人际关系是一种网络，一种资源，一种渠道，一种风景。一个人人际关系的好坏是其综合素质的体现，而且人际关系也是一种生产力。

# 第三节 人际交往的障碍及其克服

## 一、人际交往的主要障碍

障碍是指阻挡前进的东西。交际障碍是指人际交往中具有显著的不利影响和消极作用的梗阻性主客观因素。从人际交往的一般情况看，主要有以下障碍需要有效防止和排除。

### （一）角色障碍

角色性障碍是由于人们之间的角色差异而形成的障碍。在社会生活中，人们扮演着不同的角色，也不断地变换着角色。在相同角色或不同角色之间，往往会形成交际障碍。

相同角色之间会形成交际障碍。相同角色由于历史的、现实的原因，角色之间可能互不相容，难以沟通。“同行是冤家”就是共同的利益冲突及潜在威胁而形成的交际障碍。这种障碍的预防和排除关键是观念的更新和机制的调整。要根据现代社会的新条件和新要求，建立起“合作双赢”的新的关系调节机制和运行模式。

不同角色之间更会形成交际障碍。不同的角色由于不同的身份、年龄、职业、地位、处境、经历、立场、态度等因素，可能会形成交际障碍。医生与患者、教师与学生、领导与群众、家长与孩子、司机与乘客等常见的对立统一关系，如果处理不当，区别性的“对立”被强化就可能成为交际障碍，如医患关系的紧张、师生关系的对立、辈分之间的“代沟”。这类障碍的预防和排除关键是设身处地、利益协调和及时沟通。设身处地是“角色互换”，容易互相体谅；利益协调是敏感因素，处理得当容易建立感情；及时沟通是信息互动，充分交流容易达成共识。

### （二）文化性障碍

文化性障碍是由于语意差异、习俗差异和教育程度差异等文化因素而形成的障碍。

（1）语意差异形成的障碍。语言是表达思想和感情的工具。特定的语言，一般都有特定的意思和信息。人际交往的过程中，“说者无意，听者有心”或“说者有意，听者无心”等表达性、接收性因素可造成沟通的障碍。从表达者看，说话的态度、语言的含蓄、方言的使用，都可能使自己的本意不能准确地表达。从接受者看，听话的心态、译码的环境、理解不够，都可能曲解误读对方发出的信息。可见，准确地发送和接收语言信息，可有效地防止和排除语意差异形成的障碍。

（2）习俗差异形成的障碍。五里不同风，十里不同俗，不同地区、不同国家之间的人际交往，由于风土人情、风俗习惯等文化背景的差异，会造成沟通的障碍并影响人际关系。因此，跨地区、跨国度的交往，应入乡随俗，以预防和排除此种障碍对人际关系的消极影响。

（3）教育程度差异形成的障碍。交往双方因教育经历、文化水平高低，会使双方的信息交流和交际姿态出现障碍。过浓的书生气、高深的理论说教、太专业的语言表达及太低的理解和接受能力，就是这类障碍出现的常见原因。预防和排除这种障碍，关键是要扩大双方的文化共识域，尤其是文化水平高的一方，需要适当地“迁就”对方，用低姿态和通俗的语言与对方交流。

**（三）心理性障碍**

人际障碍更多的是来自心理因素，尤其是病态的交际心理。

（1）自卑心理。人际交往中自卑心理的产生，主要来自心理上消极的自我暗示。一般来说，表现为对自己的能力、品质等自身因素评价过低，心理承受能力差，谨小慎微，多愁善感，行为畏缩，瞻前顾后等。产生这种消极自我暗示的原因主要有：现实交往受挫，产生消极反应；生理上的某些不足引起消极的自我暗示；对自我能力和智力估计过低带来的消极自我暗示；对自身性格和气质评价过低造成的消极自我暗示。自卑心理是一种自我否定的心理定式。这种定式往往根源于对自己的过低评价，常常表现为交际中“底气”不足，缺乏自信，习惯于用“仰视”的角度看待别人，总是担心被人瞧不起，总是用低三下四的姿态，其结果既限制束缚了自己的交际活动，又容易引起别人的怜悯鄙视。克服自卑心理及其障碍，需要在增强自己实力的同时，尽可能客观、准确地评价自己，特别是注重对自己基本优势的肯定性评价，并在交际中挺直腰板，主动出击。

（2）恐惧心理。人们渴望友谊，希望广交朋友，但是有些人对人际关系特别敏感、害怕，极力回避与人接触，不得不交往的时候则会紧张、恐惧。为此，他们常常陷入焦虑、痛苦之中，严重影响到身心健康和日常的学习与生活。社交恐惧症一般来说是后天形成的条件反应。有些人在交往过程中屡遭挫折，就会在心理上形成一种打击，在情绪上产生种种不愉快的甚至痛苦的体验，久而久之，就会不自觉地形成一种紧张、恐惧、不安的情绪状态；另外，看到或听到别人在某种交往情境中遭受挫折，陷入困境，自己就会不自觉地依据“间接经验”来预测自己在特定的社交场合遭受令人难堪的对待，于是紧张不安、焦虑、恐惧。

（3）自负心理。自负就是一个人只关心自己的需要，过分强调自己的感受，而全然不顾他人。在人际交往中，自负一般表现为两种：一种是高高在上，不屑与任何人交往；另一种就是高估自己受欢迎的程度，一相情愿地认为自己就是“万人迷”。自负心理是一种自我肯定的心理定式。这种定式往往要来自对自己的过高评价，常常表现为交际中“底气”太足，自高自大，习惯于俯视别人，总是挑剔别人的毛病，对自己却放任自流。这种心理及障碍的克服，同样需要客观、准确地评价自己，特别是注意对自己劣势和不足的清醒认识，同时要严于律己，平等待人。

（4）猜疑心理。猜疑心理是一种对人对事缺乏信任的心理定式。这种定式夸大性地认可和接受了“防人之心不可无”的古训，总是怀疑别人的言行与自己有关，对人时时设防，处处警惕，常常生活在捕风捉影、疑神疑鬼的阴影中，容易因此而引起矛盾和冲突，其结果既使自己由于过分的敏感而活得很累，又使别人在多种设防的阻隔中退避三舍。克服这种心理需要增强充分的安全感，正确地评价人与人之间的是与非、善与恶，如果有上当受骗的经历与教训，也需要正确地对待。

（5）腼腆心理。腼腆是在陌生人面前由于害羞而产生的紧张、拘束等不自然的表情、动作及语言状态。适当的腼腆也有“可爱”之处，给人以淳朴、天真的印象，但过分的腼腆由于拘谨、被动、怯懦等状态而成为交际障碍，就会束缚人们的思想和行为，妨碍人们的正常交往。克服这种心理及障碍，需要培养交往的勇气和胆量，更需要在大量交往实践的锻炼中提高技巧和积累经验。

（6）游戏心理。游戏心理是一种过分世故的心理定式。有这种心理的人，与人交往没有责任心，缺乏真诚的品质，总是以饱经风霜、看破红尘的心态，逢场作戏，朝秦暮楚，要么吹牛撒谎，要么行为放荡，并且以这种心理去揣度别人，认为人际交往中人们都在演戏或都应该演戏。这种心理给人际交往的心理环境以消极的影响，一般不会获得真正的友谊，容易被人戒备和排斥。克服这种心理及障碍，最重要的是增强责任心，造就真诚的品质，并以客观的立场去体验和分享别人的责任与真诚。

（7）虚荣心理。虚荣心理是一种过分看重个人面子的心理定式。有这种心理的人，往往强烈地想得到不属于自己的成就、荣誉和社会肯定。为此，在言行上喜欢炫耀自己，有时可能采取欺骗自己、欺骗他人等不正当手段来获取虚名和物质利益。虚荣心太强的人，容易招致别人的反感和排斥，也容易因期望的不能满足或不当的满足手段而给自己带来伤害和挫折。克服虚荣心理，需要树立务实的人生态度，需要脚踏实地、埋头苦干的工作精神和持之以恒的不懈努力。

（8）嫉妒心理。嫉妒是与他人比较，发现自己在才能名誉、地位或境遇等方面不如别人而产生的一种由羞愧、愤怒、怨恨等组成的复杂的情绪状态。这种不良的心理来源于两种错误的认识：一是别人的成功意味着自己的失败；二是别人的成功是对自己的威胁。嫉妒心理在人际交往中的负面作用较大，有时会使人产生焦虑、敌意和憎恨的情绪，并会导致中伤，诋毁他人，打击别人进步的消极行为。这种心理不仅会阻碍正常的人际交往，而且会影响个体的心理健康。

（9）戒备心理。在人际交往中，戒备心理是一种不切实际的、固执的心理偏见。在交往中，有些人怀着“害人之心不可有，防人之心不可无”的心态，在处理人际关系时处处戒备，害怕上当受骗，这种心态虽然降低了被骗的可能性，但是，这种对别人的严重不信任，自然造成了交往中的障碍。

（10）孤独心理。孤独是一种感到与世隔绝、无人与之进行情感或思想交流、孤单寂寞的心理状态。孤独者往往表现出委靡不振，并产生不合群的悲哀，从而影响正常的学习、交际和生活。有些人过于自负和自尊或者遭遇过大的挫折，容易陷入孤独的误区，在日常生活中游离于集体之外，限制了正常的人际交往。

### （四）认知性障碍

认知一般是指人们对人或事物的认识和看法。在交际认知中，一些认知偏误就会构成交际障碍，并对人际关系造成消极影响。

（1）首因效应。首因效应也叫第一印象，是指素不相识的人第一次见面的印象所产生的作用，这种最先的印象主要是通过对方的相貌、表情、身材、服饰、言谈、举止等外在因素获得的，一般在极短的时间内就会形成。首因效应的作用往往是巨大的，它可以直接决定或影响人们要不要与对方交往、如何与之交往等态度和行为。第一印象具有表面性、片面性、归因性和类比性，并且具有一定的稳定性和延续性。这种印象可能准确，也可能不准确。由于判断失误，交际的态度、行为及结果就会出现偏差。防止和克服首因效应造成的障碍，首先需要注重交际实践和交际经验的总结，善于通过口头语、笑式、体姿、“涂鸦”、“吃相”等途径观察和判断对方的基本情况，尽量获得准确的印象。其次，对已经形成的印象要通过后续的交往进行进一步的印证。再次，对交往实践已经证明不准确的第一印象，应及时放弃和纠正，不要固执己见。

（2）后因效应。后因效应也叫后摄作用，是指人际交往中新获得的信息往往起优势作用的现象。人们在社会生活和人际交往中，总是不断地获得各种信息，就信息对人的影响来看，最近的信息对认知的影响相对比较大，所留下的印象也相对比较深刻。后因效应与首因效应是一组对应的现象。二者的相似之处在于，对人们的认知具有强烈的影响作用，而作用的性质可能准确，也可能不准确，如果不准确，就可能成为交际障碍或成为交际障碍的诱因。二者的不同之处在于，首因效应在人们交往的初期作用显著，后因效应则在交往的后期作用明显；首因效应在对某个人的两种信息连续感知的时候作用较大，后因效应则是在两种信息不连续感知的时候作用明显。防止和克服后因效应造成的障碍，关键是对新获得的信息要进行有效的选择和甄别，以达到对信息的准确把握和利用，尤其是对可能造成负面影响的信息就更应该如此。

（3）晕轮效应。晕轮效应也称光环效应，是指当对一个人的某个特性形成好或坏的印象之后，就会辐射性、连带性、泛化性地据此推论这个人其他特性的好或坏的思维定式。“一俊遮百丑”“爱屋及乌”就是这种效应的典型性说明，在人际交往中，特别是在刚开始交往的时候，人们会不知不觉地利用已有的少量信息得出广泛的、整体的结论。晕轮效应根源于人们相互间直观评价和预测的主观片面性，是一种以点带面、以偏赅全的判断方式，容易出现认知上的偏差并导致行为上的失误。防止和克服这种效应的负面影响，需要养成全面的、整体的、客观的认识人或事物的良好习惯，为此，就需要学会和掌握快速而准确地采集丰富信息并善于进行信息处理的能力与技巧。

（4）刻板效应。刻板效应是人们在长期的认知过程中所形成的关于某类人的概括性、笼统性的固定印象。这种效应的表现，可能是把某个人看做某类人的典型代表，也可能是把对某类人的评价视为对某个人的评价。比如，知道小张是南方人，因为南方人是精明能干的，所以小张就是精明能干的典型代表；认为农村人是厚道老实的，老李是农村人，老李肯定是厚道老实的。刻板效应常常是种偏见，会对人形成错误的认识。如果过于依赖这种效应就会给人际交往带来意想不到的麻烦，甚至会产生被人欺骗的后果。防止和克服这种效应，关键是要具体问题具体分析，在人际交往中善于因人而异、因时而异，不要机械地对人进行归类，也不要拿现成的类别框框到处去套。

（5）投射效应。投射效应是指个体认知他人时把自己的特性投射、归属到他人身上的现象。这是一种以己度人、推己及人的心理倾向。这种效应最容易发生在感到别人与自己有诸多类似之处的时候。自己善良，就感受到对方善良；自己多疑，就感受到对方也多疑；自己爱嫉妒，就认为对方也爱嫉妒。由投射效应所形成的认知往往没有客观依据，主观色彩极强，容易形成偏见形成人际关系障碍。防止和克服投射效应所造成的人际障碍，关键是对自己和别人的客观观察和准确把握，不要把“设身处地”与“投射效应”混为一谈，如果发现已有投射效应产生的负面影响，就应及时地、果断地放弃和纠正。

（6）情绪效应。情绪效应是指交际双方的情绪彼此感染、往复循环并对交际和关系产生影响的现象。人际交往中，人总是具有这样或那样的情绪。愉快的情绪，会令对方春风满面，而对方的高兴之情又会让自己更愉快，如此循环，会促使关系的良性发展。不愉快的情绪，会令对方不快乐，而对方的不悦之情又会让自己更不愉快，如此循环，会妨碍或破坏双方的关系。防止和克服情绪效应的负面影响，关键是要养成乐观的处世态度并经常面带微笑，如果在情绪不好的时候与人交往，则要尽力克服自己的不良情绪，如果不良情绪已经影响别人并反馈到自己则应及时向对方解释与沟通。

## 二、人际交往障碍产生的原因

### （一）外部原因

外部根源主要是指经济、社会、教育背景和家庭氛围等因素对人际交往的影响。

#### 1．交往行为经济化明显

随着社会化的进一步加深，人们扮演角色的多元性在增加，人际关系已不再拘泥于单纯的关系，而是越来越显示出经济性。与人交往需要大量的时间和金钱。许多人在不考虑自身经济能力的基础上，一味地追求高品质、高消费的生活，这使他们背负了沉重的经济压力，成了名副其实的“月光族”或“日光族”。一股奢华之风正在社会上蔓延，尤其对于经济实力不强的人来说，这种奢侈、毫无理性的消费方式时常会造成经济的拮据和自身精神的负担，这成为困扰人们人际交往的一个重要的心理障碍。

#### 2．社会因素

社会对人际交往的影响主要是指社会经济、科技发展、社会文化等因素的影响。当代人的人际交往是在市场经济的现实条件下展开的，不可避免地表现出情感的逐渐淡化，取而代之的是功利性的物质利益的交换。科学技术的发展带来电视频道增多、电视节目吸引力增加，使人们的许多闲暇时间消耗在影视频道中；方便的电话交谈、便宜快捷的短信交流，使人际交往变得更加省时省力，懒得或不愿与人直接面对面交流；互联网的快速发展，使人们直接交往减少，交往兴趣和需要下降。

#### 3．学校因素

大学生是一个社会先进知识水平的代表。社会的急速发展冲击着整个大学校园。首先，由于就业压力增大，高校盲目追求就业率，重视专业知识技能的学习，学生负担过重，校园活动形式单一、内容枯燥，使大学生人际交往变得庸俗化；其次，大学校园给予了大学生更多的自由和民主，学生有更多的自由支配的时间和自主选择的权利，但这种自由和自主在某种程度上让习惯了束缚和指导的大学生感到茫然，不知如何充实、完善和发展自己；再次，大学教育忽视心理健康教育的重要性，没有在大学生中普及心理知识包括人际交往知识的教育，只是设置了心理咨询机构，对有需要的大学生提供个别咨询与辅导，导致大学生缺乏必要的人际交往指导。

#### 4．家庭因素

家庭结构、家庭内部的人际关系、家庭教育的价值导向等是影响人际关系的家庭因素。一般来说，来自单亲家庭或组合家庭的人往往性格孤僻、内向、不善于沟通、不善交往或回避交往；独生子女和娇生惯养的个体往往自我中心、蛮横强势，在交往中抗挫折力差；家庭内部人际关系紧张、矛盾甚至冲突，会使个体形成怀疑、忌妒、攻击性等不良心理和行为，从而影响其人际交往。家长是个体的第一任老师，家长的价值观念会对个体产生潜移默化的影响，左右个体的交往行为。

### （二）内部原因

#### 1．生理发育和心理发育水平导致矛盾产生

现实生活中，虽然参与人际交往的人们在身体方面的发育已基本处于稳定，但在心理方面，

很多人可能正处于从单纯走向成熟的成长过渡期。由于社会阅历不同，社会化程度不一样，许多陌生、矛盾的东西令人们应接不暇，让他们感到非常迷茫。这些心理障碍表现在人际交往方面就是既想结识朋友，扩大交往，又对社会上各种不健康的交往方式和欺诈的、不道德的社会交往感到困惑和恐惧，所以难以建立起和谐的人际关系。同时，越来越高的智力水平使自我概念变得复杂化，过分追求自我完美、自我理想和自我中心。在谋求内部与外部、理想与现实、主观和客观的统一时，他们存在想实现自我与强化自我却又无法如愿的矛盾，这表现在人际交往中就是越强调自我，越感到孤立无友，自己与集体、他人之间的距离越来越远。由于心理的不成熟造成的孤独打破了“天之骄子”的心理平衡，使人们对人际交往的态度产生了变化，因此人们感到迫切想与人交往的心理总是无法满足，人际交往出现障碍。

**2. 期待过高导致失落**

许多人在各自的家庭甚至工作中都是佼佼者，在业内十分受人尊重。可是进入社会大环境后，很多人发现自己与其他一些人相比，差距比较大：社交能力不如别人，家庭条件不如别人，能力才干不如别人等。还有的人因知识面窄，兴趣不广泛，又没有特长，因此常常感到被人瞧不起，于是长期积累的优越感一下土崩瓦解，转而变得自卑。但同时，现在很多人的自尊心又处于增强、渴望表露的时期，自尊与自卑无形交织在一起，增加了控制和调适的难度。对自我控制能力还不强的人来说，由于缺乏明确的人生信仰，当自我实现偶然出现挫折或暂时不能实现时，为满足自己的虚荣，就开始伪装自己，敏感地保护自己不受外人伤害，压抑自己正常的心理反应，假装成熟或者以一种冷漠超然的态度去面对生活和社会。

**3. 人际交往能力不足**

很多人在人际关系上都认为，表面上大家聊得还投机，气氛不错，但是一涉及心灵深处的东西，都是“骨子里冷漠”。这就是交往能力不强的表现。一方面，多数人表现出比任何人更渴望友谊，渴望理解和同情；另一方面，由于他们正处于人生经历的不同阶段，有时过高估计自己的洞察力和分析能力，似乎觉得“世人皆醉我独醒”，宁可让人敬而远之，也不愿主动交往。人际交往能力不足不仅使许多人不敢轻易吐露自己的内心世界，而且经常敏感地自我防卫，戒备别人，无形中拉大了与别人的感情距离，加深了与别人相处的心理隔膜，造成人际交往的弱化。

**4. 认知方面偏差**

认知是个体基于客观环境对自身及周围人或事的一种主观感受和评价。而认知的偏差成为影响人际交往、造成交往障碍的关键因素。如自我评价过高或过低、过度地以自我为中心，这是对自我认知的失调，由此会产生人际关系问题；人们在交往中会不自觉地利用首因效应、晕轮效应、刻板印象等去评价他人，造成对他人认知的失调，使得人际关系紧张；在学校教育中，人们很少有时间和精力去与人交往，进入社会后，往往对人际交往的认知过度完美化、理想化，对社会人际关系的复杂性和多样性缺乏足够的心理准备，不利于人们正常的人际交往。

**5. 人格模式不健全**

所谓人格，是指人在各种心理过程中经常地、稳定地表现出来的心理特征，主要包括气质、性格。人格的差异会带来交往中的误解、矛盾与冲突。如不同气质类型的人对同一问题的处理方式不一样，胆汁质的人性情急躁、言谈举止不讲究方式，容易在无意中伤害别人，而抑郁质的人敏感多疑、情绪体验深刻，这两种人的交往常会互相抱怨和不满。性格同样决定一个人的人际关系。性格内向的人不喜欢与人交谈，不会主动展现自己，常常把自己封闭起来；性格孤僻的人在交往中只关心个人的兴趣、想法而忽视对方。人格因素是影响人们成功交往的重要影响因素。

## 三、人际交往障碍的克服

### （一）端正认识

#### 1. 端正对他人的认知

（1）综合评价他人。一个人的语言通常反映这个人的内心，但有时人会掩饰自己的内心，他所说的话不直接表露他内心所想。这就需要听者善于听“弦外音”，真正听明白对方的意图。人的内心活动是可以通过行为表现出来的。一个人的内心控制力再强，其行为也总会有所反映，因此我们评价一个人应当综合他的一贯行为表现，不能仅凭一两件事或最初、最近的表现来判断人。

（2）客观评价他人。每个人都喜欢凭自己的喜好与人交往。在交往中也会不自觉地将个人的爱好强加于他人。这就造成了我们在认知他人时会带有某些主观的成分。但在实际生活和工作中，我们遇到的人并不一定都是我们喜欢的人，所以我们应从他人的实际特点和具体情况出发去认知，对其有一个客观的评价，确定比较合适的交往方式。

#### 2. 端正对自我的认知

（1）全面认识自我。人贵有自知之明。如果一个人能够全面地、正确地认识自己，客观地、准确地评价自己，就能够量力而行，确立合适的奋斗目标，并为实现这一目标而不懈努力。只有以此为基础，才能扩大自己的交往范围和空间。一是通过分析他人对自己的评价来认识自我。这是自我认识的一条重要途径。大学生应正确对待他人对自己的评价，从分析他人对自己的评价中进一步认识自我。二是通过与他人的比较来认识自我。通过比较来认清自己的优势和劣势，长处和短处，达到取长补短，缩小差距的目的。三是通过自我比较来认识自我。人们不仅可以通过与他人的比较来认识自我，也可以从比较自己的过去、现在和将来中认识自我。四是通过自己的活动表现和成果来认识自我。大学生可以通过自己参加各种活动时的动机、态度，在活动中的表现，以及取得的成效、成果来分析认识自己。

（2）积极认可自我。大学生如果以积极的态度认可自己，便会形成自尊；如果以消极的态度拒绝自我，便形成自卑。自卑的产生不利于人际交往的进行。一是要积极而准确地评价自我。积极而准确地评价自我是促使产生自尊感，克服自卑感的关键。对自己的长处要充分发挥，对自己的短处要正确对待，既不能护短，也不应因某些短处而灰心。二是要正确对待挫折和失败。一个人在成长过程中，难免会有失败，要有勇气面对挫折，认真总结教训，树立不达目的不罢休的信心。

（3）努力完善自我。自我完善是个体在认识自我，认可自我的基础上，自觉规划行为目标，主动调节自身行为，积极改造自己的个性，使个性全面发展，以适应社会要求的过程。一是确立正确的理想自我。正确的理想自我是在自我认识、自我认可的基础上，按社会需要和个人的特点来确立自我发展的目标，并通过实现这一目标而努力地完善自我。二是努力提高现实自我。不断战胜旧的自我，重塑新的自我，既要努力发展自己，又绝不能固守自我，要积极主动地为社会服务，勇于承担重任；既注重自我价值的实现，又不仅仅追求个人价值，在为他人和社会服务、为国家和民族做贡献的过程中实现自我价值。三是认真进行自我探究，逐步获得积极的自我统一。自我统一意味着“主体我”和“客体我”的统一。大学生在认真探索人生的过程中，逐步获得积极的自我统一，实现自身的价值。在获取自我统一的过程中，首先要分析和确认“理想自我”的正确性和可行性，然后与现实自我相对照，最后有针对性、有计划地解决二者之间的矛盾，缩小差距，最终获得统一。

### （二）克服不良情绪

控制人际交往的不良情绪是人们心理成熟和健康的重要标志。因此，首先，应强化人的品德和文化修养，培养高尚的情操，形成内在的理智力量，提升情感世界。其次，应调控对他人的期望值。每个人都不是完美无缺的，在个性、行为习惯、价值观念和情绪状态等各方面都可能有优点或不足。如果对他人、对事物所抱期望值过高，势必在需求难以满足时产生不好的情绪反应。在人际交往中，每个人都应当正确处理对他人的期望问题，不要求全责备，以免产生失落和不良情绪。最后，还必须具有各种良好的交往品质，如真诚、信任、克制、自信、热情等。

### （三）培养良好的人格

要培养良好的人格，还要优化自我性格。性格的可塑性较大，有好坏善恶之分。因此，人们应当积极塑造良好性格，以适应社会的需要。当代社会，一个人良好的性格应该是：温和亲切，谦虚热情；心胸豁达，宽以待人；耿直正派，坦荡真诚等。良好的性格是成功交往的基础，可以通过以下几种途径优化自我性格。一是，通过博览群书使少教者变得有教养；使骄傲者变得谦虚；使自卑者变得自信；使心胸狭隘者变得豁达等。二是，通过交往发现别人性格的优劣，并从中找到与自己的相似之处，从而调整和改正自己。三是，从小事做起。许多人所具有的开朗、正直、坚韧、细致等优良性格都是坚持锻炼的结果，是慢慢形成的，因此，我们要从我做起，从小事做起。

### （四）学会人际交往的技巧

（1）努力建立良好的第一印象。第一印象在人际交往中对后继信息的理解和组织有强烈的定向作用，它决定了个体最初的吸引力并对以后的交往产生不可忽视的影响。给人留下良好的第一印象是交往成功的第一步，所以大学生要利用第一印象尽早展现自身优点，使人际关系有一个良好的开端，使交往进入良性循环。良好的仪表、幽默的谈吐、机智的语言等都会给人留下深刻的印象。

（2）提高自身素质。良好的内在素质是建立和谐的人际关系的重要条件。它包括良好的思想道德修养、个性品质和行为规范等。大学生只有加强自身道德修养、注重实践锻炼，才能做到“诚于内而秀于外”，在交往中给人以信任感和安全感。

（3）给人以友善的微笑。美国心理学家卡内基曾说：“你的笑容就是你好意的信差。”微笑是人际交往的基本功，它表达了对别人的友好、接纳、赞同、理解和宽容。有人把微笑称为人际交往的魔力开关，面对他人，只要你轻轻一展笑颜，就胜过万语千言。在人际交往中，真诚、灿烂的微笑会令你魅力倍增。

（4）给人以真诚的赞美。赞美如阳光，人人都需要。如果我们能够发掘对方的闪光处，给予真诚和准确的赞美，可以拉近彼此之间的心理距离，同时也会给自己带来一份愉悦。但要注意赞美别人时，要维护自我尊严和自我价值，绝不能刻意逢迎。

（5）保持谈兴。有了共同感兴趣的话题，能否谈下去，是友谊发展的关键。保持谈兴的技巧是耐心倾听并及时鼓励对方谈下去。在倾听别人谈话时，要习惯用应答语，得到正常的反馈后，对方才更有信心，更有激情把话谈下去，不至于扫兴地中断。谈话时要注意：对初识者谈吐要有分寸，要说真话；不论在什么场合，不论面对谁，不论是对一人还是对多人，谈话都不可绝对，要留有余地，进退有度。

# 第四节　人际交往礼仪

礼仪是人类为维系社会正常生活而要求人们共同遵守的最起码的道德规范，它是人们在长期共同生活和相互交往中逐渐形成，并以风俗、习惯和传统等方式固定下来的。对一个人来说，礼仪是一个人的思想道德水平、文化修养、交际能力的外在表现，对一个社会来说，礼仪是一个国家社会文明程度、道德风尚和生活习惯的反映。重视、开展礼仪教育已成为道德实践的一个重要内容。礼仪包括“礼”和“仪”。“礼”即礼节、礼貌、礼俗；“仪”即仪表、仪态、仪容、仪式，内容非常广泛丰富。

## 一、礼仪的含义和实质

### （一）礼仪的含义

礼仪是人们在社会交往中用来美化自身、敬重他人的约定俗成的行为规范和程序。它是礼节和仪式的总称，具体表现为礼貌、礼节、仪表、仪式等。

礼貌是指人们在相互交往过程中以庄严和顺之仪容表示敬重和友好的规范行为。礼貌是一个人在待人接物时的外在表现，这种表现是通过仪表及言谈举止体现的。一个人傲气十足、出言不逊、动作粗俗、衣冠不整就是对他人没有礼貌。

礼节是指待人接物的行为规则。它是礼貌的具体表现方式，包括待人的方式、招呼和致意的形式、公共场合的举止、风度和衣着等。礼节是社会文明的组成部分。从形式上看，它具有严格规定的仪式；从内容上看，它反映着某种道德原则，反映着对人的尊重和友善。礼节虽然不同于法律，但它是人与人之间约定俗成的“法”，它是人们在社会交往中必须遵循的表示礼仪的一种惯用形式。

仪表是指人的外表，包括容貌、姿态、服饰、表情、风度和个人卫生等，是礼仪的重要组成部分，是形成人的第一印象的基本要素。一个人如果容貌端庄、姿态自然、服饰得体、表情丰富、风度美好、整洁卫生，自然就给人留下美好的印象。

仪式则是礼的秩序形式，是指为表示敬意或表示隆重而在一定场合举行的、具有专门程序的规范化的活动，如结婚拜堂仪式、阅兵仪式、签字仪式等。

总之，礼貌、礼节、仪表、仪式都是礼仪的具体表现形式。《西方礼仪集粹》编者埃米莉·波斯特说：“表面上礼仪有无数的清规戒律，但其根本目的却在于使世界成为一个充满生活乐趣的地方，使人变得平易近人。”在现代社会，礼仪可以有效地展现施礼者和还礼者的教养、风度和魅力，体现一个人对他人和社会的认知水平、尊敬程度，是一个人的学识、修养和价值的外在表现。

### （二）礼仪的实质

礼仪的实质究竟是什么？就是“恭敬”二字。即只要你在社交过程中做到对人的尊重，不管你在礼仪表达方式上是怎么说、怎么做的，都合乎礼仪规范。这样一来，学习礼仪就变成轻松的事情了。我们可以在把握礼仪实质的基础上，对表达礼仪的内容和方式，随着时代的变化而进行创新。比如，中国传统礼节——春节拜年，是最能表现中国人社交礼仪的隆重礼节。但随着科技的发展和时代的进步，人们再也不必不远万里、不辞辛劳地进行脚踏实地的拜年了，完全可以通过先进的通信工具——电话、手机做传媒，甚至还可以足不出户通过网络视频、邮件来表情达意。

## 二、人际交往礼仪的功能

### （一）形象塑造功能

信息交流、传递是知识经济时代的显著特征。交往过程是信息双向交流传递的互动过程。社交礼仪首先传递交往中个体自身形象的外在信息。交际伊始，见面问候、行礼、介绍、致意、言欢、告别等都有诸多礼仪。你的穿着打扮，说话时的态度，写信的言辞，宴会的礼节，交往场合的举止所传递出有关你的各种信息，无不影响你给别人留下的印象，这也是别人在“读你”。在社交场合中，人们的一颦一笑、一言一行都在给自己的形象添画各种线条、涂抹多种色彩。比如，在社交场合，首先要注意自己的服饰礼仪，遵守 TPO 的原则，即你的穿着打扮应当与相应的时间、场合、身份、职业等相一致。工作时着上班装，节假日穿休闲装，出席宴会、观看演出等配社交装。再如，在工作及社交场合和别人谈话时，应注意言辞的礼貌性：使言语文明、有修养；措辞的修辞性；尽可能使言语文雅、婉转，讲究言语艺术。从而能很快得到别人的尊重和好感，给人以绅士、淑女的印象。

### （二）感情维系功能

感情是维系人们相互关系的黏合剂。在社会交往中大多数场合施礼并非纯粹的礼仪之举，而是借以表达情意。交往中，人们常常有意无意地由他人对自己的礼遇来分析和判定这其中折射出的对方的感情意向，产生一定的情绪体验。

交往中，由社交礼仪产生的情绪体验主要表现为两种情感状态。一是感情共鸣。当交往双方对所交流的信息有相同的情绪体验，交往对象感情符合自己的心理趋向，彼此之间感到双方是互相尊重的，就产生了感情共鸣。在交往最初的印象中，如果一方或双方都注意自己仪表整洁、仪态端庄、举止文雅、言语文明，就会产生良好的“人际气候”。使交往双方互相吸引，导致良好和谐的人际关系的建立和发展。二是感情排斥。与感情共鸣状态的表现相反，如果你衣冠不整、精神不振、举止粗俗、傲慢无礼，都可能导致感情排斥。被对方视为骄傲自负、缺乏教养，从而对你产生反感，形成排斥，拒绝与之交往。所以我们应该懂得美德是精神上的一种宝藏，但使之生辉的则是良好的仪礼修养。正所谓“文雅客来勤”，以礼相交，久而敬之。

### （三）行为调节功能

首先，行为调节功能体现在对交际者个人的印象整饰上。所谓印象整饰，是指人与人交往中围绕自己为在交际对象心目中形成期望以达到有意识地控制别人对自己形成印象的过程。为此人们常借助社交礼仪的施行来调整自己的行为，以达到印象整饰的目的。

其次，行为调节功能体现在对人际关系的调整、润滑和整合上。社交礼仪作为一种交往的手段，可以使人们的交往得以顺畅融洽地进行。这正像同家人的交往给人带来天伦之乐，同友人的交往给人带来深切的情谊，同恋人的交往给人带来甜蜜爱情，孤独时的交往给人带来安慰，忧愁时的交往给人带来欢乐一样。交往使人的苦闷忧愁得以合理地宣泄、排解，从而达到心理平衡。当然这种调节是以尊重对方为前提的。人们在交往时互相敬重，按礼仪规范去做，才能缓解或避免某些不必要的情感对立与障碍，建立良好的人际关系。

最后，行为调节还体现在通过社交化礼仪创造一些交际活动所需要的氛围，继而影响人们的行为。比如，在涉外交往中，可以通过恰如其分的礼仪，布置精彩场面邀请客人到会，安排迎送礼仪，营造庄严、正式、隆重、热烈、友好的交际气氛，以利于交往的顺利进行。又如，在商贸谈判中可以通过恰如其分的礼仪，确定谈判时间地点，安排座次顺序、得体的布局、开局以营造诚挚、友好、合作、轻松、认真的谈判气氛以利于谈判的顺利发展。

## 三、礼仪在人际交往中的作用

礼仪是人类文明的重要标志，虽属“小节”，但滴水藏海，能以小见大。所以，它是从细微处见精神，从表象反映本质的“行为显微镜”，对建立和维系良好的人际关系具有重要作用。

### （一）社交礼仪是道德的示范和文明的标志

礼仪是道德的一种示范，它代表着社会道德观念和文明程度。在文明社会，人与人之间的交往都以礼仪做规则，礼仪渗透人们的社会生活，指导人们的交往行为。比如，在家庭成员之间，少敬长、长爱幼、夫妻相敬，这是礼仪的道德观念所形成的天伦之乐。在公共社交场合，待人以礼、与人为善、时时事事不忘礼节。用社交礼仪调整社会生活、和谐人与人之间的关系。这反映了社交礼仪在生活中是一种善良的道德，用以培养人们的善恶标准和美的心灵。不论在何种社会，注重社交礼仪都是社会文明进步的标志，是维护人们尊严和社会道德面貌的规范。保持举止得体、谈吐优雅的状态，使文明智慧的气息、伦理道德的氛围得到强化，从而有益于保持人际交往关系的纯洁性，有助于人类文明的进步。

### （二）社交礼仪是行为的准则

社交礼仪是人们社会交往中行为的标准和规范，是通过评价、劝说、示范等教育形式纠正人们不正确的行为习惯。倡导人们用礼仪规范的要求去协调人与人之间的关系，维护社会的正常生活。

中国古代，人们在交往中就十分重视礼仪，强调用礼仪约束行为，如“来而不往非礼也”。古人强调人们交往中礼仪行为要适中，不过分，不过度，雅而不俗，淡而不腻。所谓“君子之交淡如水”。掌握适度分寸，认为这才是标准的礼仪行为规范，进而影响整个社会习俗。为此，我们应尽可能熟悉地掌握社交礼仪，严格用各种各样符合多数人意愿的礼仪规范约束自己的行为，使自己在交往对象心目中保持良好的形象，取得尽可能完美的社交信誉。

### （三）社交礼仪是交往的枢纽

社交礼仪是人际交往的润滑剂，是沟通和发展的必要条件。社会交际是人们相互接触，加深了解，沟通意见的一种最普通最常见的行为方式。人与人进行交往，双方第一个见面礼仪是握手问好，面带温和微笑，彼此从眼神传递流露出诚意，此为构成人际交往的首要礼仪条件。正是通过社交礼仪这一枢纽，达成促进情感交流，改善和保持良好的人际关系的目的。

社交礼仪还是人际关系和谐发展的调节器，是推动和促进人际关系顺利发展的助燃剂。有礼仪才会赢得人的尊重，才会沟通相互间的感情，才会谋求交友的愿望。社会交往中，“礼多人不怪”，朋友之间不能失却礼仪；家庭关系中，“礼多人融洽”，夫妻长幼之间不能忽视礼仪；工作联系中，“礼尽人舒畅”，同事上下级之间不能没有礼仪。人际关系失调时，社交礼仪的恰当运用，有时甚至是一句带礼貌的话语，往往可以缓和彼此之间的关系，缩短人与人之间的距离，融化相互间的矛盾，释解敌对情绪，从而使人际间的关系得以改善。这正是礼仪的力量所在。

## 四、人际交往的礼仪细节

在经济蓬勃发展的今天，彼此往来的活动日趋频繁，人际交往已经成为企业、个人一项经常性的工作。个人的行为举止、工作态度等所营造的文化氛围，影响着周围人对个人的印象。人际交往活动中的礼仪是个人形象、文化和修养素质的综合体现，我们只有做好应有的礼仪才能为自己在形象塑造、文化表达上提升到一个满意的地位。

### （一）礼品礼仪

中国人一向重交情，赠送礼品是表达友情的一种方式。送礼要选择好时间，最好是在重大节日或具有纪念意义的日子，如春节、中秋节、端午节、生日、婚礼等。另外，若接到朋友喜庆请帖时，也应送礼。礼品不可太贵重，应强调“礼轻情意重”，注重纪念意义。可选择有纪念意义的、有特色的东西作为礼品，如能馈赠即使有钱也难买到的特制纪念品则更佳。另外，还要考虑到客人的情趣，如对方是文化人，可以送张国画，对方较高雅，可以送鲜花等。总之，应使礼品意义上的价值大于其物质价值，切不可将送礼变成行贿。喜礼一般在婚前送到。对于深交的朋友，即使对方请帖未到，也可先行送礼。开张答谢礼必须在揭幕或剪彩之前数小时送到，以送花篮最为普遍，也有送镜屏或镜画的。朋友帮过你的忙，为了表示谢意，送对方一些酬劳礼也是应该的。凡这类送礼，非寻常可比，所送的礼物，第一要投对方所好，第二要适合对方使用，要因人而定。赴宴礼品可在宴会开始前送到主人家，以表恭敬。如赴私人家第访问，应注意为女主人带些小艺术品、土特产等。如果有小孩，可带些糖果玩具。吊丧赠礼通常以花圈、挽联为多。礼品最好有彩色包装。送礼时一般应当面赠送，可附上祝词和名片。收礼时最好当面打开包装欣赏礼品，并握手致谢“我非常喜欢”、“好漂亮”、“谢谢”等。收到寄来的礼品，应及时回复短信或名片致谢。

### （二）舞会和晚会礼仪

舞会和晚会是颇受人们欢迎的一种社交活动。舞会一般在晚上举行，有大型舞会、一般社交舞会和家庭舞会几种形式，时间约为 3 小时，遇有重大喜庆节日可延长至 5～6 小时。晚会是晚上举行的娱乐活动，与舞会不同处在于以演出节目为主。主办方要定好舞会的时间，应提前向客人发出邀请，并说明起止时间，以方便客人安排时间。对已婚者，一般要请夫妇二人。邀请的男女客人的人数要大致相等。参加舞会时仪容要整洁，举止要文明，不要穿短裤、背心、拖鞋跳舞。最好不吃蒜葱等有强烈刺激气味的食物，也不宜喝酒。当患病、身体不适或感到疲倦时，最好不要勉强参加舞会，否则，因此引起咳嗽、打喷嚏、打哈欠等，对舞伴都是不礼貌的。参加舞会的男女都可以主动邀请别人共舞，但一般是男方向女方主动发出邀请。男邀女共舞时，可到对方面前点头示意并伸出右手请舞或说声：“我可以请您跳舞吗？”女邀男共舞时，可大方地走到男方面前说声：“请你带我跳舞，可以吗？”一般情况下不要拒绝邀请者的要求，无故拒绝是不礼貌的，如确实太累或别的原因不想跳，可委婉、简要地解释一下。一旦接受邀请，就应同对方跳至一曲终了，不要中途单方退场。跳舞时要保持良好的风度和正确的舞姿。整个身体要始终保持平、正、直、稳。男方的右手应在女方腰部正中，双方距离两拳。进退移动，都要掌握好身体的重心，不要让身体左右摇晃，胳膊不要大幅度上下摆动。脸部朝正前方保持微笑，神态自若，声音轻细，给人以美感。一曲舞完毕，男士要向对方致谢，并把舞伴送到原来的位子上。中间休息时，不要乱扔果皮纸屑，不宜高声谈笑，随意喧哗，不要随意穿越舞场，更不要同别人争抢舞伴，要始终做到礼貌谦和，有礼有节。举行晚会要尽可能满足参加者的兴趣，可以是文艺演出、体育表演等。如果是招待到中国访问的外国朋友，最好安排客人观看具有中国民族风格的节目，以增进其对中国的了解。还要注意把晚会的其他组织工作如座位安排、演出节目单、入退席秩序等安排好。

### （三）坐姿礼仪

坐姿是体态美的主要内容之一。对坐姿的要求是“坐如钟”，即坐相要像钟那样端正稳重。坐姿的特点是：安祥、雅致、大方、得体。端正优美的坐姿，会给人以文雅稳重、自然大方的美感。

**1．坐姿的基本要求**

①入座后上体自然挺直，双膝并拢，双腿弯曲，双肩平正放松，两臂弯曲，双手自然放在双腿上。②头正双目平视，面容平和自然。③一般不要靠在椅背上，坐大约 2/3 的位置即可。

**2．就座礼仪**

①注意礼让。位尊者先入座，或同辈之间同时入座，不可抢先入座。离座时，要让尊者先行，地位身份相仿时，可同时离座。②讲究方位。通常都是侧身走近坐椅，如方便的话，一般从左侧就座。离开时也从左侧离座，即“左进左出”。③入座得法。从容就座，动作要轻稳，尽量不发出任何呼声干扰别人，更不可双手拖拉坐椅入座。④离坐谨慎。离座时事先说明，向周围的人致意。起座时，要端庄稳重，不可猛然跳起，也不可弄响坐椅。待站好后，方可离开，不能边离座边走开或起身就跑。⑤身体的朝向。交谈的时候，为表示重视，不仅应面向对方，而且同时应将整个上身朝向对方。

### （四）站姿礼仪

站姿即立姿。“站如松”是说人的站立姿势要像松树一样端直挺拔，即给人挺、直、高的感觉。站姿的特点是：端正、挺拔、舒展、俊美。

（1）女士站姿。两脚并排或两脚尖略展开，也可为丁字步；两手自然并拢，大拇指交叉，右手握放在左手四指的部位上，轻贴在腹前；身体直立，挺胸收腹，身体重心可放在两脚上，也可放在一边脚上，通过重心移动减轻疲劳，其余同肃立。

（2）男士站姿。基本直立站姿。两脚平行分开，双脚间的距离不超过肩宽，20 厘米为宜，两手在身后交叉，右手搭在左手上，贴在臀部，其余与肃立同。引导式直立站姿。两脚展开的角度呈 90 度，右脚向前将脚跟靠于左脚内侧中间位置，成右丁字步；左手背后，右手下垂，身体直立，重心置于两脚，双目平视，面带微笑。或左丁字步，右手背后，其余同。此种站姿适用于给客人指示方向，或解决疑难问题，提供其他服务。

### （五）行姿礼仪

行姿主要指走姿。属于动态美，所谓“行如风”就是用风行于水上的那种轻快自然来形容轻松自如的优美步态。正确走姿的步态应该是自然、轻松、简洁、矫健、优雅、大方的，合乎行为规范。男士步伐要刚健有力，豪迈稳重；女士步伐要轻盈自如。

行走时上身稍前倾，两臂自然前后摆动，两手自然弯曲。头正、目视前方、表情自然。挺胸收腹，提腰，上身不动。肩平、勿摇摇，两臂摇摆 30～40 度。走直线，脚跟先着地。

着西装时，步伐挺拔，步幅适中，行走时肩、髋部不要左右摆动，手臂放松伸直摆动。女士着旗袍时，走姿要柔美，步幅不宜过大，两脚内侧要走成一直线，用腰力把身体重量提起，髋部可随身体重心的转移稍有摆动，但手臂摆幅不宜过大。女士着长裙时讲究平稳飘逸，步幅可稍大一些。女士着短裙时则讲究活泼敏捷，步幅不宜过大，但速度可稍快些。穿平底鞋时，自然随便，给人轻松大方的感觉。女士穿高跟鞋时，直膝立腰，收腹收臀，挺胸抬头，步幅要小，脚跟着地，两脚要落在一条直线上，走柳叶步。

## 五、中西方社交礼仪的差异

社交礼仪是在文化和社会交往的过程中形成的，因此，每个国家都有着建立在本国精神文化基础上的社交礼仪标准，也因此造就了各个国家社交礼仪上的文化差异。中西方社交礼仪的不同体现在人际交往的各个方面，如称呼、问候、告别、赞扬、道歉、感谢等。下面将从以上几个方面详细进行阐述。

### （一）中西方在问候和告别礼仪上的差异

问候发生在人们遇见熟人或朋友时，目的是建立或维持社交关系。所以，经常使用一些套语。但是中西方由于文化差异的影响，这些套语在使用时常会引起冲突。英语中，人们经常使用下列表达方式问候别人，如“Good morning/evening/afternoon.”“Fine day，isn’t it？”How is everything going？”而中国人问候别人习惯说“吃饭了吗？”“去哪啊？”等，从而体现对他人的关心。但是如果我们对一个美国人也这样问候，他们会觉得你触犯了他们的隐私。

告别一般分为两个步骤。在最后告别之前，通常会有一个暗示，这种暗示中西方文化也有所不同。在西方社会中，在见面的结束阶段，客人通常会从自己的角度出发，告知主人离开的原因。一般会伴随着道歉的表达，如“恐怕我必须要走了，因为保姆要下班了”等。西方人士相信拜访别人，和别人交谈是尊重别人的一种体现。而结束拜访并不是某人自己的意愿，而是因为有其他的安排。因此，他们总是找一些理由，尽量使自己的离开显得不情愿，并且向对方道歉，以使双方都能够接受。在中国文化中，在会面临近结束时，通常客人会从别人的角度陈述结束会面的理由。如“你看起来很忙啊，我不打扰你了。”“你一定很累了吧，休息一下吧，我走了。”等。客人会一边说着这些话，一边从椅子上站起来。中国人告别前的暗示短暂而迅速，西方人会觉得非常突然而不知所措。客人一边向门口走，一边会说些抱歉的话，如“不好意思打搅你了”，“抱歉耽误你时间了”。要注意在英美文化中，中国客人用这些表达方式表达对他人的关心，只有在商务访问中使用才是合适的。

### （二）中西方在称呼和介绍语上的不同

中国人和西方人的姓名都由两部分构成：姓和名。但是这两种语言中姓名的顺序和使用是不同的。汉语中，姓要放在名之前。人们喜欢在姓的前面加上“小”字，如“小王”、“小李”、“小陈”等。而西方人的姓名无论在说还是写时，总是名在前，姓在后。在正式场合中，称呼男士为“Mr.”，已婚女士为“Mrs.”，未婚女士为“Miss”。现在，更多的女士乐意被称做“Ms”。如果别人是博士，也可以称他们为“Doctor”。教师姓名前一般加“Professor”。在正式场合中，西方人直接用名字介绍双方，不用职位，偶尔也会用姓。但是假如别人拥有一个重要的职位，如大学校长，就要用头衔加上姓称呼他，如“Professor Mr.Smith”（史密斯教授）。如果不知道如何称呼，可以用正式的方式，因为正式总比非正式好。当然，询问别人喜欢被怎样称呼也是很重要的。儿童应该尽量用正式方式称呼大人，即用头衔加姓的方式。

### （三）称赞和回答

称赞是指赞扬被称呼者的品德、能力、行为方式、外表、穿着、个性等。恰当的称赞在人际交往中可以起到有效的补充作用。中西方在称赞方面的表现差别甚大。假如一个西方国家的女主人，称赞她的厨艺好，她会说：“哦，真高兴你这么喜欢，我是特别为你做的。”而中国的女主人会满怀歉意地说“哪里，我是随便做的，做得不好。”相对于中国人，英美人士更喜欢称赞他人，也喜欢被称赞。美国人直截了当，中国人以谦虚为荣。谦虚的品德使许多中国人在美国主人家做客时饥肠辘辘，因为中国的礼节崇尚在接受别人的食物前“三拒才食”，而美国人则把这种客气当成了真正的拒绝。在对待赞扬的态度上，也存在着较大的不同。中国人习惯贬低自己或拒绝称赞，尽管他们很喜欢这样的赞扬。因此很多外国人对中国朋友拒绝他们的赞扬感到迷惑不解甚至沮丧不已。中国人这么做，并不是有意以牺牲友谊的代价换取谦虚的品质，只是因为中国传统思想把谦虚列为一种非常重要的品质。

# 第五节　人际交往过程中的冲突管理

## 一、人际冲突的含义及特点

对于冲突的概念，在冲突理论体系中，历来是一个颇多争议的问题。美国社会学家特纳曾指出：“使我一直深感不解的是，冲突论中争论最大的问题竟是冲突的定义问题。”

研究者们对冲突的定义有各自不同的看法，他们从不同的研究角度给冲突做出不同的界定。对于冲突的定义，国外研究者主要有以下观点。美国社会学家特纳认为冲突是双方公开与直接的互动，在冲突中的每一方都力图阻止对方达到目标。克芬克认为冲突是由于不一致的目标、各自专有的利益、感情上的敌意、观点上的异议，以及有节制的相互干涉引起的。德国社会学家科塞对冲突的定义是：价值观、信仰及稀少的地位、权力和资源分配上的斗争，斗争中的一方目的在于企图中和、伤害或消除另一方。雷文等人认为冲突是由于实际的或希望的反应的互不相容性而产生的两个或更多个社会成员之间的紧张状态。托马斯认为冲突是起始于参与者觉察到他人侵害或准备侵害自身利益的一个过程。还有学者认为冲突是社会实体内部或社会实体之间出现不相容、不调和或不一致的一种互动经历。弗罗斯特和威尔莫特从人际传播学的角度给人际冲突下的定义是：“互相依赖的两方或两方以上之间的公开的争斗，他们发现彼此的目标不一，他们之间的关系回报不大，或者在实现目标时受到对方的干扰。”Gordon 则从人际关系的角度剖析人际冲突的本质，他指出：“人际冲突指在两人（或以上）之间发生下列的两种情况：①一方的行为妨碍了另一方需求的满足——需求冲突；②双方的价值观不协调——价值观冲突。”

国内学者也对冲突的概念做了研究，并提出各自的观点。徐凤姝从社会心理学的角度将人与人之间排斥、敌视和侵犯等称为人际冲突。周晓虹认为冲突是人与人或群体之间为了某种目标或价值观念而相互争斗、压制、破坏甚至消灭对方的方式或过程。赵凤娟认为人际冲突指的是人际关系双方之间的紧张和对抗，包括互相的不理解、不信任、怀疑、敌意和对抗。曹加平在研究大学生宿舍人际冲突时指出，大学生宿舍人际冲突是发生在大学生宿舍内部成员之间的一种矛盾，表现为宿舍成员在学习、生活、情感等事件上，由于彼此的需求、利益、目标或意见不一致或暂时无法协调而导致的彼此在情感、言语和行为上的敌视、冷漠、紧张、不和谐甚至争斗的关系。

虽然国内外学者对人际冲突的定义不尽相同，但依然可以从中发现人际冲突的一些共性：①冲突是一种对立行为；②冲突是双方都具有的主观感受；③冲突是一个动态、不断改变的历程。总而言之，人际冲突是客观存在的，是人际互动过程中不可避免的现象。

人际冲突是指人与人在相互交往和互动过程中，因为种种原因产生意见分歧、争论、对抗，使得彼此关系出现不同程度的紧张状态，并为双方所感觉到的一种现象。人际冲突的存在具有客观性和普遍性，且有其积极的一方面，即有着对群体产生积极影响的潜在可能性。正确地认识和解决人际冲突，可以使我们提高解决冲突的能力，从而提高处理人际关系的技能。

本书认为人际冲突具有以下特征。

（1）冲突是一种对立的行为，冲突来自互不兼容性。这种对立的表现形式和程度会有很大的差别，涵盖所有水平的冲突，可能是消极冷漠、沉默抗议，也可能是明显的攻击行为、侵犯伤害对方。

（2）冲突是一种主观的感受。从认知的观点来看，冲突是个人主观的感受。冲突中，个体感觉到愤怒、敌意、恐惧或怀疑等外显或内隐的种种情绪。是否存在冲突是一个知觉问题，如果没有“知觉到”冲突的存在，就没有所谓的冲突。

（3）冲突是一种互动的历程。冲突是一个动态、不断改变的历程，采取建设性的做法，冲突可以降低，双方关系得到改善；采取破坏性的做法，敌意可能升高，引发更激烈的冲突。结果如何，要看冲突中双方的互动过程如何。Hay（1984）提出人际冲突不同于个体内部的动机、思想冲突，也不同于有组织的社会群体之间的冲突，而是个体与个体之间的互动关系，是至少两个人之间的社会交换过程。人际冲突的互动性，即人际之间的相互影响和相互作用。人际交往主体之间的互动方式是多种多样的，有人际合作、人际冲突、利他和侵犯等，人际冲突是人际互动的一种重要方式。

（4）人际冲突还具有客观性，即人际冲突是客观存在的，是人群互动关系过程中不可避免的社会现象。

（5）人际冲突的二重性，即人际冲突并非全是坏事，有破坏性的冲突，也有建设性的冲突。只有破坏性的冲突会对个体心理、人际关系和组织绩效造成有害影响，建设性冲突则可能导致问题的建设性解决，而这正是人们往往忽略的一面。

（6）人际冲突具有对抗性，即没有相互反对就没有所谓人际冲突。

## 二、人际冲突的来源与原因

### （一）人际冲突的来源

以韦伯和科塞等为代表的冲突论者，认为人们对现存的社会不平等中合法性的撤销，是冲突得以产生的先决条件。辩证冲突论的代表达伦多夫，把冲突原因归因为“矛盾”和“利益冲突”。社会学家科塞认为冲突的根源可归结为物质性和非物质性两类：物质性的原因指稀少的地位、权力和资源分配方面的不均；非物质性的原因指价值观念和信仰的不一致。科塞具体论述了非物质性的原因，认为人们对物质资源分配不均的失望是心理方面的反映。

布劳从经济学的观点出发，提出“利益最大化”学说，认为人们都有试图在关系中占据有利地位以达到用最小代价获取最大回报的动机，然而各社会群体均形成了自己的公平交换准则，如果有权势的一方破坏了准则，冲突便会发生，所以冲突是交换关系中所固有的。在许多社会学家的眼里，“冲突的根源在于利益和价值物是有限的，个人在追求这些稀缺资源时必须竞争，为了满足自己的愿望，每个人都尽力去征服别人”。

Kriedler 指出冲突来源可以分成三类，即由某种资源引起的冲突、由某些个人需求引起的冲突和由某些价值观或信念引起的冲突。比斯诺认为冲突产生有五个根源：生物社会型根源、个性和交往型根源、结构型根源、文化和观念形态型冲突根源以及复合型根源。Forsyth 则将冲突来源归纳为三类：对有限资源的竞争类型、采取争论性的影响策略类型和冲突双方人格特质与行为类型。

霍斯曼认为个人极可能因为受到意料之外的惩罚或没有获得意料之中的回报而采取寻衅行为，从而引发人际冲突。沃尔斯特认为人们总是遵循“公平分配”原则，比较自身的利益与他人利益，因此其投资量一般会保持与相仿的人投资相近。如果打破了公平分配的原则，出现的情况不利于自己，人们便会采取行动来恢复公平分配原则。

### （二）人际冲突产生的原因

#### 1. 沟通偏差

沟通是人们分享信息、思想和情感的任何过程。这种过程不仅包括口头言语和书面言语，也包含形体言语、个人的习气和方式、物质环境等，即赋予信息含义的任何东西。我们知道，不良沟通是冲突产生的原因，但并非所有冲突都是由不良沟通所引起的。实际上，沟通过少或过多都会增加冲突潜在的可能性。另外，沟通通道也影响冲突的产生。人们相互间传递信息时会进行过滤，来自不同通道中的沟通偏差都使得冲突产生存在着可能性。

#### 2. 文化差异

文化差异是构成人际冲突的另一个重要的原因。人的出身、受教育的程度、生活或工作的环境、社会政治制度、习俗差异等都是造成文化差异的原因。文化背景是沟通者长期的文化沉淀，也是沟通者较稳定的价值取向、思维模式、心理结构的总和。由于它们已经转变为我们精神的核心部分而为我们自动保持，是思考、行为的内在依据，因此通常人们体会不到文化对沟通的影响。实际上，文化影响着每一个人的沟通过程，影响着沟通的每一个环节。当不同文化发生碰撞、交融时，人们往往能发现这种影响。

#### 3. 角色差异

每个人在社会生活中都会有一个特定的角色位置。不同角色位置上的人，其思想观念和行为方式也会有所不同。如果固守自己的角色，不注重对其他角色观念、角色行为的理解，就会导致角色与角色之间的冲突。工作和生活中常见的角色差异现象有：①代沟。所谓代沟，就是“因年龄差异而造成的生活态度、价值观念、行为方式等方面的差异、对立乃至冲突”。代沟现象不仅限于家庭，也出现于群体和社团中。形成代沟的原因很复杂，较普遍的原因有年龄差别造成的心理差别、时代不同造成的不同的生活方式等。尽管代沟现象反映的是两代人之间的差异现象，但这种差异并不是绝对的。②行沟。行沟是由于行业不同形成的。因社会分工而产生千差万别的职业，也为从事不同职业的人之间的沟通增加了困难。行沟的主要表现是，行业与行业间的封闭与保守，造成隔行如隔山；从事不同职业的人的特殊行为方式，造成了人与人之间理解上的困难，如一些人对从事艺术工作的人的放荡不羁行为方式的费解等。③位沟。位沟是由于职位不同形成的。职位差异通常存在于有地位差异的交往双方之间。这是由两者因职位、地位不同而产生的自我感觉差距造成的。职位差异影响双方的关系和谐与感情交流。

#### 4. 心理背景

心理背景指交往双方的情绪和态度。它包含两个方面的内涵：其一是沟通者的心情、情绪，在处于兴奋、激动状态与处于悲伤、焦虑状态下，沟通者的沟通意愿与沟通行为是截然不同的，后者往往沟通意愿不强烈，思维也处于抑制和混乱状态。其二是沟通者对对方的态度。如果沟通双方彼此敌视或关系淡漠，沟通过程则常由于偏见而出现误差，双方都较难准确理解对方的思想和行为。

### 三、解决人际冲突的途径

#### （一）竞争

即一个人在冲突中寻求自我利益的满足，而不考虑对他人的影响。其具体方式为：沟通双方都十分明白双方利益的界限，而且双方在沟通中相互攻击；沟通双方都是从自己的角度讨论问题；争论的重点放在解决方法而不是去协调理解对方的价值观；沟通双方对问题持短期观点。

#### （二）回避

对自己的需求与他人的需求都漠不关心，即运用逃避的方式来处理冲突。其具体方式为，试图忽略冲突，回避其他人与自己有不同的意见这一事实。

#### （三）迁就

这是一种向对方让步的做法，即高度关注对方的需求，忽视自己的需求。其具体方式为：愿意牺牲自己的目标而使对方达到目标；尽管自己不同意，但还是支持对方的意见；原谅对方的违规行为并允许他继续这样做。

#### （四）妥协

冲突双方都放弃自身的部分利益，以便在一定程度上满足对方的部分需求，即双方都有所坚持，也有所退让，并接受一种双方都达不到彻底满足的解决方法。其具体方式为：在沟通中相互妥协或采取折中的方案；给冲突的另一方提供不合理的补偿；无法沟通而求助于第三方或仲裁人；求助于现有的制度。

#### （五）合作

指的是冲突双方均希望满足两方利益，并寻求相互收益的结果。在合作中，双方的意图是坦率澄清差异并找到解决问题的办法，而不是迁就不同的观点；双方都充分运用自己的能力和创造性去解决问题，而不是为了击败对方，最终结果是双方的需要都得到了满足。

#### （六）沟通

可以通过整改沟通层次、加快信息的沟通速度、健全信息沟通渠道等方式，加强个体之间的沟通，消除彼此的误会，增进相互之间的认识、理解、信任和感情，使冲突尽快得到解决。

一般来说，前三种处理冲突的方式效果不佳。它们可能进一步加剧冲突，或者使问题隐藏起来，得不到解决。后几种处理冲突的方法就比较有效，但是不完全适用于所有处理冲突的情况。

## 课后思考题

1．人际关系的含义是什么？
2．人际交往的障碍有哪些？应如何克服？
3．人际交往中应该注意哪些礼仪细节？
4．人际冲突的含义是什么？
5．为什么会产生人际冲突？应该如何克服？

## 案例分析

### 人际关系决定生活质量

小 M、小 Y、小 Q 是我的同学兼好朋友，跟她们在一起有不一样的感觉。小 M 腼腆、文静、不太爱说话；小 Y 活泼、热情、有点疯癫；小 Q 则是在陌生人中显得很冷漠，但是很大方。因为性格的不同导致她们的交友方式及她们人际交往的方式不同。

小 M 的腼腆与安静使得她与班上的人相处得一般般，没有太多的朋友，也由于她的安静与不喜言辞使得她与父母之间的摩擦比较多。但对于同学，她真诚而友善，虽然与同学交流不多，在班上人际关系也不差。然而，对于她的父母，可能是代沟的原因，她与她爸妈经常闹矛盾，不喜欢解释，不喜欢与父母交流的她常常使得矛盾激化。有一次，学校需要交钱，可是钱快用完了的她不能上交，只得回家向父母要，由于她只是稍微地说了一下要钱的理由，她妈妈脸色有点不好，两人便冷了下来，接连的几天都没有说话。

小 Y 在与父母的交流上要比小 M 好点，因为她善于去沟通。她小时候与她姐姐关系不怎么好，受到姐姐的排斥，她从小就学会了用写信的方式来表达自己的感情。她妈妈有次说过，有次她姐姐因为她而跟父母吵架，她知道后马上写了封信给她姐姐，信中说不要姐姐怪她，不要因为她而使父母伤心。由于与父母的交流较多，感情也能表达出来，所以她不仅跟朋友的关系密切，而且跟父母的关系更是亲密。

小 Q 与父母之间的关系则是三人中最好的，由于家庭的原因，她经常与父母进行沟通与感情交流，在她的眼里，父母是一切。而与父母感情很好的她，在与班上的同学进行交往时反差却很大。对于她不喜欢的人她会讨厌，也不希望她的朋友去与那人玩。占有欲的强烈使得她与朋友之间老是产生矛盾。但是对她所欣赏的人，她会掏心掏肺地对她好，朋友有什么困难她都会尽力帮助。虽然脾气不怎么好，可是她凭着真诚与义气，人际关系很好。

**问题**：如何才能维系良好的人际关系？

# 第十章
# 沟通

**本章重点**

- ○ 掌握沟通的含义及要素
- ○ 在了解沟通障碍的基础上掌握沟通的艺术
- ○ 理解非言语沟通所传递的特殊沟通意思
- ○ 理解跨文化沟通的障碍及策略

**引例**

### 大学生的想法为什么化为了泡影

有位大学毕业后初涉社会的大学生欲让某厂长招聘其为厂办秘书，该大学生在厂长面前做自我介绍时拐弯抹角，半天不切入主题。一会说“厂长，你们这的环境不错啊”，一会又说“厂办秘书一般要大学毕业生，得要求比较能写作吧”。面对这些问题厂长总是无奈且焦急地点点头。可是大学生并未注意到这些，依旧滔滔不绝地说些无关紧要的话题，始终没有道出自己的真实意图。岂料这位厂长是个急性子，他喜欢别人和他一样说话办事干脆利索，也正是因为该学生没有摸清楚厂长的性子，结果话没说完，厂长就愤然离去，年轻学生的想法成为了泡影。

问题：这位大学生在沟通上到底犯了什么毛病？

## 第一节　沟通概述

如同生命每时每刻都在呼吸一样，人们每时每刻都在散发着信息，都处于不停顿的交流之中。只要你不是隐身人，你的一切都在随时随地地“说话”，在透露你的底细。接触你的人也在随时随地地接收你散发的这些信息，分析这些信息，并得出相应的结论。沟通在人们生活中有着至关重要的意义，没有沟通人的生活质量将受到严重的影响。因此，了解沟通的基本常识显得尤为重要。

### 一、沟通的含义

沟通是指与周围环境进行信息传递、思想传播、价值碰撞等的多元化过程。沟通的目的在于通过与他人交流来影响他人的观点、感受和价值观。

沟通最基本的要素有：信息发出者、信息、讯道、信息接受者。信息发出者是信息沟通的主体，是有目的的信息传播者。信息是沟通的内容，表达沟通主体的观念、需要、意愿、消息等。

讯道，即信息传递的路途，是信息传递的媒介。信息接受者接到信息后，经译码才能达到目的。所谓译码，是依据过去的经验对信息的解释。

## 二、沟通的要素

为了成功地转换含义，必须认识到信息接受者所收到的每一条信息都是由发送者通过编译具体内容、选择某个媒介，并且通过该媒介将其所知所感传递出去的。所传输的那条信息可能充斥着噪声，这主要是因为信息接受者的文化背景和经历不同所导致的。

## 三、沟通类型

### （一）按结构分类

沟通的基本结构包括信息、反馈、通道三个方面，缺少任何一方都完不成沟通。沟通按具体结构划分为非正式沟通网络与正式沟通网络两种。

#### 1. 非正式沟通网络

非正式沟通网络是指通过非正式沟通渠道建立起来的联系。在组织中，有些消息往往是通过非正式渠道传播的，即组织中存在着小道消息流通网。管理者应该了解本组织内部的各种非正式沟通网络，在必要的时候可以利用传播中的特殊人物（如小道消息的发布者），借用或抑制各种非正式网络。通过对“小道消息”的研究发现，非正式沟通网络主要有集群式、密语式、随机式和单线式等典型形式。

集群式又称葡萄藤式。在沟通过程中可能存在几个中心人物，由他们转告若干其他人。这种形式具有某种程度的弹性。

密语式又称流言式。沟通过程是由一人告知所有其他人，如同独家新闻。

随机式沟通过程是信息传播者碰到什么人就转告什么人，并无一定中心人物或选择性。

单线式沟通过程是一个人转告另一个人，另一个人也只转告一个人，这种情况最为少见。

#### 2. 正式沟通网络

正式沟通网络有链式、轮式、全通道式、Y 式等形式。

（1）链式沟通网络。优点是传递信息的速度最快，解决简单问题的时效最高。

缺点是信息经过层层筛选，容易出现失真的现象，使上级不能直接了解下级的真实情况，下级不能了解上级的真实意图；各个信息传递者接收的信息差异很大，平均满意程度有很大的差距；处于最低层次的沟通者只能做上行沟通，或接收失真度较大的信息，造成心理压力大，最容易产生不满足感；每个成员的沟通面狭窄，彼此沟通的内容分散，不易形成群体共同意见，最低层次的沟通者与最高层次的沟通者难以通气，不利于培养群体凝聚力。

（2）轮式沟通网络。优点是集中化程度高，解决问题的速度快；解决问题的精确度高；对领导人物的预测能力要求很高；处于中心地位的领导人的满足程度较高，他是信息沟通的核心。一切信息都得经过这个核心进行传递，所以可以接收所有的信息，有利于了解、掌握、汇总全面情况，并迅速地把自己的意见反馈出去。

缺点是沟通渠道少；除处于核心地位的领导了解全面情况，其他成员之间互不通气，平行沟通不足，不利于提高士气；组织成员心理压力大，成员平均满足程度低，影响组织的工作效率，将这种沟通网络引入组织机构中，容易滋长专制型的交流网络。

（3）全通道式沟通网络。优点是该网络是高度分散的，组织内的每一个成员都能同其他人进行直接交流，没有限制；所有成员是平等的，人们能够自由地发表意见，提出解决问题的方案；各个沟通者之间全面开放，彼此十分了解，组织成员的平均满足程度很高，各个成员之间满足程度的差距很小；组织内士气高昂，合作气氛浓厚，个体有主动性，可充分发挥组织成员的创新精神；比环式沟通的沟通渠道开阔，弥补了环式沟通难于迅速集中各方面信息的缺陷。

缺点是沟通渠道太多，易于造成混乱；对较大的组织不适用，在一个较大的企业组织中，各成员不可能都有彼此面对面的接触机会；沟通路线的数目会限制信息的接收和传出的能力；信息传递费时，影响工作效率。

（4）Y 式沟通网络。优点是集中化程度高，较有组织性，信息传递和解决问题的速度较快，组织控制比较严格。

缺点是组织成员之间缺少直接的横向沟通，不能越级沟通，除节点外，全体成员的满意程度比较低，组织气氛大都不和谐。

### （二）按信息流动方向分类

沟通按信息流动方向可分为上行沟通、平行沟通和下行沟通三种。

上行沟通的目的就是要有一条让管理者听取员工意见、想法和建议的通路。同时，上行沟通又可以达到管理控制的目的。

平行沟通是指组织内同层级或部门间的沟通，如员工间的沟通，管理者之间的沟通，通常可节省时间和促进协调。

下行沟通是指资讯的流动是由组织层次的较高处流向较低处。通常下行沟通的目的是控制、指示、激励及评估。其形式包括管理政策宣示、备忘录、任务指派、下达指示等。有效的下行沟通并不只是传送命令而已，应能让员工了解公司的政策，计划的内容，并获得员工的信赖、支持，因而有助于组织决策和计划的控制，达成组织的目标。

### （三）按沟通方式分类

沟通按沟通方式分为言语沟通和非言语沟通。言语沟通包括口头言语和书面言语沟通；非言语沟通包括声音语气（如音乐）、肢体动作（如手势、舞蹈、武术、体育运动等）。最有效的沟通是言语沟通和非言语沟通的结合。

### 专栏 1

## 日常生活中经常遇到的沟通方式及注意事项

（一）口头沟通

1. 面对面沟通

一般来说，凡是和自己切身利益相关的事，最好采取面对面的沟通，特别是重要的紧急的事宜，尽可能当面说。

人们常说“见面三分情”。面对面沟通，彼此的感情最容易交流，而且可以依据对方的反应适当地做出调整，以期获得比较有利的结果。就算不是十分紧要，情况允许的话，借着面对面沟通来增强彼此的关系，将来遇到重要的事情，沟通起来也必然更有利。自己不方便开口或者情势相当不利的时候，也要委托妥当的人士作为中介，务求以彼此的情分来增进沟通的效果。人与人之间不管彼此关系如何，一旦面对面总会带有一些情分而不至于做得太绝。

不过，面对面沟通的“见面三分情”还得建立在一个基础上，你要尊重对方，对方才会有“三分情”产生。如果你寒着一张脸去见别人，或者是出言不逊，他必然不会对你产生任何好感。其次，如果你有求于人，那么除了尊重之外，还要加上诚恳和谦虚。如果做错了事去请罪，更要加一些“待罪”的态度和心情。

2. 口头沟通应注意的问题

（1）口头沟通的优点。面对面的口头沟通因其亲切而且有弹性，有利于双向沟通，加之面对面沟通可以迅速交流，能够观察到对方的反应，及时取得反馈信息，因而被人们广泛用到下列各种情况。

- 受讯人只能聆听，或者偏爱面对面沟通。
- 彼此关系密切，使用口头沟通比较自然。
- 受讯人太忙，可能没有时间阅读书面文书。
- 受讯人获得此类信息时，可能产生相当的抗拒或激烈的反感，而发讯人又必须适当坚持，需要反复加以说明，或者对复杂的信息彼此只有互相讨论才能真正了解。

（2）口头沟通的不足。面对面沟通的正确性往往不如书面沟通，而且内容除非记录，否则难以保留，口说无凭，容易以讹传讹。有时因为情绪中的语气，内容常常被对方误解，因此面对面沟通必须注意下列要点，以资补救。

- 充分了解对方。越能了解对方的背景和兴趣，越能调整自己的谈话内容和节奏，以配合对方增强效果。
- 尽量使用普通话。如果对方说的是方言，而你又能说该方言，这时说方言也是好的。
- 选择适当的时间和地点。时间要充足，免得匆忙中造成错误，或者无法达到目标。地点要合适，以免受干扰和分心。
- 清楚、明白地说。声音要以让对方听得清楚为准，落落大方，自然热情，不可吞吞吐吐或者使用意义含糊的词语。

（二）书面沟通

在许多管理工作和生产实践中，一些人往往习惯于电话交谈之后就不再过问，或过分相信口头沟通的功能，结果常常耽误事情，造成麻烦。

1. 书面沟通的利弊

书面沟通虽然传达的速度不如口头沟通快，并且无法立即得到回馈，但是书面沟通自有其优势：通常人们写下来要比说出来更谨慎些，表达具体明确，是非分明，内容清晰可查，可防止相互扯皮，而且容易永远保存，对内容比较复杂或者是冗长的沟通尤为重要。

2. 适宜采用书面沟通的情况

第一，受讯人听力有障碍，不善于口头沟通，或者喜欢书面沟通。

第二，信息中含有许多具体数字或许多细节。

第三，受讯人需要较长时间，以便充分理解信息内容。

第四，受讯人需要保留书面记录，便于查询。

第五，受讯人需要按一定程序去作业，最好有书面说明。

第六，受讯人分散，不可能集中口头沟通。

第七，用书面来拒绝比口头拒绝容易得多。

（三）电信沟通

电信沟通包括电话、短信、电子邮件、网上聊天、博客留言等，由于通过电子媒介，所以不算是口头沟通，也不完全属于书面沟通。其中电话沟通偏向于口头沟通，短信、电子邮件、博客留言等偏向于书面沟通，而网上聊天介于两者之间。下面介绍两种最常用的电信沟通方式。

1. 电子邮件沟通

在使用电子邮件沟通时，要注意以下几点。

第一，切记收信对象是一个“人”，而不是一台机器。

第二，电子邮件的标题要明确。

第三，信件内容应简明扼要。

第四，注明发信者及其身份。

第五，回复电子邮件前应考虑替代性的沟通方式。

2. 手机短信沟通

短信的隐蔽，避免了四目相对的尴尬；短信的间接，减去了电话述情的直白；短信的快速，缓解了鸿雁传书的焦虑；短信的便捷，抛弃了电子邮件的时间地点限制。正是这样，短信现在成了人们传情达意的重要工具，尤其是青年学生一族，收发信息已经成为学习生活的一部分。

（1）手机短信的特点。

- 精短性。受手机功能的限制，手机短信的字数一般是有所限制的，因此要更加注意对言语的锤炼。
- 灵活性。从格式上看，手机短信写作颠覆了传统应用文写作的形式规范；从言语上看，手机短信写作是随着写作的对象、情况的不断变化而变化的。
- 综合性。短信不仅能用文字编辑，还可以使用多种符号，从而打造出文字所不能媲美的形象艺术。此外，彩信中的声音、动画等表达也是传统意义上的写作所不能企及的。
- 趣味性。手机短信除了可以用来交流实用信息外，更多的时候它被用来互致问候和祝福，表达思念和牵挂，或者用来宣泄快节奏生活给人带来的抑郁和烦恼。因此，多数短信都带上了娱乐消遣的色彩，体现在文字上则追求某种特别的情趣，讲究修辞美、情趣美，强调能给人带来意外感。

（2）手机短信的写作要讲求以下几点。

第一，要有新的创意；第二，整齐匀称，讲究押韵；第三，要灵活运用多种修辞手法。

（3）手机短信写作的注意事项。

第一，针对不同的语境写作合适的内容，避免陈旧。

第二，注意署上发信人的名字。

第三，避免调侃过度。

第四，拒绝短信人身攻击。

## 四、沟通的原则

### 1. 首因效应原则

初到一个新环境，每个人都会有紧张陌生之感，而人与人初次见面的表情是决定印象好坏的最大因素。心理学认为，“微笑”就是“接纳、亲切”的标志，也就是说当你微笑时，等于告诉对方“我没有恶意”、“我对你并没有敌意存在”，第一次见面时若没有笑容，会让对方感到紧张，以为你在拒绝他。

称呼往往是待人接物时说出的第一个词，它好像一个见面礼，又好像是进入社交大门的通行证。称呼得体可以使对方感到亲切，交往便有了基础；称呼不得体往往会引起对方的不快，甚至愠怒，使双方陷入尴尬境地，导致交往梗阻甚至中断。

一个简单的称呼是一个人对另一个人第一印象的重要参照，取悦人很容易，得罪人更是容易。

人都有向上的心理，都崇尚有价值的东西，崇拜值得钦佩的人。如果你给别人的感觉是个平庸之人，对方就觉得没有必要和你浪费时间，所以你就是谦虚也万不可表现得自卑，自暴自弃、自惭形秽必遭人轻鄙，你必须处处表现得从容、自信、干练、有条不紊、不卑不亢。要力图给对方留下一个这样的第一印象；此人能干，非同寻常，同这样的人交往对我有利。

良好的第一印象就是良好沟通的开端，良好的开端是成功的一半。

**2．“白金法则”**

过去在人际交往中有一个“黄金法则”，即你希望别人怎么对你，你就怎么对待别人。它意味着在处理与别人的关系时，你是从自身的角度来看问题，言外之意就是，我们大家都是毫无差别的，我想要的或希望的也恰恰是你想要和希望的。在今天高度竞争和变化无常的环境里，以你一相情愿的方式去对待你的沟通对象，显然是远远不够的。于是我们在遵循黄金法则的基础上，又发展出一个更富有人情味的“白金法则”，即别人希望你怎么去对待他们，你就怎么去对待他们。

“白金法则”的本质就是尊重别人，它打破了“他们对我们”这种人与人隔阂的格局，而统统融进“我们”这一关系中。它告诫我们要学会换位思考，真正了解别人的需要，然后以他们认为最好的方式对待他们，而不是我们自己中意的方式。

**3．信任原则**

信任是沟通的基础，如果双方之间缺乏信任，就得不到有效且满意的沟通。

信任是一种态度。你是否信任别人，自己说了不算，你的态度才是最有利的说明。你的态度如何，一定会反映在诸多细节上，而不在你的语言上。其实，你是否信任别人，对方是非常清楚的，因为你的一言一行，包括你的表情神态，甚至一个眼神，都会透露出你的态度。

对于刚进入社会的年轻人而言，高尚的品格、精明的才干、吃苦耐劳的精神更容易赢得他人的信任。任何人都应该懂得：人格是人生最重要的筹码，信用是人的第二生命。倘若让自己信用破产，就等于典当了自己的人格。一个人没有了信用是很可怕的，因为你没有了信用，别人就不再相信你。

**4．同步原则**

同步就是沟通双方彼此经过协调后形成有意要达到的目标时所采取的互相呼应、步调一致的态度。在实际的沟通中，彼此认同是一种直达心灵的技巧，同时又是沟通的动机之一。如果彼此能够认同，那么外在技巧和内在动机就结合得比较完美。认同经由同步而来，沟通关系都是从同步开始跨出第一步的。并且，认同的目的几乎就是达到同步，这就形成了一个奇妙的进程：同步—认同—同步。毫无疑问，后一个同步是在认同基础上达成的共识和一致行为，相比前一个同步已经产生了质的飞跃。

当沟通从双方相互的角度看问题时，同步就开始了。于是，彼此都寻找共同点，各种共同点综合起来，沟通的可行性就大了。所以说，要沟通就要寻求同步。

（1）利用呼吸促进沟通。呼吸是最具普遍性的现象，是所有人不需寻找就具有的共同点，没有呼吸就没有沟通。你如果能配合对方呼吸的节奏和轻重缓急，对方呼气，你也呼气，对方吸气，你也吸气，特别是在对方感情和情绪变化激烈之时就更容易使对方认同你。

（2）保持视线同步。视线同步在沟通中是非常重要的，说话时要看着对方的眼睛，这是追求同步的好方法。注视别人的眼睛最起码可以暗示对方：彼此的沟通是认真的。当你的视线投注在对方的眼里，对方也会配合你的视线，对方岔开视线时你也岔开视线，对方眨眼睛时你也跟着眨眼睛，做这些动作时不要过分专注，要显得自然，尽量让对方相信你只是朝着他的眼睛在说话。

彼此的注视相互习惯之后，就可以让注视时间长一些，双方会彼此感兴趣，自然就会为沟通铺平道路。当对方注视自己时，应该尽力与对方配合，彼此才能抱有好感。

（3）态度的共同性。倾听他人是沟通的必要条件，如果倾听时能够配合姿态动作，他人一定会更有认同感。倾听时频频点头的动作可以和对方的言语节奏相一致。彼此的姿态和动作渐渐变得相似时，表明沟通正在深入。

**5. 及时反馈原则**

沟通既然是双向的，就不能缺少一定的信息反馈。缺乏反馈就是不完整的沟通，同时也会产生以下两种不同的后果：一是对方不知道你在说什么；二是对方只按照自己的想法去做。

正面的反馈是对对方做得好的事情给予表彰，希望好的行为再出现。建议性的反馈就是在别人做得不足的地方给他一个建议。需要注意的是，建议性的反馈是一个建议而不是一种批评。

**6. 多听少说原则**

要养成多看、多听、多想、少说的习惯。少说话不是不说话，只有懂得少说话的道理，才能在必要的时候说必要的话，既不失人也不失言。少说话永远是不败的法则，站在少说的立场来说，能不说则不说，不能不说则求说得恰到好处，这才是真正会说话的人。会说话而少说话的人最受人重视，也最值得大家尊重。

## 专栏 2

### 中国人的特殊沟通原则

（一）我告诉你，你不要告诉别人

中国的历史悠久，凡是经过检验而流传下来的东西，肯定自有其道理。“我告诉你，你不要告诉别人”这一原则对我们中国人而言至少有三种主要的用意。

第一，我告诉你这些话，是因为你我之间的关系不一般，换成是别人，我一定不会说，因为他们的关系不如我和你的关系密切。我是尊重你才跟你说的，希望你也尊重我，不要告诉别人。既然我采取这样的态度，希望你也要和我站在同一立场，自己知道就好了，用不着告诉其他人，彼此配合一下，下次有什么事情我才能再告诉你。

第二，我希望你不要告诉别人，当然含有必要时可以告诉别人的意思。中国人的思维受《易经》的影响，讲“不要”时也含有“要”的意思。不要告诉别人，实际上不可能完全做到，不过，如果你一定要告诉别人，就必须谨慎地选择对象，就像我选择你一样。当然你也应该谨慎地提醒他不要告诉别人，不能因选错了对象而引起不必要的误会和纠纷。

第三，要不要告诉别人，其实是你的权利，由你自行决定。我告诉你不要告诉别人，主要用意在提醒你不要轻易告诉别人。至于要不要告诉别人，告诉哪些人，则由你决定。

现在应该明白，“我告诉你，你不要告诉别人”的真正意思是个人负起责任。我说归我说，你必须自己用心判断才能够相信，不可以因为是我说的你就推卸责任而不用心判断。

（二）要告诉别人，不要说是我说的

第一，你当然可以审慎地选择对象，然后告诉他我所说的事情，就好像我选择你一样。只要关系够，可以放心地告诉他，不必担心产生什么后果。通常情况下，再保密的事情，我们也会有一两位非说不可的朋友，否则将来有可能得罪他们。我之所以提醒你“不要告诉别人”，是指一般关系的人，不能严格到包括特殊人物在内。

第二，你所审慎选择的对象中，可能有人是我的亲友，我没有告诉他们，反而由你来转述，他们一定会不高兴，甚至责怪我不够尊重和重视他们而心生怨恨。我提醒你不要说是我告诉你的，就是不要让可能的误会产生。要不要告诉别人，我充分尊重你的决定，但在对信息来源的保密方面，请你尊重我。

第三，你对所要告诉的人告诉到什么地步，既然经由你自己判断并做出了决定，所说的内容当然也是你自己认为可以说的才会去说，因此已经和我说的没有什么关系，所以不要提到我。

（三）如果你说是我说的，我一定会否认

中国人在说话时，明明是自己说的却常常加以否认，这并非缺乏自信。因为我告诉你的时候已经提醒你不要告诉别人，你非要告诉我也制止不了，所以我只要求你不要说是我说的。若你不但告诉了别人，还公开说是我说的，那我就加以否认，目的有三。

第一，我不容许不仁不义的行为。我告诉你不要说是我说的，你竟然不尊重我，这是不义在先；我郑重否认，不过是不仁在后。以我不仁回应你之不义，用意只是要制止这种不仁不义的行为持续发生。

第二，你告诉别人是我说的，我又弄不清你同谁说的，你当时说了些什么，是怎么说的，只凭第三者的指正，我当然不会承认是我说的。

第三，一个人的言行必须由自己承担后果。你既然敢说，就要负责到底，这样才值得大家信任，我当然不会承担这种责任。

## 第二节 沟通的障碍与克服

### 一、沟通障碍

#### （一）产生沟通障碍的原因

人与人的关系涉及社会生活的各个方面，与人的生存、发展息息相关，人们在工作和生活中遇到的所有问题，几乎都是由于“关系”的障碍引发的。

社会关系的本质是人际沟通，而人际沟通和万事万物一样，都是有规律可循的。沟通存在大量的信息交流，无论什么形式的信息交流，都要服从信息传播的一般规律。沟通是通过信息的传递和反馈，获得相互理解的过程。

事实上在复杂的沟通过程中，信息的传递往往会失真，由于沟通双方所具有的不同心态、表达能力、理解力，以及所处的环境和所采取的沟通方式，都会影响沟通的效果，概括起来有以下几点。

**1. 沟通系统外部因素**

（1）空间距离因素。人与人之间的空间距离减少了他们面对面的沟通，会导致误解或不能理解所传递的信息，还会使得人们之间的误解不易澄清。

（2）态度、观点、信念等的不同，造成沟通过程中的障碍。人们之间传递信息往往有“打埋伏”的现象，报喜不报忧、夸大成绩、缩小缺点等。如上级向下级传达指示，下级往往不是如实地理解这些指示，而是猜测这种指示的“言外之意”、“弦外之音”等。这都说明人们在传递和接收信息时，往往会把自己的主观态度掺杂进去。

（3）层次差异及知识经验水平的限制。人与人之间尤其是工作中主管和下级的层次之间存在着各种差异。主要表现在主管和下级的知识及专业技术层次差异，主管忽视了下级的知识层次，倾向于使用主管术语，或者是技术性的，或者是行政性的，下级对这些术语却一无所知。若发送者与接收者在知识水平上相差太大，在发送者看来很简单的内容，而接收者却由于知识水平太低理解不了，双方没有“共同的经验区”，接收者不能正确理解发送者的信息，则沟通就会出现障碍。

**2. 沟通系统内部因素**

（1）曲解信息。当一个人分不清实际材料和自己的观点、感觉、情绪等的界限时，就会发生曲解。个体与个体之间都倾向于根据自己的观点、价值观念、意见和背景来解释信息，而不对它做客观的解释，由于语言及媒介使用不当、接收者对信息发生误解而造成沟通的曲解。

（2）缺乏信任。信任障碍主要与人与人相处的经历有关：一方面，如果有人觉得把坏消息报告给别人于自己无益，就会隐瞒这些消息或把不利信息过滤掉；另一方面，如果有人利用他人来为自己谋私利，为了提升职位、显示功劳及树立良好的形象，这些都会损毁人与人之间的信任。

（3）知觉的选择性和个性不相容。人们在接收一个信息时，符合自己需要的又与自身利益有关的内容容易听进去，而对自己无利的则不容易听进去。这样就会在不经意中产生知觉的选择性，造成沟通障碍。主管和下级的个性常常发生冲突，并因此产生沟通障碍，不是客观地看待事情，相反，个性因素占了主导地位，问题也就被个性化了。

**3. 信息发出者“自以为是”的思维惯性**

人们往往想当然地认为：言语能够清晰地表达自己想要表达的意思，发出信息时“自以为是”。沟通言语的结构导致了对事情本质的错误描述，信息中如果包含有多义词，则可能会导致误解。

言语是思维的外壳，沟通的工具是言语的表述。言语不是真实的事物，它是人通过思维的形式对真实事物的一种描述，而这种描述常常是不准确的。人们往往想当然地认为，母语相同的人沟通时所用的词语，其含义是众所周知、不言自明、心照不宣的。然而，事实并非如此，同样一个词语，真正的含义是每个人根据自己独特的经历和理解来赋予它的。这就意味着对一个特定的词语，十个人会有十种不同的理解。但在现实中，人们自以为自己能清楚地表达自己想表达的意思，也就是说，每个人都认为自己的语言能够准确地表达自己的所想，在表述一件事情时，总是不自觉地把自己心中想的意思附着在语言上，认为“这个意思”原本就是这个样子。维特根斯坦最著名的命题，“地图从来就不是真实的疆域”。地图是疆域的描述，它跟真实的疆域是有差别的。沟通中人们常常误把语言当做事情本身，把语言本身当做客观真理，自以为把事情说清楚了，但对方听到的根本不是你所说的意思，作为听者却认为自己听来的意思就是千真万确的对方的意思。

4．信息接受者"自己定义"的定式思维

人们往往想当然地认为：自己所接受到的信息正如自己所理解的那样，接受信息时"自加定义"。每个人都是根据自己生存的阅历来对言语进行联想，赋以意义，使用相同的词汇，可能赋予的意义完全不同，这就是世界上到处充满误解的原因。所以我们在听别人讲话时，绝对不能把对方的"话"当做事情本身，而是要弄清对方所要表达的意思，经过仔细求证来了解对方语言背后的信息。

5．信息本身造成的障碍

（1）误导性迷失。信息内容缺乏导向可能会导致沟通障碍。有些信息有两部分内容：明显的意义和潜在的含义，在某些情况下，信息的外显意义被弄得过分吸引人，从而导致潜在含义的丢失。

（2）信息量过大和负载过重。信息并不是越多越好，重要的是要有用的、优质的信息。信息过量会造成沟通的障碍。当人们负载的信息过度时，他们就倾向于业绩完成得不好，其工作绩效比接收信息量少的员工的绩效还要低得多。

（二）沟通障碍的种类

1．信息策划障碍

信息策划障碍是指沟通信息的发出者无法有效准确地形成和表达商务信息。例如，不同语言和文化特征的人在进行沟通中，一方无法判断和表达自己面临的问题等，此类现象司空见惯。沟通信息障碍主要包括：思维能力上的沟通障碍，表达能力上的沟通障碍，文化特征的沟通障碍，个人爱好、兴趣沟通障碍等，这就要求在现代人际沟通中，沟通双方均要把握沟通目的，精心策划沟通信息，尽可能避免沟通信息障碍。

2．信息接收环境障碍

信息接收环境障碍是指沟通中因环境影响接收者全面、准确接收信息的障碍。例如，沟通中选择的场所周围噪声较大，加之场内音响设备质量问题等，使得接收信息一方无法获取发出信息方的完整、准确信息。沟通信息接收障碍主要包括自然环境障碍和信息接收场所周围障碍等，这就要求在现实沟通中，信息接收者沟通前精心准备，全面做好接收信息的相关事宜。

3．信息理解障碍

信息理解障碍是指沟通中影响信息接收者完整、准确地解读信息的障碍。例如，接收方对发出方信息符号不能诠释或对不同文化背景下信息语言习惯表达曲解而造成信息理解障碍。沟通信息理解障碍主要包括信息接收者的记忆能力、诠释能力、文化背景、思维能力和方式、个人阅历、个人偏好等方面的障碍。这就要求在现代人际沟通中，信息接收者要了解信息发出者的相关背景资料和文化特征，全面提升自身素养，以达到完全、准确读懂商务信息。

4．道德约束障碍

一般而言，沟通中的信息应是积极的、健康的，双方的信息沟通以不损害第三方的利益为道德基准。例如，在现实的商务信息沟通中，有些失去道德水准的人不惜以牺牲第三方商业信息机密为代价而获得非法利益，更有甚者以牺牲国家商业信息机密为代价而达到自己的目的，而国家目前对损害第三方利益的商业信息机密惩罚体制又不健全，造成新的时代背景下道德约束障碍。为维护正当权益，急需完善法制，建立商务沟通道德约束机制。

5．沟通中的歧视障碍

沟通歧视障碍是指信息交流中的双方，一方对另一方因国别、经济强弱、种族、民族、身份、官职、性别、年龄、身体特征等而采用非公平、友好、守法态度的信息沟通。例如，在商务谈判沟通中，对身体有残疾的谈判对手采取鄙视和傲慢态度等。这就需要商务沟通人员加强修养，正视商务沟通。

**6．沟通渠道障碍**

这是指在沟通中因为选择沟通载体而发生的障碍。例如，采用电子邮件进行信息沟通，因停电或病毒感染而造成信息流失等。这就要求对于重要商务信息的沟通，双方一定要选择可靠且双方都使用的方式进行沟通。

**7．非言语表达障碍**

（1）面部表情表达障碍。面部表情是所有非言语信息中最具有表现力的，大部分的情绪通过脸部表情传达，是判断情绪的最重要线索，同时也是在交往过程中关注最多的部位。不恰当的表情很容易使交流陷入僵局，皱眉头表示不满，微笑表示友好，拉着脸表示不开心等。大部分人都不愿意跟面无表情的人相处，不喜欢在自己发表意见的时候招到反对意见或有不耐烦（皱眉头）。所以面部表情要与所处的环境与自己的心情相符合，有时由于面部表情的表达障碍而导致交往产生问题。所谓面部表情表达障碍就是所显示的表情与自己的心境不一致或者与所处的环境不协调。在别人讲得兴高采烈的时候显出一张苦瓜脸，显然是与环境不协调的，可能他并没有意识到自己的表情有什么不合适，但是对于讲话者会造成心理上的打击；而积极的表情往往更加容易使别人接受，微笑常常可以化解尴尬的场面，所以，在交往过程中要注意自己的面部表情与环境相符合或者显示的是友好的信息。

（2）仪表表达障碍。人际交往是在说话之前就开始的，人们一般习惯于从仪表对一个人的职业、性格等特征进行判断，所谓的以貌取人差不多就是这个道理。当两个人见面以后，还没开始说话就已经对对方形成了一定的印象，并想象对方会用一种什么样的方式说话。个人如果没有按照场合、自己的身份等对自己的仪表进行合理的修饰，往往会给对方造成反感甚至抵触情绪，而产生这种消极情绪之后，交往就会比较困难。所以合理地对自己进行包装就显得比较重要，符合身份而不夸张，只有引起对方好感以后，才能使交流更加顺畅，如在面试的时候，仪表引起了面试官的好感，那么面试成功的概率就高了很多。

（3）身体姿势表达障碍。身体姿势是指个人的坐姿、站姿和行走的姿势。身体姿势传递着大量的信息。一般来说，走路的时候挺直腰板，目光平视前方。而耷拉着脑袋，慢吞吞地走给人的感觉是缺乏自信或者心情不好，避开为妙。这样的走姿导致对于周围人和物的关注不够，当有熟人经过的时候对于对方的反应不够，可能让对方认为是故意视而不见，从而对交往产生影响。但是走路过快也会产生同样的情况，走路过快甚至会给对方造成心理压力。

坐姿在不同的场合有不同的要求，通过坐姿可以流露出个体的心态。挺直腰板正襟危坐是在正式场合，在非正式场合可以身体微微前倾，双脚着地。但是过于随意的坐姿会让对方认为对他的重视程度不够，交往的时候产生心理防卫机制。坐的时候双手交叉放在胸前，是自我保护、自我隔离的一种姿势，所以这样也会让对方敬而远之。

（4）手势表达障碍。在交往过程中，合适的手势对于语言重点的强调、语言的补充具有很大的作用。在演讲中，除了滔滔不绝外，相应的手势能让人觉得有气势、更流畅。两个人见面时握手或者相互的拥抱可以使心理的距离拉近。仅仅通过语言，没有手势的伴随会使交往的信息受到损失，但是，不适当的手势会产生信息的冗余或者信息的失真。一般当语言信息与非语言信息产生矛盾时，人们更倾向于相信非语言信息。所以在使用手势的时候，要注意适当且避免多余，同样是握手，如果很重就会让人觉得有攻击性，交往的时候心理防卫意识会加强。

（5）目光接触表达障碍。眼睛是心灵的窗户，目光的交流可以说是心灵的交流。对话过程中，看着对方是表示对对方话题感兴趣，不东张西望也是对对方的尊重。在非语言信息障碍中首先表现在交谈中眼光的闪烁，而这种闪烁不是主观上的。交谈中的眼光闪烁如果是说话者会造成说话不诚实的感觉，如果是倾听者则会让说话者感到自己的话题对别人没有吸引力。但是，如果一直盯着对方的眼睛也会给对方造成心理上的压力。看人的眼光要平和，如果用锐利的眼光看着别人则造成的压力会更大。其次，目光接触在非语言信息障碍中表现出的是眼光不能平视，即无意识地眼光向上或者向下。眼光朝上会使对方有被轻视的感觉，而眼光向下又会使个体看起来自信心不足或者自卑。

（6）空间距离表达障碍。在交往过程中人与人之间空间距离要适中，不能太远也不能太近。霍尔（EdwardHall）认为人和其他生物一样，除了身体界限以外还有非身体界限，称为有机体的领域。每个人都希望有一定的私人心理空间，当别人越过这个界限以后就会产生心理压力，而会不由自主地后退。个人心理空间随环境的不同也会不同，在拥挤的大街上和在宽敞大厅时个人心理空间是不一样的。要保持一定距离但也不能距离太远，太远之后会让对方产生故意疏远的感觉。所以在空间距离上把握不好也会使人际交往产生问题。

### （三）克服沟通障碍的措施

在人际交往中，有一种无形的东西存在，这就是“关系”。“关系”既看不见也摸不到，却时时刻刻客观存在着，它是人际沟通的桥梁和纽带。“关系”是否和谐，是决定社会系统稳定与否的最直接的因素，化解人际沟通的障碍可以从以下几个方面入手。

#### 1．学会接纳与尊重

沟通中学会接纳就是指无论面对什么样的对象都能做到无条件接纳。也就是说，不管对方是什么人，哪怕是罪犯、小偷，不管对方长得什么样，无论高矮胖瘦，不论对方有什么样的优点、缺点、弱点，甚至失误，都能做到保持价值中立，不做价值评判。无条件接纳体现的是对人性的一种尊重，是首先将对方看成一个人，而不是一个怎样的人。尊重是无条件的，是整体地接纳一个人，所以，无条件接纳的实质是指没有任何条件的关爱，不带任何企图和要求，将对方看成一个独特的、有价值的人，有潜能、可以改变的人。

#### 2．选择最恰当的沟通时机和沟通渠道

人们对信息的反应及过滤还要受时间因素影响，因此，有效沟通要注意安排恰当的时间。沟通者可以规定在某一时间接收或发送特定信息，或者是规定在繁忙工作以外的时间的接收或传达信息，以确保注意力不分散并及时处理接收到的信息。在渠道的选择上，人际沟通内部占据主导地位的沟通者，应根据实际情况选择能予以最恰当表现的沟通渠道，并在语言的组织和运用上根据沟通对象不同而做出相应的调整。尽量使用表述精确、明晰的语句，避免艰涩的专业术语的运用。基于沟通的有效性，沟通过程中应鼓励采用多渠道的信息沟通，并尽量避免彼此冲突从而引起误解。

#### 3．沟通者应学会倾听和提问

倾听是指通过视觉、听觉媒介接收、吸收和理解对方思想、信息和情感的过程。通过倾听可了解对方要传达的消息，同时感受到对方的感情，还可据此推断对方的性格、目的和诚恳程度。

沟通过程就是调动人的沟通积极性的过程，倾听本身也是一种鼓励方式，能提高对方的自信心和自尊心，加深彼此的感情，因而也就激发了对方的沟通热情与负责精神，提高人与人之间沟通的有效性。

**4. 注重信息的反馈**

反馈是沟通过程中一个非常重要的环节，没有反馈，就不能构成一个完整的沟通过程，不能实现信息的有效沟通。沟通者在进行沟通后要注意接收者的理解和反应，通过询问、调查即跟踪反馈，掌握信息被接收和被理解的程度，并在此基础上对已进行的沟通做出修正、完善。

由于发出信息的人往往“自以为是”，接收信息的人往往又会“自加定义”，我们还要善于提问。沟通中说的和所听到的可能会产生理解上的偏差，个人的分析、假设、判断和信仰可能会歪曲我们听到的事实，为了减少沟通中信息的失真度，经常向对方重述一遍自己听到的、理解的观点，并加以求证，这样可以最大限度地减少信息失真。在沟通过程中，很多解释、说明对方不一定会听得进去，而提问却能引发对方的思考。所以，巧妙的提问就是带领对方进入沟通的关键点。好比面对误解，过多的解释显得多余，如果改用提问的方法，情况就不同了，对方就会顺着我们引导的思路去考虑问题，而不是站在对立面思考问题。

**5. 适时肯定与赞赏**

肯定是指在沟通中充分尊重对方，即使和对方的观点不一致，在沟通中也要从动机、情绪、假设新的可能性等角度加以“肯定”，使对方感到你对他的认可和理解，然后再将对方引向正确的方向。心理教练技术中的“先跟后带”技巧，给了我们很好的启发。“先跟”，就是和沟通对象建立亲和感，去肯定和配合对方的一些信念、价值观，通过肯定引导对方进入“是的”状态，“后带”是指在对方“是的”状态下，运用对方的感知模式去引导对方走向正确方向。

在肯定的基础上，我们还要学会真诚地赞赏别人，赞赏体现的是一种对生命的尊重。人的需求是多方面的，既有有形的需求，也有无形的需求。真诚的赞赏能引发期待效应，即当你对某一个人充满美好的期待，他就会因感受到你的鼓励、信任和支持，朝你所期待的美好方向发展。同样，反向的期待会引发反向的结果。没有优点的人，和没有缺点的人一样是不存在的，赞赏就是要赏识优点和宽容缺点，用一颗宽阔而平常的心来容纳别人，对待别人。不过，需要注意的是，虽然人人都渴望被赞赏，但并非任何赞赏都能使对方高兴，只有那些基于事实、发自内心的赞赏，才能引起对方好感。因而在人际沟通中赞赏越翔实具体越好，说明你对对方越了解，对他的长处和成绩越看重。相反，无根无据、虚情假意的赞赏会让对方感觉诡诈虚伪，反而会导致不必要的误解和信任危机。

## 二、沟通艺术

### （一）“共情”沟通

共情是站在对方的角度，感同身受地理解对方，“将心比心”。“我能够想象这件事情给你带来的困扰”、“如果我出这样的事情，我肯定有同样的感受”、“我知道这项工作对你是一个很大的挑战”……这些沟通方式会让对方知道沟通者能体会到他的环境而不是高高在上或指手画脚，这样被沟通者就比较容易接纳，有助于提升自我的重要感和归属感。

### （二）掌握沟通的原则

一是及时有效原则。没有问题定期沟通，有了问题及时沟通。要善于把问题化解在萌芽状态之中。二是开诚布公原则。推心置腹、开诚布公地进行沟通，有助于提高沟通效果。针对问题的沟通，一定要开门见山、直截了当、直奔主题，千万不要绕弯弯兜圈子。三是主体平等原则。沟通的双方地位都是平等的，领导者切忌有居高临下的心态，主体平等能促进深度沟通。四是交流充分原则。沟通的时间一定要有保证，匆匆忙忙的沟通难以收到预期效果。在沟通过程中一定要给对方足够的讲话机会，双方一定要充分地交换意见。

### （三）适度使用沟通技巧

沟通的一般技巧包括以下几点。①沟通有六戒：一戒精神不集中；二戒主体不平等；三戒谈话没兴趣；四戒完全被对方左右；五戒听不进不同意见；六戒随声附和、放弃原则。②有效沟通要注意八个问题：一是使用目光接触；二是展现赞许性的点头和恰当的面部表情；三是避免分心的举动或手势；四是提问；五是复述；六是避免中间打断说话者；七是不要多说；八是使听者与说者的角色顺利转换。③要懂得根据事项轻重选择沟通方式：一般事情短信沟通，二般事情电话沟通，三般事情当面沟通。上行沟通技巧包括：一是及时请示汇报；二是逐级请示汇报；三是既报喜也报忧；四是陈述理由要充分；五是提出建议要具体；六是意见相左时下级服从上级。下行沟通技巧包括：一是放下架子，拉下面子；二是既要对事，又要对人；三是既要雅的，又要俗的；四是既要明言，又要暗示；五是既要热的，又要冷的。语言沟通技巧包括：一是注重说、听、问；二是注重态度，要灵活运用强迫、折中、回避、迁就、合作五种态度；三是要善于使用语速、语气、音色。语速：面谈沟通语速每分钟 160～250 个字，电话沟通语速每分钟 120～140 个字。语气：多用“吗、吧、啊、嘛”等软化语言；用“我”不用“你”；多用“我们”少用“我”。音色：要练习使用人体六腔——腹腔、胸腔、咽腔、口腔、鼻腔、脑腔，做到圆润有力。

# 第三节 非语言沟通

如同生命每时每刻都在呼吸一样，人们每时每刻都在散发着信息，都处于不停顿的交流之中。只要你不是隐身人，你的一切都在随时随地地“说话”，在透露你的底细。接触你的人也在随时随地地接收你散发的这些信息，分析这些信息，并得出相应的结论。如同母语一样，人们读懂非语言交流的信息的能力基本上是天生的，并且随着社会阅历的增长随时增长，无须任何专业的培训。

在交流过程中，不使用语言、文字的沟通为非语言沟通，据统计，非语言沟通约占沟通形式的 65%。非语言交流与语言交流不同，所表现的特点有三：其一，非语言交流不仅存在于人类之间，在动物之间也有所表现；其二，非语言交流在出生不久的婴儿身上就开始有所表现；其三，非语言交流是超越国境、超越文化的现象。这些特点表明，非语言交流是人际交流的起源。

## 一、非语言交流的基本常识

### （一）倾听

倾听是指全神贯注地接收和感受对方交谈时发出的全面信息，并做出全面判断。倾听并不只是听对方所说的词名，还要注意其说话的语调、表情、体态等非语言行为，这是倾听过程中不可忽视的因素。

根据专家统计，在一般言语活动中，听占 45%，说占 30%，读占 16%，写占 9%，一个人是否会听还将直接影响其社会交往的能力。善于倾听指在沟通中，我们不是简单地用耳朵听，而是要用“心”去倾听对方传递出来的信息。倾听是建立相互信任的前提，在倾听的过程中可以走进对方的心灵世界，触摸对方的心灵密码，捕捉有利于打开对方心扉的细微信息。在倾听过程中，并不需要在乎当事人说了什么，而在乎他怎么说，怎么建构他的故事，通过对故事的分析找到当事人内心的真实感受。每个人都有自己的内在地图，沟通的任务就是找到当事人的内在地图，去重新建构对当事人有效的新的故事，而不是拘泥于他的故事。

倾听的目的有三个：一是听清对方话语的表面意思；二是听出来“言外之意”或“潜台词”；三是探索语言内容背后对方的内心需求。也就是说，不仅要听到对方说的内容，而且了解对方的感受和情绪，同时还让对方感受到被积极关注。在聆听的过程中，还要注意分辨对方的言外之意，找到问题的本质所在。聆听的最高境界是“感同身受”，与对方站在一个角度上去考虑问题，与对方形成感情上的联盟。不管对方说什么，我们都能完全理解，完全接收。善于聆听并不是回避必要的争论，并不是姑息对方的错误言论与思想，而是让我们选择适当的时机来对其进行正确的思想引导。

**1．影响倾听效果的因素**

（1）环境干扰。环境对人的听觉和心理活动有重要影响，环境中的声音、气味、光线及色彩、布局，都会影响人的注意力和感知。布局杂乱、声音嘈杂的环境将会导致信息接收的缺损。

（2）信息质量低下。双方在试图说服对方时，并不一定总能发出有效信息，有时会有一些过激的言辞、过度的抱怨，甚至出现对抗性的态度。现实中我们经常遇到满怀抱怨的顾客，心怀不满的员工，剑拔弩张的争论者。在这种场合，信息发出者受自身情绪的影响，很难发出有效的信息，从而影响了倾听的效果。信息质量低下的另一个原因是，信息发出者不善于表达或缺乏表达的愿望。例如，当人们面对比自己优越或地位高的人时，害怕“言多必失”，因此不愿意发表自己的意见，或尽量少说。

（3）倾听者主观障碍。在沟通的过程中，造成沟通效率低下的最大原因就在于倾听者本身。研究表明，信息的失真主要存在于理解和传播阶段，归根结底在于倾听者的主观障碍。

第一，个人偏见。在一次国际会议上，某国代表团的成员们在阐述其观点时，用了非常激烈的方式，他们抱怨A国代表对会议不表示任何兴趣或热情，因为他们“只是坐在那里”，而A国代表则认为该国教授非常愤怒，因为他们“用了那么大的嗓门”。所以，在团队中成员的背景多样化时，倾听者的最大障碍就在于自己对信息传播者存在偏见，无法获得准确的信息。

第二，先入为主。在行为学中被称为“首因效应”，它是指在进行社会知觉的过程中，对象最先给人留下的印象，对以后的社会知觉发生重大影响。也就是我们常说的，第一印象往往决定了将来。人们在倾听过程中，对对方最先提出的观点印象最深刻，如果对方最先提出的观点与倾听者的观点大相径庭，倾听者可能会产生抵触情绪，而不愿意继续认真倾听下去。

第三，自我中心。人们习惯于关注自我，总认为自己才是对的。在倾听过程中，过于注意自己的观点，喜欢听与自己观点一致的意见，对不同的意见则是置若罔闻，这样往往错过了聆听他人观点的机会。

**2．倾听的艺术细节**

掌握倾听的艺术并非很难，只要克服心中的障碍，从小节做起，肯定能够成功。以下是一些提高倾听能力的技巧。

（1）创造有利的倾听环境，尽量选择安静、平和的环境，使传递者处于身心放松的状态。

（2）在同一时间内既讲话又倾听，这是不可能的事情，要立即停止讲话，注意对方的讲述。

（3）尽量把讲话时间缩到最短。你讲话时，便不能聆听别人的良言，可惜许多人都忽略了这一点。

（4）摆出有兴趣的样子。这是让对方相信你在注意聆听的最好方式。

（5）观察对方。端详对方的脸、嘴和眼睛，尤其要注视眼睛，将注意力集中在传递者的外表。这能帮助你聆听，同时，能完全让传递者相信你在聆听。

（6）关注中心问题，不要使你的思维迷乱。

（7）平和的心态，不要将其他的人或事牵扯进来。

（8）注意自己的偏见，倾听中只针对信息而不是传递信息的人。诚实面对、承认自己的偏见，并能够容忍对方的偏见。

（9）抑制争论的念头。注意你们只是在交流信息，而非辩论赛，争论对沟通没有好处，只会引起不必要的冲突。学习控制自己，抑制自己争论的冲动，放松心情。

（10）保持耐性，让对方讲述完整，不要打断他的谈话，纵然只是内心有些念头，也会造成沟通的阴影。

（11）不要臆测。臆测几乎总会引导你远离你的真正目标，所以要尽可能避免对对方做臆测。

（12）不宜过早做出结论或判断。当你心中对某事已做了判断时，就不会再倾听他人的意见，沟通就被迫停止。保留对他人的判断，直到事情清楚，证据确凿。

（13）做笔记。做笔记不但有助于聆听，而且有集中话题和取悦对方的优点。如果有人重视你所说的话并做笔记，你不会受宠若惊吗？

（14）不要以自我为中心。在沟通中，只有把注意力集中在对方身上，才能够进行倾听。但很多人习惯把注意力集中在自己身上，不太注意别人，这容易造成倾听过程的混乱和矛盾。

（15）鼓励交流双方互为倾听者。用眼神、点头或摇头等身体语言鼓励信息传递者传递信息和要求别人倾听你的发言。

### （二）面部表情

面部表情是指颈部以上包括眼、耳、鼻、下巴各部位情感体验的反应，是沟通中最丰富的源泉，是其他的身体语言无法与之相比的。

面部表情对于交际的重要性是众所周知的，但是表情中的多种文化内涵却难以估量。感情的表达是在文化背景中习得的，它们的表现因文化的不同而不同。汉族在贵客来到时，笑脸相迎才合情理，而美国的印第安部族却以放声大哭迎接客人的到来。在中国文化中，咣嘴唇，表示有滋有味；在英国文化中，表示没有滋味。东方人比较含蓄，感情不轻易外露，不像西方人尤其是拉丁语系人那样显露感情。中国人习惯用面部来遮掩感情，“看脸色办事”和“给人脸色看”将面部表情运用到了一种出神入化的境界。所以，“察言观色”便成了跨文化交际中必不可少的手段之一。

一种文化传统、民族精神和文化性格，产生于特定的社会或民族的内心深处，别的社会或民族难以完全理解。例如，中国人在某些场合的笑会引起西方人的反感。一个外国人在中国的商店门口存放自行车时，不小心把周围的自行车弄倒了。他本来因为自己动作不麻利而感到困窘，旁边的中国人笑起来。他觉得受到耻笑，非常生气。当然，中国人的这种笑，并非是嘲笑，也不是幸灾乐祸。这种笑有很多意思，可以表示“别当一回事儿”、“没关系”、“我们也常干这种事”等。

不过，对于不了解这些意思的人，这样一笑会使他们感到不愉快，而且会对发笑的人产生反感。

1. 目光

在人际交往中，最常见的沟通方式是目光接触，当双方眼睛相互注视时，彼此的沟通才能建立。因为说话不是单一方面的传授，而是相互刺激以达到目的的一种举动。对方会以目光来判断你对他所说话的反应。

2. 微笑

微笑比语言更具有力量，微笑表示“很高兴见到你”、“你使我快乐”、“我喜欢你”。微笑要发自内心，并表现出真诚关注、关切、理解、同情，运用微笑时要自然得体。

### （三）身体的姿态与仪表

1. 身体姿态

姿态是指姿势和体态，姿态反映人的文化修养，是表达情感的一种方式。

2. 仪表

仪表是指人的衣着态度和风度。仪表在人际吸引过程中有着重要的作用。

### （四）触摸与体距

触摸是一种有效的沟通方法，可作用于人精神和神经系统使人感到舒适和放松。皮肤接触方式和场景保持一致，才能得到较好的效果。

美国西北大学人类学教授霍尔博士研究个人空间时创造了“体距学”一词。霍尔博士提出，人人都有自己的领土要求。他把人们的“领土”要求加以分解，得出四种截然不同的区域：①亲密距离（0～45cm），适合于夫妻关系及情侣之间；②个人距离（4～80cm），限于朋友、熟人或亲戚之间；③社交距离（1.3～2m），用于处理公务的场合；④公共距离（3.6～7.6m），适用于非正式的聚会。从霍尔博士的研究中可以看出，人类在不同的活动范围中因关系的亲密程度不同而互相保持不同的距离：关系越亲密，区域越缩小。因此，在与北美人交往时，一般相互间隔 1.5m 左右，大约为一臂之遥。这个间距被认为是使人感到“舒适安逸的范围”。

### （五）沉默

在交流过程中，沉默也是一种交流，恰到好处地应用沉默，可以有效地促进沟通，即所谓的此处无声胜有声。

### （六）手势语

手势语是肢体语言的最重要的组成部分，是人们交往中不可或缺的工具。世界各国的手势语言非常丰富，不同的文化背景赋予了手势语言以不同的交际内涵。因此，打手势时要格外谨慎。

1. V 字形手势

伸出右手的食指和中指，形成“V”字形手势。这早已成为世界语了，意为“胜利”。“V”是英语单词 Victory（胜利）的第一个字母。不过，使用这一手势时，务必记住把手心朝外，因为在欧洲大多数国家，手心朝内的 V 形手势，就等于伸出臭名昭著的中指一样。据说英国首相温斯顿·邱吉尔在一次盛大集会上做 V 形手势时，由于一时失误，将手背对着观众了，观众中有人鼓掌喝倒彩，有人发愣，有人哈哈大笑，因为那不是表示“胜利”，而是一个下流的动作。

2. OK 手势

毫无疑问，这一手势也成世界语了。在美国和英国经常使用，相当于英语中的 OK，表示“没问题”、“一切准备就绪”、“我很好”之意。但是，在法国南部地区，OK 手势则表示“零”，“一钱不值”。所以，一个英国人用这一手势赞美他的法国朋友新买的车，他的朋友肯定不会高兴。在中东及北美洲部分地区，这个手势则象征了孔或洞，有明显的同性恋的含义。如果在酒吧等公共场所，有人向你打这个手势，大概就是同性恋者要寻找伴侣了，千万不要以竖大拇指的手势回应。这一手势，在南美是一种侮辱；在日本、韩国、缅甸则表示钱。

**3. 竖起大拇指**

这是中国人最常用的手势，表示夸奖和赞许。在北美及许多其他国家里，也被用来表示支持和赞同：“干得好！”“棒极了！”。在尼日利亚，宾客来临，要伸出大拇指，表示对来自远方的友人的问候；在日本，用大拇指表示“男人”和“您的父亲”，用小指表示“情人”；在韩国，大拇指表示“首级”、“父亲”和“部长”；在美国、墨西哥、荷兰、斯里兰卡等国家，这一手势表示祈祷幸运；在印度尼西亚，伸出大拇指是为了指东西；在澳大利亚，竖大拇指是一个粗野的动作；在美国、印度、法国，在拦路搭车时，横向伸出大拇指，表示要搭车；在希腊，这个手势却如“竖中指”一样，是一个下流的动作。若在希腊搭便车时，千万要换成另一种手势，否则，司机停车后，不是让你搭便车，而是一阵咒骂。

不同的民族文化有着不同的非语言交际习惯。要使非语言交际行为合乎不同国家及不同民族的习惯，并体现他们各自不同的文化特征，我们必须努力学习和研究各种不同的文化对非语言交际行为的影响和作用。如果不懂得某种外语民族的非语言交际习惯，而是用本民族的交际习惯来与该外语民族者进行交际，这势必影响交际质量，甚至会产生某种误解。从这个意义上讲，在跨文化交际中，非语言交际与语言交际同样重要。

## 二、不同肢体语言解读

人的面部有 43 块肌肉，大约能协同组合出一万种表情。即使人们努力掩饰表情，它们还是会闪现 1/5 秒，对于训练有素的观察者的眼睛，无法逃避。在录像设备上，通过慢速回放，可以显露无遗。人们把持续时间短暂的表情，称为微表情。微表情是下意识的，也是人类共同的语言。最为基本的一些，我们每天都可以看到。例如，耸鼻子，代表不屑；眉毛垂下来，代表悲伤；提高下巴，代表尴尬；用手触摸鼻子，或一只手插在裤子口袋里，代表想隐瞒什么；呼吸短促，代表紧张；低头以手遮住额头，代表羞愧；瞳孔放大，代表恐惧、愤怒或兴奋；微笑的时候，如果眼角没有出现一丝一毫的笑纹，代表虚伪的假笑；哭泣的时候，如果没有咽喉的哽咽、鼻子发酸流涕等伴随现象，代表鳄鱼的眼泪，或是猫哭耗子的假哭。

略有垂头的姿态，表明内心的尴尬或者羞涩，在寻求支撑。比如，遇到老板对你的工作不满意，面对他的质问与批评，你若无言以对，那么这个侧向垂头姿势表明了你的尴尬与无奈的心理。

双手抱胸，按达尔文的说法，这种姿势在全世界都是表示防卫。谈判中，双手抱胸的姿态很常见。因为大多数人在谈判时，不是没法了解、发现对方的感情和需要，反而是一味地强调自己的要求，或总是抱着请求、建议或者类似的态度，使对手采取防备的立场。此刻，如果继续采用双手抱胸的姿态，要想达到使对手妥协或合作，那是很困难的。当然，另一种解释是自信，甚至自信到自负的程度，有强势压人之嫌。

表面上，你装作很镇静地和对方聊天，其实，心不在焉，恨不得马上找个出口，快点逃出去。因此身体扭转过来，偏离 45 度，潜在意思是“不必，谢谢你”，这是明显的拒绝姿态。

也许你一不小心看到了老板的某些尴尬，于是，忍不住有幸灾乐祸的想法，但你肯定不够胆量开怀大笑，所以，只能悄悄地掩着嘴巴偷笑。不过，如果在开会时，也要强压住，千万不能偷笑，因为有嘲笑之嫌。

托腮的动作明显代表了“我很困惑，也很迷茫，需要找一个支点”。工作中，如要写一个策划案，如果一时没有头绪，那么这个动作显然表示我很无聊、苦闷，因为找不到灵感，找不到解决问题的出路。

如果不自觉地摸自己的脖子或者鼻子，那就意味着你在掩饰自己的紧张与不安，因为刚才可能撒谎，或者没有说出真相，你在寻求自我的心理安慰。

拍自己的脖子，你太累了。

玩笔或转笔，说明你很不耐烦。

摆弄着自己的头发，透露你内心的紧张。

不断轻轻地用脚碰地，说明你不太有耐心。

拉拉耳朵，表示你做出一个决定是多么的困难。

懒洋洋地靠在椅子上，人们会觉得你非常傲慢而且懒惰。

摸着自己的脸，说明你有些紧张，或者是因为不诚实。

在鞋跟上来回晃悠，让你看起来非常孩子气，没有可信度。

耸耸肩，别人会认为你不相信自己说的话，或者对此非常不屑。

高音调、快速的说话方式，会让人感觉到你的不成熟，缺乏权威性。

紧紧交叠在胸前的手臂，好像你非常冷漠，或者自我保护意识非常强。

# 第四节　跨文化沟通

## 一、跨文化沟通概述

随着全球经济一体化的不断深入，面向世界市场的跨国企业面临着在其他文化环境中生存与发展的挑战。这势必要求管理人才的国际化，世界正步入一个大量需求新型国际化高素质的创新管理人才的时代。管理的国际化趋势对国际化管理人才的素质与能力要求是极高的。除一般管理人才所必须具备的素质外，还有诸多特殊素质要求。跨文化沟通就是这些特殊素质要求的重要组成部分。

### （一）跨文化沟通的含义

所谓跨文化沟通，是指在一种文化中编码的信息，包括语言、手势和表情等，在某一特定文化单元中有特定的含义，传递到另一文化单元中，要经过解码和破译，才能被对方接受、感知和理解。当信息的发送者和接收者不属于一个文化单元时，就存在跨文化的沟通。

跨文化沟通能力是指与来自不同文化背景的人能够超越其所属民族文化范畴，有效、快捷地交换信息、表达意愿及完成任务，实现自身目的的能力。也就是说，跨文化沟通不仅是通过语言、肢体等具体动作实现的交流，还包括克服不同文化差异而达到目的的行为。从管理者素质方面来看，就是在不同文化背景下，实现自己的管理任务，达到自己的管理目的而进行的一切管理行为的能力。跨文化沟通是对国际化管理人才的本质要求。世界上每个民族都有自己的独特文化。这种文化差异性会严重阻碍管理的国际化和世界经济一体化。这就要求国际化管理人才必须在熟悉本民族文化的基础上，去熟悉、理解和尊重其他民族的文化和语言。这样才能相互深入地交流沟通，才能更好地进行国际性管理工作。

### （二）跨文化沟通的特点

跨文化沟通是当今各个国家、各种企业、各种组织不可回避的一件大事。借助跨文化沟通，可以实现政治、经济、科技、文化、管理等方面的有效交流，增强互相理解、互相学习、相互信任，实现相互尊重、相互包容、相互妥协、相互改变，寻求共性，找到文化由此达彼的桥梁，使沟通双方受益。了解跨文化沟通的要求，把握跨文化沟通的特点，非常重要。跨文化沟通有以下特点。

#### 1．文化对接的难度很大

文化的对接是指沟通者和被沟通者在一个文化符号中获得一致的意义。只有实现文化对接，才有双方对一致意义的认同，从而达到理解和沟通。跨文化沟通是在两种或两种以上的文化之间进行的。由于生产方式、生活方式、地理环境、历史传统等的不同，各种文化体系均具有个性和特殊性，其文化中的精神体系、思维体系、智慧体系、规范体系、组织体系、符号体系、编码体系和解码体系等都有很大的不同，它们在进行跨文化沟通时，共享性差，认同性差，对接能力差，因而沟通中会发生种种障碍。

不同的文化有不同的符号系统。符号是能够被用来在某些方面代表其他东西的任何物象，它是人类沟通最重要的手段。语言符号系统又是人类符号系统中最重要的符号，是可以并已经渗透到人类社会生活各个角落的符号。语言符号由音像和其他代表意义的概念组成，人类用语言符号代表某种意义，语言符号根据一定规则的编码系统形成复杂的意义，语言沟通就是根据一定规则形成的解码系统，得知语言符号意义的过程。在同一文化背景下，沟通的主客体使用的符号系统、编码系统和解码系统是同一的，他们的沟通不会存在多大的障碍（当然并不是完全没有障碍）。在不同的文化背景下，要实现有效的沟通，就必须拥有共同的符号系统、编码系统和解码系统，懂得信息意义符号的构成，懂得编码规范和解码规范，才能在共同意义的确认上达成共识，实现沟通。而要做到这一点，恰恰是最困难的事情。在跨文化沟通中，编码的规则和解码的规则常常不是一个规则，而是两个规则。就语言而论，它们编码的发音和形状不同；语言的词汇量不同；词汇文化含义有的相同，有的不相同；编码次序往往不同等。这就使得在跨文化沟通中出现用另一种解码系统，去阐释不同的编码系统的问题，使跨文化沟通在文化意义上难以实现对接，往往是沟而不通。

#### 2．文化距离不同使跨文化沟通的难度不同

文化距离是指文化间的共性与个性的差异程度。文化间的共性较多，则文化距离较小；文化间的个性突出，则文化距离较大。同一文化中的地域亚文化之间的文化距离较小，它们的跨文化沟通难度较小；同一文化中的群体文化之间的文化距离较小，它们的跨文化沟通难度较小；同一文化中的不同职业文化的文化距离较小，它们的跨文化沟通难度较小；同一文化中的男女性别文化的文化距离较小，它们的跨文化沟通难度较小；同一文化中的年龄文化距离较小，它们的跨文化沟通难度较小；同一文化中的企业文化的文化距离较小，它们的跨文化沟通的难度较小。在同一文化中，共性更多，个性差异较少，所以它们之间的文化距离小，跨文化沟通的难度也较小。

在不同文化中，文化的距离不同。有的文化与某种文化比较，文化距离很大；与另外的文化比较，则文化距离相对要小。例如，中国文化与日本文化比较，它们的文化距离较小，与新加坡

文化的距离更小，它们同属儒家文化圈的文化，跨文化沟通的难度要相对小些。而中国文化和美国文化比较，则是文化距离很大的两种文化，前者属于集体主义文化，后者属于个人主义文化，它们之间的跨文化沟通难度很大。美国文化与英国文化的文化距离较小，与加拿大文化的距离更小，它们同为个人主义的文化，因而跨文化沟通的难度较小。一般来说，文化距离的大小与跨文化沟通的难度成正比。

**3．习惯与传统的冲突大于理解的冲突**

人们自幼生活在自己的文化环境中，受到本文化的长期熏陶和教化，形成了根深蒂固的价值体系和行为模式。这些价值体系和行为模式，在没有外来文化的干扰下会形成习惯，习惯久而久之会形成传统。传统作为一种集体无意识，会蕴藏在每个人的无意识层中，时时地发生作用。习惯的东西和传统的东西是文化的固化形式和深层积淀，是很难改变的。在跨文化的沟通中，人们即使认识了对方的文化的特征，也知道适应对方的文化特征是进行沟通和文化对接的要求，但是理性的认识，并不妨碍沟通者依然按本文化的习惯和传统办事，从而造成沟通中的文化矛盾和冲突。曾任欧洲多国大使的卢秋田先生讲过一个故事。一位荷兰妇女 14 年前结识了一位在荷兰做生意的中国人，两人很快相好。这个中国人和远在中国的妻子离了婚，与那位荷兰妇女很快结婚。这位中国男子在荷兰居住久了，对荷兰的风土人情、生活习惯、人际关系、政治法律已相当了解。但是他的许多行为依然是中国式的，这使他的妻子非常恼火。例如，他明知荷兰人不喜欢亲戚住在家里，或者特别关照他们，但他总是千方百计甚至偷偷地把老家的孩子、亲戚弄到荷兰，使家里摩擦不断。最为麻烦的是，这位男子得了癌症，并且很快去世。去世后当公开遗嘱时，他的妻子大为震惊：这位中国先生把他的全部财产都留给了前妻，这位荷兰妇女痛哭流涕，她怎么也想不到这位和她一起生活了 14 年的中国男子，竟是如此忘恩负义！其实，这位中国男子在理性上认识到自己的这种做法有失妥当，但多年的中国文化熏陶使他在深层意识中依然是“落叶归根，故土难离”、“糟糠妻，不可弃”、“衣锦还乡，无限荣光”等传统观念在发生作用。因此理性上的认识并不妨碍他依然按传统和习惯办事，文化冲突也就在所难免了。习惯和传统是文化的产物，又是维护文化个性的力量。保持习惯和传统，是文化存续的要求。传统一旦根植于人的头脑，就很难改变。这就是在跨文化沟通中，理解的力量小于习惯和传统的力量，理解并不等于接受，在理解的层面上文化可以相容，而在习惯和传统的层面上仍然会发生矛盾和冲突的原因。

**4．跨文化沟通的成本高于一般沟通的成本**

跨文化沟通比一般沟通的成本要高得多。在商业交流中，沟通的目的之一就是达成共识，降低交易成本。跨文化沟通是在两种不同的文化间进行沟通，克服文化的障碍将会耗去更多的物资、使用更多的手段和方法、耗费更多的时间、进行更频繁的双向沟通，在沟通中要花费更多的精力去理解文化差异，处理文化矛盾和冲突，沟通的失败会导致投入变成泡影，因此跨文化沟通的成本比一般沟通的成本要高得多。有一次荷兰首相应邀访华，主人方安排首相夫人参观幼儿园。那天下着细雨，车队到达幼儿园门口时，两边齐刷刷地站着两队身着白衬衣、蓝裤子、白球鞋且表情严肃的小孩。一见首相夫人到达，小孩们在老师的手势下，立即有节奏地挥舞着手中的鲜花，口中高喊“欢迎、欢迎、热烈欢迎！”。走进幼儿园教室，小孩们一个个坐在小凳上，表情严肃，纹丝不动。首相夫人在幼儿园停留十分钟就离开了。事后她对中国驻荷兰大使说，这是她参观最不舒服的一次。她说：“天下着雨，为什么要小孩们在大门口等？为什么要小孩们穿着一样，整齐划一地喊口号？进了教室，为什么要小孩们像木偶式的整齐严肃？为什么听不到小孩们天真活泼的笑声？”她认为这样对待小孩是很不好的。首相夫人不明白，主人方的所有作为，都是为了加强中荷友谊的沟通。为了表示对首相夫人的敬意，主人方为小孩们的着装，费了一番心思；对他们的行为，事前又进行了训练；而且让小孩们冒雨迎接首相夫人，也是不容易的。主人方的努力事与愿违，并导致了不愉快的结果，双方的沟通都付出了很高的成本代价。

在跨文化沟通中，每个环节都可能使沟通成本提高。例如，编码的规则，可能大大提高了跨文化沟通的成本。我国的古代爱情悲剧《梁山伯与祝英台》，是按中国文化的思维方式和表达方式来编码的。电影在卢森堡上演后，并没有引起强烈的反响，许多人对祝英台的行为不可理解，表示看不懂。他们认为，女主人公既然爱男主人公，为什么不直接向男主公说“I love you”呢？既然你爱他，就应当表达出来。他们认为悲剧的原因出在女主人公祝英台身上，悲剧的结果是祝英台自己造成的。这部悲剧电影，并没有达到传播中国文化价值的效果，其原因在于编码和解码是两套系统，所以导致投入与产出并不成正比。跨文化沟通努力的方向，不仅是要降低跨国活动的成本，而且先要降低跨文化沟通的成本，这也是跨文化沟通管理的目标。

**5．跨文化沟通会造成文化休克现象**

香港有一个出身于富裕家庭的孩子，他在香港大学的学习成绩优异，后被美国一所名牌大学录取为研究生。来到美国的最初一段时间，他感到一切都很新鲜，很能适应那里的环境。但过了一些时候，他开始对自己的功课感到失望，并且不喜欢在美国的生活。他曾与一位美国女士交往，但因个性不同而关系破裂。虽然他各科成绩考试及格，但他并不是成绩好的学生。他不愿意让他香港的朋友知道他的窘况。他去学校健康中心向医生诉说他肠胃不好，头痛得厉害，还有腰痛等。医生给他开了许多药，他吃了不但不见效，反而感到身心更加压抑，于是萌生了回香港的念头。这个例子表面上看来是此香港学生在美国患了病，其实并不如此，他是遭遇了“文化休克”。所谓文化休克，是指在跨文化沟通中，由一种文化进入另一种文化，主体失去了自己熟悉的文化意义符号系统，面对陌生的各种文化意义符号系统，由于缺乏足够的适应性而产生的深度焦虑症。他们在新的文化意义符号系统包围下，感到处处不适应、不理解、不熟悉、不尽如人意。不仅心里茫然、精神空虚和疲劳，而且对当下文化情境产生反感；对自己的价值体系、生活方式的遭遇冷落和不起作用、不受重视感到失望；对自己的角色身份的混乱状态感到不知所措；对原本应对环境的能力的丧失感到无望。心理的焦虑导致身体不适，出现种种生病的症状，这就是文化休克的表现。

文化人类学家奥伯格（Kalvero Oberg）1960 年提出文化休克的概念。他把它定义为“由于失去了自己熟悉的社会交往信号或符号，对于对方的社会符号不熟悉，在心理上产生的深度焦虑症”。文化休克是跨文化沟通中常见的现象，它可以经历几个阶段而得到自我治疗。第一个是蜜月阶段。在这个一阶段，人们初次接触异文化，一切都感到新鲜、新奇，内心充满了幻想，对一切都想了解、探索，对一切都充满了兴趣。对异文化中的民俗、景色、食物、生活方式等都感到很有兴趣，这就是蜜月阶段。第二个阶段是沮丧阶段。在异文化的频繁作用和包围下，对异文化的不适应从各方面表现出来，兴奋和兴趣被失望、失落、烦恼、烦躁和压抑、焦虑的情绪所代替，甚至身体也感到有了毛病，这就是沮丧阶段。第三个阶段是调整阶段，即积极调整和消极调整。积极调整就是认真检讨出现沮丧的原因，认真对异文化进行分析了解，通过各种途径对异文化进行熟悉，并探索母文化与东道国文化的对接途径。经过努力，对异文化逐渐产生了理解，沮丧情绪逐渐消失，自信心逐渐恢复。消极调整是对异文化采取回避的态度，感到不适应状况越来越加深，不愿意学习异国语言和文化，只在“自己人”的圈子中过日子，或者返回自己的国家或家乡。极端的不适应和沮丧，会导致对异文化的敌意、贬低、攻击，使身心受损，甚至自杀。第四个阶段是适应阶段。经过积极的调整之后，对异文化逐渐熟悉、了解，实现文化对接的途径越来越多，而且认识到了异文化的许多优点，适应了它们的语言、环境、习俗、生活方式、思维方式和行为模式，在新环境中的自由度越来越大，文化休克被克服。文化休克有进入休克和重返休克两种。重返休克是指当在异文化中生活较久，已适应了异文化的情况下，重返母文化的环境所产生的昏眩、空虚、压抑、消沉的状态。重返文化休克常常是由于重返母文化后，已适应和已接受了的异文化的生活方式和价值观，与母文化的生活方式和价值观发生了冲突；已习得的异文化的思维方式和行为模式，与母文化的思维方式和行为模式发生了冲突；已适应了的环境与母国的环境发生了反差；物是人非，原来的社会角色和位置已经丧失，人际关系网络需要重新启动和重建，这时就会发生重返文化休克。一般来说，进入文化休克的程度，远远大于重返文化休克的程度。重返毕竟是对自己的文化重返，自己文化的根在母文化中，生疏了的母文化能够很快地熟悉起来。所以重返休克，可以看做对母文化的一阵昏眩而已。跨文化中的文化休克，提高了跨文化沟通的成本，加大了跨文化沟通的难度，是跨文化沟通与一般沟通显著不同的特点。

**6．跨文化沟通会造成双方文化的变异性**

同一文化中沟通的根本作用是增强文化的认同性，通过文化认同加强团体的凝聚力。凝聚力的增强又提升了对文化的认同，因此，沟通是巩固文化根基的重要手段。跨文化沟通则不然，其根本作用，是要主动改变本文化的某些特征、特性、方式，使之和异文化相互认同。认同的结果是理解、包容能力增强，和异文化发生适应关系。双方在寻找共同点中，都要在一定程度上改变自己的文化。因此，跨文化的沟通对于任何一方来说，不是对自己文化的巩固，而是双方都引进对方的某些文化因子，使自己的文化发生某种程度的变异。

从个人层面说，在跨文化沟通中，双方都需要改变自己的文化。例如，“你吃了吗？”是中国人日常语言中最流行的一句话，在任何地点、任何时间，甚至半夜在街上碰到熟人时都可以这么说。你不必回答什么时候吃的或吃了什么，一句简单的“吃了”或“没呢”就够了。回答“吃了”说明你不饿，生活不错，这也意味着没什么要聊的或你现在很忙；如果你回答“没呢”或“你呢？”，说明你想引起对方的注意，或者你想告诉他一些吃以外的事，他可以继续问“为什么？”但是如果中国人碰上了美国人，也问一句“你吃了吗？”，美国人可能会莫名其妙，如果他听懂了会很不高兴。中国文化的理念之一就是“民以食为天”，问候“吃了没有？”是对别人最大最真切的关心，因此在任何时候都可以问。西方文化具有注重隐私性的特点，吃了没有是个人的隐私，见了面第一句话就问别人“吃了没有？”大有刺探别人隐私之嫌，西方人自然会很不高兴。为了实现沟通，西方人可以学习中国人的问候方式，也问一声“吃了没有？”这会使中国人感到很亲切。而中国人见了西方人也用一声“Hi，how are you？”一般性地打个招呼，对方也会感到很高兴。可见，跨文化沟通在个人层面上，都在改变着对方的文化特性。

在群体层面上，跨文化沟通也在改变着双方的文化，形成一种第三方文化。中国自改革开放以来，大量引进外资，走向世界。在向世界学习的过程中，来自世界各国的文化，大大地改变了中国文化的面貌，使中国文化增加了许多新的因子，与外来文化达成了许多共识。在价值观、生活方式、思维方式、行为方式等方面，都发生了持续的变化。中国文化借助改革开放，以各种形式频繁地与全球沟通，也对世界各国文化发生了深刻影响。在六七十年前的抗日战争中，毛泽东、朱德学习华盛顿的游击战术，与中国的游击战术结合，创造了八路军有特色的游击战术，沉重地打击了侵华日军。美国人又反过来学习八路军的游击战术，在太平洋上有力地打击了日军。当美国人还没有从珍珠港事件的打击中恢复过来，对日作战还处在困境时，一名在延安见过毛泽东、朱德、周恩来的海军陆战队上校军官埃尔文·卡尔逊，在太平洋的一个小岛上，应用八路军的游击战术，赢得了对日军作战的第一次胜利。这场胜利也可以说是双方文化沟通造成的文化交融的结果。跨文化沟通中文化的改变和变异，不是坏事而是好事，它不仅会给沟通双方的文化带来发展活力和动力，而且有助于新文化的产生。

**7．跨文化沟通全面提升人的本质力量**

跨文化的沟通，有助于全面提高主体的能力和素质，增进对其他文化的认识和理解。它帮助我们学会除了从自己的视角看问题外，还要从其他文化的视角看问题。我们会发现同一个事物或现象会有如此多的解释，如此多的意义。它大大地拓展了我们的视野，提高了我们的思维能力和适应外部环境的能力。如果我们处在文化沟通之流中，我们自己就会流动起来、开放起来。文化世界的丰富多彩，使我们的精神世界也变得丰富多彩。如果我们把自己关进一个封闭的空间中，空间的空虚，会造成我们头脑的空虚；空间的贫乏，也会造成我们精神世界的贫乏。跨文化的沟通是打开封闭空间的有效手段。跨文化的沟通有助于创新思维的发展。文化是群体的根，是群体的习惯，是群体的传统。它规定了群体的思维方式和行为模式，是文化的个性所在。文化提供了独特的思维方式和视角，使一个群体观察问题的视角与众不同，这是任何文化突出的优点。但这种视角作为习惯和传统，又会使人的思维方式和行为模式变成常理、常识、常规、常法，大大限制了人们的创新活动。创新往往需要异类的思维方式和行为模式，需要反常理、反常识、反常规、反常法，突破原有思维模式和行为模式的局限，才能看见新世界，抓住新机会，提取新价值。跨文化的沟通正好提供了这样的机会，让我们认识其他文化的思维方式和行为模式，使我们从原有文化的藩篱中解放出来，发现一个新世界，获得一个新视角，创新的思路就会如泉水般汹涌。

跨文化的沟通有助于建立最广泛的人际关系，提升人的本质力量。具备跨文化沟通的能力，可以帮助各类人员不仅在本文化中建立起广泛的人际关系，而且可以在异文化中，通过跨文化沟通建立起广泛的人际关系。人的本质是社会关系的总和。社会关系的提升，就是人的本质力量的提升。开拓异文化的社会关系，是当今国际化的必由之路。人们无可避免地要和各种文化背景中的人们打交道，大量的知识、机会和价值就蕴藏在各种人际关系之中。跨文化的沟通有利于使我们在建立跨文化的人际关系中发展自己，提升自己的本质力量。

跨文化沟通的目的是有效地促进文化的结合，不同文化的有效结合，把文化的阻力变成了跨国活动的助力。研究跨文化沟通的特点，可以使我们更深刻地认识跨文化沟通的规律，增大跨文化沟通的自由度。

## 二、跨文化沟通的要求

### （一）逾越语言的鸿沟是跨文化沟通人才具备快捷、有效的跨文化沟通能力的前提

语言是文化构成的基本要素，是不同文化差异最明显的标志，也是最有效的沟通工具。世界各国语言共 3 000 余种，分属 11 个语系，其中超过 5 000 万人使用的语言就有 13 种。每种语言都具有其独特的文化背景。良好的外语素质不仅可以大大增强管理人才的沟通能力，同时也会拉近对方的心理距离，取得事半功倍的效果。据相关统计，55%的有效信息是通过肢体语言传递的。而由于同一肢体语言在不同文化中具有不同甚至是截然相反的含义，因此在跨文化沟通中要避免产生非语言歧义。例如，摇头在世界大部分国家中均表示否定，但在印度却表示肯定。因此正确理解对方的肢体语言含义，有利于在沟通中做出正确的判断。更为重要的是，国际化管理者必须

认识到语言上的差异不仅体现在形式上，更体现在文化差异上。换言之，语言差异涉及更深层次的文化差异。有些人在与外国人沟通时，自己觉得表达得已非常清楚，但“蓝眼睛”里仍然充满着困惑。其实道理很简单。外国人沟通注意“准确”、“严谨”，而中国人说话则讲究“含蓄”、“意会”。这不是单纯的语言沟通习惯问题，而是语言表达所体现出的深层次的文化差异。

熟悉和掌握外语不仅有利于人际沟通和交流，也有利于国际化管理人才对全球信息的收集和处理。21 世纪的竞争是信息与人才的竞争。市场竞争者不仅要占领传统的物质资源所构成的实体市场，还要占领以信息为主导的虚体市场。同时，后者所占比重逐渐扩大。谁占有信息，谁就占有核心资源。但占有信息并不是最终目的，利用占有的信息快速、有效地解决问题，做出科学的决策才是关键。具有信息文化水平、收集大量全球信息的途径与方法、快速处理信息的能力是国际化管理人才必须具备的基本素质。很多跨国公司的管理者都非常重视国际信息的收集与利用。例如，日本日立公司每年所订阅的国内外报纸、杂志多达 3 000 余种，日获各类信息多达数千条。日本三菱公司每天用于记录从国外收集到的各种信息的纸带可绕地球 11 圈。可见，建立起强大的、能够快速处理信息的国际管理人才队伍是世界知名公司成功的关键。北京教育学院教授钟祖荣曾说过：“21 世纪是知识经济时代，知识经济时代的一个基本特点是越来越多的人从事知识的生产和传播，越来越多的人与信息打交道，与物质打交道的人则相对减少。”收集和处理信息的能力应成为国际化管理人才的一个基本能力和素质。而收集和处理信息的前提就是要有过硬的外国语言基础。

### （二）掌握世界各国的风俗习惯和法律规范是提高跨文化沟通能力的基础

风俗习惯是一种没有法律规定但在一定范围内大多数人共同遵守的行为规范，表现在饮食、居住、礼节等社会生活各个方面。不同国家的风俗习惯不尽相同，这些差异会严重影响跨文化沟通的效果。因此，作为国际化管理人才必须加强学习和努力了解各国的风俗习惯。不同文化背景的人针对同一事物存在着不同观念，管理者应酌情对待，避免产生不必要的麻烦。例如，日本人认为闲聊是在浪费时间，而英国人则认为从不交谈是举止粗鲁的表现；与阿拉伯人进行商务谈判时，绝不能问及对方的妻子，而与墨西哥人交往时，问候对方的夫人是必要的礼节。一些跨国公司在打入其他国家市场之前，往往进行目标国人们的生活习惯的调查，从而做到有的放矢。美国人吃苹果时习惯削果皮，于是美国果品公司要在苹果上打蜡以防止腐烂。但美国果品公司派人到中国进行市场调查时发现有很多中国人吃苹果时并不削皮。针对此项调查结果，美国果品公司决定不在苹果上打蜡以适应中国人的消费习惯，结果取得了巨大的成功。可见，作为国际化管理人才必须要掌握市场开发对象国的风俗习惯。

法律规范是一种强制性的行为规范，它通常是由国家制定或认可，并由国家机关强制实施的。由于不同国家所制定法律的理论依据、理念和文化背景是不同的，因此世界各国的法律规范就存在相互抵触，甚至是对立的情况。因而在跨文化沟通中，沟通各方除了应遵守世界通行的规范和惯例外，还要遵守投资经营所在国的法律规范。因此，提高对世界各国的风俗习惯和法律规范的认知水平，有利于商业的国际谈判与合作，是国际化管理人才所必备的素质。

### （三）熟悉和掌握世界各国的价值观念和宗教信仰是跨文化沟通人才所必备的素质

据美国学者罗基切对价值观的理解，认为价值观是人们关于什么是最美好的行为的一套持久的信念，或是依重要性而排列的一种信念体系。文化背景迥异的管理者具有不同的价值观，即使在同一国家和民族文化中，由于管理者个人成长和生活环境的不同，其价值观也不尽相同。价值观的差异是世界各国文化差异的根源，是跨文化沟通的核心问题。正如卡西尔所说："各种语言之间的真正差异并不是语音或记号的差异，而是世界观的差异。"因此，国际化管理人才在跨文化沟通中，必须认识到价值观念的差异性对跨文化沟通所产生的重要影响，并努力掌握世界各国的价值观。

不同的宗教信仰影响着管理者的认知方式、行为准则和价值观念。包括基督教、伊斯兰教、佛教三大宗教在内的所有宗教都有自己的戒律和信条。如伊斯兰教忌食猪肉，印度教忌食牛肉，佛教忌食荤腥等。这就要求国际化管理人才应避免与其相冲突。否则，一旦遭到当地宗教势力的反对，管理工作将难以顺利进行，甚至会产生严重的民族对立形象。

### （四）掌握绝大多数国家所认可的规则、思想和惯例是进行跨文化沟通所必须具备的素质

被绝大多数国家所认可的规则、思想和惯例是世界一体化过程中逐渐产生、发展起来的。作为国际化管理人才必须了解和掌握相关的国际规则，运用和遵守国际规则，才能在世界市场的搏击中有所作为。中国改革开放之初，在与世界接触过程中走了不少弯路。其主要原因就是对相关国际规则不熟悉，缺乏精通这方面知识的国际化管理人才。几年前，当中国某部门向外国公司询问"中国租赁飞机业务为何让外国租赁公司垄断了？"的问题时，得到的回答是："并不是你们民航公司采购能力和水平不行，也不是国内没有资金和市场，而是你们国内缺乏能够进行复杂交易的国际管理人才。"可见我国国际化管理人才仍需熟悉国际规则，才能成为具有适应国际竞争观念和全球视野的创新型国际化管理人才。

此外，辨别和顺应世界各国的思维方式与沟通风格的差异性是管理者跨文化沟通素质的又一组成部分。世界各国文化的差异性必然会直接导致不同文化背景的管理者在跨文化沟通过程中的思维方式和沟通风格的千差万别。譬如，中国人常以大局观考虑问题，强调"先谈原则，后谈细节"，而英美人往往讲究务实，将注意力首先放在细节程序和外部因素上。跨文化沟通是一个管理者互动的过程，如果相互之间的沟通风格不同，就极有可能带来沟通障碍。同时，不同国家对工作、时间、变革和风险的态度也会对其国际管理产生重大影响。

## 三、非语言交际在不同文化间的差异

语言是人类进行交往的最重要的工具，但并非是唯一的工具。除了运用语言手段，人们还常常借助多种非语言手段来进行交流。

在实际的交际过程中，非言语交际与言语交际是同时进行的，非言语可以强化也可以弱化言语的交流效果。因而，在日益频繁的国际交流中，非言语交际手段是不能被忽视的。尽管非言语手段具有普遍性，即其为世界上绝大多数民族所接受和具有相同理解的国际性，但它更经常地表现为非普遍性，以及其独特的民族性和地区性，所以我们在跨文化沟通中要充分考虑到这种差异，从而达到更有效的交流。下面从不同文化中差异较大，对跨文化交流产生较大影响的方面来一一细述。

### （一）目光接触

目光接触是非言语手段中的一个重要方面。比如，在对公众演讲时，许多中国的演讲者往往埋头看讲稿，照本宣科，不抬头看听众，对听众"说话"；而根据美国人的习惯，演说者要时时目视听众，与许多人的目光接触，否则会被认为是对听众冷漠，不尊重听众。我们经常看到中国

大学生在进行英语演讲时低头看稿，给中外评委的印象就是缺乏自信的表现。缺乏目光接触，使听者对你的演讲内容甚至会产生怀疑。相对地，在英语为母语的国家里，发表演讲的人在讲演过程中扫视听众时，听众会以目光积极相迎，表示他们一直在专注地倾听；而中国人则有时回避目光交流，使得演讲人误认为中国听众在拒绝，是对演说者的一种蔑视。另外，在不同的国度，人们对交谈时两眼正视对方有着迥异的感受：美国人觉得目光直接接触是表示对对方说的话感兴趣；而波多黎各人则以不正视，避开对方眼光来表示对人的尊重，甚至按当地习惯，好姑娘“不看成人的眼睛”的行为是尊敬和听话的表现。

### （二）身体动作

身体动作作为非语言交流手段可以表示多种情感，但是各民族在用身势表达感情时，并没有较多的共性。在不同的文化中，身势语的含义并不完全相同。在大多数文化背景中，点头都表示“是”，但在尼泊尔人、斯里兰卡人和有些印地安人和爱斯基摩人当中则用点头表示“不”。所以，当我们与来自近邻国家尼泊尔和斯里兰卡的人们交往时，应注意到这种差异性，避免造成理解上的错误。

不同的民族在交谈时，对双方保持多大距离才合适有着不同的理解。阿拉伯人按照他们的民族习惯认为谈话双方站得近些是表示友好；而英国人按照英国的习惯会后退，因为他们认为保持适当的距离才合适。所以，我们会看到一个有趣的现象：当阿拉伯人与英国人交谈时，阿拉伯人往前移动，英国人则不停地要与之保持恰当的距离而往后退。当谈话结束时，两人会离原先站的地方可能较远。

多数讲英语的人不喜欢与他人离得太近，一般的朋友和熟人之间交谈时，避免身体任何部位与对方接触。离得太近会使人感到不舒服，除非有其他原因，如表示喜爱或鼓励对方与自己亲近等，这是另当别论的。在中国的许多城市里，外国人工作和学习的人数与日俱增，我们常常听到西方妇女抱怨中国人总是摸摸或亲亲她们幼小的孩子，这对中国人来说是表示亲近和爱抚，但这些动作在西方人的文化中则被视为无礼，会引起西方人强烈的反感和厌恶。所以，即使我们是作为她们的中国朋友或熟人，我们也应该站在对方的立场，充分理解这种文化差异，最起码应该事先表示出你的意图，用目光或言语来征询对方的许可，这样做可以避免让对方感到别扭和不悦。

通常，我们会发现：真正掌握某种语言的人，会在使用这种语言时使用同这种语言相匹配的身势语。当然，我们应该对手势动作有着清晰的了解，才不会引起意外的反应。

### （三）时间感

在世界范围内，不同文化对时间的态度和处理方式是不尽相同的，大致可分为多元时间文化和单元时间文化。前者的特点是指时间被看做迂回循环的，同一时间内可以同时处理几件事情；而后者则把时间看做线性有序的，一段时间内只做一件事情。因此，对于来自单元时间文化的人们来说，计划非常重要，有事需事先约好，准时和最后期限的概念深入人心。像美国就是这种单元时间文化的代表。在美国，时间往往以分钟计算，与人约会谈话的时间一般控制在 15 分钟以内，如果需要延长必须提前告知，否则会影响谈话对方接下来的活动。谈话时也会就事论事，尽量提高说话效率。与单元时间文化相对，多元时间文化对时间的态度和处理方式要灵活随意得多，像中国文化就具有很多多元时间文化的特点。在中国，我们常常看到多个人同时进行谈话，话题也常换来换去，人们将大量时间用在寒暄或拉家常上，而谈正事的时间相对较少。所以，多元时间文化中终生友谊比单元时间文化要普遍。因此，这两种文化的人们在交往过程中，双方都应该对对方的时间观有个清醒的认识，在交流时要有意识地规避矛盾，尊重对方的时间习惯，从而使双方交流沟通的有效度大幅度提高。

综上所述，非语言交际在目光接触、身体语言和时间观念等诸方面都会对跨文化沟通产生很大影响，只有我们懂得这种差异，才能有的放矢，达到提高沟通有效度的目的。

## 四、跨文化沟通的障碍

吉尔特·霍夫斯塔德曾说："人人都从某个文化居室的窗后观看世界，人人都倾向于视异国人为特殊，而以本国的特征为圭臬。遗憾的是，在文化领域中，没有一个可以奉为正统的立场。这是一个令人不快的事实真相，就像 17 世纪时伽利略宣布地球不是宇宙的中心。"这段话主要是针对欧洲中心主义文化观念来说的，这种文化中心主义，不仅存在于欧洲文化中，也存在于其他一些文化范型中。文化中心主义对于那些处于文化中心的国家和民族而言，极有可能导致文化霸权主义，即认为本民族的文化具有普适性，别的民族只有接受这种文化才能进步发展。这种文化霸权主义使跨文化沟通主体在审视异质文化时不自觉地带来干扰信息，带来对异质文化先验的偏见和蔑视，从而造成跨文化沟通的严重受阻。与文化中心主义、霸权主义相联系的，则是某些处于非文化中心的国家和民族在跨文化交流中产生的文化自卑和文化依附思想。同样地，这也给跨文化沟通带来了相当大的障碍。

### （一）文化中心主义给跨文化沟通造成的障碍

William Graham Sumner 对文化中心主义做了比较详尽的解释，他认为民族中心主义是指某个民族把自己当做世界的中心，把本民族的文化当做对待其他民族文化的参照系，以本民族的文化标准来衡量其他民族的行为，并把本民族文化与其他文化隔离开来。这种情况往往是无意识的产物——人们常常理所当然地认为自己群体或民族的价值观念、社会规范、社会语言规则等要比其他民族或群体的更加真实和更加正确，因此在跨文化交往中也就很自然地流露出这种文化优越感来。

文化中心主义的产生有其深刻的历史根源。自从人类超越蒙昧时代和野蛮时代、跨入文明的门槛以来，诸文明族类出现于视野，都曾不约而同地自认为是世界的中心。如在古代出现过埃及中心论、希腊-罗马中心论、华夏中心论，以及后来的"西方中心主义"等中心论思想。虽然在文化领域中，并没有一个可以奉为正统的立场，但每一个文明都把自己视为世界的中心，把自己的历史当做人类历史主要的戏剧性场面来撰写。在这方面，与其他文明相比较，西方可能更是如此。长期以来，由于资本主义的高速发展，特别是第二次世界大战以来，西方的资本主义获得了比以往任何时候都要巨大的发展，同时，也因为西方国家为了维护本国的利益，使得欧洲中心主义和美国中心主义大行其道。最明显的表现就是认为自己的文化具有普适性，具有强烈的文化优越感，使得他们在跨文化沟通中不自觉地处于居高临下的地位，忽视甚至蔑视其他文化，这是一种典型的文化中心主义。

文化中心主义对跨文化沟通而言是一个观念障碍，容易产生沟通距离。Luckens 认为民族中心主义言语包括三种沟通距离，即漠不关心的距离（Distance of Difference）、回避距离（Distance of Avoidance）及蔑视距离（Distance of Disparagement）。这样的一种沟通距离的产生往往会阻碍跨文化沟通的继续进行，使沟通双方陷入一种倒退螺旋式的交往境地。也就是说，文化优越感的产生，最直接的后果是用否定的态度对待其他文化，即在评判其他文化时会不自觉地用自己的文化观念、价值观念、道德体系等做标准，因此在交往过程中也就很自然地认为自己的沟通风格最为自然也最为正常，所以未经接触就先以否定的态度评价别人的风格。这种否定性的评价势必引起对方的自卫性反应，因此，基于对彼此文化差异的无知，或者说不屑，必将形成交互否定评价（Mutual Negative Evaluation）。当沟通者双方陷于交互否定评价时，这种反责互动（Recriminatory Interaction）足以阻碍正常的沟通。此时，如果沟通双方由于历史沉淀的缘故，仅仅试图采取种族中心主义式的办法来克服这种困难，则局面会变得更为糟糕，从而形成倒退螺旋式的交往模式。

### （二）文化霸权主义给跨文化沟通造成的障碍

文化中心主义的进一步发展，便形成了文化霸权主义。在当今世界，文化霸权主义在西方国家表现得最为明显。在他们看来，西方文化不但是最完美的、最优秀的，而且别的民族只有接受了这种文化才能获得进步发展，才能在世界上找到自己的立足之地，才能适应现代社会发展的需要。也就是说，在他们看来，西方文化具有普适性，不但适合西方发达国家，也适合不发达国家，适合整个人类世界。

文化霸权主义最先表现在经济领域，表现在现代化过程中。随着社会的发展，随着西方国家现代化的完成，在西方发达国家现代化的“示范”效用下，现代化被提上了各个国家发展的议程，各国的首要任务便是发展，便是如何实现本国的现代化。在这样一种背景下，西方文化中心主义更是认为，只有西方社会才是现代化的社会，只有西方的文化和社会制度才能产生现代化，而其他非西方社会的文化和制度都是与现代化无缘的，是现代化的阻碍因素。因此，非西方社会要想实现现代化，就只有依靠西方文明的传播，靠输入西方社会的现代化因素才有可能。

文化霸权主义同时还表现在政治领域。在“冷战”之后，西方发达国家加强了运用文化力量来制约和影响世界事务及发展中国家的内部发展过程，将问题逐步上升到一种政治层面，使之具有了政治属性。这种政治上的要求不发达国家采取与西方发达国家的文化同步的观点，在赫姆林克看来其实就是“文化帝国主义”的一种形式。他认为，“文化同步化”的进程意味着一种宗主国文化的发展紧密地与接受国相沟通，当地的社会创造性和文化创造性进程进入混合状态，或者被摧毁，千年人文价值的单一向度迅速地消失。施勒则比较坚持“文化帝国主义”这一概念，他认为这个概念说的是在世界体系中只有一个单一的市场，社会的范围和特性由市场的核心地区来决定，世界文化也将随着这一潮流而发展。这种形态的文化扩张主义，可以称为“文化霸权”。

不仅如此，在传媒领域也存在着文化霸权主义。西方国家一向标榜其言论自由、出版自由等，借此表明其自由的态度及国人对自由的推崇和追求，并以自己的标准来衡量其他国家的自由程度，进一步在传媒领域推行其文化霸权主义。西方媒体的文化霸权首先表现在传播内容的选择上。应该说，西方主流媒体在传播全球经济、金融、科技、体育和一般新闻等方面，大体上是客观的。因为在全球化和信息化时代，非政治领域错误信息的传播，容易给它们本国经济带来不利影响，况且这些消息的客观传播对其也无多大的不良影响。但是西方媒体在传播全球政治新闻的时候，则完全是从本国利益和对外战略需要出发的，在维护自己权益的同时攻击别国尤其是与其有利害关系的国家，给这些国家造成了相当不利的国际影响。其次，西方媒体的文化霸权还表现在其在世界媒体中所占的分量上。著名国情问题研究专家胡鞍钢说，当前世界媒体软实力的竞争较量和基本格局是西风压倒东风，而媒体实力是一个国家软实力的重要组成部分，也就是说，一个国家媒体在国际传播秩序中的地位，在很大程度上决定了它在国际上的影响力。西方的媒体软实力远远超过它们的经济硬实力，美国不仅是世界上政治霸权、军事霸权拥有者，而且也是世界上媒介霸权、文化霸权拥有者。

由此可知，当今世界不仅经济发展不平衡，传媒发展更不平衡，美国等西方发达国家主导了世界新闻舆论，控制了世界传媒市场，已经形成了文化霸权，这被称为媒介帝国主义。文化霸权的表现形式多种多样，其带来的负面影响也很大，成了跨文化沟通中的主要障碍。由于表现在经济、政治和传媒等领域内的文化霸权主义都是出于自身民族和国家利益的需要，因此带有很明显的意识形态性和功利性。文化霸权主义的这些特性，使得那些持有文化优越感和文化霸权主义心态的大众在与别人进行沟通时，经常会因为意识形态的原因对对方带有很强的偏见，如西方资本主义国家的民众在沟通中容易对社会主义国家的民众产生种种偏见，而这些偏见又往往涉及二者的民族和国家意识，很容易造成二者在沟通过程中意识形态的冲突，从而导致沟通的失败。另外，由于传媒领域中文化霸权主义的存在，还会导致受众接收信息的单一性，不能对别的文化尤其是不受本民族国家欢迎的文化有一个全面的了解，从而在跨文化沟通中因为信息的缺乏而导致观念的冲突，最终导致跨文化沟通的失败。

### （三）文化自卑心理给跨文化沟通造成的障碍

文化中心主义和文化霸权主义都是针对在跨文化沟通中处于优势的民族群体而言的，而对于处于劣势的民族群体而言，由于长期处于劣势之中，因此在跨文化沟通中则完全是另一种心态，即文化自卑。在跨文化沟通的过程中，文化自卑心理又会导致完全相悖的两种文化心理行为：一种是文化依附心理；另一种是文化反抗的心理情绪，而这种文化反抗明白而具体地体现为狭隘的文化民族主义观念。

根据文化扩散理论，在强势文化向外扩散的过程中，由于文化中心长期源源不断的辐射，一旦从文化源辐射出来的高能量文化极大地影响甚至替代了受容区的文化之后，就形成了受容区对文化辐射源的向心倾向，即文化依赖感。这种向心倾向随着文化源影响程度的不同而变化，在距文化源近的地区，其接受的文化辐射力度强，所受的作用力也大，对文化源的依赖感也相应地较大。当辐射源的辐射力相当强大而持久时，除了可以对附近的文化受容区形成较大的影响之外，也可能形成世界性的影响力，从而使整个世界或多或少地都会受到该文化源辐射出来的高能量，形成世界性的对该文化源的依赖感。文化依附心理，必然导致在跨文化沟通中低人一等的思想。在这样一种文化依赖感的影响下，使得他们在与处于强势文化的一方进行跨文化沟通时，会很自然地用一种崇拜的、向往的目光看着沟通的对方，也会在不公平的沟通条件下丧失应有的公平权利。

在文化中心向外扩散的过程中，不仅会形成受容区的文化依附心理，在某种程度上，也比较容易形成一种因文化自卑感而产生的文化对抗，甚至是文化孤立主义。面对着文化中心表现出来的种种优势，使得人们不得不正视自己所处文化的落后性，这本来是好事，因为只有认识到了二者存在的差距，有了压力，才会有动力，才会朝着先进的方向努力，尽力缩小与先进文化的差距。但有些群体或民族在认识到本民族文化弱点的同时，过分夸大外族文化因优越性而产生的侵略力，害怕在交往过程中本族文化被外族文化所同化，害怕在根本上丧失本民族文化的地位，导致本民族传统文化的缺失。在这样一种文化自卑心理的驱动下，他们往往以保护本民族传统文化做借口，对先进的外族文化产生或多或少的抵抗心理，严重的甚至会演化成文化孤立主义，推行狭隘的民族主义，拒斥别国优秀文化，形成了民族文化保守主义和文化孤立主义。

各民族文化之间存在着差异性与共同性的对立统一，因而在文化交往中不能过分地低估本民族文化、过高地看待外族文化的先进性，避免形成文化自卑感，进而演化成对先进文化的强烈依附心理；也不能过分地强调本民族文化的劣势、低估本民族文化对外族文化的融合力，避免在文化自卑心理的基础上形成强烈拒斥外族优秀文化的狭隘文化民族主义。在全球化的形势下，跨文化沟通越来越普遍。如果形成了文化依附心理，就容易在跨文化沟通中处于劣势；而如果形成了文化保守主义和文化孤立主义，就容易拒斥跨文化沟通。无论哪一种情况，都不利于跨文化沟通的进行，不利于形成和谐的跨文化沟通，最终会给本民族文化造成巨大的损失。因此，在全球化态势下，发展中国家要在坚持本民族文化优势的基础上，引进和学习发达国家的先进文化，努力防止产生文化自卑心理、文化依附心理、文化保守主义和文化孤立主义。这样，才能有利于本民族文化的发展，有利于自己在跨文化沟通中处于平等的地位，有利于形成和谐平等的跨文化沟通。

## 五、有效实施跨文化沟通的策略

### （一）端正态度，认真对待文化差异

“态度决定一切”，这句话同样适用于跨文化沟通管理。我们知道，不同国家和民族之间在文化上确实存在一定的不同，这是一个客观事实，因此从事跨国经营的企业就必须端正态度，认真对待，不能讳疾忌医，无视甚至否认文化的差异。端正态度还意味着要以积极的心态来寻求发展。积极心态在于保持自己文化的特色和优势，但又不侵犯对方文化。所有的文化在本质上并没有优和劣的区别，不能盛气凌人也不能妄自菲薄。只有端正态度，尽量使不同文化相融合，才能促进企业内部上下级的沟通与协作，减少由于文化冲突而带来的组织关系的失谐。应该认识到文化差异不是用来使人沮丧或局促不安的，它只是与自己文化不同的另一种文化做事的方式。发生跨文化误解时，一定要静下心来慢慢想想自己和对方的文化差别，这样，才能防止错误或急躁的举动，同时还能因此抛却自身的无助感，重新树立成功的信心。

### （二）培养跨文化的理解力，进行跨文化培训

对任何民族文化差异的了解通常都是不容易的。普遍的看法认为，要想了解某个国家的文化，应该和来自那个国家的人进行交谈。然而，有证据表明，这种做法收效甚微。为什么？因为在一个国家中土生土长的人，到成年时基本上是以一种程序化的方式进行交流活动，他们知道应该怎样来做，但是他们通常不知道如何把自己的文化明晰地解释给其他人，对他们来说，这都是一些约定俗成的事情。事实上，文化是隐含的，只不过大多数人并没有确切地意识到他们的民族文化是如何塑造他们的。很多迁入到另一个不同的文化中的人，之所以感觉到挫折，其中一个原因就是当地的居民常常不会有效地向外来人解释他们所具有的独特的特点，因此外来人在很长一段时间内也无法融入当地的文化圈子。因此，一个企业进入别的国家或地区，要减少跨文化带来的矛盾和冲突，除了采用和当地人进行交流的方式外，还要尽量去了解当地人的思维方式和行事习惯，了解他们的文化背景、风土人情。企业应该通过有效的培训，在这些方面对管理层和内部员工进行培训，可以专门聘请专家成立特殊培训小组，对组织内的人员进行当地文化背景的讲授，通过文化敏感性训练、语言学习、跨文化沟通及处理跨文化冲突的技巧培训、地区环境模拟等方法，使他们避免只站在自己文化的立场上对别人的言行进行解释和评价，而是从对方异国文化的角度思考问题，这样才能减少偏见和歧视。

### （三）完善组织架构的设计

为有利于跨国企业进行跨国发展和经营，进行有效的跨文化沟通，可以在企业组织机构里专门增设跨文化管理中心，设置专人专门负责不同文化背景人员、群体或组织之间的沟通和协调，

消除来自不同国籍、不同文化背景的员工在观念、心理和行为方式等方面的差异和偏见；加强文化的整合管理工作，促进员工的相互信任和理解，在企业中营造一种和谐的氛围，促进不同文化的相互融合。

**（四）建立共同经营观，建设和谐的企业文化**

对不同文化求大同存小异，尽量发挥文化之间的协同作用。在文化共性认识的基础上，根据环境的要求和公司战略的需要建立起企业的共同经营观和强有力的企业文化。同时通过文化的软性约束和激励，使个体与集体共振，不断减少文化摩擦，使得每个员工都能够把自己的思想与行为同公司的经营业务和宗旨结合起来，从而在国际市场上建立起良好的声誉，增强国际企业的文化变迁能力。

**（五）积极与当地政府、社团组织和公众沟通**

俗话说“强龙压不过地头蛇”。企业进行跨国经营，要实现跨文化沟通，就一定要想办法清除跨越文化的障碍。企业通过积极主动地与当地政府、社团组织和公众沟通，一来可以了解当地的风土人情，为更好地与当地文化融合奠定基础；二来通过沟通，可以加深相互之间的认知和理解，从而使企业赢得当地的理解和支持，获得宝贵的人际网络资源。

## 课后思考题

1．沟通的含义是什么？

2．如何解读不同的肢体语言所代表的含义？

3．沟通的障碍有哪些？怎样充分运用沟通艺术解决这些障碍？

4、跨文化沟通应注意哪些问题？

### 案例分析

#### 张瑞的困境

张瑞是一个典型的北方姑娘，在她身上可以明显地感受到北方人的热情和直率，她喜欢坦诚，有什么说什么，总是愿意把自己的想法说出来和大家一起讨论，正是因为这个特点她在上学期间很受老师和同学的欢迎。今年，张瑞从北京某大学的人力资源管理专业毕业，她认为，经过四年的学习自己不但掌握了扎实的人力资源管理专业知识，而且具备了较强的人际沟通技能，因此她对自己的未来期望很高。为了实现自己的梦想，她毅然只身去广州求职。

经过近一个月的反复投简历和面试，在权衡了多种因素的情况下，张瑞最终选定了佛山市的一家研究生产食品添加剂的公司。她之所以选择这家公司是因为该公司规模适中、发展速度很快，最重要的是该公司的人力资源管理工作还处于尝试阶段，如果张瑞加入，她将是人力资源部的第一个人，因此她认为自己施展能力的空间很大。但是到公司实习一个星期后，张瑞就陷入了困境中。

原来该公司是一个典型的小型家族企业，企业中的关键职位基本上都由老板的亲属担任，其中充满了各种裙带关系。尤其是老板给张瑞安排了他的大儿子做张瑞的临时上级，而这个人主要负责公司研发工作，根本没有管理理念更不用说人力资源管理理念，在他的眼里，只有技术最重要，公司只要能赚钱其他的一切都无所谓。但是张瑞认为越是这样就越有自己发挥能力的空间，因此在到公司的第五天张瑞拿着自己的建议书走向了直接上级的办公室。

"经理，我到公司已经快一个星期了，我有一些想法想和您谈谈，您有时间吗？"张瑞走到经理办公桌前说。

"来来来，小张，本来早就应该和你谈谈了，只是最近一直扎在实验室里就把这件事忘了。"

"经理，对于一个企业尤其是处于上升阶段的企业来说，要持续企业的发展必须在管理上狠下工夫。我来公司已经快一个星期了，据我目前对公司的了解，我认为公司主要的问题在于职责界定不清；雇员的自主权力太小，致使员工觉得公司对他们缺乏信任；员工薪酬结构和水平的制定随意性较强，缺乏科学合理的基础，因此薪酬的公平性和激励性都较低。"张瑞按照自己事先所列的提纲开始逐条向经理叙述。

经理微微皱了一下眉头说："你说的这些问题我们公司也确实存在，但是你必须承认一个事实——我们公司在赢利，这就说明我们公司目前实行的体制有它的合理性。"

"可是，眼前的发展并不等于将来也可以发展，许多家族企业都是败在管理上。"

"好了，那你有具体方案吗？"

"目前还没有，这些还只是我的一点想法而已，但是如果得到了您的支持，我想方案只是时间问题。"

"那你先回去做方案，把你的材料放这儿，我先看看然后给你答复。"说完经理的注意力又回到了研究报告上。

张瑞此时真切地感受到了不被认可的失落，她似乎已经预测到了自己第一次提建议的结局。

果然，张瑞的建议书石沉大海，经理好像完全不记得建议书的事。张瑞陷入了困惑之中，她不知道自己是应该继续和上级沟通还是干脆放弃这份工作，另找一个发展空间。

问题：张瑞为什么会遭遇如此困境？应该怎样解决？

# 第十一章 领导

**本章重点**

- ○ 领导的本质及职能
- ○ 领导与管理的区别和联系
- ○ 领导特质理论、领导行为理论、领导权变理论
- ○ 现代领导理论

**引例**

### 三名首席执行官抵制流行做法

诺尔·弗加德（Noel Forgeard）、爱德华·佐尔（Edwrd Zote）、安德鲁·泰勒（Andrew·Taylor），他们三人在 2001—2002 年的经济萧条时期挑战着流行做法。正当他们的竞争对手忙于大量裁员时，这些首席执行官们坚决抵制裁员措施。

诺尔·弗加德是空中客车公司的首席执行官，该公司与波音公司一起掌控着民用飞机市场。2001 年 9 月 11 日的恐怖袭击之后，波音公司报告说它裁掉了 30 000 名员工。而弗加德却说他没有裁员。空中客车的一名经营者说："我们的赌注是生活还会恢复。虽然当前的不确定性因素很多，但我们决定乐观对待。事情总会发生转变，一旦情况好转，你可不能冒技术工人短缺的风险。"

爱德华·佐尔是西北互助人寿保险的首席执行官，该公司是美国最大的一家个体寿险销售商。每年他的公司都会从 4 100 名员工当中解雇业绩最差的 4%，但对于优秀员工公司则不会这样做。佐尔承诺不裁员政策。原因何在呢？佐尔说，为了员工的忠诚。他相信员工的忠诚会孕育出顾客的忠诚。而且，他可能是正确的，因为西北公司失去的顾客比率仅仅相当于同行业平均数的一半。

我们提到的最后一位首席执行官是连锁汽车租赁公司的安德鲁·泰勒。泰勒自豪地夸耀自己的公司从来没有裁过员。这可能正是该公司之所以成为北美最大的汽车租赁公司的原因之一。

## 第一节　领导概述

领导是管理的重要职能，领导水平的高低常常决定着组织的成功与否。组织行为学是以提高组织绩效为目标的。而一个组织的绩效，在很大程度上决定于组织的领导者。因为领导者肩负着组织的重任，其经营理念、心理素质、领导能力不仅影响其个人的工作效率，更对其部属乃至组织的行为和绩效产生影响。所以，领导是对组织行为最有影响的因素之一。

## 一、领导的内涵

### （一）领导的本质

尽管领导科学已经有很悠久的历史，但是关于领导的概念，还是说法不一。领导这个词从词性上来看，既可以做名词，也可以做动词，作名词解释的时候是指领导者这个角色；作动词有时是指领导职位，有时是指领导行为，有时是指一种社会现象。究竟领导如何定义，众说纷纭，至今没有一个统一的、大家都认可的定义。一个管理学家说，有多少个管理学家为领导下定义，就有多少个领导的定义。

斯蒂芬·罗宾斯认为，领导是一种影响群体实现目标的能力。这种影响力的来源可能是正式的，如来源于组织中的管理职位；也可能是非正式的，如来自组织的正式结构之外。因此，领导可以是被任命的，也可以是群体中自发产生出来的。

泰勒（Frederick W. Taylor）认为领导是影响人们自愿努力以达到群体目标所采取的行动。

德鲁克认为，有效的领导应能完成管理的职能，即计划、组织、指导和度量。

孔茨（Harold Koontz）认为领导是促使其下属充满信心、满怀热情来完成任务的艺术。

斯多基尔（Ralph Stodgill）认为领导是对组织内群体或个人施加影响的活动过程。

戴维斯（Davis）认为领导是一种说服他人热心于某一目标的能力。

阿诺德（Arnold H. J.）和菲尔德曼（Feldman D. C.）认为领导是一个影响过程，包括影响他人的一切活动。

海曼·施考特认为领导是一种程序，使人们在选择及达成目标上，接受指挥导向及影响。

尽管说法不一，但综合所有的领导含义看它们又有共同之处：一是群体是领导活动的前提，领导一定要与群体和组织中的其他成员发生联系；二是领导的基本特征是权力和影响力；三是领导主体与客体之间是一种互动关系，领导者能够对组织成员产生各种影响；四是领导活动是在一定的组织结构中进行的，它必须有一定的目标，领导的目的是影响被领导者为实现组织的目标做出努力，而不是更多地体现个人权威。

一般认为领导是一个影响过程，包括影响他人行为的一切活动，换句话说，领导实质上是一个人或者一个群体（领导者或领导者群体）有意识地去使其他人（追随者）做其想要他们做的事（目标）。其中包含三个主要成分：影响或支持、自愿的努力、实现目标。所以可以对领导定义如下：从领导的本质上看领导是一种影响力，影响和支持其他人为了达到目标而富有热情地工作的过程。从领导的形式上看，领导是组织赋予领导者的职位和权力，是一门领导者通过运用这些法定的权力促使下级以高度的热情和信心来完成他们任务的艺术。

### （二）领导与管理

哈佛大学教授约翰·科特（John P．Kotlter）有一句名言：“取得成功 75%～80%靠领导，其余 20%～25%靠管理，而不能反过来。”这句话道出了领导与管理之间的辩证关系：领导和管理是两个互不相同但又互为补充的行为体系，在竞争不断激烈化的商业环境中，这两者缺一不可，都是获得成功的必要条件。

在领导与管理的关系及彼此的差异上，学术界存在以下几种代表性观点。

哈佛商学院的亚伯拉罕·扎莱兹尼克（Abraham Zaleznik）认为，管理者和领导者是两类完全不同的人和两种完全不同达到目的的方式，他们在动机、个人经历及思维方式和价值观念、行为方式上存在着本质的差异。他认为，管理者是以一种消极的态度，或者说是以一种非人性化的态度面对目标的。领导者则以一种积极的、人性化的态度面对目标。管理者倾向于把工作视为可以达到目标的过程，在这个过程中主要是如何使一定的方法和人相互作用，实现目标；领导者他们常常倾向于用影响力、感染力达到目标。

哈佛商学院的约翰·科特（John Kotter）认为，领导和管理有许多相似之处，都涉及对需要做的事做决策，建立一个能完成某项计划的关系网，并尽力保证任务顺利完成。但两者之间还是存在明显差异的，优秀的管理通过制定正式计划、设计规范的组织结构及监督计划的实施结果，从而达到有序和一致；领导主要处理变化的问题，领导者设置一个未来愿景，以确定前进的方向，接着领导者与大家一起讨论该愿景，并激励大家克服障碍，从而达成一致。

科特在研究了众多成功领导者的案例基础上，提出成功的领导者都要具有下述四个特征。

（1）能够提出一个关于该怎么做的设想，需要考虑到所有相关者的合法利益。

（2）能够为实现上述设想，做出一种战略安排，这种战略安排充分认识到了各种可能对实现组织战略产生影响的主要的相关环境和企业的内部因素。

（3）能够建立一个资源协作体系，为实现上述战略安排而进行大力协作。

（4）在这个协作体系中，有一群情绪高昂的主要成员，并能促使他们承担起实现上述任务的责任。

斯蒂芬·罗宾斯在《管理学》中提到他对于管理者和领导者概念的不同观点。

（1）管理者是受到上级任命在岗位上从事工作的，他们的影响力来自职位所赋予的正式权力；领导者可以是上级任命的，也可以是从群体中自发产生的，领导者可以用正式权力之外的活动影响他人。

（2）在理想状况下，所有的管理者都应该成为领导者，但没有必要所有的领导者同时也是管理者。

领导行为和管理行为的主要功能不同，领导的主要功能是解决组织活动的效果，而管理的主要功能是解决组织运行的效率。效果涉及的是活动的结果，而效率涉及活动的方式。有效的领导和高效管理相结合，将有助于产生必要的变革，同时使混乱的局面得到控制。

一些国内的学者认为，从更广泛的意义上讲，两者是有区别的，其表现在以下几个方面。

（1）领导和管理的职能范围不同，从一般的意义上说，管理行为的范围更宽泛，它包括计划、组织、领导和控制等职能，其中领导是管理的一项主要职能；而领导行为的范围相对要小一些，它从属于管理的职能范围内；从对象角度看，管理既管理人，也管理物（生产资料、资金、信息等），而领导通常只领导人。

（2）领导和管理发挥的作用不同。管理行为的目标趋向是为组织选择正确高效的方法、建立系统合理的秩序等活动，强调的是正确做事，达到高效的组织目标；而领导强调的是做正确的事，领导行为在组织中的作用表现在为组织活动规定方向、设置目标、开拓局面等方面。

（3）领导和管理在组织工作中的侧重点不同。领导行为具有明显的战略性和较强的综合性，它贯穿在管理过程的各个阶段。

（4）功能。管理行为的主要功能是解决活动的方式和组织运行的效率，而领导行为的主要功能是解决组织活动的效果。

（5）性质不同。人们常常将领导看成一门艺术，必须结合具体问题具体分析，因时因地不同，没有什么万能的领导方法和理论。而管理则更科学、更正规，在不同的企业环境中，使用较为标准化的管理方法和工具。

综合以上观念，我们可以将领导与管理的区别归纳为表 11-1 所示。

**表 11-1　领导与管理的区别**

| | 管　理 | 领　导 |
|---|---|---|
| 权力来源 | 职权 | 职权；个人影响力；专长权 |
| 目标 | 编制计划与预算<br>为达成目标，制定出详细的步骤和计划进度<br>为达成预期目标，进行资源分配 | 指明方向、给出战略：<br>展现未来的远景与目标；指出达到远景与目标的战略 |
| 手段 | 组织和配备人员：<br>组建所需组织结构及配备人员；规定权责关系；制定具体政策和规程指导行动；建立系统和方法监督完工状况 | 指导人们：<br>同协作者沟通，指明方向、路线；让人们更好地理解目标、战略及实现目标后的效益；指引人们根据需要组建工作组、建立合作伙伴关系 |
| 执行 | 控制和解决问题；通过具体详细的计划监督进程和结果 | 鼓动和激励：<br>动员克服改革中的障碍；鼓动在初具条件的情况下，努力克服人力与资源的不足，实现改革 |
| 对下属 | 说服下属开展工作；无追随者 | 用愿景感动追随者；有追随者 |
| 结果 | 效率；追求结果 | 效果；追求过程 |

### （三）领导的职能

在实现组织目标的过程中，领导者的领导职能的发挥情况起着关键的作用。领导的职能作用应包括以下几方面。

（1）确立目标职能。领导活动是以目标为导向的。领导的重要方式就是让下属明白领导者期望他们做什么。对下属如何完成任务予以工作上的指导。从科学领导的角度说，没有明确的目标就没有正确的领导活动。现代领导最终的评价标准是其效能。领导的效能表现在目标方向和工作效率两方面。作为领导者，应该为下属设置具有挑战性的目标。

（2）协调职能。领导者要打造一个有利于实现目标的团队，就需要分配任务、调配力量和授权，发挥相关的协调职能。同时，在遇到问题时，通过向下属征求意见，协调显示之间的关系。

（3）制定规范职能。制定规范，包括建立合理而有效的组织机构和制定各种全局性的管理法规，以保证确定的目标方向的实现。建立合理有效的组织机构是实现规划目标的组织保证。在任何一种领导活动中，为了确保领导过程有序有效地进行和领导目标的实现，必然要通过制定和实施法规来规范组织成员的行为。

（4）激励职能。领导者的及时激励会起到鼓舞士气的作用，从而调动组织成员的积极性和创造性。

（5）选人用人职能。人才是最为宝贵的财富，世界经济竞争和新技术革命的挑战，使各国对人才的争夺白热化，大到一个国家、地区，小到一个企业，人才都是决定事业成败的关键。一个成功的领导者，必须树立正确的人才观，并能够坚持公平公正、实事求是、人尽其才、才尽其用的原则，科学合理地使用人才。

（6）科学决策职能。所谓决策，是指理智的个人或社会群体，对未来行动的方向、目标及实现目标的途径、方法、步骤进行科学设计和选择的智力活动过程。决策是领导工作的核心，而其他工作是围绕决策来开展，依靠和通过决策来完成的。领导工作是率领、引导和指挥个体、群体或组织来实现他们所期望的某一特定目标的活动，决策贯穿于这一活动的始终。可以说，领导活动的过程就是不断做出决策、实施决策的过程。

## 二、领导者、追随者与环境

组织行为学研究领导的一个重要目标就是提高领导者的效率。那么，如何才能成为人们公认的、工作卓越、业绩优异的领导者呢？一个有趣的回答是：优秀的、卓越的领导者必须要有优秀的、卓越的追随者。如前所述，领导是一个影响一个群体实现目标的过程。这种行为过程是一个动态的相互影响的过程。因此，领导者、追随者和环境三个要素是相互影响、相互制约，共同影响着领导效率的。

### （一）领导者

领导者是实施领导行为的人，即在实现领导活动过程中担负引导和影响任务、引导被领导者为实现一定目标而共同努力的个人或集体。他的作用的发挥是通过影响下属实现的。但是，这种影响不是单向的，在领导者和其下属之间存在着相互影响。而且，两方面的影响是不同的。领导者对下属的影响要远远大于其下属对领导者的影响。这正是领导行为得以实现的原因所在。

领导者分正式领导者与非正式领导者两种。正式领导者拥有组织结构中的正式职位、权力与地位，其主要功能是领导下属达成组织目标。正式领导者的职能是组织赋予的，能实现到何种程度要看领导者的能力及领导者本身是否为其部属所接受而定。非正式领导者虽然没有组织赋予他的职位与权力，但由于其个人的条件优于他人，如知识经验丰富、能力技术超人、善于关心别人或具有某种人格上的特点，令职工佩服，因而对职工具有实际的影响力，也可称为实际的领导者。

### （二）追随者

在领导者的组织、指挥和管理下进行相关活动、接受引导和影响的人员称为被领导者，它是领导活动的执行者，是领导目标的实施者。被领导者一般在特定的组织活动中不担任正式职务，其行为具有服从和自主性的特征。

### 专栏 1

#### “取经”之后

在唐僧西天取得真经100年之后的一天，唐僧到如来家里做客。席间如来问唐僧最喜欢哪个徒弟，唐僧的答案是：八戒。理由如下：

- 八戒最大的优点就是可爱，有他就少不了笑声。
- 八戒在队伍里面确实是个人素质最差的一个。但是，他有助于最大限度地发挥队伍的整体功效。
- 而且，八戒这个人脸皮很厚，不怕指责。一件事情做不好，大家都可以把责任推到他头上。这样就节省了内部处理问题的时间。而由于他的存在，其余的人员自然而然地就会对自己有一种信心，因为他的能力一定是比八戒强的。
- 八戒比较喜欢溜须拍马。一个领导者，不可避免地就会对一个总是夸赞他的手下产生好感甚至依赖感。

《西游记》是我们耳熟能详的古典名著，唐僧师徒四人在完成取经这个共同组织目标的过程中，唐僧是领导，他的三个追随者，为何是八戒而不是悟空最讨师傅的欢心呢？

正如唐代名相魏征所言，“君，舟也；人，水也。水能载舟，亦能覆舟”。作为一个领导者，只有代表和反映了广大追随者的愿望、要求和利益，才能得到大多数组织成员的真心支持，才能共同达到组织的目标。而作为追随者，也必须具备一定的素质，才可能成为一个不断进取的合格追随者。研究者总结了一个合格追随者应具备的四点素质。

（1）他们能够很好地管理自己，他们能够自我思考、独立工作。

（2）他们能够对目标做出承诺。有效的追随者除了思考自己的生活之外，还会对一些事情做出承诺。大多数人都喜欢和除了体力投入之外还有情感投入的同事合作。

（3）他们建构自己的能力并为达到最佳效果付出努力。有效的追随者掌握那些对组织很有用的技能，他们对自己设置的绩效目标比工作任务和工作群体所要求得更高。

（4）他们诚实，有勇气，值得信赖。有效的追随者是独立而具批判性的思考者。他们有很高的道德标准，信誉良好，对自己的错误承担责任。

当然，由于领导者与追随者所处的地位和出发的角度不同，能力和责任不同，要求两者事事达成一致也是不现实的。一般来说，追随者更关心自身和眼前利益的实现，而领导者不仅仅要考虑每一个个体的利益，还必须考虑整个组织的利益和长远的利益。追随者考虑问题时一般从自身的角度考虑怎么办，而领导者则必须结合环境等组织内外面临的多种因素考虑怎么办。

### （三）组织环境

组织环境通常分为宏观环境和微观环境。宏观环境包括政治环境、经济环境、法律环境、技术环境、社会文化环境、自然环境和国际环境。微观环境一般是指组织的行业环境和企业面临的特殊环境，包括客户、行业竞争对手、供应商、潜在的进入者、替代品状况、同盟、组织所在地、主管部门甚至领导者和被领导者的关系好坏等。其中，最主要的是用户、供应者、竞争者和同盟者。当领导者和被领者的特性已定时，环境因素的变化对领导过程和领导效果的好坏就有很大的影响。

## 三、领导者的影响力

领导者的影响力主要来自两个方面。一是来自职位权力，这种权力是由于领导者在组织中所处的位置由上级和组织赋予的，这样的权力随职务的变动而变动。在职就有权，不在职就无权。人们往往出于压力和习惯，不得不服从这种职位权力。二是来自个人权力。这种权力不是由于领导者在组织中的位置，而是由于自身的某些特殊条件才具有的。比如，领导者具有高尚的人格、丰富的经验、高超的技能和良好的人际关系，领导者善于体贴关心他人，令人感到可亲、可信、可敬，不仅能完成组织目标，而且善于创造一个激励的工作环境，以满足群众的需要等。这种权力不随着职位的变化而改变，而且这种权力对人的影响是发自内心的、长远的。领导影响力的构成如图 11-1 所示。

按照弗伦奇和雷温的分类，组织内部的领导者权力可分为五种类型。

（1）法定性权力（Legitimate Power），其核心是指挥和命令、决定和否定，通常由组织按照一定程序和形式赋予领导者进行命令和指挥的权力。

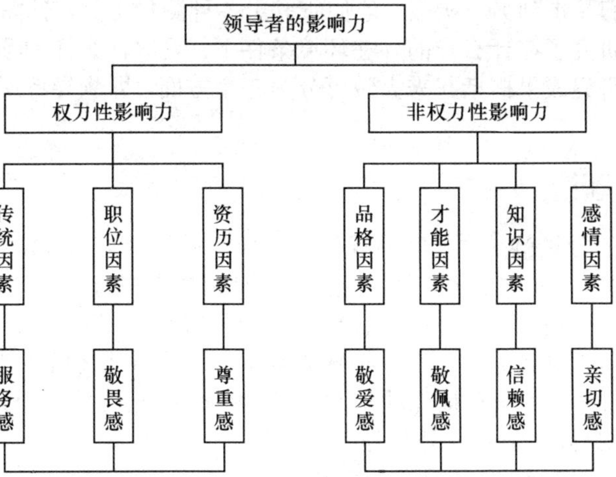


图 11-1 领导影响力构成图

（2）强制性权力（Coercive Power），这是一种对下属在肉体、精神或物质上进行威胁强迫其服从的权力。这种权力建立在惧怕惩罚的基础上。一个人如果不服从，就有可能产生不利的后果，由于对这种不利后果的恐惧，这个人就对强制性权力做出了反应，其实质上是一种惩罚性权力。

（3）奖励性权力（Reward Power），这是决定给予还是取消奖励、报酬的权力，是一种通过提供益处对他人施加影响的权力。奖励性权利与强制性权力相反，人们服从于一个人的愿望或指示是由于这种服从能够给他们带来益处。在组织中，领导者对奖酬的控制力越大，他对下属人员的奖酬方面拥有的权力就越大。

（4）专家性权力（Expert Power），这是由于具有某种专门知识、技能而获得的权力。这种权力是以敬佩和理性崇拜为基础的。领导者本人学识渊博，精通本行业务，或具有某一领域的高级专门知识与技能，即获得一定的专长权。

（5）感召性权力（Referent Power），这是因领导者的特殊品格、个性或个人魅力而形成的权力。这种权力建立在下属对领导者的尊重、信赖和感性认同的基础上。企业领导者公正无私、胆略过人、勇于创新、知人善任、富于同情心、具有感召力、善于巧妙运用领导艺术，则容易获得下属的尊重和依从。

前三种权力是由个人在组织中的职位决定的，都来源于行政力量，表明了领导者行使权力的合法性及在职权范围内的支配地位，无法保证领导的有效性。后两种权力取决于领导者个人的知识和人格因素，与职位无关。确认了领导者和被领导者之间的相互认可关系，是保证领导的有效性的重要前提。有关这一方面将在下一节领导特质理论中予以重点介绍。

# 第二节 领导理论

领导理论，即关于有效领导特征、规律和方法的理论阐释，西方管理学界关于领导理论的研究，经历过几个明显的阶段。最早期的“伟人论”，主张“英雄造时势”，认为历史上的重大事件都是由占有领导地位的领袖人物所造成的，这些人物具有某些不凡的特质，使他们能够成就伟大的事业；其后，学者们又走到另一极端，他们研究出各种测量工具，试图测量不同类型的组织中的领导行为，其后又研究了在什么样的外在环境条件下，采取什么样的领导方式，能够产生最大的效能。领导理论的研究成果概括起来大致可分为三个方面，即领导特质理论、领导行为理论和领导权变理论。

## 一、领导特质理论

阐述领导最古老的理论就是领导特质理论。领导特质理论又称做领导品质论、领导素质论、领导性格论，该理论认为，领导能力是遗传而来的，是根据人格特征区分领导者和非领导者。“领导人是天生的，而不是天造的”，这句话就涵盖了这一理论的全部内容。第二次世界大战以后研究者们开始将目光转向领导者身上的一些特殊的素质，这些特质铸就了他们的成功。

（1）美国俄亥俄州大学的教授斯托迪尔（R. M. Stogdill）把领导者的素质归纳为六大类特质。

1）身体特性。如身高、体重、外貌等。

2）社会背景特性。如社会经济地位、学历等。

3）智力特性。如判断力、决策力、智力水平等。

4）个性特征。如自信、机智、正直、适应能力、民主等。

5）与工作有关的特性。如高成就需要、愿意承担责任、工作主动、重视工作任务的完成等。

6）社交特性。如善于交际、善于与他人合作，积极参加各种活动等。

（2）美国普林斯顿大学的包莫尔（W. J. Baumol）提出了企业领导者应当具备的十个特质。

1）合作精神。既愿意与他人合作，也能感动、说服他人从而赢得他人配合。

2）决策能力。善于根据实际情况而不是主观想象做出决策，具有高瞻远瞩的能力。

3）组织能力。善于发掘下级才智，善于组织人力、物力、财力。

4）精于授权。能把握方向，抓住大事，而把日常性事物分配给下级办理。

5）善于应变。能随机应变，善于变通，不墨守成规。

6）敢于求新。对新事物、新环境、新观念有敏锐的感受能力。

7）勇于负责。对国家、职工、消费者、社会有高度的责任心。

8）敢担风险。敢于承担改变企业发展不景气的风险，有创造新局面的雄心和信心。

9）尊重他人。重视和采纳他人意见，不盛气凌人。

10）品德高尚。品德为社会人士、企业员工所敬仰。

（3）斯托格狄尔认为，个人的先天特性、品质，对于区分领导人与非领导人，有效领导者与无效领导者是有一定意义的，并认为领导者的先天特性应该是：①有良心；②可靠；③勇敢；④责任心强；⑤有胆略；⑥力求革新进步；⑦直率；⑧自律；⑨有理想；⑩有良好的人际关系；⑪风度优雅；⑫胜任愉快；⑬身体强壮；⑭智力过人；⑮有组织能力；⑯有判断能力。

（4）巴纳德（Barnard）归纳了成功领导者必备的五种特质。

1）活力和耐力：有活力是一个人具有吸引力的重要因素，也是具有说服力的一个特征。

2）说服力：说服力是一种通过影响他人而使之服从的能力。这是领导者必备的最重要的素质。说服力来源于恰当的表达能力、令人生畏的人格和道德感染能力等天赋。领导者首先应该倾听并理解那些劝服对象的不同观点，而后应说服追随者行动并能使领导者和这个群体双方都满意。

3）决策力：决策对于一件事的完成是必需的。决策是领导者的三大主要职能之一，一个领导者不仅必须拥有做出决策的技能，还必须愿意做出决策、愿意接受决策的结果。

4）责任心：赋予领导者权力的同时就赋予了责任，随心所欲、不负责任的领导很少会成功。领导的肩上总是要担当与其权力匹配的责任，领导者勇于承担责任同时也是给下属一种态度和安全感。领导者必须愿意做那些在特定情况下为其下属相信是道义上正确的事情。这种行为的稳定性对领导过程非常重要。

5）智力能力：一定的智力能力对一个处在领导者角色的人来说，虽然很重要，但并不具有必然的战略意义。智力是一个人受思想指导的活动方面表现出的综合效力。智力的三元理论将智力分为分析性智力、实用性智力和创造性智力。此外，研究者还从领导者的个性、动机和能力角度发现了他们与非领导者的不同特质。

领导者特质研究的基本假定是某些少数人，天生即赋有适于担任领导者的人格特质，这些人格特质不仅使其与一般人不同，而且能够使具有这些人格特质者获得一般人的追随。而领导者特质研究者研究结果也不尽相同，加上领导者的个人特质也会随着情境而改变，所以若想找出一套领导者所共同拥有的特质，实在是很困难。

还有一些类似的研究，但是特性理论并未取得多大的成功，有人认为它不是一种研究领导的好方法。其原因是：

第一，各研究者所列领导特性包罗万象，说法不一，且互有矛盾。某一项研究结果认为，某一性格特征与改进效率有积极联系，而在另一项成果中认为其联系是消极的或根本无联系。

第二，这些研究大都是描述性的，并没有说明领导者应在多大程度上具有某种品质。

第三，并非一切领导者都具备所有这些能力，而许多非领导者则可能具备大部分或全部这样的能力。

但是这些理论并非绝对无用的。一些研究表明，某些个人品质与领导者有效性之间确实存在着相互联系。例如，一些研究发现，领导者确实具有高度的才智、优秀的表达能力、取得成功的强烈欲望，以及值得尊敬的人格等。另一些研究则发现，个人的才智、管理能力、首创性、自信及个性等与领导的有效性有重要的关系。另外，这个理论系统地分析了领导者所应具有的能力、品德和为人处世的方式，向领导提出了要求和希望。这对我们培养、选择和考核领导者是有帮助的。

（5）我国领导者应具备的特质。我国从 20 世纪 80 年代初开始了对领导者素质的研究，有学者提出领导者的素质要求包括政治素质、思想素质、知识素质和心理素质，如表 11-2 所示。

**表 11-2 我国领导者应具备的素质**

| | |
|---|---|
| 政治素质 | 坚持党的路线、方针、政策；维护国家利益，旗帜鲜明，身体力行 |
| 思想素质 | 商品经济意识；市场竞争意识；效率效益意识；开拓创新意识；风险意识；服务意识；诚信意识；法制意识 |
| 知识素质 | 基础知识；人文社会知识；科学技术知识；管理知识 |
| 心理素质 | 追求：意志；感情；风度；能力（直觉，描象思维，组织和协调，自我发展、创新） |

## 专栏 2

有学者曾对我国大中型企业的高层领导者的素质做问卷调查，结果如表 11-3 所示。

表 11-3　我国对企业领导者的素质调查

| 顺　序 | 领导者的素质类型 | 回答的百分比（%） |
| --- | --- | --- |
| 1 | 组织能力和决策能力 | 97% |
| 2 | 责任心、进取心和事业心 | 90.2% |
| 3 | 求知欲和创新精神 | 68.4% |
| 4 | 知人善任、开发人才和合作精神 | 46.3% |
| 5 | 敏锐的观察力和全局思考能力 | 39.0% |
| 6 | 一定的专业知识和知识广度 | 31.7% |
| 7 | 大公无私，品德端庄 | 29.3% |
| 8 | 应变能力和分析、解决问题能力 | 27.1% |
| 9 | 处理人际关系能力 | 19.5% |
| 10 | 适应环境，协调和平衡各种关系能力 | 14.6% |

## 二、领导行为理论

一个领导的行为对一个组织的绩效产生至关重要的影响。很多学者致力于研究、考察领导者行为与工作群体绩效和满意度之间的关系，致力于以领导所做的事来解释领导。使人们把研究的重点转到领导行为的有效性问题上，试图说明领导者之所以成功，是因为它们采取了正确的领导行为，而不是具有独特的领导素质，具备恰当的特质只能使个体更有可能成为有效的领导人，但仍无法对领导者进行成功、准确的预测。人们开始注意把研究重点从界定领导者的特质转为研究领导者的行为，希望了解有效领导者的行为及他们的领导风格是否有什么独特之处。

特质理论与行为理论在实践意义方面的差异，在于二者深层的理论假设不同。如果特质理论有效，说明领导从根本上说是天生造就的；如果行为理论有效，则说明领导是可以培养的，即可把有效的领导者所具备的行为模式，植入那些愿意成为有效领导者的个体身上。

领导行为理论关心两个基本问题：第一，领导者是怎么做的，即领导的行为表现是什么；第二，领导是怎样或以什么方式来领导下属的。

领导行为理论主要有勒温的领导作风理论，斯托格第和沙特尔的领导行为四分图理论、利克特的领导系统模式、布莱克和莫顿的管理方格理论等。

### （一）领导作风理论

关于领导作风的研究最早是由心理学家勒温进行的，20 世纪 30 年代，他通过对儿童群体的实验研究不同的工作作风对下属群体行为的影响，他认为存在着三种极端的领导工作作风，即专制型领导作风、民主型领导作风和放任自流型领导作风。每一个领导者都有自己的领导作风。

（1）专制型领导作风。专制型领导作风又称为集权型或独裁型领导作风。其特点是领导者只关心任务的完成，而不关心下属的需求，他们独自掌控着决策权，强调下属应当绝对服从。具体的特点有以下几点。

第一，独断专行。

第二，从不把任何消息告诉下级，下级没有任何参与决策的机会，而只能察言观色，奉命行事。

第三，主要依靠行政命令与纪律约束、训斥和惩罚，只有偶尔的奖励。

（2）民主型领导作风。民主型领导作风又称为分权型或参与型领导作风。它的特点是领导者注重下属的需求，注重人际关系，通过协调、帮助、激励下属等方式来实现注重目标，民主型领导者认为，地位和权力是建立在群体的信任和推崇的基础之上的。

第一，所有的政策是在领导者的鼓励和协作下由群体讨论而决定，而不是由领导单独决定的。政策是领导者和其下级共同智慧的结晶。

第二，分配工作时尽量照顾到个人的能力、兴趣和爱好。

第三，对下属的工作，不安排得那么具体，个人有相当大的工作自由、较多的选择性与灵活性。

第四，主要应用个人权力和威信，而不是靠职位权力和命令使人服从。谈话时多使用商量、建议和请求的口气，下命令仅占5%左右。

第五，领导者积极参加团体活动，与下级无任何心理上的距离。

（3）放任自流型领导作风。这种领导作风是指工作事先无布置，事后无检查，权力完全给予个人，毫无规章制度。在这种作风下的组织成员缺乏积极性，毫无生机和活力。

勒温在试验中发现：在专制型领导的团体中，各成员攻击性言论很多，而在民主型团体中则彼此比较友好；在专制型领导的团体中，成员对领导者服从，但表现自我或引人注目的行为多；在民主型领导的团体中，则彼此以工作为中心的接触多；专制型团体中出现问题时，成员彼此推卸责任或人身攻击，民主型团体则团结一致，试图解决问题；在领导者不在场时，专制型团体的工作动机大为降低，也无人出来组织工作，民主型团体则像领导在场一样继续工作；专制型团体对团体活动没有满足感，民主型团体的成员则对团体活动有较高的满足感。

勒温根据试验结果认为，民主型的领导作风效果最好，专制型的领导作风效果次之，放任自流的领导工作作风的工作效率最低。放任自流型只能达到社交目标，而完不成工作目标。专制作风的领导虽然通过严格管理达到了工作目标，但群体成员没有责任感，情绪消极，士气低落，争吵较多。民主型领导作风的工作效率最高，不但完成工作目标，而且群体成员关系融洽，工作主动积极，有创造性。

应当指出的是，勒温对领导风格的划分并不是领导风格的全部类型，在实践的过程中，多数领导者的领导风格可能体现出一种混合的类型。另外，领导风格应当与领导情境相关，应当根据情境对领导风格做出选择。

### （二）领导行为四分图模式理论

20世纪40年代，美国俄亥俄州立大学商业研究所的斯多基尔（Ralph Stogdill）等发起了对领导行为进行研究的热潮。一开始，研究人员列出了1 000多种刻画领导行为的因素，在使用多种调查问卷研究领导效能的基础上，将领导行为归纳为两个方面，即结构维度和关怀维度。

（1）结构维度是指为了达成组织目标，领导者界定和构造群体内关系的程度，包括领导者规划工作、界定任务关系和明确目标的行为。领导者具有较高的结构维度，就倾向于关注目标和结果，倾向于建立明确的沟通形式和渠道，明确规章、计划、岗位责任和完成工作的方式，并使用职权与奖惩去监控和促使目标的实现。或者说，高结构维度的领导者对任务能否完成的关心程度远高于对组织中人际关系和谐的关心程度。结构维度的领导行为重视工作任务的完成，如领导者建立明确的组织形式，明确上下级的职责、权力和相互关系，确定工作目标和要求，制定工作程序、工作方法和制度。

（2）关怀维度的领导行为以人为重，尊重和关心下属的感情和看法，注重建立领导者与被领导者之间的友谊、尊重和信任的工作关系。高关怀维度的领导者尊重下属，关怀下级个人需要、福利和满意程度，与下级沟通对话并鼓励下级参与决策的制定。总之，高关怀维度的领导者特别重视群体的和谐和与下属心理上的亲近，给下属较多的工作主动权，平易近人，平等待人，关心群众，作风民主。

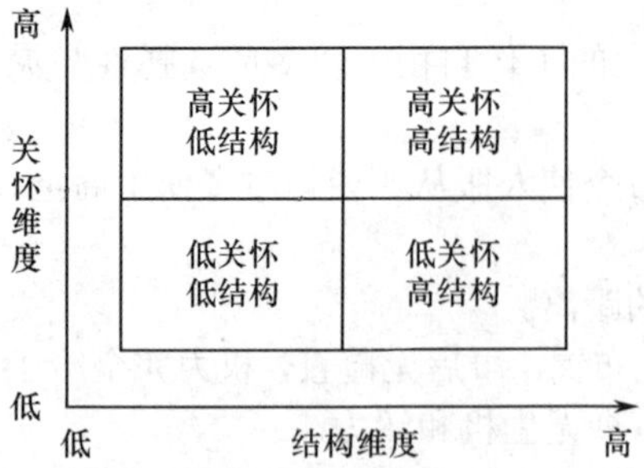


图 11-2　领导行为四分图

俄亥俄州立大学的研究者测量领导者这两种领导行为的倾向，并通过图描述这些行为，如图 11-2 所示。

从图 11-2 可以看出，关怀维度和结构维度属于领导行为中的独立维度。领导者可能表现出高结构维度和低关怀维度，也可能表现出低结构维度和高关怀维度，也可能同时表现出两者皆高或者皆低的情形。俄亥俄州立大学研究者调查了领导行为的稳定性，发现只要环境相对不变，个体的领导模式也相对稳定。他们关注的另一个课题是与效能有关的领导行为的组合。起初，他们认为在结构和关怀方面均高的领导者（“高—高型”）比其他三种类型的领导者更能够提高下属工作绩效和工作满意度。即认为最好的领导方式是兼具高结构、高关怀两方面。一个领导者只有把这两方面结合起来，才能进行有效地领导。但是，研究发现，“高—高型”风格并不总是具有积极效果，以高结构为特点的领导行为能够提高下属的绩效水平，但下属的满意度较低；相反，以高关怀为特点的领导行为不会提高下属的绩效水平，但是，下属的缺勤率较低。最新研究表明，因为没有考虑所有的变量，上述结论都具有误导性。尽管如此，俄亥俄州立大学的研究代表着领导行为理论研究的一个新的里程碑。

### （三）利克特的领导系统模式

美国密歇根大学的管理学教授利克特（Rensis Likert）在 1947 年开始用二维理论来研究“以生产为中心”和“以人为中心”两种领导方式的有效性，并在此基础上于 1961 年在《管理的模式》中提出领导系统模式，将领导方式归纳为四种系统，即系统 1、系统 2、系统 3、系统 4。

系统 1：专制独裁式。这种领导形态中，决策权集中在最高层，下级没有发言权，只有执行权，管理层对下级缺乏信心，下级对上级心存戒备和恐惧。上下级缺少交往，所有决策都由管理层做出，然后以命令宣布，必要时以威胁和强制方法执行。上级和下级之间的接触都是在一种互不信任的气氛下进行的。机构中如有非正式组织，对正式组织的目标通常持反对态度。

系统 2：温和独裁式。在这种领导形态中，管理阶层对下层职工有一种谦和的态度，决策权控制在最高层，授予中下层一定限度的权力，但仍受高层的制约。领导对下属有一定的信任，上级虽然态度谦和，下级对上级也有戒备和恐惧心理。机构中的非正式组织，可能会反对正式组织的目标，但却不一定总会反对。

系统 3：协商式。在这种领导形态中，上级对下级有相当程度的信任，但不完全信任。虽然主要的决策权掌握在高阶层手里，可是下级也能做具体问题的决策。双向沟通显而易见，且在相当信任的情况下进行。机构中的非正式组织，有时对正式组织的目标表示支持，有时也偶然做轻微的阻抗。

系统 4：民主参与式。在这种领导形态中，管理阶层对下属有完全的信任。决策采取高度的分权化，下属参与管理，上下级间彼此平等、信任，有双向沟通和平等沟通，既有自上而下的沟通，也有自下而上的沟通，还有平行沟通。上下级共同制定目标，协商讨论问题，最高领导者最后决策。上下级之间的交往体现出充分的友谊和信任，正式组织和非正式组织往往融为一体。这是利克特的理想体系。

### （四）管理方格理论

在领导四分图理论和领导系统模式理论的基础上，美国得克萨斯大学的行为科学家罗伯特·布莱克（Robert R. Blake）和简·莫顿（Jane S. Motlton）在1964年出版的《管理方格》一书中提出了管理方格理论。这种理论倡导用方格图表示和研究领导方式及其有效性的理论。他们认为，在企业管理的领导工作中往往出现一些极端的方式，或者以生产为中心，或者以人为中心，或者以X理论为依据而强调靠监督，或者以Y理论为依据而强调相信人。为避免趋于极端，克服以往各种领导方式理论中的“非此即彼”的绝对化观点，他们指出：在关心生产的领导方式和关心人的领导方式之间，存在使二者在不同程度上互相结合的多种领导方式。为此，他们提出了管理方格法，设计出一张纵轴和横轴各9等分的方格图，纵轴和横轴分别表示企业领导者关心人和关心生产的程度。第1格表示关心程度最小，第9格表示关心程度最高。全图总共81个小方格，分别表示关心生产和关心人这两个基本维度以不同比例结合的管理方式。图11-3描述了管理方格理论。

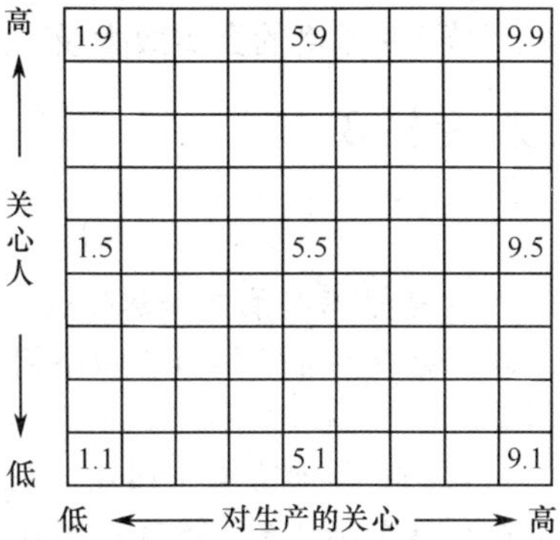


图11-3 管理方格图

最典型的五种领导行为如下。

1.1型：贫乏型的管理。管理方式对人和生产两个因素都很少关心，管理者希望以最低限度的努力完成组织目标的实现，因而必然导致失败。这是很少见的一种极端情况。

1.9型：乡村俱乐部型的管理。管理者只注重搞好人际关系，强调关心人，认为只要员工心情舒畅，生产一定能搞好，而对指挥监督、规章制度等重视不够，不大关心生产任务和工作效率，这是一种关系型的领导方式。

9.1型：任务型的管理。管理者只注重生产任务的完成，注重生产效率。管理方式的重点是关心生产，对人的关心很少，管理者负责计划、指挥和控制下属的活动，以达成生产目标。

9.9型：团队管理型。管理者既关心生产又关心人，通过协调各项活动，提高士气，调动方方面面的积极性，促进生产任务的完成。能够使组织的目标和个人的需示最理想最有效地结合起来，是一种理想的管理方式。

5.5型：中庸型的管理。管理者对人和生产都有适度的关心，维持一般的工作效率与士气。管理方式重视管理者在计划、指挥和控制等方面的职责，强调通过引导、鼓励而不是命令员工来实现组织目标。这种管理方式保持对人和生产的适度关心，既不偏重于关心生产，也不偏重于关心人。

布莱克和莫顿认为，除了上述的管理方式外，还可以找出一些组合。比如，5.1管理方式表示准生产中心型管理，比较关心生产，不大关心人；1.5管理方式表示准人中心型管理，比较关心人，不大关心生产；9.5管理方式表示以生产为中心的准理想型管理，重点抓生产，也比较关心人；5.9 管理方式表示以人为中心的准理想型管理，重点在于关心人，也比较关心生产。

布莱克和莫顿通过自由选择、积极参与、相互信任、开放的沟通、目标和目的、领导的解决途径、个人责任、评论、工作活动 9 个方面的比较，认为 9.9 管理方式最有利于提高组织绩效水平。因此，组织领导者应该客观地分析组织内外部环境，把自己的领导方式改造为 9.9 理想型管理方式，以达到最高的效率。

管理方格理论在美国和许多工业发达国家受到一些管理学者和企业家的重视。《管理方格》一书对美国经理阶层及管理学界产生较大影响，出版后长期畅销。

布莱克和莫顿根据自己的研究得出结论，进行 9.9 团队式管理的管理者工作效果最佳。但遗憾的是，方格理论更多的是为领导风格的概念化提供了分析框架，几乎没有公开发表的科学证据来支持 9.9 风格的真实效力及在所有情境下的有效性。

## 专栏 3

### “管理方格”测量问卷

这是根据布莱克和莫顿的管理方格图的概念设计的问卷式测验，用以分析一个领导者的管理方式。受测验者仔细回答四个问题之后再核对自己在管理方格图上属于哪个位置。下面就是测验问卷。

说明：下面有四个问题。包括计划的拟订、工作的执行、工作的考核及整体管理概念，每题中各有五个陈述句，请仔细阅读每一个陈述句，然后选出一个最能代表你个人性格或作风的陈述句，在前面的空格中打（√）。

一、计划的拟订

1.（　　）我通常召集有关人员，以便对整个事情做全面地审查。并让大家发表意见，互相讨论。然后订立目标，拟订富有弹性的计划、程序及根本法则，并把个人所要负的责任划分清楚。

2.（　　）我通常是事先安排每位下属的工作，向下属解释工作目标及计划之后，我把个人应做的事情分配给他们，并且对他们郑重地说明，假如他们在执行任务的过程中需要协助，随时会帮他们的忙。

3.（　　）我很少自己计划，也很少和下属一起商订计划，我把许多事情分配给下属去做，并且为了表示我对他们的信心，我说：“我相信你知道该怎样，而且你一定做得很好。”

4.（　　）我只是把许多事情交给下属去做，而很少想到目标和程序，也很少做周详的计划。

5.（　　）我通常依据必须遵守的目标程序去制定计划，然后我拟订工作步骤，并规定注意事项，再分配工作。

二、工作的执行

1.（　　）我随时注意每一位下属的工作，审核他们的工作进度，假如下属遇到麻烦和困难，再帮助他们。

2.（　　）我对下属的工作，只做例行巡视，很少在工作现场采取任何行动，我尽量让下属自行解决他们工作上的问题。

3.（　　）我对下属的工作所做的例行巡视，主要目的是想看看下属对工作是否满意，并看看他们对工作是否有所要求。

4.（　　）我只掌握着工作进度上的要点，并致力于发掘问题，以及共同与下属修订目标和程序。如果下属需要，我会协助他们排除障碍。

5.（　　）我密切地注意下属的工作，适时地加以批评，必要时并提出解决问题的办法。

三、工作的考核

1.（　　）我通常事先安排下一步工作计划，到开始执行的时候才把工作分配给下属，我对下属杰出的表现会加以褒奖，并纠正下属工作上的错误，而不大重视团体的表现。

2.（　　）我通常是主持全面性的检讨会，来衡量工作的进度，并发掘需要改进的地方，褒奖所有下属的努力，表扬突出的人员。

3.（　　）我通常是问我的上司，下一步骤该做什么，然后才指定下属去做。

4.（　　）我通常召开会议，公开表扬团体和个人的工作成果，我们的综合检讨会随时举行，以减少工作上的困难，使错误减少到最小并使工作能顺利进行。

5.（　　）我通常召开会议，在会中指出团体工作的优点和缺点，并提出下属能做到的改进方法，当我把另一件工作给他们的时候，我会让他们有机会讨论任何可以改进工作的合理建议。

四、整体管理概念

1.（　　）我认为对一个生产机构而言，员工的士气和机器同样重要，所以我对下属公平、严格，利用种种积极的（如加分）或消极的（如扣分）方式激励下属，以求得良好的工作效果。

2.（　　）我认为要获得最佳工作成果，应该先订下一个高的工作标准，然后奖励那些达到标准的下属，对于无法达到标准的人员，应该鼓励他们而不可忽视他们的贡献。

3.（　　）从长期的观点而言，我认为最好是能维持一个平衡、合理的生产速度，使组织内各阶层的人员，都能从工作中得到满足感和安全感。

4.（　　）我认为只要把工作指派给下属即可，不用再去管他们。

5.（　　）我认为相互了解、互相接纳，是计划、指挥和考核的基础，因此下属的参与和意见的沟通，才能获得有效的工作成果。

参考答案：

一、计划的拟订：1.（9.9），2.（5.5），3.（1.9），4.（1.1），5.（9.1）

二、工作的执行：1.（5.5），2.（1.1），3.（1.9），4.（9.9），5.（9.1）

三、工作的考核：1.（9.1），2.（9.9），3.（1.1），4.（1.9），5.（5.5）

四、整体管理概念：1.（5.5），2.（9.1），3.（1.9），4.（1.1），5.（9.9）

（资料来源：付勇刚．组织行为学．330）

## 三、领导权变理论

对领导特质的研究也好，对领导风格的研究也好，有时都无法说明其与领导有效性之间的关系。为什么同样是成功的领导者却性格迥异？世界上的事物，总是在不断地发展变化，人们想问题、办事情，都应当考虑到这种变化，适合于这种变化的需要。显然，环境条件变了，领导风格也应做出相应变化。

领导行为的有效性不单纯取决于领导者的个人行为，某种领导方式在实际工作中是否有效取决于具体的情境和场合。领导是一种动态的过程，其有效性将随着被领导者的特点和环境的变化而异。无论是领导特质理论还是领导行为理论，都没有考虑情境的变化。因此，西方学者在理论研究过程中提出了相应的领导权变模型，其中影响较大的有领导行为费德勒模式、连续体模式、领导生命周期理论和路径–目标理论。

### （一）费德勒模型

美国华盛顿大学著名管理专家弗莱德·费德勒（Fred Fiedler）于1965年提出了领导权变式。他认为，不存在一种适用于一切情境的唯一的最佳领导风格，各种领导风格只有在不同情境下才最有效。有效的群体绩效取决于以下两个因素的合理匹配：与下属相互作用的领导者风格和领导者能够控制和影响情景的程度。该模型基于这样的前提假设：在不同类型的情境中，总有某种领导风格最为有效。因此，最重要的领导问题就是将领导者的风格与他们所处的情境进行匹配。

费德勒权变模型是如何使用的呢？运用费德勒权变模型的首先就是确定领导风格；其次是确定情境，即对情境进行评估；最后是领导者与情境的匹配。

#### 1. 领导风格的确定

费德勒认为影响领导成功的关键因素之一是个体的领导风格。为了描述个体的领导风格费德勒设计出“最难共事者”（Least Preferred Co-worker questionnaire，LPC）调查问卷，问卷由16组成对的形容词（两端分别为一对积极的和消极的形容词）构成。被调查者要先回想与自己共过事的所有同事，并找出最不喜欢的同事，在16组形容词中按1～8等级对他进行评估。如果以相对积极的词汇描述最不喜欢同事（LPC 得分高），则说明被调查者很乐于与同事形成良好的人际关系，其领导风格就是关系取向型。相反，如果对最不喜欢同事看法很消极，则说明被调查者的领导风格是任务取向型。费德勒的 LPC 问卷能够把绝大多数被调查者划分为两种领导风格，也有一小部分处于两者之间，很难勾勒。

## 专栏4

### 最难与之共事者（LPC）分级表

想一想跟你一起共事、最难把工作干好的那个人吧，它可以是现在跟你一起工作的人，也可以和你过去共事的人。他未必是你最不喜欢的人，可却是跟他一起最难把事办成的人。请你描述一下，对你来说他是什么样子的。请使用下列16对意义截然相反的形容词来描述他。每对形容词间分成8个等级，表示除了这对形容词代表的两种极端情况外，其他的一些中间状态，请圈出最能代表你要描述的那个人的真实情况的等级数。

| | | | | | | | | | |
|---|---|---|---|---|---|---|---|---|---|
| 快乐 | 8 | 7 | 6 | 5 | 4 | 3 | 2 | 1 | 不快乐 |
| 友善 | 8 | 7 | 6 | 5 | 4 | 3 | 2 | 1 | 不友善 |
| 拒绝 | 8 | 7 | 6 | 5 | 4 | 3 | 2 | 1 | 接纳 |
| 有益 | 8 | 7 | 6 | 5 | 4 | 3 | 2 | 1 | 无益 |
| 不热情 | 8 | 7 | 6 | 5 | 4 | 3 | 2 | 1 | 热情 |
| 紧张 | 8 | 7 | 6 | 5 | 4 | 3 | 2 | 1 | 轻松 |
| 疏远 | 8 | 7 | 6 | 5 | 4 | 3 | 2 | 1 | 亲密 |
| 冷漠 | 8 | 7 | 6 | 5 | 4 | 3 | 2 | 1 | 热心 |
| 合作 | 8 | 7 | 6 | 5 | 4 | 3 | 2 | 1 | 不合作 |
| 助人 | 8 | 7 | 6 | 5 | 4 | 3 | 2 | 1 | 敌意 |
| 无聊 | 8 | 7 | 6 | 5 | 4 | 3 | 2 | 1 | 有趣 |
| 好争 | 8 | 7 | 6 | 5 | 4 | 3 | 2 | 1 | 融洽 |
| 自信 | 8 | 7 | 6 | 5 | 4 | 3 | 2 | 1 | 犹豫 |

| | | | |
|---|---|---|---|
| 高效 | 8 7 6 5 4 3 2 1 | 低效 |
| 郁闷 | 8 7 6 5 4 3 2 1 | 开朗 |
| 开放 | 8 7 6 5 4 3 2 1 | 防备 |

结果：将16项得分相加，得分不少于64分者，是关系导向型领导；得分不高于57分者，是任务导向型领导；57~63分者，你需要自己决定你属于哪种类型的领导。

**2. 组织环境的确定**

用LPC问卷对个体的基础领导风格进行评估之后，需要再对情境进行评估，并将领导者与情境进行匹配。费德勒提出确定情境因素的三个权变维度：

（1）领导者与下属的关系，即领导者对下属信任和尊重的程度。

（2）任务结构，即工作任务的规范化、程序化程度。

（3）职位权力，即领导者运用职位权力施加影响的程度。

费德勒模型把三项权变维度结合在一起，可以得到八种不同的情境类型，如图11-4，每个领导者都可以从中找到自己的位置。

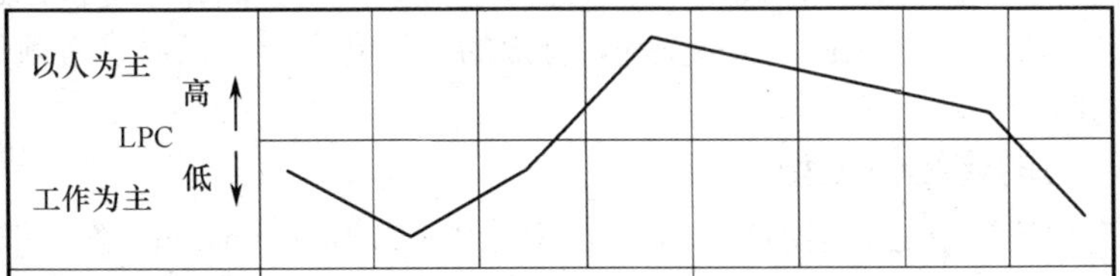


| 上下级关系 | 好 | | | | 不好 | | | |
|---|---|---|---|---|---|---|---|---|
| 任务结构型 | 高 | | 低 | | 高 | | 低 | |
| 职位权力 | 大 | 小 | 大 | 小 | 大 | 小 | 大 | 小 |
| 情境类型 | 1 | 2 | 3 | 4 | 5 | 6 | 7 | 8 |

有利 ← 情境 → 不利

图11-4 费德勒模型

费德勒研究了1 200个工作群体，对八种情境类型的每一种，均对比了关系导向型和任务导向型两种领导风格，他得出以下结论：

（1）1、2、3三种情境对领导者相对有利，4、5、6三种情境对领导者中度有利，7、8两种情境对领导者相对不利。

（2）在情境非常有利或非常不利的情况下，任务导向型领导更有效。

（3）在中等有利情境下，关系导向型领导效果更好。

按照费德勒的观点，个体的领导风格是稳定不变的，就是关系导向型或任务导向型。这意味着如果情境要求与领导风格冲突，要想达到最佳效果是非常困难的。

**3. 领导者与情境的匹配**

提高领导者的有效性实际上只有以下两条途径。

一是替换领导者以适应情境。如果群体所处的情境被评估为十分不利，而目前又是一个关系导向型的领导者在进行领导，那么用一个任务导向型的领导者来替代则更能提高绩效。

二是改变情境以适应领导者。通过改变领导者与下属的关系、改变任务结构或者改变领导者可控制的权力因素，可以实现情境改变。费德勒建议组织应该集中精力对情境进行改变，以适合他们的领导者，而不是改变领导者以适应情境。

费德勒的权变理论表明：并不存在一种“绝对最好”的领导方式，领导者必须具有适应性，自行适应变化了的环境。为了得到最有效的领导方式，可以根据环境的具体情况来选择领导人，使管理者的领导风格适应具体的环境情况；也可以改造环境以符合领导者的风格。例如，可以通过改变下属组成来改变环境情况；通过详细布置工作内容使改造任务明确化；也可以通过充分授权而加强领导者的职位权力。

费德勒模型是领导权变理论中影响最大和应用范围最广的理论之一。但是，该模型目前还存在一些缺陷，在 LPC 问卷及该模型的实际应用方面也存在一些问题。比如，LPC 问卷的逻辑实质尚未被很好地认识，一些研究指出回答者的 LPC 分数并不稳定；三项权变变量对于实践者进行评估也过于复杂，在实践中很难确定领导者与下属的关系有多好，任务的结构化有多高，以及领导者拥有的职权有多大。另外，该模型关于“个体的领导风格是固定不变的”这一假设也与实际情况不符，个体的领导风格不是一成不变的，有效的领导者完全可以而且必须做到通过改变领导风格去适应环境的需要。

### （二）领导行为的连续体模型

领导行为的连续体模型是美国加州大学的坦南鲍姆（R. Tannenbaum）教授和施密特（Warren H. Schmidt）在 1968 年的《哈佛商业评论》上发表的论文《如何选择领导模式》中首先提出的。他认为，在独裁和民主两个之间存在一系列领导行为方式，构成一个连续分布的连接体。领导的行为方式并不是一成不变的，而是随着环境的变化而变化；领导的方式不是机械地只在独裁和民主之间选择，而根据客观需要把二者结合起来运用。有效的领导方式就是在特定的时间、地点和条件下选择恰当的领导方式。

他们认为，领导风格与领导者运用权力的程度和下属在做决策时享有的自由度有关。连续体的最左端表示专制的领导行为；连续体的最右端表示对下属进行充分授权的民主型领导。在管理工作中，领导者使用的权力与下属拥有的自由度之间是彼扩此缩的关系。在高度专制和高度民主的领导风格之间，坦南鲍姆和施米特划分出 7 种主要的领导模式：①领导做出决策并宣布实施；②领导者提出计划并征求下属的意见；③领导者说服下属执行决策；④领导者提出可修改的计划；⑤领导者提出问题，征求意见做决策；⑥领导者界定问题范围，下属集体做出决策；⑦领导者允许下属在上司规定的范围内发挥作用。图 11-5 描述了领导行为连续体理论。

在现实中，完全意义上的“独裁”型领导者或“民主”型领导者是极其少见的，大多领导者采取的领导方式是根据需要在斜轴上移动的。即使是民主的领导者，也不是在所有问题上都民主，一般来说，重要的人事决定，战略方向的确定，重大投融资决策等，多由组织的高层甚至是最高领导人独自决定，中低层管理者和普通员工参与程度很低。独裁的领导者也不是所有的方面都独裁，对一些他不关注或无法控制的工作，也会给予下属较大的自由度。如具体计划的执行方式，一般员工的奖金发放和福利以及必须依赖下属完成的任务等。在实际生活中，影响领导者个人放权及允许下属参与决策的程度的主要因素包括以下几种：

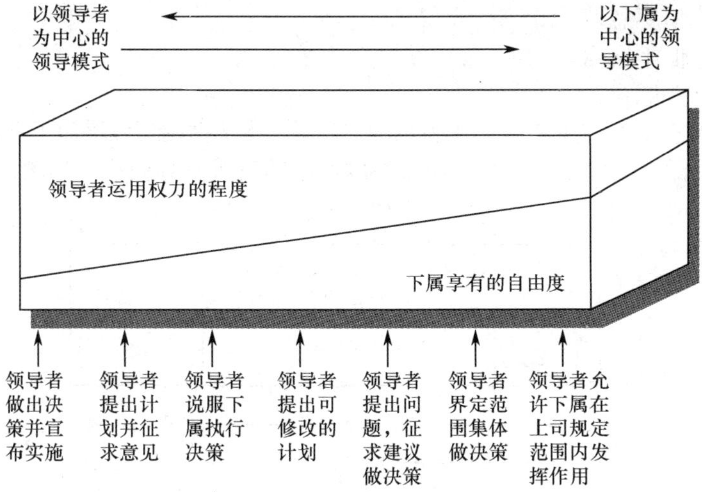


图 11-5 坦南鲍姆和施密特的领导行为连续体理论

（1）领导者特征，包括领导者的价值观、对下属的信任程度、领导作风倾向性以及在不确定情境中的安全感等。

（2）下属特征，包括下属追求自主的意愿强度，对解决问题的兴趣、能力及重要性的认识，是否愿意承担责任，自我目标与组织目标的一致性等。

（3）情境因素，包括组织的类型、群体的成熟程度、各下属部门距离的远近，以及决策时限是否紧迫等。

领导行为连续体理论的贡献在于不是把成功的领导者简单地归为专制型、民主型或放任型的领导者，而是指出成功的领导者应该能够评估各种影响环境的因素和条件，能够在此基础上确定自己的领导方式。领导行为的连续体模式在领导方式的研究上摆脱了两极分化的倾向，反映出领导模式的多样化特征，比较符合实际。

### （三）领导生命周期理论

20 世纪 60 年代末，保罗·赫塞（Paul Hersey）和肯·布兰查德（Ken Blanchard）提出的领导生命周期理论又被称为情境领导理论，是一种重视下属的权变理论，其核心思想是管理者要根据被领导者的情况来决定自己的领导方式和行为。赫塞和布兰查德提出了具有三维结构的有效领导模型，认为领导者的风格应适应其下属的成熟程度，成功的领导者要根据下属的成熟程度选择合适的领导方式。当下属成熟度水平不断提高时，领导行为也需相应改变。

#### 1. 情境评价

成熟度是指人们完成某一具体任务的能力和愿望的大小。它取决于以下两个方面。

（1）任务成熟度。如果一个人具有无须别人指点就能完成其工作的知识、能力和经验，那么他的工作成熟度较高，反之则低。

（2）心理成熟度。心理成熟度是指做事的愿望或动机的大小。如果一个人能自觉地投入工作，无须外部的激励，则他的心理成熟度较高。

根据以上两个维度，可以把下属的成熟度分为四种类型。

（1）无能力，且不愿意。

（2）无能力，但愿意。

（3）有能力，但不愿意。

（4）有能力，并愿意。

该理论在原来的以人为主和以工作为主的二维领导模型基础上，增加了下属成熟度这一新的维度，成为由关系行为、任务行为和下属成熟度组成的三维领导模型，如图 11-6 所示。

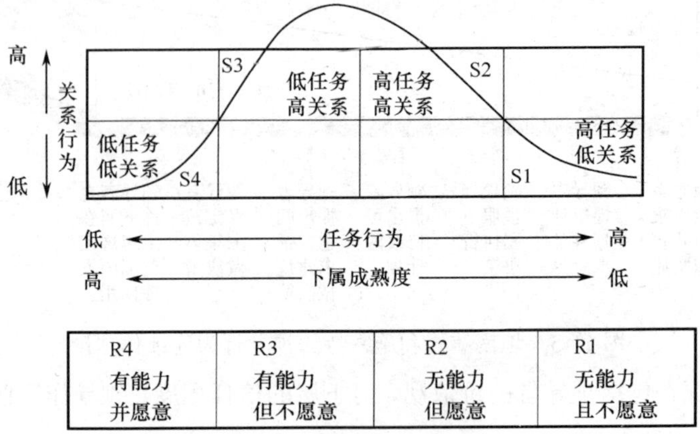


图 11-6　领导生命周期理论

模型横坐标代表任务行为（指领导者和下属为完成任务而形成的交往形式），纵坐标代表关系行为（指领导者给下属以帮助和支持的程度），在下方加一个成熟度坐标。

**2．可供选择的领导方式**

R1、R2、R3、R4 分别表示下属的不同的成熟度。根据关系行为、任务行为和下属成熟度，可以把领导方式分为四种类型：命令式（S1）、说服式（S2）、参与式（S3）、授权式（S4）。其特点如下。

（1）命令式（S1：高任务—低关系）。适用于下属成熟度低（R1）的情况，领导者具体指点下属应该干什么、如何干等。

（2）说服式（S2：高任务—高关系）。适用于下属较不成熟（R2）的情况，领导者既注重工作任务的完成又要指点下属，并加强与下属沟通，鼓励下属的积极性。

（3）参与式（S3：低任务—高关系）。适用于下属较成熟（R3）的情况，领导者与下属共同参与决策，领导者考虑下属的意见、建议和要求，通过与下属协作与沟通，支持下属完成任务。

（4）授权式（S4：低任务—低关系）。适用于下属高成熟度（R4）的情况，领导者直接授权，由下属独立开展工作，完成任务。

所以，根据情境领导理论，当下属从不成熟逐渐走向成熟，领导行为也应从命令式逐渐转变为授权式。情景模型是实用的，因为他建立在员工对领导的期望上。能干的人所需的具体指导比不能干的人要少，只要根据员工的成熟度选择恰当的领导风格就可以了。但领导情景并非如四个象限所述那么清晰，领导者采取的行为并不是任何时候都有效。

**（四）路径–目标理论**

这是加拿大多伦多大学教授豪斯（R. J. House）于 1971 年提出的一种领导行为的权变模式。这是比较新的理论，近年来在国外颇受重视。路径–目标理论模式把美国心理学家佛隆的激发动机的期望模式和俄亥俄州立大学的领导行为四分图结合起来。这种模式的基本精神是提出领导工作的程序化问题，该理论认为，领导者的工作是通过指明实现目标的途径来帮助下属实现他们的目标。领导者应该根据不同的环境因素（下属特征和任务特征）来调整自己的领导方式。在不同的情境中，对不同的下属要选择不同的领导风格。领导风格应该适合下属特征和任务特征。

（1）下属特征。当下属对自己的才能和能力的知觉上升时，对指导性领导的需要会下降。当下属感到有能力完成自己的工作时，指导性领导行为就会变得多余。

（2）任务特征。任务特征包括下属的任务设计、组织的正式权力系统、工作群体，这些特征共同对下属起激励作用。在明确的具体结构层次的任务，严格的团体规范和已经建立权力系统的情景中，领导行为是多余的。

路径-目标理论表明，领导者的行为被下属接受的程度，取决于下属将这种行为视为当前获得满足的源泉或者未来获得满足的手段的程度。领导者行为的激励作用在于：第一，它使下属的需要满足与有效的工作绩效结合在一起；第二，它提供了获得工作绩效所必需的辅助、指导、支持和奖励。

为了考察这些观点，罗伯特·豪斯确定了以下四种特定的领导行为，如图 11-7 所示。

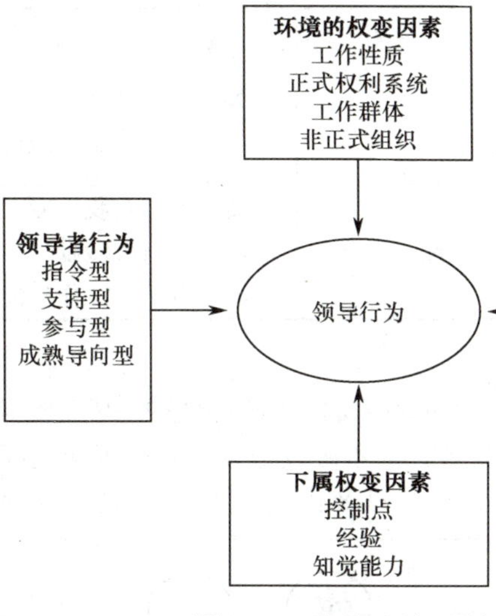


图 11-7 路径-目标理论

（1）指令型领导的特征是领导者对下属需要完成的任务提出指示，包括对下属的希望，如何完成任务，完成任务的时间期限等。指令型领导者为下属制定明确的工作标准，详细向下属讲述规章制度。这种领导行为适用于下属素质低、任务模糊不清、群体内部存在冲突等不利的工作情境。

（2）参与型领导的特征是领导者邀请下属一起参与决策。参与型领导者能同下属一道进行工作探讨，征求他们的想法和意见，将他们的建议融入团体或组织将要执行的那些决策中去。这种领导行为要求下属成熟度较高，有较强的参与意识。

（3）支持型领导的特征是领导者对下属的态度是友好的、可接近的，他们关注下属的福利和需要，平等地对待下属，尊重下属的地位，能够对下属表现出充分的关心和理解，在部下有需要时能够真诚帮助。支持型领导适用于任务明确、下属自觉性强等有利的工作情境。

（4）成就导向型领导的特征是领导者为下属设置具有挑战性的目标，充分信任下属，并期望下属实现自己的最佳水平，这种领导行为要求下属有强烈的自我实现的需要。除了对下属期望很高，成就导向型领导者还非常信任下属有能力制定并完成具有挑战性的目标。

路径–目标理论在实际运用和实证研究中都取得了积极效果。它比较好地解释了哪些因素影响着工作动机，领导行为如何影响绩效和下属的满意度，以及在特定的情境下某种领导方式效果更好的原因，如表 11-4 所示。

**表 11-4　领导风格和环境**

| 领 导 风 格 | 领 导 行 为 | 环境（下属特征和任务特征） |
|---|---|---|
| 指令型 | 确定群体目标<br>明确各自职责<br>严格管理员工<br>用正式的权力管理 | 群体的任务是非程序化的<br>员工期望得到指导 |
| 支持型 | 友好、平易近人<br>明白下属的兴趣<br>用奖励支持下属 | 任务缺乏刺激性<br>员工希望得到领导的支持和鼓励 |
| 参与型 | 让下属参与决策<br>分担责任<br>鼓励协调一致<br>用非正式权利领导 | 任务复杂<br>员工希望某些指点<br>员工有工作所需技能 |
| 目标导向型 | 鼓励下属设置高目<br>让下属充分发挥创造性<br>实行目标管理 | 员工希望自我控制<br>员工能自我激励<br>员工有所需工作技能 |

## （五）领导者–成员交换理论

乔治·格里奥（George Graeo）和他的助手们提出的领导者–成员交换理论（LMX），强调领导者和每位下属之间不同关系的重要性，其基本假设是领导者与下属之间存在不同的关系，领导者常常会以不同的方式对待不同的下属。图 11-8 描述了领导者–成员交换理论。

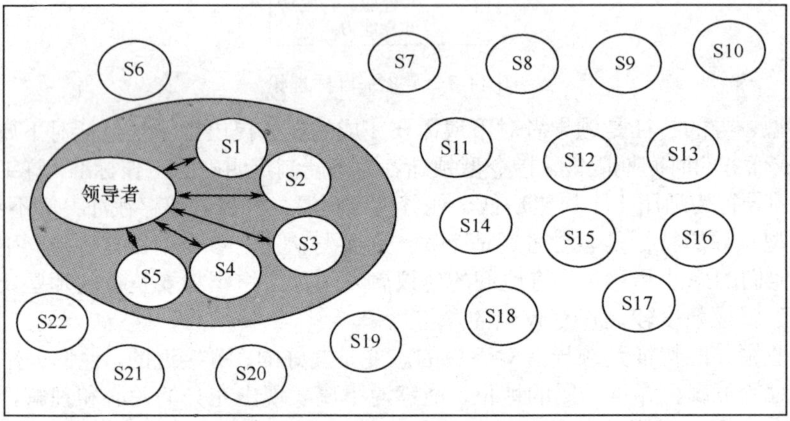


图 11-8　LMX 模型图

在前面的各种领导模型中，分析领导与群体之间的关系对工作绩效的影响时，都是基于这样的一个假设：领导者都以同样的方式对待下属。但是在实际中，领导者都有一些嫡系——一个“小圈子”。这个“小圈子”中的人员往往得到领导的更多关照，也可能享有很多特权。LMX 理论认为，主管与少数受信任的下属之间建立一种特殊的关系，称为“圈内人”。“圈内人”通常承担特别的义务，要求更多的责任和自主性，他们受到信任，获得特权和关照，往往可以比其他人先获得敏感信息和未来动向，他们得奖机会较多，领导的支持也较多。不在圈内的下属被称为“圈外人”，主管在他们身上花的时间和注意较少。他们通常承担普通的、必须完成的工作并且不在信息分享圈子里，他们获得的奖励和支持也较少。

领导者-成员交换理论指出，由于时间压力，领导者会以不同的方式对待不同的下属。在领导者与下属互动的初期，领导者就暗自将其划入圈内人或圈外人，并且这种关系会相对稳固，不随时间的推移而改变。研究发现，领导者倾向于将具有以下特点的人员归入圈内人：态度或个性特点与领导者相似，或能力比他人更强。值得注意的是，虽然是领导者在进行选择，但实际上是下属的特征在推动领导者做出分类决策。学术界针对 LMX 理论进行的研究都提供了十分明显的证据支持，领导者以不同的方式对待下属，而且这种差异绝不是随机发生的。与圈外人士相比，圈内人得到的绩效评估等级更高，离职率更低，对管理者的满意度更高，总体的工作满意度也更高。LMX 理论在中国高权力文化背景下，尤其适用，相关研究也提供了显著的证据支持。

## 四、领导理论的当代发展

### （一）魅力领导理论

#### 1．魅力的概念

魅力一词在希腊语中的原意是“神赋的礼物”。20 世纪 20 年代，韦伯在社会学研究中引入魅力的概念来描述一种社会权威，即魅力型权威。从此，“魅力”在社会学和政治学领域开始受到广泛的关注。尽管组织行为学对魅力型领导的研究起步较晚，但是自从 1977 提出魅力型领导理论以来，学术界一直在对这一新的领导方式进行积极的研究。

领导者的魅力是指领导者个人具有的一种人格特质，尤指那种神圣的，鼓舞人心的，能预见未来、创造奇迹的天才气质。具有这种气质的领导者对别人具有吸引力并得到拥护。具有人格魅力的领导者，被称为魅力型领导。

#### 2．魅力型领导者的特征

具体来讲，魅力型领导者具有如下特征：高度自信；支配他人的倾向；对自己的信念坚定不移；精力充沛；说服力强，良好的沟通能力。

魅力型领导区别于无魅力领导者的特征有：

（1）魅力型反对现状并努力改变现状。

（2）设置与现状距离很远的目标前景。

（3）对自己的判断力和能力充满自信。

（4）能深入浅出，言简意赅地向下级说明自己的理想和远大目标，并使之认同。

（5）采取一些新奇、违背常规的行为，当他们成功时，会引起下级的惊讶和赞叹。

（6）对环境的变化非常敏感，并采取果断措施改变现状。

（7）经常依靠专长权力和参照权力，而不仅只用合法权利。

(8) 经常突破现有秩序的框架，采用异乎寻常的手段达到远大的目标。

(9) 被认为是改革创新的代表人物。

**3．魅力型领导者对下属的影响分为四个过程**

(1) 领导者首先清晰地描述引人入胜的组织愿景，使愿景规划与组织现状及美好的未来联系起来，为下属描述美好的蓝图。

(2) 领导者提出高绩效期望，对下属实现期望充满信心，从而提高下属的自尊和自信水平。

(3) 领导者通过各种途径向下属传递一套新的价值观系统，并通过率先垂范为下属树立效仿的榜样。

(4) 魅力型领导会做出自我牺牲和反传统的行为，来展现自己的勇气和对未来前景的坚定信心。

相关研究表明，魅力型领导与下属的高绩效和高满意度之间存在显著的相关性。为魅力型领导者工作的员工愿意付出更多的努力，而且，由于他们喜爱和尊重自己的领导者，因而有更高的满意度。

既然领袖魅力如此理想，那么，人们如何能够成为魅力型领导呢？少数学者认为，领袖魅力不是习得的。但是，多数学者则认为个体可以通过学习、培训而使自己充满领袖魅力。当然，魅力型领导并不总是必需的。当下属的任务含有多元化价值观，或当环境充满极大压力与不确定性的，魅力型领导方式比较合适。

魅力型领导者在危机或重大变革时能够发挥重要作用，但是危机过后，反而变为负担，因为魅力型领导者的过于自信和反传统行为会影响甚至阻碍组织的日常营运，这是组织应该避免的问题。

### （二）交易型与变革型领导

**1．交易型领导**

交易型领导基于社会交换的理论，认为领导者与部属之间的关系是一种现实的契约行为，目的在于交换特定有价值的事物。

领导以奖赏的方式领导下属，当下属完成特定的任务后，便给予承诺的奖赏，整个过程就像一项交易。其主要特征如下。

第一，领导者通过明确角色和任务要求，指导和激励下属向着既定的目标努力，领导者向员工阐述绩效的标准，明确自己希望从员工那里得到什么，如果满足了上级的要求，员工将得到相应的回报。

第二，以组织管理的权威性和合法性为基础，依赖组织的奖惩来影响员工的绩效。

第三，强调工作标准、任务的分派，重视任务的完成，强调员工的遵从。交易领导所强调的成员与领导者之间的关系是互惠的，是基于经济的、政治的及心理的价值互换。它不能够赋予员工工作上的意义，从而无法调动员工的积极性和开发员工的创造性。

**2．变革型领导理论**

变革型领导是一种向员工灌输思想和道德价值观，并激励员工的过程，是交易型领导和魅力型领导的发展。变革型领导过程中，除了引导下属完成各项工作外，领导者还以其个人魅力激励下属，影响并改变下属的工作态度与价值观，使他们能够为了组织的利益超越自身利益。该领导方式可以使下属产生更大的归属感，满足下属高层次的需求，获得更高的生产率和更低的离职率，最终实现超越预期的绩效水平。有的学者将其概括为三个主要过程：第一，这些领导让他们的下属更清楚既定目标的重要性，以及实现目标的方法；第二，他们影响员工，使其把组织利益、目标置于个人利益之上；第三，他们激发并满足下属的高层次需求。

变革型领导超越了与员工之间的契约关系，积极介入下属个人的价值系统。他们从思想上使员工把个人和集体相联系，增强了对员工的内在激励作用。通过描述组织的愿景与使命，帮助员工理解目标的重要性和价值，提高他们对业绩的期望值，并使他们愿意为集体牺牲个人利益。通过智能激发，变革型领导鼓励下属打破思维框架，采用探索性的思维过程。变革型领导激励下属用新方法来思考老问题，鼓励他们挑战自己的价值观、传统和信仰。他们常常以身作则、树立典范，完成下属员工观念的转变。他们对下属表现出很高的期望和信心，帮助下属培养出对长期性目标、使命的执著追求，把对短期效应的关注转移到重视最终目标和根本性的解决方案。

李超平和时勘（2003）认为，变革型领导具有以下四个显著特征。

（1）领导魅力，能使员工产生崇拜、尊重和信任的行为。

（2）感召力，指向员工勾勒组织愿景与蓝图，描述目标，使下属感到工作富有意义和挑战性，激发员工的自豪感、忠诚与尊敬以及对工作的使命感。

（3）智能激发，指领导者启发员工发表新见解，从新的角度或视野寻找解决问题的方法与途径，鼓励员工采用崭新的方式完成任务。

（4）个性化关怀，指领导者把每个下属都作为值得尊敬的个体，仔细倾听并关注他们的需要，鼓励他们学习，并为他们提供指导。

交易型领导者与变革型领导者的特点比较如表 11-5 所示。

**表 11-5 交易型领导者与变革型领导者的特点**

| 交易型领导者 | 变革型领导者 |
|---|---|
| 权变奖励：努力与奖励相互交换原则，良好的绩效是奖励的前提，成人成就 | 领导魅力：提供远见和使命感，逐步灌输荣誉感，赢得尊重和信任 |
| 通过例外管理（主动）：发现不符合规范与标准的行为，并将其改正 | 感召力：传递高期望。使用各种方式增强努力，简单明了的表达意图 |
| 通过例外管理（被动）：只有在没有达到标准时才进行干预 | 智力刺激：鼓励智力，理性活动和周到细致的问题解决活动 |
| 自由放任：放弃责任，回避决策 | 个别化关怀：关注每一个人，针对每一个人的情况给予培训、指导和建议 |

## 自我诊断

### 你能成为一位好领导吗

领导及管理能力是经营管理技能的一个重要方面，它关系到公司运行的效率及公司的效益。那么，你是一位好的领导吗？你的管理能力如何？请首先回答下列问题，再对照答案进行判断。

1．在以下三种职业中，你最喜欢哪种？

A．做某个组织的发言人。

B．做某个团体的领导人。

C．做一支军队的指挥官。
2．你认为授权下级有何好处？
A．有利于提高员工个人能力。
B．可以让上级领导集中精力于高层管理。
C．减轻上级领导的工作负担。
3．当你准备做出一项与下属员工的工作密切相关的决定时，是否征求他们的意见？
A．是的，我一贯重视员工的意见。
B．不，我认为管理者有权作决定。
C．不一定，这要取决于我是否有时间。
4．你授权给下级时，给他们多大权限？
A．希望他们先斩后奏。
B．每做重要决定时都征求你的意见。
C．自行决定是否要征求你的意见。
5．你希望下属参与制定工作计划吗？
A．不，因为他们会劝我降低指标的。
B．是的，因为这样才能使他们发挥积极性，真正全心全力地完成工作。
C．有时候，但重大项目除外。
6．如果某名下属在完成一项艰巨任务时有很好表现，你会怎样？
A．立即向他表示祝贺。
B．不加评论，避免他趁机要求加薪。
C．遇到他时顺便表扬几句。
7．如果某位一向表现很佳的员工突然业绩下降，你会：
A．尽快找他促膝谈心，找出问题所在。
B．态度强硬地逼他改正。
C．让人事部门去调查原因。
8．如果你将向全体部下宣布一项重要的新措施，你会：
A．发一份简报，将新措施方案刊载在其中。
B．安排一名助手去向大家解释。
C．召开一次专门会议，向每位下属详细解释新方案。
9．如果某位部下因未获提升而情绪低落，你会：
A．告诉他那个职位本来就不适合他。
B．教他改进的方法，以便在下一次提升时脱颖而出。
C．劝他别伤心，告诉他谁都会有挫折。
10．如果你对某位下属提出的过激方案不感兴趣，你会：
A．指出这个方案的缺陷，同时鼓励他重新考虑新方案。
B．告诉他这个方案不合时宜，成本太高，不能实施。
C．表示你将认真考虑他的意见，随后丢进档案柜不再理会。

**【评分标准】**

| (1) | (2) | (3) | (4) | (5) |
|---|---|---|---|---|
| A. 0 | A. 0 | A. 10 | A. 5 | A. 0 |
| B. 10 | B. 5 | B. 0 | B. 0 | B. 10 |
| C. 5 | C. 10 | C. 5 | C. 10 | C. 5 |

| (6) | (7) | (8) | (9) | (10) |
|---|---|---|---|---|
| A. 10 | A. 10 | A. 5 | A. 0 | A. 10 |
| B. 0 | B. 0 | B. 0 | B. 10 | B. 5 |
| C. 5 | C. 5 | C. 10 | C. 5 | C. 0 |

分数总计：

**【测试结果】**

80～100 分

你将是一位出色的领导者，你善于调动员工的积极性，善于合适地授权下级，使公司运行具有较高效率，也使你的公司具有较强的竞争力。建议你再参考本书有关提高管理能力的技法，它将使你更出色。

55～80 分

你能正确认识经营管理者的职责，不过还不够大胆，不能充分信任员工，你还需学习和训练，建议你参考本书有关提高管理能力的方法。

25～55 分

你过于保守，束缚着下属的发展。你不仅需要参加各种培训和学习本书的各类方法，还应增加自信以及对别人的信心。

0～25 分

你根本不适合做经营管理工作，你很难是一名领导者。

（资料来源：http//www.baidu.com）

## 课后思考题

1．领导的含义是什么？领导的职能有哪些？
2．领导者的影响力来源于哪里？
3．领导特质理论的含义是什么？它存在哪些弊端？
4．结合我国国情，你觉得我国的领导者应具备哪些特质？
5．领导行为理论关心哪两个基本问题？
6．领导作风理论包括哪几种类型？其含义是什么？
7．管理四方格理论下分出哪些典型的领导行为？
8．费德勒模型的主要内容及贡献是什么？
9．领导的生命周期理论的含义是什么？对我国管理实践有何指导意义？

## 案例分析

### 欧阳健的领导风格

蓝天技术开发公司由于在一开始就瞄准成[illegible]际市场,在国内率先开发出某高技术含量的产品,其销售额得到了超常规的增长,公司[illegible]度十分惊人。然而,在竞争对手如林的今天,该公司和许多高科技公司一样,也面临[illegible]内外大公司的激烈竞争。当公司经济上出现了困境时,公司董事会聘请了一位新的常[illegible]阳健负责公司的全面工作。而原先的那个自由派风格的董事长仍然留任。欧阳健来自一[illegible]古板的老牌企业,他照章办事,十分古板,与蓝天技术开发公司的风格相去甚远。公司管理人员对他的态度是:看看这家伙能待多久!看来,一场潜在的“危机”迟早会爆发。

第一次“危机”发生在常务经理欧阳健首次召开的高层管理会议上。会议定于上午九点开始,可有一个人姗姗来迟,直到九点半才进来。欧阳健厉声道:“我再重申一次,本公司所有的日常例会要准时开始,谁做不到,我就请他走人。从现在开始一切事情由我负责,你们应该忘掉老一套,从今以后,就是我和你们一起干了。”到下午四点,竟然有两名高层主管提出辞职。

此后,蓝天公司发生了一系列重大变化。由于公司各部门没有明确的工作职责、目标和工作程序,欧阳健首先颁布了几项指令性规定,使已有的工作有章可循。他还三番五次地告诫公司副经理徐钢,公司一切重大事务向下传达之前必须先由他审批,他抱怨下面的研究、设计、生产和销售等部门之间互相扯皮,踢皮球,结果使蓝天公司一直未能形成统一的战略。

欧阳健在详细审查了公司人员工资制度后,决定将全体高层主管的工资削减 10%,这引起公司一些高层主管向他辞职。

研究部主任这样认为:“我不喜欢这里的一切,但我不想马上走,因为这里的工作对我来说太有挑战性了。”

生产部经理也是个不满欧阳健做法的人,可他的一番话颇令人惊讶:“我不能说我很喜欢欧阳健,不过至少他给我那个部门设立的目标我能够达到。当我们圆满完成任务时,欧阳健是第一个感谢我们干得棒的人。”

采购部经理牢骚满腹。他说:“欧阳健要我把原料成本削减 20%,他一方面拿着一根胡萝卜来引诱我,说假如我能做到的话就给我油水丰厚的奖励。另一方面则威胁说如果我做不到,他将另请高明。但干这个活简直就不可能,欧阳健这种‘胡萝卜加大棒’的做法是没有市场的。从现在起,我另谋出路。”

但销售部胡经理的态度则让人刮目相看。以前,销售部胡经理每天都到欧阳健的办公室去抱怨和指责其他部门。欧阳健对付他很有一套,让他在门外静等半小时,见了他也不理会他的抱怨,而是一针见血地谈公司在销售上存在的问题。过不了多久,大家惊奇地发现胡经理开始更多地跑基层而不是欧阳健的办公室了。

随着时间的流逝,蓝天公司在欧阳健的领导下恢复了元气。欧阳健也渐渐地放松控制,开始让设计和研究部门更放手地去干事。然而,对生产和采购部门,他仍然勒紧缰绳。蓝天公司内再也听不到关于欧阳健去留的流言飞语了。大家这样评价他:欧阳健不是那种对这里情况很了解的人，但他对各项业务的决策无懈可击，而且确实使我们走出了低谷，公司也开始走向辉煌。

（资料来源：余敬. 管理学案例. 中国地质大学出版社，2000）

**问题：**

1. 欧阳健进入蓝天公司时采取了何种领导方式？这种领导方式与留任的董事长的领导方式有何不同？

2. 他对研究部门和生产部门各自采取了何种领导方式？当蓝天公司各方面的工作走向正轨后，为适应新的形势，欧阳健的领导方式将做何改变？为什么？

3. 蓝天公司一些高层管理人员因为工资被削减而提出辞职，按照双因素理论，工资属于保健因素还是激励因素？

4. 生产部经理愿意留下跟着欧阳健干，而采购部经理却想离职，对其原因请用期望理论进行分析。

5. 试用强化理论说明欧阳健对销售部经理采取了何种激励方式，为什么？

# 第十二章 组织文化

**本章重点**

- ○ 掌握组织文化的内涵与特性
- ○ 理解组织文化的结构
- ○ 了解组织文化的功能
- ○ 认识组织文化的形成、维系和变革
- ○ 了解企业间关系背景下的组织文化的冲突与整合

**引例**

### 华为的狼性文化

华为崇尚狼性文化。华为老总任正非归纳了狼的三大特性：敏锐的嗅觉；不屈不挠、奋不顾身的进攻精神；群体奋斗。企业要发展就要有狼性。要敏锐地察觉对手的动向和市场变化，抢占先机。竞争过程必然会有挫败，要获得胜利必须要有不怕输的精神。企业是个集体组织，成功是每个员工共同努力的结果，唯有全体奋斗，才有企业辉煌。在跨国公司占尽优势的情况下，华为能不断成长，靠的就是“狼”的精神和“狼群”的集体战术，执著地追求目标，使用任何可以利用的方法，疯狂地发动进攻。

华为的销售强调以整体力量向外攻击，为实现目标利用各种手段，争夺市场。华为的竞争手段不一定是最好的，但一定是最有效的。华为的研发也表现了不屈不挠、奋勇拼搏的狼性。华为的研究人员勤勤恳恳、埋头苦干，不害怕“冷板凳要坐十年”，坚持“从点点滴滴做起”。所以，华为的技术总能在国内领先。华为的狼性文化蕴涵着强烈的危机意识和忠诚感。任正非说：“资源是会枯竭的，唯有文化才会生生不息。”华为倡导员工“爱祖国、爱人民、爱公司”，以国家利益和个人目标双重驱动个人行为，时刻以“华为基本法”为行动指南，强调全体员工同甘共苦、荣辱与共，这些都充分体现了华为人的集体意识和忠诚感。

狼性文化形成了华为的独特竞争力。华为能在通信制造业获得有利的竞争地位，令美国思科等公司望而生畏，得益于它将狼的特性融入到组织文化之中，形成独树一帜的狼性文化。

## 第一节　组织文化概述

### 一、组织文化的内涵

组织文化的内涵至今仍存在较大争论，文化和组织文化都尚未达成共识。有人将文化看成人们的行为方式，包括思想、语言和行动等；有人则强调文化深层次的、类似于人的潜意识的成分；还有人将文化视为明显的、可见的、人为的创造物，如企业的产品、建筑物、标识等。我们认为，只有综合人类学、管理学、社会学、心理学及行为理论、人性理论来认识组织文化内涵，注重进行多学科的深入或学科间的有机配合，方能准确、相对客观地理解组织文化。

### （一）传统组织文化内涵的概述

总体来说，既往对组织文化的定义大致可以分成两类：组织文化的层次模式和要素模式。

#### 1. 组织文化的层次模式

这类模式的代表人物有沙因、哈科特和赫斯克特。基本观点是：组织文化存在不同的层次，各层次之间存在相互作用。组织文化就是由这些层次和相互关系构成的有机整体。

沙因提出企业文化三层次模型。沙因认为“组织文化是由特定人群在学习应对外部适应与内部整合问题中所发明、发现或者发展出的基本假定模式——那些经过实践检验是有效的，因此被传授给新员工，以修正其同这些问题相关的感知、思维”。组织文化可以分为表征、价值观与基本假设三个层次，三个层次之间存在相互关系。

哈奇提出的组织文化动态模式，对沙因的模型进行了如下修正：①加入新元素——“象征”，将原有的企业文化三层次结构扩展为四层次结构；②四层次（基本假定、价值观、表征、象征）形成动态的循环关系，从而使得组织文化的概念由静而动。哈奇的文化动态模式认为组织文化是由基本假定、价值观、表征与象征四个层次及其相互的连接过程所构成。

科特和赫斯克特则认为，组织文化可以分为两个层次。在较高的层次上来说，文化指的是团队中人们共享的价值，并且是那些即使团队成员发生变动也能有所坚持的价值；在较为可见的层次上，文化表现为组织成员鼓励新成员所采取的行为模式和风格，两个层次的文化相互影响。

#### 2. 组织文化的要素模式

组织文化的要素模式指的是对组织文化所应包含的一系列价值观特征的描述。这类模式的主要代表人物是特雷斯・E・迪尔、阿伦・A・肯尼迪、斯蒂芬・P・罗宾斯等。

特雷斯・E・迪尔与阿伦・A・肯尼迪合做出版了《企业文化——现代企业精神支柱》。他们认为，每一个企业——事实上是每个组织——都有一种文化。无论是软弱的文化还是强有力的文化，在整个公司内部都发挥巨大的影响。企业文化包含五种因素。①组织环境：对组织文化的形成和发展具有关键影响。②价值观：企业文化的核心和基石，组织的基本思想和信念。价值观把员工凝聚在一起，产生共享价值的作用，大部分企业能成功在于能分辨、接受和执行企业的价值观。③英雄人物：组织文化的浓缩和结晶，把价值观人格化并且为员工树立具体的楷模。④礼节及仪式：组织日常生活中的惯例和常规，是组织动态的文化，是组织成员意识到的组织所期望的行为模式。⑤文化网络：有效传递组织价值观和英雄人物，是组织文化所推行和流动的渠道。

斯蒂芬・P・罗宾斯认为组织文化是成员共享的意义体系，即其所重视的一组重要物质，它们相互搭配，即成为组织文化，并将组织文化归纳为以下要素的集合。①成员的认同：成员对企业整体认同，而不是对自己的工作类型或所属专门领域认同的程度。②强调团队：工作活动以团队而非以个人为主的程度。③以人为主：做决策时会考虑决策结果对其他人员产生影响的程度。④单位整合：各单位彼此协调运作的程度。⑤控制：利用规定、管制及人员直接监督来控制员工行为的程度。⑥风险容忍度：鼓励员工进取、创新及冒险的程度。⑦报酬准则：加薪、升迁等报酬分配时根据个人绩效，而非年资或其他非绩效准则的程度。⑧冲突容忍度：鼓励公开，冲突与批评的程度。⑨过程结果取向：管理层重视结果而非过程的程度。⑩开放系统重视度：组织对外在环境变动反应的灵敏程度。

无论层次模式还是要素模式的组织文化都强调共同价值观是其核心，价值观是对生活实践经验和价值取向的总结与概括，是人的认知结构、思维方式、理想信念、情感意志等的集中体现。价值观随着不同的社会形态，不同的时代背景而有所差异。这些特定的社会因素通过影响人的价值观来规范和引导人的行为。

### （二）对组织文化的重新认识

我们将从理论分析与基于实践的思考对组织文化进行认识与研究。

#### 1. 理论分析

从管理学的角度看，组织文化源于对管理思想的挖掘，通过组织沟通体系传播，以精神和价值来激发员工的活力，从而达到提升管理的目的。从社会学的观点看，人类文化有三个特性：首先，文化是针对人类群体而言的；其次，群体共有的东西才是文化，个人的东西称为个性而不能称为文化；最后，群体中唯有稳定持久的东西才构成文化，所以文化有历史的传统。作为人类社会的一种亚文化，组织文化也应具备这三个特征。

组织文化与人的精神是紧密相关的。通常，人的个性只有在与别人交往中才能表现出来。由于个体所处环境的压力，容易造成个体内心价值丧失和不安感的加剧，个体便通过自我系统进行调节，使个性以相应的社会价值为导向，精神动力就是自我系统的能量源泉。由人组成的组织具有集体人格和内在的精神，组织文化与组织在发展过程中逐渐积累而成的传统及组织中人们广泛属性、稳定的心理和行为结构及由此构成的整体氛围密切相关。

人的行动方向和动力来自精神的信仰与追求，进一步说，人的绩效的提高，归根结底还在于人们精神体系的改变。外部力量可以引导，但无法强制。在组织中，任何规范的形成都必须经过基于集体意志的组织规范的“内化”方可真正成为众人的规范，进而发展成组织的一种文化，组织文化只有符合人的精神规律才会得到规律的酬偿。只有符合人性的组织文化，再加上已经得到很好发展的管理技术，管理才能达到管理的目的。

因此，组织文化与个体精神的引导及集体人格的塑造密不可分。这就要求无论是管理手段的使用，还是制度的建设，以及组织文化的出发点，都必须重视精神发生作用的机制和对人性的正确认知。

#### 2. 基于管理实践的思考

任何理论的出现、形成密切依赖实践，尤其是管理理论，更应该以解决实际问题为目标。组织文化的定义、内涵，也应该从实际问题入手。

（1）从现今的管理现状来看，管理表现为一种“他律”而不是“自律”。主要体现在管理实践中管理者偏重人的行为控制，只教人如何管理别人，却很少教人管理自己。而管理的控制思想与人的自主性是冲突的，进而造成了一定的自主性的矛盾。实际上，管理首先是每个人的自我管理，这是一切管理的基石。组织文化正是将自我管理作为基础。

（2）现今的管理过于强调管理工具的理性。尽管管理科学曾对现代社会产生了非常重要的影响，然而管理科学作为知性科学，具有自身难以弥合的局限性：它力图通过系列的、组合式的、系统化了的科学手段提升组织的效率，却忽视了人的自主性，弱化了人的自我觉醒和自主开发，其最大的问题就在于没有关于“整体人”的理念，破坏人的内在心灵，造就了一个纯物质的权益独占的社会。

从组织文化的视角来看，管理绝不仅仅是一种工具、一种技术手段，更重要的是一个如何提升、实现人的价值的过程。因为任何组织目标的实现，与人的发展共同实现。

（3）管理实践中偏重于物质刺激和行为控制。许多管理者不得不面对这样的困惑：物质刺激类管理手段的边际效用不断递减，甚至走向反面——数量不断增加的金钱与以更快速度增长的期望的差距越来越大，人们对于金钱刺激的敏感性越来越低，以至于人们对于低速增长的金钱越来越感到没有意思，人们的精神追求空缺。

**3．对于组织文化的重新解读**

首先，组织文化是一场变革管理思想的新文明运动。它不是在物质刺激效果逐渐降低的情况下出现的一种新的精神“麻醉剂”，更不是一种更加巧妙的管理控制手法。这里所说的组织文化，指的是组织的管理文明，是用新的思想彻底更新传统管理理念的思想基础；是在充分尊重人性的基础上把人们内心的追求力量引发出来，指向正常并健康的发展；尊重并引导人的追求，而不是压抑人的发展欲望；通过造就文明人、发展文明的管理，倡导以文明的精神做人、做事的新型人生模式，进而推动文明事业的进步。

其次，组织文化的价值定位应该是先进的文化，而不是所有文化。任何组织中都存在着先进的、进步的文化，也存在着落后的文化。一个组织的文化如能促进组织发展，同时促进每个人的发展，那它就应该是好的；如果组织文化阻碍发展，导致退步并走向衰败，当然它就是落后的文化。

再次，组织文化应该是对人在组织中与工作事业相关的、与组织和个人利益相关的理念、利益的共同认知。传统组织文化的建设表面上不涉及经营活动，出现组织文化的“口号化”和“宣言化”现象。但科学的组织文化必须基于组织经营实践，并为组织经营服务。

综上所述，组织文化是指组织里人们在发现问题与解决问题的实践中建设、共享、促进组织与人的共同发展而不断形成的，被组织成员认可并且遵守的价值观、信念、思维方式、工作准则、行为规范的总和。组织文化的核心是价值观念，优秀的组织文化以共同的价值观念推动组织的发展，约束组织内成员的行为。组织文化是一种新的以人为本的管理方式，通过塑造良好的组织文化，提升管理者的水平，加强组织内部成员的责任感，提升竞争优势，使员工把自己看做组织大家庭中的一员，与组织同呼吸共命运。

## 二、组织文化的特性

**1．精神性和物质性**

组织文化之所以对组织的经营管理起作用主要不是靠规章制度之类的硬约束，而主要是靠精神的力量对员工熏陶、感染和诱导，使员工产生对组织目标、行为准则及价值观念的认同感，自觉地按组织的共同价值观及行为准则去工作。

组织文化的精神性主要表现为一种信仰的力量、道德的力量和心理的力量。信仰力量能支配、决定组织中每个员工的目标导向；道德力量促使员工自觉地按照标杆——共同准则调节和规范自身的行为，并转化为员工的内在品质；心理力量促使员工在各种环境中都能有效地控制和把握自己的心理状态，使员工在各种复杂、变化的环境中能够坚定信念，保持旺盛斗志，进而形成组织的强大动力。

组织文化的物质性是主要表现为组织的产品及服务、建筑风格、车间和办公室的设计及布置方式、技术工艺设备、纪念物等，是组织文化的具体反映，是塑造组织形象的工具。

**2．根生性和吸纳性**

组织文化的形成源于组织发展历史和客观实际，主要涉及组织的历史、组织领导人的价值观、组织特点等方面。组织的历史主要包括组织的发展历程、组织的优良传统、自身独特的管理经验、工作作风及模范人物的先进事迹等；组织领导人的价值观往往构成组织文化的根基和组织文化的源头，是形成组织文化的关键因素，并对组织的发展方向、管理风格的形成有着重要的影响；组织特点主要包括组织的生产经营状况、各种规章制度和宣传材料、组织员工等方面。

组织文化的吸纳性是在尊重根生性的基础上，要善于吸收国内外优秀组织先进文化的精华及民族文化、行业文化等，兼收并蓄，为我所用，最终变成组织的文化生产力。民族文化是组织文化的根，只有在民族文化的浸润下，才能创立具有特色的组织文化。各行业的生产经营活动差异很大，组织在创立自己的文化时要具有鲜明的行业特色。对国内外优秀的其他的组织文化，要进行有效的改造、融合并依据社会发展的趋势和文化的渐进性，结合本组织的目标和任务，进行借鉴。

**3．稳定性和发展性**

组织文化是组织在实现组织目标的过程中形成和建立起来的，是一个长期的过程。一个组织的文化一旦形成，并不会迅速改变，而是要维持较长时间的稳定，具有历史的惯性而呈现为相对的稳定性。这种稳定性能长期对组织员工产生影响。

组织文化的稳定性也是相对的，随着组织内外环境的变化，组织文化必然表现其变化、发展的特点。组织在其运营过程中，内外情境会不断发生变化，由这种情境变化形成的压力和紧张对组织现有价值观造成不同程度的影响，从而迫使组织及其成员学习与适应，使组织文化自然地演变或成长。组织在运行的过程中，组织成员之间和在成员的新老交替中形成群体暗示、感染、模仿等心理机制，使得组织文化具有社会遗传性。在组织内部也会有变异，在组织文化的社会化延续的过程中，由于组织内部的不同部门、单位的性质不同，甚至所处地域不同，人员构成不同及新成员的不断加入等，会产生一些更小的亚文化群体，形成组织内部的文化差异甚至冲突。

**4．历史性和时代性**

组织文化作为一种亚文化，不仅与领导者有意识地在组织内部长期灌输、倡导的经营理念有关，还不可避免地留有社会、政治、经济或国家政策的历史印记，组织文化的内容、表现形式等本身就是当时社会政治、经济、文化的折射。

组织文化的时代性是指组织文化必须适应时代发展的要求，符合时代的特征和潮流，从而有利于促进组织的改革、创新和发展。组织文化必然成为时代精神的反映。

**5．价值性和操作性**

以价值观为核心的组织文化自身具有的价值性，主要表现为组织文化是组织的价值判断标准。组织文化使每一个员工知道组织提倡什么，反对什么，怎样做才能符合组织的内在规范要求，怎么做可能会违背组织的宗旨和目标，进而形成在组织中的是非判断标准。组织文化把人作为组织文化的“中心”是以造就人的发展为目标的管理哲学，将关注组织的发展和关注人的发展结合起来，并在两者中形成良性互动。

随着组织文化建设的不断深入，组织逐步在实践中开展程度不同的尝试。组织文化不仅是停留在文本式、口号化的文化形态，而是把组织文化所倡导的价值观和行为规范等深入员工的内心并能够得到固化，形成一套能够支持公司战略的管理文化体系。

**6．精英性和全员性**

组织领导人是组织的精神领袖，他们既是组织文化建设的设计者、组织者、引领者，又是组织文化最忠实的实践者。领导的文化观念潜移默化地影响员工的成长，是每位员工所效仿的榜样。

组织文化具有群体认同性特征。是大多数员工共享并共同遵守的价值观，与组织的各种制度互为作用，运用到管理行为中。要让广大员工感到自己参与了组织文化的整理和提炼，并且在之后的实践过程中身体力行。

**7．特色性和共同性**

组织文化的内容、形式源于实践，是经营实践中形成的理念、传统、风格、习俗的沉积，在一个国家、民族、区域内具有很多共同特征。

组织文化并不是千篇一律的，在不同社会、不同民族、不同地区的不同组织，其文化风格也各有不同。一个组织的文化只为这个组织所有，只适用这个组织，是这个组织生存、发展及其历史延续的反映。

## 三、组织文化的结构

由于组织文化定义的不同，人们关于组织文化的结构的划分也不尽相同。

### （一）组织文化的三层次说

沙因在其关于组织文化的定义中，把基本假设作为文化的本质，把价值观与行为当做文化本质的表现形式。这样，他将组织文化分成三个层次，如图 12-1 所示。

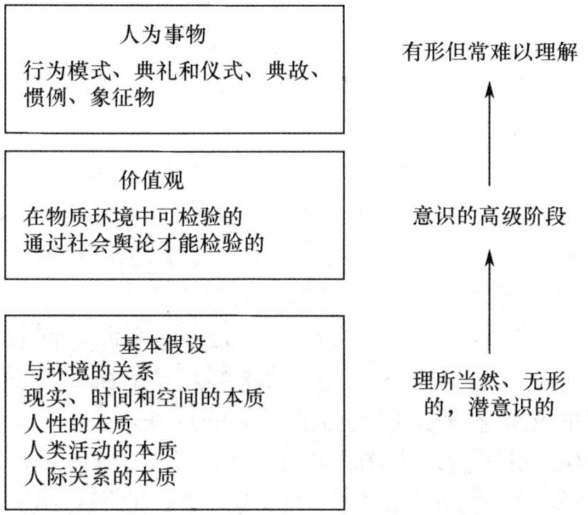


图 12-1　组织文化的三层次结构

第一层次：人为事物（Artifacts）。观察人为事物比较容易，困难的是了解人为事物所包含的意义，以及它们怎样相互联系和它们的深层模式。人为事物和创造物是文化最明显的层次，它是文化的初级层次，在这一层次上显示出了文化创立的物质和社会环境。我们可以在这个层次观察物体的空间布局，团体的技术成果，它的书面报告和口头语言，成员的公开行为和外在表现。研究文化，需要对人为事物做出符号学的解释，才能弄清它的文化内涵。总体来说，这个层次的文化是可观察的。

第二层次：价值观（Value）。文化知识最能反映某个人的基本价值观。价值观强调的是“应该”，而不是“实际”。只有某种价值观产生了实际效果，而且持续发挥作用，它才能逐渐转变为信念和假设。当价值观被团体成员认为理所当然的时候，并进入无意识状态，习惯成自然，就能起到指导团体成员怎样去处理相关问题的作用，成为组织的准则和精神力量。如果大家所信奉的价值观与文化的基本假设是一致的，那么将能大大提高企业的凝聚力。要注意的是，组织成员的价值观并不总是一致的，共同价值观的形成需要经过一个看得到效果的磨合过程，即便是在已经形成共同价值观的情况下，员工的行为也不一定完全符合这种价值观。总体来说，这个层次的文化是有意识的。

第三层次：基本假设（Basic Assumption）。阐明了企业主要信奉的价值观，并不代表真正了解企业文化，只有更充分地了解各种类型的基本假设，才能进入更深的文化层次，才能理解不同的价值观，并准确地预见未来的行为。什么是基本假设？在沙因的解释中，它是一种解决某一问题时理所当然的方法，与价值观的区别就在于“无意识”或者“潜意识”。在组织中，当一种预感和价值观逐步被成员当做客观现实时，这一假设就成立了。

### （二）组织文化的四层次说

大多数学者都把组织文化分为物质文化、行为文化、制度文化和精神文化四个方面。组织文化学者经常用洋葱或冰山来类比组织文化的层次结构。文化的可见部分相当于洋葱的表皮或者冰山的尖端一样，只是一小部分，大部分则隐藏在组织的内部。

（1）物质文化。物质文化是组织文化的表层文化，是指组织的物质基础、物质条件和物质手段等方面的总和。组织文化作为社会文化的一个子系统，其显著的特点是以物质为载体，物质文化是它的外部表现形式。组织文化不仅体现在产品服务及技术进步这些物质载体上，还通过厂区建设，包括生产环境的改造，生活设施、文化设施等诸多方面来体现组织的物质文化。生产环境的好坏直接影响员工的情绪与心理。

（2）行为文化。行为文化是组织文化的浅层部分，是指组织员工在生产经营、学习娱乐中产生的活动文化。它包括组织经营、教育宣传、人际关系活动、文娱体育活动中产生的文化现象。它是组织经营作风、精神风貌、人际关系的动态体现，也是组织精神、组织价值观的折射。主要分为组织领导人行为、组织模范人物行为、组织成员行为。

1）组织领导人是组织经营决策方式和决策行为的主要来源，同时，组织领导人也是组织文化的塑造者，组织领导人的人生哲学是组织文化的基因，一个领导者创造一个组织的同时就创造了组织文化。如微软公司的文化就是比尔·盖茨形象的反映。

2）组织模范人物行为。组织模范人物把组织的价值观人格化了，他们是组织精神的伟大实践者，为组织成员树立楷模，并成为组织成员效仿的对象。他们对组织的目标高度认同，带领组织中的其他成员为了共同的目标奋斗，提高了组织的绩效。

3）组织成员的群体行为。组织成员在任何一个组织当中都是组织的主体，组织成员作为一个群体，其思维方式和行为方式都是基于组织文化而形成的，这种文化的基础决定了组织成员对于一件事情会做出什么样的判断，进而做出什么样的行为。个体的行为具有个性化的特点，当个体的行为与群体的行为不一致时，在群体压力下，个体会使自己的行为向群体行为趋同，最后达到一致。

（3）制度文化。制度文化是人与物、人与组织运营制度的结合部分，是一种约束企业和员工行为的规范性文化。它是组织文化建设中的中层结构部分，是组织文化的中坚和桥梁，把组织文化中的物质文化和精神文化有机地结合成一个整体。组织的制度文化主要包括组织领导体制、组织结构体制和组织生产经营制度。其中组织的领导体制是组织制度文化的核心内容。它影响着组织机构的设置，制约着组织管理的各个方面。组织的组织结构是指企业为了有效实现企业目标而筹划建立的组织内部各组成部分及关系。组织生产经营管理制度是组织为求得最大效益，在生产管理实践活动中制定的各种带有强制性义务，并能保障一定权利的规定或条例，包括组织的人事制度、生产管理制度、民主管理制度等一切规章制度。

（4）精神文化。精神文化是组织文化结构中的核心层次，精神文化是指组织在生产经营活动中，受一定的社会文化背景、意识形态影响而长期形成的一种精神成果和文化观念，是广大员工共同而潜在的意识形态，包括组织精神、管理哲学、组织道德、价值观念、组织风貌等内容。精神文化是组织精神力量形成的一种文化优势，它是由组织信念、道德、心理等诸多因素综合而成的。组织信念是组织成员对某种现实或观念抱有深刻信任感的精神状态，它使人把思想和行动上的有效原则或目标统一起来。它规定和支配着组织员工的行为方向，引导和促使组织向着共同的目标前进。心理是组织员工在各种环境中有效把握自己行为的一种内心活动。组织文化深深地植根于组织员工的心理之中，并且通过一定的文化网络在惯常的习俗或文化仪式中呈现出来，继而得到传承和发展。组织的精神文化能使组织员工共享。

# 第二节 组织文化的分类与作用

## 一、组织文化的分类

组织文化在研究的过程中，出现了诸多的理论，如Z理论、7S管理框架、革新性文化及学习型组织文化等。在此过程中，许多学者对组织文化进行了分类研究，以下对具有代表性的组织文化分类进行介绍。

### （一）杰弗里·桑南菲尔德的组织文化类型

艾莫瑞大学的杰弗里·桑南菲尔德提出了一套标签理论，它有助于我们认识组织文化之间的差异，认识到个体与文化的合理匹配的重要性。通过对组织文化的研究，他确认了四种文化类型。

#### 1. 学院型

学院型组织是为那些想全面掌握每一种新工作的人准备的地方。在这里他们能不断地成长、进步。这种组织喜欢雇用年轻的大学毕业生，并为他们提供大量的专门培训，然后指导他们在特定的职业领域内从事各种专业化工作。

#### 2. 俱乐部型

俱乐部型组织非常重视适应、忠诚感和承诺。在俱乐部型组织中，资历是关键因素，年龄和经验都至关重要。与学院型组织相反，它们把管理人员培养成通才。

#### 3. 棒球队型

棒球队型组织鼓励冒险和革新。招聘时，从各种年龄和经验层次的人中寻求有才能的人。薪酬制度以员工绩效水平为标准，由于这种组织对工做出色的员工给予巨额奖酬和较大的自由度，员工一般都拼命工作。在会计、法律、投资银行、咨询公司、广告、软件开发、生物研究等领域中，这种组织比较普遍。

4．堡垒型

棒球队型组织重视创造发明，而堡垒型组织则着眼于组织的生存。这类组织以前多数是学院型、俱乐部型或棒球队型的。但在困难时期衰落了，现在尽力来保证企业的生存。这类公司工作安全保障不足，但对于喜欢流动性、挑战性的人来说，具有一定的吸引力。堡垒型组织包括大型零售店、林业产品公司、天然气探测公司等。

### （二）河野义弘的组织文化

河野义弘在调查统计了上百家企业后，将组织文化归纳为五种类型，其具体分类及各种文化类型的特点如表 12-1 所示。

表 12-1　河野义弘的组织文化类型

| 要　素 | 类　型 | | | | |
|---|---|---|---|---|---|
| | 活力型组织文化 | 独裁活力型组织文化 | 官僚型组织文化 | 僵化型组织文化 | 独裁僵化型组织文化 |
| 基本特点 | 富有创新价值且具有革命性构想 | 追随独裁者，但却充满活力 | 行事注重固定的规则和流程 | 对于创造性的思维不关心，习惯满足已有的模式 | 不做创新的事情，只会吹拍逢迎，以追求自身利益为主 |
| 对组织的忠诚度 | 两极化 | 终身雇用 | 终身雇用 | 有机会就换工作 | 有机会就会换工作 |
| 实例 | 较为年轻的企业组织 | 年轻的企业组织 | 才华企业组织，大型的机械式组织 | 企业，独占企业，强大的企业组织 | 旧企业组织 |

### （三）科特尔和赫斯科特的组织文化类型

哈佛商学院的这两位著名教授依据组织文化与组织长期经营之间的关系，将组织文化分为以下三类。

1．强力型文化

在具有强力型组织文化的公司中，员工们方向明确，步调一致，具有共同的价值观念和行为方式，并愿意为企业自愿工作或献身。强力型组织文化提供了必要的企业组织机构和管理机制，从而避免了组织对那些常见的、窒息组织活力和改革思想的官僚们的依赖，因此，促进了组织业绩的提升。

2．策略合理型组织文化

具有这种组织文化的企业，不存在抽象的、完美的组织文化内涵，也不存在放之四海而皆准、适合所有企业的“克敌制胜”的组织文化。只有当组织文化“适应”于企业环境时，这种文化才是好的、有效的文化。不同的组织，需要不同的组织文化，只有文化适应于组织，才能发挥其最大的功能，改善企业经营状况。

3．灵活适应型组织文化

市场适应度高的组织文化必须具有同时在员工个人生活和企业生活中都提倡信心和依赖感、

不畏风险、灵活多样的行为方式等特点，员工之间相互支持，勇于发现问题、解决问题。员工有高度的工作热情，愿意为组织牺牲一切。

### （四）奎因的组织文化类型

密执安大学的奎因认为，组织文化可以根据组织的相对控制取向和相对注意中心两个维度将组织文化分为四个类型，如图 12-2 所示。纵轴的相对控制取向，从稳定到弹性；横轴表示相对注意中心，从内部到外部。

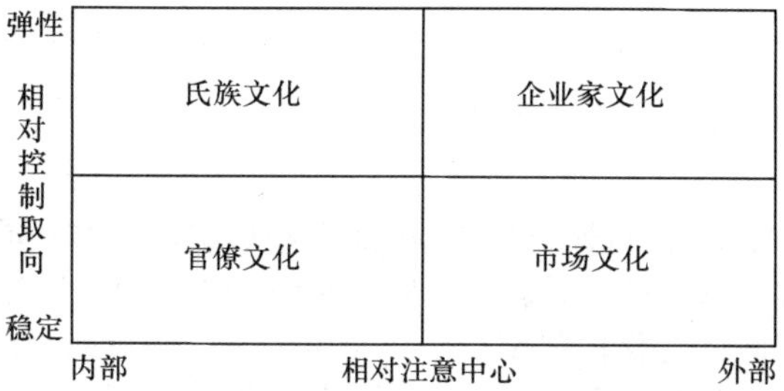


图 12-2　奎因的组织文化类型

（1）官僚文化。一般来说，重视正式化规则标准操作程序和等级协调的组织有着官僚文化。其主要特点是，凡事皆有章可循，重视组织结构、层次和职权，重视组织的稳定性和持久性。

（2）氏族文化。其特点是强调组织内部的人际关系，组织像一个大家庭，员工像这个家庭的成员，彼此间相互帮助和关照，最受重视的价值是忠诚和传统。

（3）企业家文化。其特点是强调创新和成长，组织结构较为松散，动作上非条规化。

（4）市场文化。其特点是强调工作导向和目标的实现，重视按时完成各项生产经营目标。

## 二、组织文化的功能

组织文化对一个组织的发展来说可能不是最直接的因素，但却是最核心、最持久的因素。组织文化是组织的灵魂，对于组织的发展具有重要的作用。它可能产生积极的作用，也可能带来消极的影响。

### （一）积极的功能

（1）导向功能。组织文化能对组织整体和组织每个成员的价值取向及行为取向起引导作用，使之符合组织所确定的目标。一个组织如果建立了一个适合组织发展的组织文化，成员就会在潜移默化中接受共同的价值观念，不仅过程自然，而且形成的竞争力也会持久。

（2）凝聚功能。组织文化是组织的灵魂，它通过向成员宣传统一的组织价值观而将他们凝聚在一起，这些价值观将影响成员的生活方式、行为方式和价值观念，促使他们积极地为组织创造价值。凝聚功能在组织创业开拓之际和危难之际显示出巨大的力量。

（3）约束功能。组织文化对组织员工的思想、心理和行为具有约束和规范作用。组织文化的约束不是制度式的硬约束，而是一种软约束，这种约束产生于组织的文化氛围、群体行为准则和道德规范。群体意识、社会舆论、共同的习俗和风尚等精神文化内容，会造成强大的使个体行为从众化的群体心理压力和动力，使组织成员产生共鸣，继而达到行为的自我控制。组织文化更多地规范了组织内部员工的行为。组织有多种多样的目标，当有些目标相互冲突时，当个人目标与组织目标冲突时，无形的组织文化比写在纸上的行为规范更有力、更自觉和更统一。如 TCL 文化中的“组织利益第一，TCL 的事业第一”就指导员工办事以大局为重，能规范员工的个人行为。

（4）激励功能。激励功能是指最大限度地激发员工的积极性和首创精神。组织文化具有使组织成员从内心产生一种高昂情绪和奋发进取精神的效应。组织文化把尊重人作为中心内容，以人的管理为中心。组织文化给员工多重需要的满足，并能对各种不合理的需要以软约束来调节。所以，积极向上的思想观念及行为准则会形成强烈的使命感、持久的驱动力，成为员工自我激励的一把标尺。

（5）协调功能。协调功能是指组织文化具有协调各种关系、解决各种矛盾的功能。它能够协调组织与社会、组织之间、组织内的人际关系。

### （二）消极的功能

（1）多样化的障碍。随着世界经济全球化的加深和加剧，跨国公司的大举扩张，独资和合资组织和跨国公司的人才本土化战略，种族、国别、性别等方面的差异也显得尤为突出。不仅来自不同国度的人往往具有不同的文化价值观念，一个国家不同地域或者同一地域的人也会因个性、观念方面的不同产生差异。这些差异的存在往往导致组织中新聘员工与原有的大多数成员存在很多不同的地方，这里就产生了一种矛盾。

组织文化具有一种强制性，为了形成强有力的文化，组织文化要求全体成员具有一致性，因此，组织领导层往往希望有时甚至是强迫新进员工能适应、接受组织的核心价值观，以组织中原先大部分成员的行为准则来要求自己。否则，新员工往往感觉对公司难以适应，组织也难以接受新的员工。但是，当组织环境发生变化时，进而要求组织文化发生变化时，组织往往将变化的力量寄托在新进员工身上。他们希望，这种新人员带来的差异可以激活整个组织，为组织注入新鲜的血液，促进组织的创新能力。所以组织领导又想公开地认可、支持认可新员工的这种差异。这样，矛盾就不可避免地出现了。组织文化的力量越强，它对员工施加的压力也越大，也越要求新进员工服从公司原有的组织文化。

组织聘用各具特色、存在差异的不同员工，是希望这些各有特色的个体可以为整个组织带来多种选择、组合的优势，但一旦强有力的组织文化抹杀了不同背景、不同特色的员工所带给组织的独特优势，组织文化也就成了组织多样化的一个巨大障碍。

（2）变革、创新的阻碍。由于组织文化是组织在长期运营过程中形成的，具有历史继承性和稳定性的特点，所以组织文化一经形成，在较短的时间内不易改变。当组织面对的环境比较稳定时，组织文化所强调的行为的一致性对组织而言很有价值；但当组织处于复杂多变的环境时，组织内部根深蒂固的组织文化就变成了一种可怕的惯性，它可能会束缚组织的手脚，束缚组织成员的思想，不敢或不愿进行组织创新，对组织进行变革。这样，组织有可能难以应付变化莫测的环境。当问题积累到一定程度并难以得到解决的时候，这种障碍可能会变成组织的致命打击。

（3）兼并和收购的阻碍。在当前的市场环境下，激烈的竞争呼唤一种合作，需要强强联手，以便于资源的优化配置，与此相适应，兼并和收购也就成了许多组织的迫切要求。

以前，高层管理者在做出兼并或收购的决策时，主要考虑的是融资优势及产品的协调性，对双方文化整合考虑很少。但近几年，随着组织内部卓有成效的组织文化建设，各大组织大都形成了各具特色的组织文化，这些文化有些可以互补，而有些则是相互排斥的。这时，文化的兼容性成了他们重点关注的对象。在考虑收购对象在财务和生产方面优势的同时，还将收购的文化相容与否作为决策的重要依据。许多企业并购的策略是正确的，但是由于企业之间文化的不兼容性导致了并购的失败。

所以，在决定兼并和收购时，很多经理人往往会分析双方文化的相容性，如果差异较大，为了降低风险则宁可放弃兼并、收购行动时，组织文化就可能构成障碍。

# 第三节　组织文化的建设

组织文化建设是指组织的领导者有意识地培育优良文化、克服不良文化的过程，这一过程也称为组织的"软管理"，就是通过继承、吸收、培养和强化，培养本组织有特色的优秀文化。

## 一、影响组织文化建设的因素

### 1．民族文化的影响

现代组织管理的核心是指对人的管理。作为文化主体的组织成员，同时又作为社会成员而存在，长期受到社会民族文化的熏陶，并在这种文化氛围中成长。员工在进入组织后，不仅会把自身所受到的民族文化影响带进来，而且由于其作为社会人的性质并没有改变，他们将继续受到社会民族文化传统的影响，因此要把组织管理好，就不能忽视民族文化对组织文化的影响。

处于亚文化地位的组织文化根植于民族文化的土壤中，这使得组织的价值观念、行为准则、道德规范等无不打上民族文化的烙印。民族文化对组织的经营思想、经营方针、经营战略及策略等也会产生深刻的影响。在组织发展的过程中，优秀的组织文化也会对民族文化的发展产生积极的推动作用。

### 2．社会制度文化的影响

组织文化的另一个重要因素是社会制度文化，包括政治制度和经济制度。由于社会制度不同，不同国家的企业所形成的组织文化也有所差异。比如，世界著名的日本组织文化、美国组织文化等。

### 3．地域文化的影响

在一些地域辽阔的国家，不同地域积淀了各不相同的地区文化。比如，我国东北地区具有粗犷、豪放和关系导向的地域文化；江浙沪地区具有细腻、高效和精于心计的地域文化；广东地区具有善于经营、富有商业头脑和敢于挑战权威的地域文化等。它们构成了当地组织所处的内外环境之一，对这些组织的文化同样具有重要的影响。

### 4．行业文化的影响

组织文化的形成过程是组织传统的发育过程，也就是行业文化发展的过程。组织文化的发展在很大程度上就是组织行业去粗取精、扬善抑恶的过程。因此，行业文化是形成组织文化的重要因素。

### 5．个人文化的影响

个人文化因素是指组织领导者和员工的思想素质、文化素质和技术素质对组织文化的影响。这其中包括两个方面的重点：一是组织领导者的素质、价值取向和文化底蕴；二是组织中的英雄人物、模范人物的示范作用。他们往往成为组织文化的人格化值班表，具体地诠释组织文化的实质和内涵。

**6．外来文化的影响**

严格来说，从其他国家、其他民族、其他行业、其他企业引进的文化，对于特定组织而言都是外来文化。这些外来文化都会对组织文化产生一定的影响。在经受外来文化影响的过程中，必须根据本组织的具体环境，有选择地加以吸收、消化，整合外来文化中有利于本组织的文化因素。

## 二、组织文化的建设过程

### （一）组织文化的形成

组织文化的形成过程是组织应对外部适应性挑战、生存挑战和内部融合挑战的过程；组织在对适应外部环境求生存和建立内部一体化做出反应时形成自己的组织文化。

**1．适应外部环境求生存**

适应外部环境求生存是指一个组织如何在环境中找到一个适合的位置，并与不断变化的外部环境相适应。适应外部环境求生存包括以下方面。

（1）宗旨和战略。确定组织的基本宗旨并选择其基本战略。

（2）目标。确立组织的总体目标。

（3）方法。确定如何实施组织目标的方式、方法、手段、工具等。

（4）标准。确定标准以衡量个人和群体完成目标的状况。

**2．内部一体化**

内部一体化是指一个组织中的成员之间在建立和保持一致有效的工作关系和组织关系过程中，人们的行为和活动所形成的以组织目标为中心的规范化的整体。组织的内部一体化主要包括以下方面。

（1）语言和概念。确定组织成员间相互交流的方法，形成对重要理念和概念含义的共同认可。

（2）群体和团队的界限。建立群体和团队成员的身份标准。

（3）权力和地位。建立群体和团队成员的职位与职责。

（4）奖励和惩罚。建立鼓励适当行为以及阻止不当行为的制度和规则。

总之，当一个组织的成员把他们共享的知识、假定、行为规范等用于组织的外部适应性和内部一体化问题的方式时，该组织的文化便会产生和形成。组织文化产生的一般模式如图 12-3 所示，该图展示了一般组织的文化形成的一种共同范式。

在一个新的公司（或组织）里，其创始人中少数关键人物在很大程度上影响着公司（或组织）文化的形成。如汤姆·沃森对 IBM 企业文化的影响、乔布斯对苹果公司企业文化的影响、张瑞敏对“海尔文化”的影响等都说明了这一点。

### （二）组织文化的维系

组织文化一旦形成，就需要一系列有效的管理措施和方法来维系组织文化，保持组织文化的活力和特色。组织文化的维系对于组织文化的发展发挥着非常重要的作用。

**1．组织文化的维系过程**

组织文化形成或创立以后，有关领导管理层应当采取人力资源管理等必要措施，通过给组织成员提供一系列相似的经历来维系组织文化，从而保持组织文化的活力。以人力资源管理为主的组织文化维系过程如图 12-4 所示。其含义可以从以下四个方面来理解。

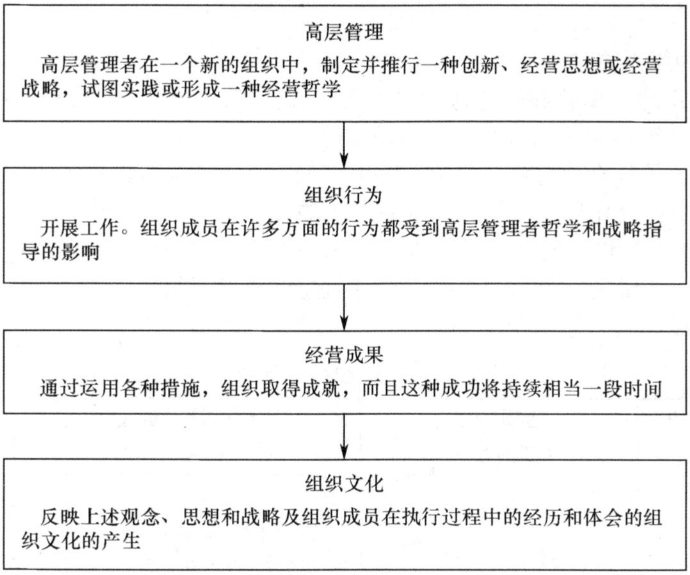


图 12-3 组织文化形成的一般范式

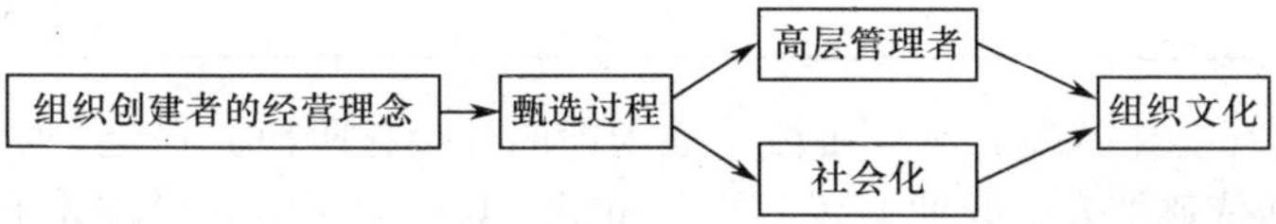


图 12-4 组织文化的维系过程

（1）组织创建者的经营理念不仅决定着组织文化的创建，而且会强烈地影响组织对其他成员的甄选标准和甄选过程。

（2）组织的甄选标准和甄选过程决定着其对组织成员的选拔，并且影响或限定组织成员的行为标准，限定高层管理人员的行为范围和组织成员的社会化过程。好的甄选过程也是一种文化价值观双向选择过程，一方面招聘工作者要认真判断应聘者的价值观与组织的价值观是否匹配，筛选掉那些可能对本组织核心价值观存在威胁的人员；另一方面应聘者也可以在此过程中得到一些组织信息，若发现自己的价值观与组织价值观相冲突，便可以自行退出候选人之列，从而起到维系组织文化的作用。

（3）高层管理的言行举止对组织文化发生重要影响。他们的所作所为会告诉或暗示组织成员什么是可接受的行为，什么是不可接受的行为，把活的行为准则渗透进组织，如鼓励什么行为，晋升、奖励什么，什么衣着得体等。他们的偏好会决定应该怎样对员工进行社会化，进而影响组织文化的维系。

（4）组织员工的社会化——帮助组织成员特别是新成员适应和奉行组织文化，在维系组织文化过程中起着特别重要的作用。无论甄选标准和过程多么科学严密，新的组织成员对组织文化都有一个熟悉适应的过程。因此，帮助组织成员特别是新成员完成社会化过程，适应和奉行组织文化，是维系组织文化的重要工作。其中，最关键的社会化阶段是人员刚刚进入组织的时候，组织要尽力把新成员塑造成一个合格的员工。完成一个员工的社会化过程，就进一步起到了维系组织文化的作用。

2．组织文化的维系方法

组织文化的维系除了招募和甄选适应组织文化的个人，对新雇员工进行社会化外，还可以通过解雇那些不断违背组织文化的人来保持组织文化。

（1）对新雇员工的社会化过程。除了要聘用信仰、价值观及假设和企业文化相类似的求职者外，组织还通过组织社会化过程，加强与维系组织的文化。组织社会化指的是个人通过了解价值观、被期望的行为举止，以及必要的社交知识来承担他们在组织中的角色这样一个过程。社会化是一个连续的过程，从新成员第一天上班开始并且持续贯穿于员工在公司中的整个职业生涯。新雇员工的社会化阶段如表12-2所示。

表12-2　组织社会化阶段

| 雇用前的社会化阶段（局外人） | 碰撞阶段（新成员） | 角色管理阶段（局内人） | 社会化结果 |
|---|---|---|---|
| 了解组织和工作形成心理契约 | 验证期望和实际的工作场所的不一致 | 加强工作关系<br>新角色的实践<br>解决工作和非工作间的冲突 | 较高的动力<br>较高的忠诚度<br>较高的满意度<br>较低的压力<br>较低的离职率 |

1）新雇员工的社会化阶段。第一阶段：雇用前的社会化阶段。在这一阶段，求职者作为一个外来者，他们必须依赖朋友、职业面谈、补充知识和其他间接信息形成关于他是否喜欢在组织里工作的期望。在申请者和老板之间的信息交换通常不是完全诚实的。

求职者在雇用前社会化期间往往强调有利要素对工作的重要性，并且完全忽视了一些消极的要素。老板也经常歪曲新雇员的期望。这一结果使老板和求职者产生了更高的期望，胜过他们在碰撞阶段实际经历的。

第二阶段：碰撞阶段。新成员第一天上班标志着组织社会化磨合阶段的开始。在这个阶段，当新来者意识到他们雇用前的期望和在工作上的现实不一致时，现实冲击便发生了。现实冲击不是在上班第一天必然地发生，它可能发生于几个星期甚至是几个月后，这可能是由于新来者对于进入一个新的环境无法承受，他们经受信息过载的压力并且对于快速地适应他们的新角色是困难的；也可能是老板没有遵守他的诺言等。现实冲击妨碍了社会化过程，因为新来者的精力被浪费于管理这种压力而不是学习接受组织知识和角色。

第三阶段：角色管理。在社会化过程的角色管理阶段，员工要从新来者过渡到资深员工。他们加强了和同事及管理者之间的关系。练习新的角色行为，并且采用和他们新的职位及组织相一致的态度和价值观。

角色管理也涉及解决在工作和非工作活动之间的冲突，特别是，员工必须再分配花在工作和家庭之间的时间和精力，重新安排消遣活动，并且处理好在其他生活角色背景下不同的认知和价值观。他们必须摒弃和组织文化强调的价值观之间有任何不同的价值观。于是，和该工作环境更相融的新的自我身份便形成了。

2）改进社会化过程的方法。组织社会化对个人绩效、组织承诺和员工流动率都有深远的影响。因此，公司应该考虑用不同的方法来控制这一过程。其中两个重要的方法是实际工作预览和鼓励热衷于社会化的行动者。

第一个方法：实际工作预览。许多公司在招募新员工时，常常夸大了工作的正面影响的特征，并且忽略提及具有消极影响力的元素，希望最优秀的申请人在组织里得到“黏合”。但这种方法往往产生一个歪曲的心理契约，这契约最终导致较低的信任度和较高的流动率。一个更好的办法是给予求职者一个实际工作预览，也就是说，让他们了解工作和工作背景的正反两方面的信息。

尽管实际工作预览吓跑了一些申请人，但是这一方法往往减少了员工流动率并且提高了工作绩效。这是因为实际工作预览帮助求职者发展了更精确的雇用前的预期，将现实冲击降到最低。使员工对职场生涯中更多的挑战和困难的方面做好了准备。

第二个方法：鼓励热衷于社会化的行动者。为了帮助新员工适应他们的工作和抓住机遇，公司有许多的社会化行动者，使得社会化非正式地发生。

管理者往往提供技术信息、绩效反馈及关于工作职责的信息。通过给予新来者合理的、具有挑战性的首份任务，给他们减少过量的要求并且帮助他们和同事形成社交纽带。

同事也是重要的社会化行动者，当问题出现时，他们能回答问题，并且因为恰当的行为而作为角色模型。一些组织的新员工与同事结成对子，这些同事负责给他们的伙伴提供信息和社会支持。当同事帮助他们完全融入工作团队时，新员工往往接受这一信息并支持他们。能快速地和同事建立社交关系的新来者往往很少有令人不快的社会化经历，并且很少在工作的第一年辞职。

（2）保持组织文化的常规方法。维持一个组织的文化还有许多常规的方法，这些具体方法大部分都比单纯雇用或解雇人员要复杂得多，如图 12-5 所示。

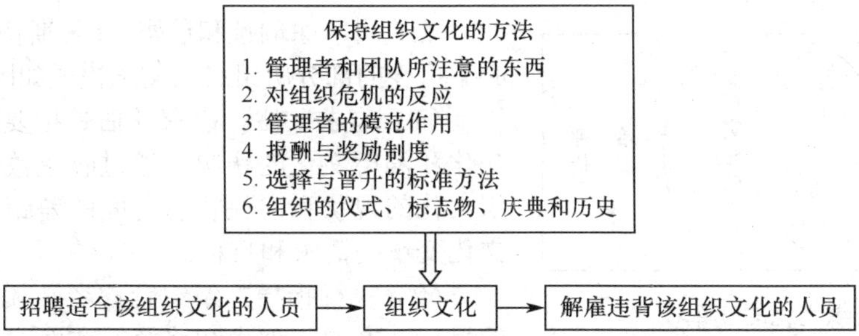


图 12-5　组织文化的保持方法

图 12-5 所示的维系组织文化的方法是组织文化最有力的强化剂。

1）管理者和团队所注意的东西，是指那些得到管理和组织注意和赞扬的过程和行为。有规则地处理这些事，将向组织成员发出强烈信息：什么是重要的，期望他们去做什么。

2）对组织危机的反应，是指当面对危机时，管理者和员工表现大量和文化有关的行为。人们对危机的处理方式既可增强现有组织文化，又可能在价值观、行为规范等方面改变现有组织文化。

3）管理者的模范作用，是指通过管理人员的表率作用，把组织文化传达给普通员工，并尽量把组织文化信息具体结合到组织成员的培训计划和日常工作指导中去。

4）报酬与奖励制度，是指与各种行为相关的奖励制度，维系着组织文化的某些特定方面，向员工表达管理和组织所关注的重点和价值观，人们往往通过报酬和奖励制度来认知与学习组织的文化。

5）选择与晋升的标准方法，是指组织通过人员的招募、甄选提拔和调动等工作标准与取向来保持组织文化，这些标准是组织成员所通晓的，它们可以加强和表明组织文化的基本方面，并能维持和改变现有组织文化。

6）组织的仪式、标志物、庆典和历史等，是富有文化含义的有计划的组织活动和组织文化形式，它们既是组织文化的组成部分，又是维持组织文化的必要惯例和行为规范。

## （三）组织文化的变革

### 1．组织文化变革的时机

组织文化不仅需要创立和维系，而且需要变动和革新。这是因为任何组织都要存在于社会这个大的开放系统中，其组织文化作为上层建筑的一部分，不仅是受到社会制约和影响的一种亚文化，必然受到社会文化的制约和影响，必然随着经济基础的变化而变化。一成不变、因循守旧的组织文化是难以存续、缺乏活力的。组织文化的变革一般在以下情况下进行。

（1）当发生重大社会变动时，如市场、科技、体制、竞争等外部环境发生剧烈变化时。

（2）当组织内部发生重大变化时，如组织重组、转产、领导换届、发展战略重大转变等。

（3）当组织面临重大失败或重大挫折时。

### 2．组织文化变革的模式

应当说组织文化变革的模式没有一定之规，但是杰克琳·谢瑞顿和詹姆·L·斯特恩合著的《企业文化：排除企业成功的潜在障碍》一书中提出的一套“企业文化变革模式”，被大量的企业和其他组织成功地运用于指导与实施组织文化的变革之中，改进了人们领导和管理组织文化变革的艺术，值得我们学习借鉴。

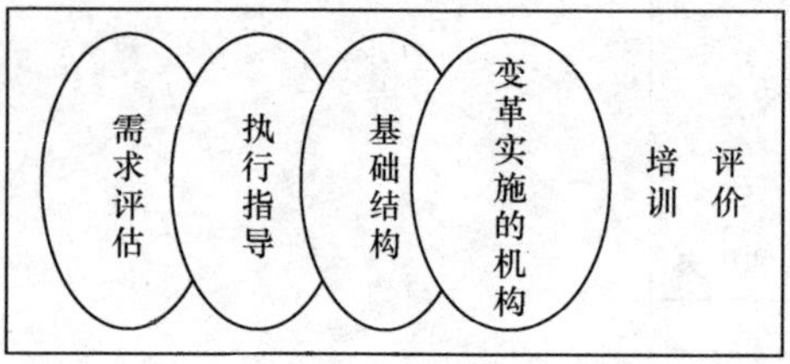


图 12-6　组织文化的变革模式

杰克琳·谢瑞顿和詹姆·L·斯特恩提出的由六个必不可少的部分所组成的文化模式如图 12-6 所示。

（1）需求评估。需求评估是指要搞清楚组织现存文化和渴望文化的状况。通过收集数据，分析测定组织文化的现状和向往状态之间的差距，评估鉴定组织文化变革的需求和目标。

（2）执行指导。组织管理者必须在组织文化变革的目标、方向、理由和路径等方面对组织成员进行指导，并与组织文化的变革保持步调一致，这是组织文化变革的原始动力之一。

（3）基础结构。组织文化变革的基础结构由选拔制度、管理制度、成果认定制度等指导组织正常运转的制度和过程构成。一个有利的基础结构对文化变革的成功非常重要，所以应当把组织的各项制度向着有利于确立新的组织文化的方向加以调整。

（4）变革的实施机构。组织文化变革需要建立变革过程时期的临时性组织机构——变革实施机构，以处理那些需要特别关注的基础结构部分中的问题，帮助实施组织文化变革，其成员还负担着组织文化变革使者的基本职责。

（5）培训。培训是任何组织文化变革的基础之一，通过培训教育，组织成员才能比较好地认识和否定旧文化弊端，认同和拥护新文化。

（6）评价。组织变化变革需要测定和评估变革的预期成果，需要能反映出组织文化实施变革的内在原因和成效。评价既是衡量组织文化变革成果的一种手段，又是对其进行干预的一种手段。

**3．组织文化变革的方法**

除了一些维系组织文化的方法可以进行组织文化变革外，组织需要从以下方面采取管理行动，进行组织文化的变革。

（1）组织的高层管理人员痛下决心进行变革，并向全体员工讲明变革的意义。例如，通用电气公司在20世纪80年代时生产增长远远低于日本的同类企业，技术方面的依靠地位已经丧失，韦尔奇上任后，从文化变革入手创建了一整套企业文化管理模式。他提出了著名的“煮青蛙”理论：如果你将一只青蛙丢进滚烫的热水中，它会立即跳出来以免一死；但是，你将青蛙放进冷水锅中逐渐加热，则青蛙不挣扎，直到死亡。韦尔奇告诫员工，通用电气公司绝不能像冷水中的青蛙那样，面临危险而得过且过，否则不出10年必定衰败。

（2）从外部招聘或从内部提拔一批与新文化相符的成员，尽快形成符合战略要求的新文化。当然，新上任的公司总裁往往是新组织文化的提倡者和推动者，有时为了组织文化的重建，组织也会聘用新的领导人。韦尔奇的上任、郭士纳入主IBM、费奥莉娜进入惠普都使原有的组织文化发生变革。

（3）利用激励机制，将奖励的重点放在具有新文化意识的事业部或个人身上，促进组织文化的转变。

（4）设法让管理人员和员工明确新组织文化所需要的行为准则，形成一定的规范，保证新战略的顺利实施。

此外，成功变革组织文化还需要把握以下要点：

（1）了解旧文化，确定创造新文化的起点和目的。

（2）发现和支持员工团队较好的文化思想和变革的愿望。

（3）发扬组织最有效的次级文化，并把其树为榜样。

（4）不要将抨击文化放在首位，而是重点找出恰当的方法，帮助员工和团队更有效地做好工作。

（5）组织文化变革要有耐心，重大的组织文化变革可能需要5～10年的时间才能完成。

（6）把新的文化观点作为变化的指导原则，要坚持不懈地实践和巩固变革后的新文化。

# 第四节 组织间关系下文化冲突与整合

## 一、组织文化的冲突

### （一）组织文化冲突的含义

所谓组织文化冲突，是指不同形态的组织文化或者文化要素之间相互对立，相互排斥的过程，它既指跨国企业在他国经营时与东道国的文化观念不同而产生的冲突，又包含了在一个企业内部由于员工分属不同文化背景的国家而产生的冲突，也包含企业兼并后来自不同企业的员工的文化冲突。

并购重组是企业发展壮大的重要手段。一般而言，并购后的新企业都要进行业务整合，包括有形整合和无形整合。有形整合主要包括资产债务整合、组织结构整合、经营战略整合、员工整合等；无形整合主要是组织文化整合。

许多企业在并购前，往往会仔细调查被并购方的财务、市场和管理状况，而对组织文化方面的情况却极少考虑。组织文化是企业发展的内动力，每个企业在其发展历程中都会形成自己独特的文化，独特的组织文化是企业成功的基础，但如果发生企业并购，两个或多个企业重新组合，组织文化的差异很可能会引发文化冲突。因此，企业并购后的文化整合及其管理，是解决并购双方（或多方）文化冲突、减少并购风险的重要方法。

### （二）组织文化冲突的表现

#### 1．经营理念的冲突

不同企业具有不同的经营理念，优秀企业往往着眼于长远，制定适宜的远景战略规划；在激烈的市场竞争中，诚信经营，追求“双赢”或“多赢”。而有些企业只注重短期利益，忽视长期发展；生产经营过程中，热衷于一次性博弈，目光短视，较少顾及企业信誉，更谈不上企业品牌的创建。因此，企业并购后，可能在经营理念上并不统一，从而产生冲突。

#### 2．决策管理方面的冲突

由不同的经营思想导致企业决策机制的迥异。有的企业长期以来习惯于集体决策集体论功过及集权管理；有的企业则强调分层决策独立决断和个人负责，以适应市场快速多变的要求。这种决策机制的冲突在来自不同的管理体制的领导层中表现得尤为突出。

#### 3．价值观方面的冲突

共同的价值观是企业文化的核心。价值观方面的冲突往往表现为更深层次的更广泛范围的矛盾。价值观具有极强的主观性，它决定着人们的行为准则，构成组织文化的核心内容。不同国家和民族有不同的价值观体系，每个人也会在长期的生活实践中形成独特的价值观。企业并购时，企业文化冲突首先集中反映在员工个体不同的价值观上。具有差异性的价值观接触在一起，必然会相互摩擦、相互碰撞，每一个体都出于本能，极力维护自己长时期形成的价值观，轻视别人的价值观，使之不能形成统一的行为准则。

#### 4．劳动人事方面的冲突

基于经营思想和价值观的差异而导致用人制度的不同，也会成为冲突的前沿。一些企业在选人用人上长期习惯于套用行政机关那套衡量标准，片面强调政治素质、职务对等、个人历史、人际关系等。因而选拔的企业管理者不一定有管理才干。而优秀企业已经打破这种用人制度，更多地强调创新素质，强调贡献、成就和企业管理能力，认为只有这些素质才是企业发展所需要的。由此形成的观念冲突，不仅给企业重组后的管理本身带来矛盾，也给员工带来巨大的心理压力和困惑。

### （三）产生组织文化冲突的原因

在并购后的组织文化整合中主要会在以下三个方面出现问题。

#### 1．并购前缺乏文化整合规划和周密计划

根据科尔尼公司对全球115个并购案例的跟踪分析和调研，在整个并购过程中失败风险最高的有两个阶段——一个是事前的战略策划、目标筛选和尽职调查，另一个则是合并后的整合阶段。约30%的被调查者认为收购前的计划阶段是十分关键的，而这部分工作恰恰是中国企业目前普遍不够重视的，尤其是其中组织文化部分的并购整合计划在目前中国企业的整个收购整合过程中没有得到应有的关注。

#### 2．缺乏专业的整合人员

缺乏专业的整合人员对整个文化整合工作负责。在一个规范的并购过程中，涉及的人员包括：

目标公司的高层管理人员、目标公司的中下层员工、并购结束后目标企业的新任经理和并购工作组的成员。其中并购工作组通常是由营销、财务、审计、研发、人力资源、法律等部门抽调中高层管理人员组成，一旦协议达成后，这个工作组就可以迅速解散，成员返回到各自的日常工作中或者进入为下一次并购业务而组建的并购工作组。因此，被并购企业的整合工作实际上常常由新任领导者组织开展。但不难发现，这种方式存在很大弊端。一是企业新经理不可能全身心地投入到整合工作中去，因为他们还有更重要的职责。与文化整合工作相比，他更加关心新企业的利润率、市场占有率和顾客满意率等。二是新任经理在企业中的绝对权威极有可能影响整合的顺利进行。因为在整合期间，中下层职工迫切需要了解并购公司的基本业务情况和运行机制，需要有一个能与并购公司进行沟通的桥梁，新任经理的时间、精力有限，要求其进行这些细致的工作并不现实。因此，在实践中对于上规模的收购双方而言需要引入专门的整合人员岗位，并赋予一定的权限以保证整合工作的顺利进行。但遗憾的是，目前的整合实践中，许多并购企业都没有为整合而设立的专职岗位。

#### 3．信息沟通做得不好

信息沟通做得不好整合方式简单粗暴，达不到协同效应。在整个文化整合过程中，被并购企业的员工迫切想知道并购的最新进展，想知道新公司未来的发展设想，想知道自己在新公司中的位置，但遗憾的是，在整合实践中，这方面的工作并没有得到足够的重视，员工得不到这方面的详细信息，相反却谣言满天飞，使企业内部充满了焦虑、动荡和不安。一方面，并购方没有建立一条顺畅的正式沟通渠道，信息的传递和反馈都出现了问题；另一方面，并购方的经理们也不情愿与被购方的员工进行交流，因为他们无法回答后者提出的许多问题，这样可能就会造成致命的错误。麦肯锡公司的一项调查显示，许多被并购方离职的员工承认，他们之所以离职，一个很重要的原因就是他们缺少关于并购的任何信息，他们不知道并购的最新进展，不知道自己在新机构中的位置，也从来没有指望能够在新公司中得到满意的职位。另外，很多企业在实施完收购后，虽然也考虑了文化整合的问题，但是由于采取的整合方式过于简单、粗暴，把相应的管理模式、运作制度简单、强制从收购方复制到被收购企业，没有通过足够耐心的沟通和培训来引导二者文化的融合，从而引起了被收购方员工的抵触情绪和强烈反感，也容易导致并购的失败。

### （四）文化冲突的后果

文化冲突会造成文化困惑，而文化困惑又会加剧文化冲突，因此这两者相互影响，则会出现以下消极的后果。

#### 1．组织涣散

使组织各项工作散乱，无法形成集中统一、标准化、规范化的管理，形成不正确的价值观和行为规范。在日常工作中往往容易各行其是、各自为政、各级效仿，使组织不能处于正常状态。

#### 2．极度保守

文化冲突将影响管理者和员工之间和谐关系，尤其是对于跨国企业来说，高层管理者可能只是按照规章制度控制组织的运行，对员工更加疏远；与此同时，员工则会对工作变得不思进取，高层管理者的行动计划实施起来也十分困难。结果双方都会变得保守，最终也不会有所作为。

#### 3．决策效率低

文化冲突会导致决策效率低下。由于各方都有自己的价值观、思维方法和行为方式，很容易凝结成某种秉性，当碰到问题时，很自然地按照自己的价值观、思维方式去分析、判断、评价，协调起来比较费时间，有时甚至难以协调，在这样的情况下进行决策其效果可想而知。

4．沟通中断

由于各方价值观、思维方式和文化各不相同，所以彼此之间能够相互沟通是非常困难的。当高层管理者与员工的距离达到一定程度时，自上而下的沟通便自然中断，结果经理人员无法了解实情，双方在不同的方向上越走越远。

5．非理性反应

当双方在不同的方向越走越远的时候，高层管理者如不能正确地对待文化冲突，就会感情用事，这种非理性的态度很容易造成员工的非理性报复，结果误会越来越多，矛盾越来越深，对立和冲突更加剧烈。

## 二、组织文化的整合

所谓组织文化整合，是指组织要适应外部环境、社会文化氛围、组织制度的变化，将构成组织文化的各异质文化要素整合为一个有机整体。

### （一）企业兼并中组织文化整合的影响因素

（1）企业的兼并战略，是横向还是纵向兼并，抑或是多元化兼并。

（2）两个兼并企业原有文化特征，是强文化还是弱文化，以及文化的优劣性。

（3）企业兼并中面临的风险度，是高还是低，抑或是中等。

（4）兼并后企业的集中程度。

### （二）文化整合模式

根据影响组织文化整合的因素，将文化整合模式划分为四种：同化、替代、整合、隔离，如表 12-3 所示。

表 12-3　合并不同组织文化的策略

| 合 并 策 略 | 描　述 | 什么时候最好的起作用 |
|---|---|---|
| 同化 | 被收购公司认同收购公司 | 被收购公司具有一个弱文化 |
| 替代 | 收购公司把它的公司文化强加于不情愿的被购公司 | 罕有发生——仅仅当被购公司的文化不起作用，但它的员工不这样认为时，可能是必需的 |
| 整合 | 把两种或更多的文化合并成一种新的复合性文化 | 现有的文化能被改进 |
| 隔离 | 合并的公司用最小化的文化或组织策略的互换来保持不同的实体 | 公司在不同的领域成功地运行需要不同的文化 |

1．同化

当被购公司的员工心甘情愿地认同收购公司的文化价值观时，同化就发生。这往往发生于被收购公司有一个机能障碍的弱文化，而收购公司的文化是强有力的并且产生具有清楚规定的价值观。由于同化，文化冲突是很少发生的，因为被收购公司的文化是弱的，员工正在寻找更好的文化。

2．替代

同化是很少发生的。员工通常抵制组织变革，尤其当他们被要求丢掉个体价值观和文化价值观时。在这些情况下，一些收购公司通过把它的文化和商业策略强加于被收购公司，实施一种替代策略。这些收购公司摒弃了支持旧文化的人工器物和奖励制度。不认同收购公司的企业文化的员工经常被解雇。

当被收购公司的文化不起作用，但员工不这样认为时，替代可能是必需的。然而，这种策略很少使用，因为它增加了社会情感的风险。被收购公司的员工抵制来自收购公司的文化入侵，从而耽搁或逐渐破坏合并进程。

**3．整合**

这种策略是整合两个组织之间的企业文化，这涉及结合两个或更多的文化进入一个新的复合性文化。这种文化保存了先前文化最好的特征。整合是缓慢的，并且具有潜在风险，因为有许多力量力图保存现有的文化。然而，当公司具有相对较弱的文化或其文化包含了几种重叠的价值观时，这种策略应该被考虑实施。当员工意识到现有的文化是无效率，从而更有动力采纳一种新的主文化时，整合能最大限度地起作用。

**4．隔离**

隔离策略发生于正在合并的公司同意用最小化的文化或组织策略的互换来保持不同的实体。当合并的公司是两个毫无关联的产业或在不同的国家运营，这种策略是最适当的。最适当的文化价值观往往不同于行业和国家的文化。在一个组织里，不同的文化也能导致独立的隔离策略。

## 课后思考题

1．组织文化的内涵是什么？
2．组织文化有哪些特性？
3．组织文化按照四层次分类有哪些类型？
4．组织文化有哪些积极功能与消极功能？
5．组织文化的维系方法有哪些？
6．组织间关系下组织文化的冲突表现及整合措施有哪些？

### 案例分析

#### 星巴克的企业文化

星巴克咖啡公司成立于1971年，是世界领先的特种咖啡的零售商，烘焙者和品牌拥有者。旗下零售产品包括30多款全球顶级的咖啡豆、手工制作的浓缩咖啡和多款咖啡冷热饮料、新鲜美味的各式糕点食品及丰富多样的咖啡机、咖啡杯等商品。此外，公司与合作伙伴生产和销售瓶装星冰乐咖啡饮料、冰摇双份浓缩咖啡和冰激凌，通过营销和分销协议在零售店以外的便利场所生产和销售星巴克咖啡和奶油利口酒，并不断拓展泰舒茶、星巴克音乐光盘等新的产品和品牌。

1987年，现任董事长霍华德·舒尔茨先生收购星巴克，从此带领公司跨越了数座业务发展的里程碑。1992 年 6 月，星巴克作为第一家专业咖啡公司成功上市，迅速推动了公司业务增长和品牌发展。目前公司已在北美、拉丁美洲、欧洲、中东和太平洋沿岸 39 个国家拥有超过 13 000 多家咖啡店，拥有员工超过 145 000 人。长期以来，公司一直致力于向顾客提供最优质的咖啡和服务，营造独特的“星巴克体验”，让全球各地的星巴克店成为人们除了工作场所和生活居所之外温馨舒适的“第三生活空间”。与此同时，公司不断地通过各种体现企业社会责任的活动回馈社会，改善环境，回报合作伙伴和咖啡产区农民。鉴于星巴克独特的企业文化和理念，公司连续多年被美国《财富》杂志评为“最受尊敬的企业”。

星巴克的产品不单是咖啡，咖啡只是一种载体。而正是通过咖啡这种载体，星巴克把一种独特的格调传送给顾客。咖啡的消费很大程度上是一种感性的文化层次上的消费，文化的沟通需要的就是咖啡店所营造的环境文化能够感染顾客，并形成良好的互动体验。

星巴克是一家价值驱动型企业，公司内有一套广泛接受的原则。这种价值驱动型的管理形式不仅要求企业形成良好的战略愿景，同时要建立一种机制来配合、贯彻核心文化和组织的价值观。它应该是价值驱动型企业持久而有活力地发展的机制保障。这种机制包括：有特色的企业文化制度、顾客至上的服务经营理念和完善的人力资源开发和管理制度等。

星巴克公司总是把员工放在首位，并对员工进行了大量的投资。首席执行官舒尔茨曾说：“我想建立的公司能给人们带来主人翁意识并能提供全面的医疗保险，最重要的是，工作能给他们带来自尊。”人们认为星巴克是一家能给员工带来自尊的公司，能尊重员工所做的贡献，不管员工的教育程度和工作地点在哪里。公司坚信，若把员工放在第一位，员工将为公司带来一流的顾客服务水平。

自创建之日起，星巴克就保持了一种关注员工，对员工投资，始终把员工放在首位的管理哲学理念。在这里，每个员工都亲切地称呼彼此为“伙伴”，在美国，星巴克的员工都有股票期权购买计划，员工可以用工资的 20%以八五折购买公司股票，所以员工就是公司的合伙人。合伙人不仅是一个称谓，而且是企业文化的一种体现，意为我们都是一家人，都是伙伴。

大家庭的感觉，体现在平常的每一件事情上，倾听、交流、关怀，重视伙伴的想法和建议，帮助伙伴成长等，这不仅是制度，而且是企业。在星巴克，很多伙伴不称呼自己的店为“我们店”，而是“我们家”。还有很多员工，下班之后喜欢待在店里，自己坐下来享受一下，读读书或者约朋友、家人在店里见面。

星巴克把员工当成公司最宝贵的资产，从多个层面去关心员工的需求，包括工作上的和生活上的。员工平时工作的每个环节都是以这种大家庭式的文化为前提的。星巴克有一种 5“B”文化，这不仅仅是员工对待顾客，也是员工对待彼此的方式。5“B”文化即：

1）Be Welcome，使每个人获得归属感。

2）Be Genuine，诚心诚意，接触、发现、回应。

3）Be Knowledgeable，熟悉我们的专业，热爱你所做的工作并与他人分享经验。

4）Be Considerate，体贴、关心自己以及周遭的人和环境。

5）Be Involved，为门市、公司及社区全心投入。

星巴克的雇用环境很好地鼓励了各种授权、交流和合作。星巴克公司通过权力下放机制，赋予权力，如各地的分店也可做出重大决策。为了开发一个新店，员工们团结一致，帮助公司选择地点，直至新店正式投入使用。这种方式使新店能最大限度地与当地社会整合。此外，最让星巴克员工感到自豪的，就是公司员工之间建立起的自信和相互信任的关系，它使员工们保持工作热情和最积极的精神状态。

在星巴克，部门的中层干部几乎全部都是从门市岗位慢慢做上来的。星巴克的“空降兵”很少，很明确的一点是，现在的骨干就是未来要培养的主管。星巴克的想法很简单，伙伴把自己的精力贡献给企业，星巴克就要为他们提供一个发挥才干的舞台。所以星巴克乐于耐心培养基层员工，一旦出现新的空缺职位，都是优先考虑自己的伙伴。星巴克内部有一套伙伴发展计划，也就是每个人的职业生涯规划。公司会与每位伙伴一起设计下一阶段的目标，为了达成他的目标，公司为他提供帮助和训练。星巴克认为，对于员工，不管是在什么岗位，关键是要不断学习和成长，而不是每天很快乐地过日子。

星巴克的薪酬体制是建立在星巴克独特的企业文化之上的，并且推动了企业文化的建设。星巴克员工的平均薪资水平大概是行业平均薪酬的 70%，而剩下的部分以奖金和福利的方式发放。

每年年末，公司如果实现了年度总体业绩目标，就会从利润中提出一部分，每位员工都可以拿到类似于利润分享的奖金；即使没有赢利或没有实现目标，年终也会多发一个月的薪资作为奖金，它基本的意义在于感谢伙伴一年来的“苦劳”。

另外，星巴克在福利设计方面强调尊重员工的意见，并且尽可能地照顾到员工的家庭。星巴克的自选式福利，就是让员工根据自己和家庭的需要，在预算额度内自由选择享受福利的方式。这些方式包括旅游、进修、交通及子女教育的学费补助等。公司对伙伴家里的长辈、小孩，在不同的状况下也给予不同的补贴，如员工结婚时，公司会给他送恭喜红包。

对于符合相关标准的全职和兼职员工，公司提供卫生、牙科保险、伤残保险和员工扶助方案。此外，一家叫工作解决方案的公司受聘于星巴克，帮助员工处理工作和家庭问题。

问题：

1. 星巴克持久而有活力的保障机制是什么？
2. 星巴克的 5“B”文化的内涵是什么？
3. 星巴克的薪酬体制是怎样与企业文化相得益彰的？

# 第十三章 组织变革与学习

## 本章重点

- ○ 掌握组织变革的内涵与动因
- ○ 熟悉组织变革的四种模式，明晰组织变革的方法
- ○ 明确组织变革的阻力来源
- ○ 理解企业间关系背景下的组织变革措施
- ○ 明确学习型组织创建涉及的内容

## 引例

### H公司组织变革的困惑

H公司刚成立时的业务流程模式是：商务部负责市场营销和接单，接单后报告营销副总裁，由营销副总裁与生产副总裁进行生产安排、与负责技术部和工艺部的技术总监进行沟通，然后，生产副总裁向车间下达生产排期指令。最近公司领导发现这种传统的流程效率很低，不是不能按期交付就是质量不稳定。H公司2010年开始采取订单项目经理负责制，项目经理由商务部的高级经理担任，由他负责从产品的接单到出货的全过程。问题却出现了。

项目经理接到一个需要40天完成的订单后，不再交给自己的领导即营销副总裁，由他与生产系统沟通，而是根据新的流程制度，先找到技术部，要求在规定的3天内提供技术参数，但技术部认为手上订单事务很多，最快也要5天完成，最后好说歹说，技术部同意加班4天内拿出技术参数；项目经理又找到工艺部，要求在3天内提供工艺标准，工艺部负责人认为时间太紧，最快6天完成，最后，项目经理一通好言好语，工艺部同意4天拿出工艺标准；项目经理又找到制造部负责人进行生产排期，要求30天完成，制造部以生产排期紧张为由，最后花了32天才生产出来；到了物流部的时候，交货期已经到来，物流部最后花了3天将产品运到客户那里，比合同期晚了3天，几乎造成客户的索赔。项目经理感到十分困惑：在公司办点事怎么这样难？总经理也很恼火：公司的人怎么了？不知道客户着急呀？我让中层去学MBA，不断加强基层人员的培训，甚至调整了生产线上主要班组的工资，提高了技术工艺部门的待遇，怎么就要不出我所需要的效果呢？

现代组织处于不断变化和发展的社会环境中，面临的市场竞争日趋激烈，为了生存和发展，企业必须不断提高整体绩效，提升企业的系统产出，增强市场竞争力。为此，企业需要对组织自身运作管理系统进行深层次变革，以更好地迎合外部环境变化与内部资源条件的限制。

# 第一节　组织变革概述

## 一、组织变革的内涵

组织变革是指根据内外环境变化的要求，对组织的目标、结构及组成要素等适时而有效地调整和完善的过程。组织变革是组织适应环境变化、保持自身活力的重要手段。组织变革面对的问题是组织的现实状况与目标状态之间存在的差距，并且这一差距在现有组织发展轨迹下无法实现弥合。组织原有的稳定和平衡状态不能适应环境变化和自身发展的要求，需要通过变革来改变现有的结构与状态，进而构建一套能够适应新形势、新需求的，具有足够的革新性、适应性、持续性的新组织模式与机制。

一般来说，组织模式应力求相对稳定，频繁而不必要的变动对于实现管理目标是不利的。但任何组织都处于动态的社会活动中，由于环境的变化，影响管理目标的各种因素的变化，组织也会通过变革而发生某些变化。

在组织的稳定与变革之间，管理者要正确处理好二者的关系。在极力维护组织的稳定性时要避免组织的僵化；在积极推进组织的变革时，又要避免造成组织的不稳定与人心涣散。

要求管理者在组织变革时要非常谨慎，要有正确的理论指导，在科学预测的基础上，有计划、有步骤地进行。同时要确立一个组织变革的开展并不是终点，它会引起一系列的连锁反应，并可能引发更大范围的组织变革。

## 二、组织变革的目标

在组织的发展、变化过程中，为了实现组织的目标，适应内外环境的发展，变革与顾客、竞争等要求是影响组织市场竞争力的最重要的力量，尤其是变革不仅无所不在，而且还持续不断，这已成了常态。组织变革主要围绕着使组织适应环境，来改变组织成员的观念、态度、交往手段和彼此联系的方式等。组织变革的具体目标主要有以下几点。

（1）环境的适应性。组织总是处于特定的商业生态系统中，与外部环境持续不断地发生着信息、资金、资源的交流。组织的发展离不开与环境的交流互动。而随着外界环境的不断变化，组织必须做针对性的变革，以实现与外界环境的良性互动。

（2）顾客价值性。组织发展的根本目的是赢得更多的顾客的青睐，而实现这一目的的途径是创造更多的顾客价值，降低顾客的消费成本。而有效的组织变革能够改变组织的低效运作体系，提升组织创造能力和顾客需求的感知能力，为顾客提供更多价值的产品或服务。

（3）市场竞争性。现在的市场环境是竞争异常激烈的，任何组织都很难保持长久的竞争优势，只有不断创新的组织才能保持旺盛的生命力。即使是现在保持竞争优势，如果不进行适时的组织变革，组织的衰落也是迟早的事。组织只有不断地通过内部资源与能力的重组，不断巩固与强化自身组织能力，才能确保市场竞争的优势地位。

（4）战略匹配性。组织在发展变化的过程中，战略的调整是必然要发生的，为了实现战略目标，必须要调整组织的结构、业务类型等，更好地支撑战略的执行。

（5）运营高效性。为了提高组织绩效，必须不断提升组织效率。组织如果长期维持原有结构和流程，很容易引起组织僵化。通过组织变革，组织能够重组内部运作流程，改变现有结构与职权体系，摒弃不符合现代企业运行与发展的旧方法、思维和工具，彻底提高组织运营效率。

## 三、组织变革的动因

引起组织变革的因素既有外部因素，也有内部因素。外部因素主要包括消费需求的变化、宏观经济形势、劳动力市场状况、技术变革等；内部因素包括企业资源、能力、战略、流程组织等内部条件与要素。下面主要从消费需求、超竞争环境的驱动、技术变革、企业知识要素的变化五个主要方面进行分析。

### 1．消费需求的变化

现代社会消费需求的变化越来越频繁，主要表现在消费者对产品功能的升级需求、新产品功能的需求、产品的更新换代等，这就需要组织在研发团队的组建、生产流程的组织，以及组织结构的构建上做出相应的调整与完善。

### 2．超竞争环境的驱动

美国管理大师理查德·达韦尼（Richard A. D Aveni）在研究竞争环境变化过程中短期竞争优势和持久竞争优势的关系时，提出了超竞争理论（Hypercompetition）。他认为，今天的企业正处在超竞争的环境下，这是一种优势迅速崛起并迅速消失的环境，没有哪家企业或公司可以建立起永恒的竞争优势，企业必须通过一连串短暂的行动来建立一系列暂时的竞争优势，由此来保持超竞争环境下的持久优势地位。

在超竞争环境下，企业很难保持某种特定的运营与架构模式，必须根据超竞争环境的特点，构建具有较大柔性的组织。在当前，企业应对超竞争环境的一种有效策略是组织的虚拟化、模块化。企业要放弃原有一体化的运作模式，尽量借助于外部资源与能力，通过生产、服务的模块化外包，以及有效的外部协调，更好地实现产品生产的专业化、规模化。

### 3．技术变革

技术变革会引起组织内部生产方式、资源整合模式或重心的变化，由此引起组织变革。技术变革主要体现在生产技术变革与信息技术的变革。

从生产技术变革的角度看，新的生产技术不仅影响企业生产的过程，也会为产品的制造与运营方式带来新的理念。一般来说，生产技术的革新对岗位的操作、岗位之间的联结、流程的组织过程会产生较大的影响，组织必须调整现有流程以适应新技术的需要。在有些情况下，新技术的引入要求组织放弃现有生产线，改用全新的设备和生产线，在组织的生产运营的理念层面，使得组织成员在生产理念上发生重要转变。例如，模块化技术的广泛应用，带动了企业组织的模块化变革，也由此催生了组织与管理的模块化思维。

从信息技术的角度来说，不断发展的网络技术为企业内部有效沟通、提升内部组织效率创造了优越条件，使得企业越来越依赖于网络平台管理内部资源。网络会议、视频电话等信息打桩沟通方式在现代企业管理中变得非常普遍，原来由高层到中层再到基层的信息传递与指令发送路径，在信息打桩引入之后被彻底改变，基层与高层之间可以通过网络进行直接的、即时的沟通，极大地提高了沟通效率，降低了信息失真，也更有利于组织高层掌控组织动作的基本状况。在管理信息系统的有效调配下，组织资源被更加高效、有序地分配和利用。组织内部流程也得以大大简化，也相应引起了组织结构的调整。

### 4．企业知识要素的变化

企业知识要素是企业生产运作的基础，其变化必然引起组织内部的相应调整。主要从以下三个方面来认识企业知识要素变化对组织变革的影响。

（1）不同知识之间地位的调整。企业的不同业务类型代表了不同的知识组合，某一个业务占主导地位，意味着这类知识更加受到企业高层的重视。当企业调整业务结构，将原核心业务调整为非核心业务，而将非核心业务调整为核心业务时，原有核心知识也就退出了核心地位。此时，组织必须进行结构调整，将更多的资金、人力等分配到新的业务上，以支撑这一新核心知识体系的运作。

（2）企业创新带来的新知识要素。当企业创新知识时，也会对组织进行相应的调整。如当组建新的项目团队以拓展新业务为基础的业务类型，基于新知识调整现有的业务组合和人事安排，重新设计组织的岗位与流程等。

（3）重要知识的外购。为了迅速提高组织绩效，企业可能会选择直接外购核心技术知识，此时，企业也需要围绕外购的新技术，对组织现有运作体系进行变革，以形成全新的、支撑新技术运作的有效体系。

**5．组织战略的调整**

组织不能仅从现有的结构出发去考虑战略，而应根据外部环境的要求，动态地制定相应的战略，然后根据新制定的战略来审视组织结构，并进行适当调整。在组织外部环境发生变化之后，组织将面临新的机遇或者挑战，为了抓住这一机遇或应对挑战，组织需要对战略进行调整，以谋求经济利益的持续增长。新战略的实施要求组织结构也进行相应的调整以适应战略的需要。否则，组织战略的实施效果将大打折扣，无法实现既定的利益目标。

## 四、组织变革的内容

现代超竞争的市场环境下，公司面临的内外环境不断地发生变化，组织变革已是公司发展的常态，组织变革有不同的类型，按照变革的激烈程度可以分为革命性变革、改良性变革；按对变革的控制程度分为主动变革与被动变革；按照变革的内容分为以组织为中心、以技术为中心、以组织成员为中心的变革等。

**1．重新制定战略**

当组织的内外部条件发生变化而需要进行变革时，使得公司战略的资源基础或环境基础发生了改变，组织必须对其战略进行相应的调整。战略的调整包括目标的重新设定、组织发展计划的调整，战略执行主体的变更等。同时也应将战略调整落实到组织各级员工的认同上。这就要求建立共享意义和公认的相互依赖性。共享意义的建立，要求战略的调整目标不仅被所有组织参与者分享，同时也要提升目标对他们的意义；建立公认的相互依赖性，要在一致认同的基础上，使得个人、团队和管理人员都意识到依赖性。

**2．重构组织结构**

组织结构是组织运行的基础，组织结构的重组是组织变革中的重要内容。重构组织结构即通过改变某些结构要素或要素之间的相互关系，进一步优化组织资源配置，提高组织运行的有效性。

（1）建立过程驱动的结构。在组织结构中加入对过程的关注，它将结构和目标建立在关键过程的基础之上，通过最初的部门创建活动，在组织基本结构中就植入了对过程的关注，由此提升组织结构的协调性与有效性。

（2）调整管理层次与管理幅度。扁平化是组织变革的一个趋势，是组织管理扩大控制范围、减少管理层次的体现。组织变革常常始于缩减组织规模，或减少组织人数以便消减成本。在大多数减少层次的过程中，减少的数目取决于直接的裁员或“强制命令”，并由此削减成本。

（3）责、权、利的重新分配。权责系统是组织成员开展工作的推动系统。组织变革必然打破原有的权责体系，并产生责、权、利的不对等。在重新调整权责体系时，组织应以权责对等为基本原则，保证内部权利的层次性和有序性，对于同级的交叉问题，应予以妥善处理，以便组织的权责体系能够更有效地运转。

**3．加强变革中的员工参与**

在组织的变革中，不能仅依靠管理层来展开，要争取员工的参与，任何忽视员工参与的变革都很难获得成功，有时候，组织变革就是由底层员工推动的。以下主要从组织变革中的政策和制度调整角度，分析变革中的员工参与问题。

（1）员工推动的政策变革。在组织变革初期，变革推动者要进行经验的积累，在这个阶段，管理者需要听取各方面的意见，员工在不断与管理者的交流与反馈中体现自身的价值。通过与员工的交流，管理者可以进行有效的政策调整，对于完全无益的政策，可以进行重新制定或修改；对于过去发挥作用，但已不适合当前组织运行的政策，应加以废除；对于看起来似乎不合理但有利于组织运行的政策，组织应对其予以合理化。

（2）员工推动的制度变革。员工是组织制度的直接感受者，让员工参与到制度变革中，能够有利于员工利用自身所拥有的有关制度的具体知识参与或做出一些决策。当然，高层管理者要通过良好地引导授权后的决策过程。

**4．实现文化变革**

组织变革不单纯是组织结构的变革，更是组织全体人员心理、文化方面的变革，这也是支撑组织变革成功的基石。文化变革主要包括以下主要内容。

（1）思想变革。组织要培养公司员工特别是管理者的战略眼光和危机意识，强化企业的实践精神。在经营遇到困境时，企业应转变战略思维，适时调整战略目标，不断尝试变革和创新。

（2）管理意识变革。管理者要改变领导者意识，要为员工创造一个宽松、和谐的工作氛围。在组织遇到问题时，应避免权力垄断，争取与各层员工共同协商以解决组织问题。

（3）人才观念变革。公司要将人力资源视为企业的一项长期投资，这种投资会不断产生回报。要为员工提供针对性培训并留住人才，要按照员工能力定待遇，对人才进行有效的激励，提供晋升机会，推行参与式的管理。

（4）利润观变革。公司应改变以利润最大化为首要目标的旧思想，要立足于长期发展，努力为股东、顾客、社区、员工等各利益相关者创造更大的价值。

（5）企业文化观变革。公司管理者应该确立企业文化并不是全能的观念，企业文化不能解决企业所有的问题，随着企业的不断发展以及文化不断进步，企业应能为其核心价值观赋予新的意义。

# 第二节　组织变革的模式与变革方法

## 一、组织变革模式

### （一）勒温的力场分析模型

**1．力场模型的基本内容**

社会心理学家凯特·勒温提出力场分析模型来解释变革过程的进行（见图 13-1）。

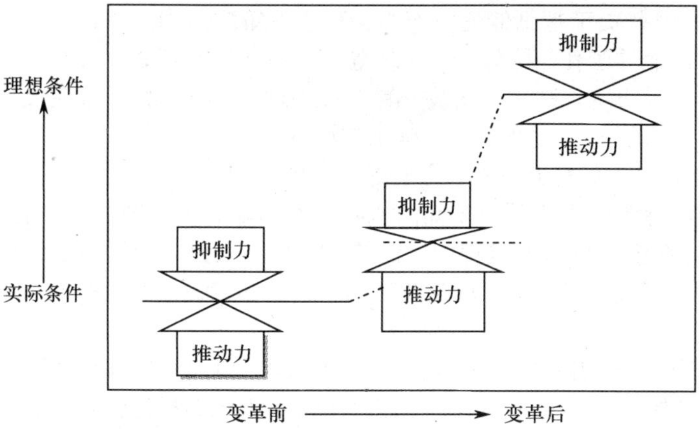


图 13-1　勒温的力场分析模型

勒温在长期研究员工心理的基础上，认为心理机制在组织变革中发挥着重要作用，他提出非常著名的力场分析模型。力场分析就是要帮助变革推动者诊断推动和阻止组织变革的力量。

（1）推动力。组织变革必然需要一些能够将组织推向新状况的推动力。一些推动力可以来自外部环境，比如，全球化的发展、信息技术的发展、劳动力的变化等。全球化发展指在世界范围内的人们在经济、社会、文化上的联结，无论是在世界上不同地区、不同文化的人们之间相互进行物资和服务贸易、分享知识，还是他们之间的互相影响；信息技术的发展使得远程办公——在家里通过与办公室联网的电脑来办公的方式越来越普及，虚拟团队——主要通过成员之间信息技术的交流，可以跨越空间、时间和组织界限运作的、跨职能的团队不断涌现；变化中的劳动力，劳动力的多元化不仅表现在性别、种族、年龄、性趋向和心理生理素质上，还表现在劳动力在后天生活中学到的、可以部分控制的一些特征上，如教育程度、婚姻状况、宗教信仰和工作经历等。

利用这些外部力量，一些企业领导人在组织内部创建了推动力。这些外部力量提高了跨国公司部分的竞争力，并且鼓励出现领导人认为更好的新的策略和价值观。

（2）抑制力。指维持现有状况的抑制力，这些抑制力一般被称这“变革阻力”。其表现为员工们阻碍变革过程的行为。当推动力和阻力两者大致平衡时，就会形成稳定的形势，也就是说，它们是相反方向的两股势均力敌的力量。常见的抑制力如图 13-2 所示。

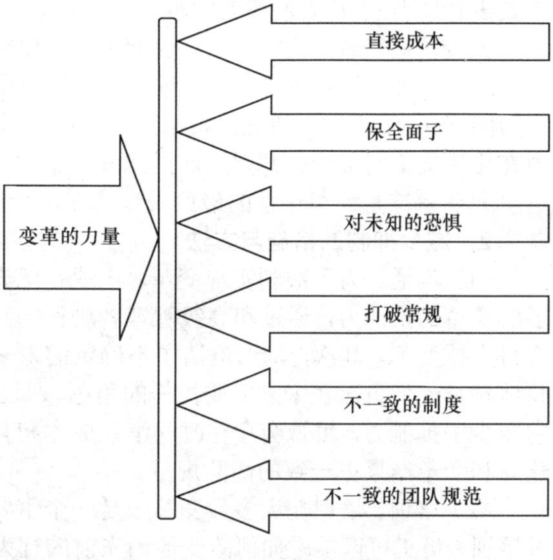


图 13-2　抑制组织变革的力量

1）直接成本。人们往往抵制比现有形势导致更高的直接成本或更低利润的行动。比如，某企业在进行组织变革的过程中，遭到其上游供应商的抵制，这些上游供应商积极游说公众和政府阻止其进行变革，主要原因是这威胁到供应商与该组织之间的高额利润的合同。

2）保全面子。一些员工把抵制变革作为一种政治策略，用来“证明”决策是错的或鼓励变革的这个人不能胜任他的工作。比如，一家制造公司的高层管理者在没有经过信息系统部门推荐的情况下就购买了一台电脑。这台电脑被安置在适当地方不久，为了证明高层管理者做了一个错误的决策，几名信息系统的员工夸大了一些小的运行问题。

3）对未知的恐惧。人们抵制变革，主要是因为他们担心变革会要求他们养成新的行为举止，而又担心在形成新的行为举止方面有未知的风险，不确定的风险增加了他们失败的风险。

4）打破常规。在组织变革的过程中，需要组织成员丢弃不再适合组织的行为，而有些员工很难将已习惯的工作模式打破，不愿意花费时间和精力学习新的角色模式，这必然会出现对组织变革的抵制。

5）不一致的制度。在组织发展的过程中，为了确保员工维持其期望的角色，组织需要有完整、系统的奖赏、选择、培训的制度，这些制度维持了组织的稳定性，但也阻止了员工实施新的策略，因为这些制度规范一旦确立，改变起来很难，但组织的变革又需要制度规范做出适应性的调整。

6）不一致的团队规范。团队发展到一定阶段时需要规范，即群体建立来指导成员行为的非正式规则和期望，规范应用到对团队重要的行为中。团队的发展加强了引导行为举止的一系列规范的一致性，这对于实现组织的目标有重要的促进作用，但随着组织变革的进行，现有的团队规范的一致性可能阻止员工接受组织变革。

（3）推动力与抑制力的相互作用。勒温的力场模型强调通过解冻现有状况，从而达到一种期望的状况。然后重新冻结这种状况，以便它能维持这种期望的状况，使有效的变革发生。

解冻是变革过程的第一步。利用变革推动者打破推动力和抑制力两者间的平衡。当推动力比抑制力更强时，解冻发生了。为了推动变革，推动力必须非常大，但变革是很难单纯通过增加推动力而发生的，因为抑制力经常和推动力相抗衡。为此最有效的方法是在增加推动力的同时减少或消除抑制力。越来越大的推动力造成了一种对变革的紧迫感，而减少的抑制力使变革受到的阻力减少到最小。“让人们改变的唯一方法是因为他们愿意改变。”

改变阶段，通过认同和内在化等方式，使组织成员形成新的态度和行为，并接受新的行动方式。认同是对外部事物状态、思维方式、行为模式的认可，是组织向自己的成员直接提供态度和行为的模式，组织成员通过将自己与其他成员进行对比，在言传身教中模仿并形成新的行为模式。内在化是员工们接受并开始用新的态度或价值观分析问题、解决问题的习惯性过程。

重新解冻是变革过程的最后一步，在这个过程中，加强和维持这种期望的状况。

**2. 减少抑制的措施与方法**

（1）沟通。为了顺利实现变革，沟通是优先选择的策略。首先，通过沟通，使员工能普遍地了解变革的推动力，通过和高级管理者进行的高级会议，或者直接和不满意的顾客见面，员工将变得支持变革。其次，沟通澄清了不确定的未来，企业高层越多地传达企业的愿景，员工越能容易地预见他们自己在未来需要担任的角色。通过沟通，使员工了解到从组织变革中将获得的成果，它减少了抑制力，尽管会存在时间消耗成本和其他成本，沟通能潜在地减少对未知的恐惧，以及建立和变革结果更一致的团队规范。

（2）培训。培训在大多数变革中是一个重要的流程，因为员工需要学习新的知识和技能。通过培训，员工可以学习如何改变他们先前的行为举止模式来适应新系统。培训的有效方式主要有行动学习和私人教练。行动学习是指在工作场所中最快的经验学习形式。在各式各样的经验学习中，活动中员工面对的是一种“真实、复杂和令人头疼的问题”，这些活动经常在团队中出现，与公司有直接的关联。这种培训形式不仅培养了管理技能，还寻找到改进组织的方法。私人教练是培训的一种变异，这种方式在培训过程中为员工提供更多的个人反馈和指导。各种培训形式需要花费时间，但这些形式通过使员工适应新的角色模式，帮助员工打破了常规。

（3）员工参与。要想将变革的阻力降到最小，员工参与是必不可少的环节。通过员工参与，可以建立一种决策心理上的所有权，参与者会感到自己应对变革的成功承担责任，而不是把他们自己当做别人制定决策的执行者。员工参与的主要方式有形成跨部门的团队和探索性会议。跨部门团队是由不同部门的人员所组成，并且一般授予其一定的权力，并且不同团队在各自确切的领域识别具有创新性的建议并且详细分析确切的问题。探索性会议是一系列大型研讨会，通常会持续几天，在这些会议里，参与者识别未来趋势或问题，并且提出解决这些问题的方法。探索性会议把“整个组织放入会议中”意味着试图让尽可能多的员工及和组织有关的一些其他股东参与进来。

（4）压力管理。组织变革过程对一些人来说是一次充满压力的经历，因为变革使未来具有一定的不确定性，还可能对员工的自尊造成威胁。为此，公司需要实施压力管理来帮助员工面对变革。可以通过削减一些直接成本和减少员工在变革过程中对未知的恐惧等。

（5）谈判。如果人们抵制变革，组织变革策略将需要一些影响策略。而影响力是指尝试改变他人态度或行为的任何一种行为。谈判是一种交换形式。在其中，居于支配地位的一方通过许诺利益或资源换取被支配方按照其要求行事。这种策略潜在地激励了那些以某种方式从变革中失去一些利益的员工。

（6）强制。如果上述策略都不成功，领导者将使用强制力来推行组织变革。强制包括持续地提醒人们他们应尽的义务、频繁地监视员工行为来确保不愿意变革以及和变革相对抗的员工的服从，并且威胁使用制裁来强迫员工服从。解雇不支持变革的员工是一个极端的手段。替换员工是一种激进的组织“清洗”的方式，因为替换管理者将会使组织不能把过去的惯例知识传承下去。这种方法能潜在地给新的实践创造机会。同时，实施强制可能也具有冒险性。因为这种策略不能获得员工对变革成果的承诺。

企业在面临不同的变革阻力时运用的变革方法是不同的，同时每种方法面临的问题也大不相同，如表 13-1 所示。

**表 13-1　解决变革阻力的方法**

| 策略 | 举　例 | 实施时机 | 问　题 |
|---|---|---|---|
| 沟通 | 顾客的投诉信被展示给员工 | 当员工没有形成一种变革的紧迫感或不知道变革如何影响他们时 | 时间消耗和潜在成本 |
| 培训 | 当公司采用一种以团队为基础的结构时，员工学习如何在团队里工作 | 当员工打破常规，并且采用新的角色模式时 | 时间消耗和潜在成本 |
| 员工参与 | 公司形成一个团队来推荐新的客户服务策略 | 当变革成果需要获得更多员工的认可，一些员工需要保全面子，并且员工将完善制定的变革策略 | 如果员工的利益和组织需求不相容时，时间消耗过程导致冲突和错误的决策 |

（续表）

| 策略 | 举　例 | 实施时机 | 问　题 |
| --- | --- | --- | --- |
| 压力管理 | 员工参加一系列会议来讨论他们对变革的担心 | 当沟通、培训以及参与不能充分消除员工的担忧时 | 时间消耗和潜在的成本。一些方法不能为所有的员工减轻压力 |
| 谈判 | 员工同意用能提高安全性的复合性技能替代严格细分的工作类别 | 当员工清楚地从变革中损失一些利益，并且将不能以另外的方式支持新形势时，或者当公司必须快速地进行变革时 | 谈判的金钱成本可能非常大 |
| 强制力 | 公司总裁告诉管理者要么进行变革，要么选择离开 | 当其他策略是无效的，公司需要进行快速变革时 | 强制力能导致更微妙的阻力形式以及长时期的和变革推动的对抗 |

### （二）里维特（Leavitt）的变革模式

美国学者哈罗德·里维特将组织变革的模式解构为以下四个变量。

（1）结构变量：组织的要素之间相互连接的关系、组织的流程与权责体系、管理层次和幅度、沟通状况等。

（2）任务变量：组织存在的使命、组织任务之间具有一定的层次关系和隶属关系。

（3）技术变量：组织为完成目标所采用的方法和手段。

（4）人员变量：实现组织目标的个体、群体、领导人员等。

里维特认为上述四个变量是相互依赖、相互联系的，当其关系较为稳定时，意味着组织系统处于相对平稳、相对均衡的状态；当某一变量出现变动时，必然引起其他变量的改变，并由此打破组织系统的平衡状态。组织变革的过程可以通过有计划地改变某一个或几个变量的方式进行。这种模式把组织看做一个由多种要素构成的复杂系统，其重点不在于找出组织变革的原因，而在于探讨有计划地进行组织变革的方法。里维特提出的这一模式，对制定组织变革的对策和方法提供了一个基本的框架，如图 13-3 所示。

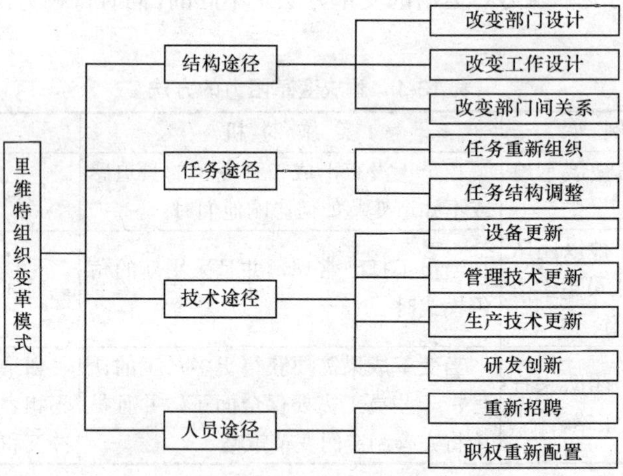


图 13-3　里维特组织变革模式基本框架

### （三）里皮特（Lippit）的变革模式

在勒温的研究基础上，里皮特对组织模式进了拓展，将整个变革过程划分为发现变革需要、明确变革关系、力行变革措施、维持稳定变革、结束协助关系五个阶段。

（1）发现变革需要。在实施变革之前，组织需要明确企业的动作情况，找到运行中的问题所在，掌握哪些方面需要开展变革。

（2）明确变革关系。在变革过程，如果关系处理不当，很容易在变革实施者与被变革者之间产生矛盾，并引发被变革者不配合或抵制。为此，组织应首先明确变革中的各种利害关系，做到事先预防，尽量将抵触风险降至最低。

（3）力行变革措施。即开展实际的变革行为。经过员工的衣食不周与内化作用，会产生新的组织与员工行为，组织变革也就得以成功实施。

（4）维持稳定变革。对应勒温的再冻结阶段，将变革结果制度化为公司整体运营及管理活动的一部分，并保持新组织体系的有效动作。

（5）结束协助关系。当变革推动者完成任务以后，即选择适当时机退出。

### （四）格瑞纳的变革模式

哈佛大学商学院教授格瑞纳在《哈佛商业评论》上提出了他的组织变革模式，如图 13-4 所示。

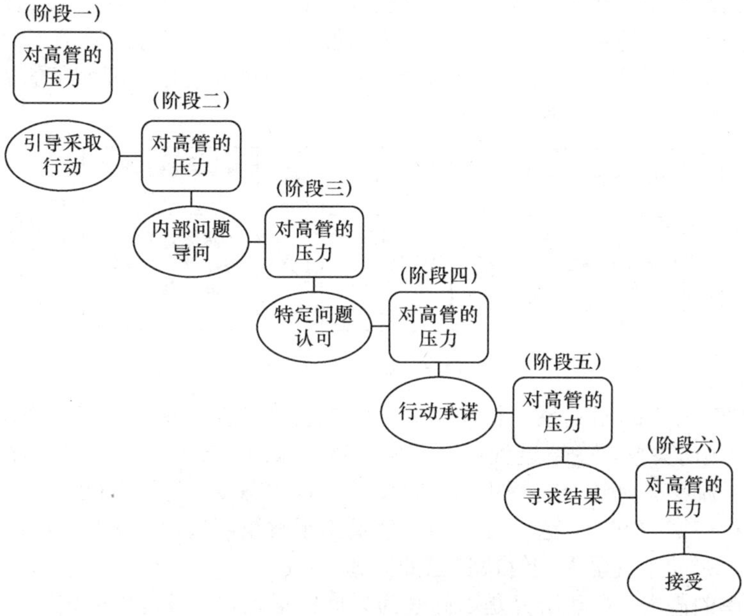


图 13-4　格瑞纳组织变革模式

（1）压力与激励：给高层管理者变革需要的压力并引发其行动。

（2）干预与重新定位：对高层管理者进行干预，并使其对工作方向重新定位。

（3）诊断与认同：组织高层与下层员工共同分析组织问题，并寻求一致认同。

（4）创造与承诺：寻找解决问题的初步构想，并向员工承诺，未来即按照此方案进行变革。

（5）实验与搜寻：通过实验验证初步构想，并努力寻找最后的结果。

（6）强化与接受：对实验后的正面肯定予以强化，并努力使全体组织成员接受。

## 二、组织变革的方法

在现代的市场环境下，组织变革已成为组织发展的常态，组织变革推动者针对不同的变革内容采用了不同的方法进行变革。

### （一）行动研究方法

**1. 内涵**

凯特·勒温在介绍力场分析模型的同时，推荐了一种行动研究的方法来改变流程。行动研究是一种以数据为基础，以问题为导向的过程。这个过程包括诊断变革的需求、引入干涉，然后评估和稳定期望的改变。

变革进程需要以行动为导向，因为最终的目的是引起变革。变革过程也是一个研究学习的过程，变革推动者将一个概念上的结构（如跨部门团队或组织文化）应用到真实的情境中的过程中，管理者需要收集数据来更加有效地诊断组织的问题，并且需要系统性地评估理论在实践中的应用效果。

**2. 过程**

在行动和研究的双重结构中，行动研究方法认为组织存在一些相互依存的部门，因此变革推动者在进行干涉的过程中，会出现希望的结果也可能出现不希望的结果。行动研究是一个高度参与的过程，它是一个开放的系统，不仅需要系统里员工的知识，而且需要员工的承诺。在干涉的过程中，员工本质上既是共同研究者，更是参与者。这个过程包括诊断变革的需求、引入干涉，然后评估和稳定期望的改变，如图 13-5 所示。

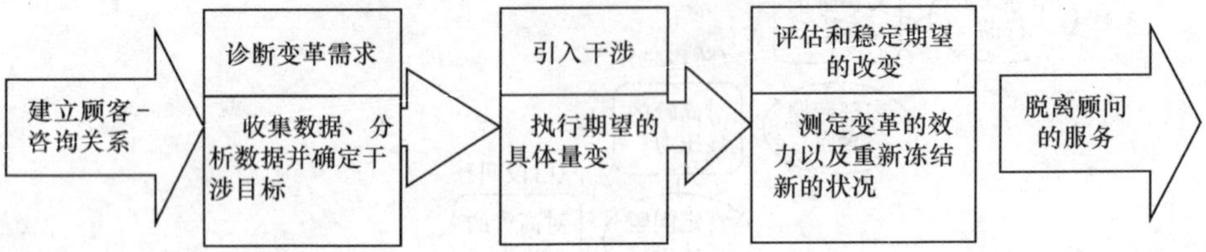


图 13-5　行动研究过程

（1）建立顾客–咨询顾问关系。行动研究通常来自外部变革推动者（如咨询顾问），因此通过形成顾客–咨询顾问关系，变革过程得以开始。咨询顾问需要决定顾客是否愿意接受变革，要了解人们是否被激励参与到这个过程中来、对变革所持的态度、是否有能力完成变革过程。咨询顾问通过采取过程咨询的方法，这个方法通过使员工了解组织过程、这些过程的结果，以及他们能被改变的方法，帮助系统里人们解决自己的问题。

（2）诊断变革的需求。行动研究是以问题为导向的活动，通过对环境进行系统的分析来仔细地诊断问题。通过收集数据、分析数据为变革确定适当的方向，员工参与决定采取的适当变革方法、进行这些行动的时间表和列出获得成功的预期标准。

（3）引入干涉。变革进行过程中，会出现许多问题，在这一阶段就需要采取适当的行动来纠正问题。可以考虑建立更有效率的团队、管理冲突、建立一个更好的组织结构或改变企业文化等。在这一阶段组织要考虑的重要问题是变革是渐进增量式变革还是重大的变革。也就是组织是细微地调整系统并采取小的步骤朝着期望的状态前进；还是系统被精确地、快速地解体检修。

（4）评估和稳定变革。引入干涉变量是为了实现变革的期望状态，但干涉的有效性可能在好几年里都不明显，或者很难与其他因素区分。如果变革获得了期望的结果，那么组织需要稳定这种新形势。奖赏、信息系统、团队规范以及其他形势被重新设计，以便他们能支持新的价值观和行为。

### （二）价值探索方法

行动研究法侧重于组织中有负面影响的、不断变化的群体或部门，而忽略了组织中还具有积极的机会和潜力。而价值探索方法更关注组织的潜力和积极的要素。

#### 1．内涵

价值探索试图打破解决问题的心态。该方法认为组织是有创造性的实体，在这个实体里，人们可以超越个人能力建立协同效应。要对成功事件和获得成功的组织进行探索。价值探索着重强调什么是可能的，进行积极的诱导，使群体能克服这些消极的紧张局势，从而建立一个振奋人心的愿景。价值探索就是把注意力从群体自己的问题和使参加者着重关注群体的潜力和积极的要素上转移开的组织变革过程。

#### 2．发展过程

价值探索的发展过程如图 13-6 所示。第一步是识别被观察事件或组织具有积极意义的要素。这可能涉及评述组织的客户经验，或者与其他组织的员工进行面谈来发现它的基本力量。当参与者讨论他们的发现时，通过想象一个理想的组织什么是可能的，他们转移到想象阶段。

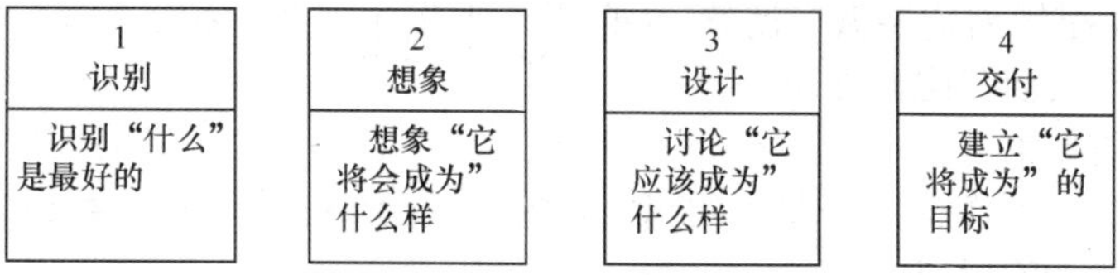


图 13-6　价值探索的过程

当参与者把他们的想象向群体公开时，过程转移到第三阶段，叫做设计。在设计阶段，参与者耐心倾听彼此的模型和假设，最终在团队里形成一个集体性的思考模型。实际上，建立了一个统一的形象，当这模型成型时，群体的成员把他们的注意转回到他们自己的形式。价值探索的最后阶段，是交付。参与者以他们的模型为基础，为他们的组织建立确切的目标和方向。

### （三）并行学习结构方法

并行学习结构是高度参与的安排，由来自组织各级别的员工组成，这些员工都遵循行动研究模型以产生有意义的组织变革。此种组织变革方法是首先由来自组织各层次的员工构成团队，这个团队利用其综合的知识分析、判断组织面临的问题，然后针对问题提出改进的建议。这些团队成员在自己所在的群体中经过一段时间的实践，团队成员再聚在一起，对这些引入干涉后出现的结果进行评论、改进，分析建议是否发挥作用、发挥了哪些作用。

# 第三节　组织变革阻力与对策

## 一、组织变革的阻力

组织变革不可避免地要进行破旧除新，会影响到组织成员的利益和权力的重新分配，影响到已形成的态度体系及习惯做法，因此，组织变革有可能会受到的抵制。抵制力来源主要有个人因素、组织因素及社会性的因素等。

### （一）个人性的阻力

#### 1. 职业心向对变革的障碍

职业心向是指经常性的工作和从事的职业，容易使员工形成心理上的定式。对工作产生一定程度的依赖感。在变革过程中，新的工作、新的技术与方法、新的组织同员工原有的职业心向发生冲突，会产生心理压力和负担，进而导致情绪，阻碍变革。

#### 2. 保守心理的障碍

在长期不变的环境中，人们容易产生保守心理，而具有保守心理的人往往迷恋传统，并以此为借口去反对变革。

#### 3. 嫉妒心理的障碍

嫉妒是一种心理上的病态。具有嫉妒心理的人对变革推动者取得的成绩心怀不满，常用流言蜚语攻击变革者，中伤变革者。

#### 4. 求全责备心理的障碍

变革是一个新生事物，是一个渐进的过程，开始可能并不完善。有的人常用机械主义的观点，对变革百般挑剔，横加指责。

#### 5. 人际关系变动的障碍

当组织变革时，组织结构要做出调整，人际关系要发生变化，使人的地位与权力也随着变动，会产生不安全的心理反应，阻碍变革。

#### 6. 经济原因的障碍

人们特别关心变革对个人经济收入的影响，如果变革造成了部分人直接或间接的收入降低的话，就会出现抵制变革的现象。

### （二）组织的阻力

#### 1. 组织结构的障碍

组织结构的改变会对整个组织系统产生影响，因而来自组织结构的阻力对组织变革的影响也是很大的，尤其是实行典型的等级制组织结构的组织。组织的等级层次多，上下层信息的沟通按特定的渠道进行。当要求变革的意愿触犯了组织中某一层次人员的利益时，反映变革意愿的信息便往往受到阻滞。

#### 2. 组织气氛障碍

组织气氛的优劣直接影响着组织的生存和发展。良好的组织气氛是组织赖以生存与发展的心理基础。如果没有良好的组织气氛，任何变革都将失去广大的组织成员的理解与支持。

#### 3. 组织规范的障碍

任何一个群体要维持自己的生存，都会在群体中形成一致的价值观、共同的态度和行为规范，以保持群体成员一致的行动。组织变革有可能打破群体的平衡状态，因而会遭到群体的反对。

#### 4. 资本限制的障碍

任何企业想维持现状或继续发展，都离不开一定的资本作基础，没有足够的资本，企业不可能生存、发展。组织变革的过程中一定程度上受到资本的限制。

### （三）社会性的阻力

#### 1. 缺乏变革的社会环境的障碍

社会的政治环境与经济环境都影响着组织变革的决策，影响着组织的变革方向和变革力度。

良好的社会环境是企业变革的动力，不良的社会大环境则会阻碍企业的变革。

**2. 相关系统不同步或相抵触的障碍**

组织变革与发展不可能是封闭的，与原系统配套的变革措施是否完善，对组织的变革会产生直接的影响。

## 二、克服组织变革的阻力

**1. 进行力场分析**

“力场分析方法”是由勒温创造的，他认为变革遇到阻力时如果用高压手段，可能一时会平息反抗因素，但反抗者会积聚力量，卷土重来。因此他主张把支持变革和反对变革的所有因素采取力场方法排列，分析比较其强弱程度，然后采取措施，增强支持因素，减弱反对因素，促使变革的顺利进行。

**2. 让组织成员参与变革**

让组织内的上下级所有人都不同程度地参与变革的全过程，共同商讨变革的必要性，制造变革的目标及实施办法等，当人们参与某项活动时，就会产生责任感，参与的程度越深，承担责任的压力也就越大。这样可使下级人员由被动等待的心理状态转变为主动进取的姿态。这是减少变革阻力最有效的措施之一。

在不同的情况下，组织成员参与组织变革的效果是不同的。实践表明，以下方式的成员参与效果相对较好。

（1）领导者对变革要有足够的决心、信心和诚意，并勇于承担责任。这样领导者便能得到群众的信任，群众也会充分发挥自己的想象力和创造精神。

（2）领导者要认真听取下级的建议。如果领导者事先已确定了变革的方案，再让下级讨论，下级是不愿意提出有价值的建议的。

（3）在参与讨论变革的各类人员中，要包括不同层次和不同专业的人员，如工程技术人员、营销人员、生产人员等。

**3. 利用群体动力**

组织行为学家主张通过群体动力克服对组织变革的抵制，主要内容有以下几方面。

（1）利用有威信的变革推动者。组织变革要求有一个或更多的变革推动者，他们要有渊博的知识和足够的权力，并且使变革更容易贯彻实施。变革推动者可以是变革型领导者、实施型领导者和来自组织内部或外部的咨询顾问等。无论哪种类型的变革推动者，他们必须在组织中享有足够的威信，能够对组织成员产生较大的影响力。

（2）利用群体目标。群体中的共同目标对其成员的态度、价值观和行为有极大影响。在变革中，领导者应该充分利用群体目标的影响，把变革的目标与群体目标紧密结合起来，以改变成员不利于组织变革的态度、价值观和行为倾向。

（3）形成共同的认知。有些组织成员反对变革，主要原因是对变革的目的、意义不了解。组织要通过各种途径使组织成员了解变革的目的，使组织成员树立创新观念，形成与组织一致的看法。

（4）造成强烈的归属感。在组织中努力培养组织成员对组织的认同感，使组织成员把组织当成是自我生存和发展不要缺少的条件，从而使他们把组织的变革看成自己的事情。

（5）注意群体规范。组织在发展的过程中已形成了特定的群体规范，而变革又会产生新的规范，要注意变革前后群体规范的联系，新的群体规范与原有的群体规范差别太大或相背，就会遭到群体的强烈抵制。

**4．对变革成果进行强化**

变革的过程中，为了减少阻力，组织可以对变革成果进行积极的或消极的强化，以顺利推进变革。组织要对变革过程中涌现出来的创新人物和创新行为进行及时的表彰、奖励、委以重任等进行积极的强化；对于组织中有些重要人物、工作小组或部门，要进行正式谈判，必要时进行一定的妥协；对于一些已影响到变革开展的人员，组织就要进行消极的强化——利用行政强制力，对员工进行改换工种、开除、改变薪金、不给予提升等。

# 第四节　企业间关系下的组织变革

## 一、企业间关系对组织变革的要求

随着组织资源整合范围由内向外的拓展，外部协作成为组织运行中的重要力量，组织经营管理过程中要更多地考虑到外部关系性组织，为此，企业在进行组织变革的过程中，必须与相关企业在沟通、战略、流程、文化、行为等方面进行协同变革。

**1．企业间战略的同一性**

在现代企业的发展中，企业与相关企业间的关系已不是简单的交易关系，而是要始终保持企业间的协调与对接，以实现彼此战略之间的相互联结与依存。企业与相关企业间战略的同一性，要求企业与相关企业建立更深层次的关系结构模式。这一结构模式会随着行业和企业发展状况的不同而有所区别，主要有交易耦合关系、权力科层关系、协同网络关系等。

（1）交易耦合关系下的战略同一性。交易耦合关系意味着企业间没有高昂的基础投资，关系性企业间是建立在声誉与信任基础上的长期友好交易关系。在战略的构成方面，企业间的战略同一性侧重于业务范畴的同一性，即合作双方不会轻易改变业务范畴，始终保持企业间协调与对接。

（2）权力科层关系下的战略同一性。权力科层关系即企业之间形成了类科层的权力关系，核心企业尽管不对非核心企业控股，但仍然能够通过权威或价值高端地位对非核心企业形成重要影响。在业务范围方面，核心企业与非核心企业之间的业务可以实现很好的对接，非核心企业可以在现有业务上始终保持附属地位；在成长方向方面，核心企业与非核心企业之间始终保持发展的同步和同向，非核心企业不能通过转变方向或市场逃离权力科层关系；在战略方针方面，核心企业与非核心企业能够在思想上形成高度统一，也更便于核心企业的战略控制。

（3）协同网络关系下的战略同一性。协同网络关系即企业之间不再局限于整合效率的提升，而是更多地聚焦于协同价值的创造，使企业间关系表现出协同网络化的特征。从战略的构成来看，协同网络关系更强调战略方针、战略对等思想、方法层面的同一性。企业间发展协同网络关系，其根本目的是为了知识的创造。知识创造的行为不受业务类型的约束，只要企业间的业务范畴不存在太大偏差，企业可以在知识创造上与合作伙伴形成联合。

**2．企业间沟通的有效性**

随着企业间关系的不断发展，企业越来越依靠外部资源与能力发展自身实力，企业内部的很多业务也逐渐向外部转移，企业之间已超越了传统的交易关系，转而向更加深入、更加密切的伙伴关系发展，企业间的沟通成为企业间关系中的重要内容。在有效的外部沟通下，企业能够更好地与关系性企业开展合作，推动企业间多层面、多角度的资源与能力融合。当企业面临外界环境发展的威胁时，有效的沟通能够找到有效的化解路径；在企业之间出现合作障碍时，有效的沟通能够有利于消除障碍、推进合作。

企业间的有效沟通推动了信息交换，使企业信息能够成倍放大，强化企业对市场和行业发展的掌控，但在实践的业务活动中，由于缺乏统一的行政职权关系，企业很难对外部合作企业进行权力干预，企业间沟通很容易出现障碍，为此，企业需要通过组织变革来完善跨企业的沟通机制。

**3．企业间流程的协调性**

企业间关系超越了一般的市场交易关系，形成了企业之间在战略、流程、资源等多个层面的对接。企业不再仅仅局限于将生产好的产品卖到外部其他企业中，或者从外部其他企业接收原材料或半成品，而是与外部企业协作以共同完成产品的生产，在分工与流程上进行广泛的合作与协调。

从企业组织模式由一体化向模块化发展来看，生产流程实际上是从一个大企业内部的集聚向多个企业分散，不同的企业共同承担着原本属于一个企业的生产流程。现在越来越多的公司只专注于核心业务，而将非核心业务全部外包给外部合作企业，这就要求与外部相关企业进行流程上的协调。

企业间流程的协调能够强化彼此之间的关系，使企业之间能够更加紧密地联系在一起，从而能够更有利于在业务交流上达到一致。同时，企业间流程的协调还能够为企业和合作者带来成本节约，优化跨企业的流程，实现各方的利益。

**4．企业间文化的整合性**

企业间变革的发展，不仅是有形要素及组织结构的安排，而且为了有效达到有形要素及组织结构的优化，更要加强文化的融合。为此企业要在彼此的文化中找到契合，以消除企业间的文化差异与冲突，推动企业间文化融合与共生。

（1）企业间文化中的文化差异与冲突。企业间关系的发展有可能会引起不同企业文化之间的碰撞。一般来说，不同的企业之间，由于所处的大文化和核心价值观的不同，其文化差异也比较大。企业文化也受地域文化和民族文化的影响，包括企业员工的心理、感情、行为等多方面都会打上地域或民族的烙印。另一方面，即便是处于同一地域、同民族的两个企业，其文化也存在很大的差异，因为在地域和民族文化的影响之外，企业还有其独特的核心价值，这种核心价值观可能与领导人的个人品质与追求相关，也可能是企业长期发展而逐步形成的。企业间文化差异，在合作中很可能演变为文化冲突。企业总是习惯于按照自己的文化和价值观行事，对于外来文化则采取抵制的态度。因此企业间文化的差异会成为企业间协作的障碍。

（2）企业间文化的融合。企业间在合作的过程中，要善于找到双方文化契合点，正确对待双方企业文化的差异，增加沟通，努力缓解文化冲突，由浅入深地实现企业文化的融合。一般来说，企业在合作之初就与对方建立一套较为完善的文化整合机制，使企业对异己文化保持接纳吸收、兼容并包蓄、交流互补、共存共赢。随着合作的进行，企业之间在文化上必然还会存在不协调甚至是激烈的冲突，企业需要采取一些手段来解决矛盾。

## 二、企业间关系下组织变革措施

**1．企业间关系下的战略变革措施**

战略变革是一个综合性的议程，它推动着组织从现在的战略和组织设计向期望的战略方向前进。企业战略变革在企业间关系背景下，首先需要与关系性企业形成共同式反应，在此基础上开展跨组织发展变革。

（1）企业间战略的共同式反应。在现代市场环境下，为了应对外部环境的不确定性和对环境的依赖性，企业间的合作日益频繁。企业间一般通过竞价、合同、合作、合资、联合、战略联盟等形式，加强企业间的相互依赖，以此来控制环境的不确定性。以实现大规模的研究和发展时的资源共享、分散创新风险、集中不同领域的专家解决复杂的高难度问题、克服国外市场的进入壁垒。

（2）跨组织发展（TD）。跨组织确定性发展是战略变革计划的一种形式，旨在帮助组织与其他组织发展共同战略或合作战略。跨组织发展不仅可以帮助企业分担战略风险，迎接不确定性的挑战，而且能够共担成本、共享资源，在生产、研发、市场开拓等方面能够创造独特的协同优势。跨组织系统趋向于非集中化，成员之间是一种松散的耦合关系，领导权仍然保留在各独立的组织中，并没有被等级式地集中起来；成员之间尽管协作关系较为紧密，但并不存在直线命令。在共同经营的同时，各组织仍然保持产权与决策的独立性。

跨组织发展的实施可以分为确认阶段、会议阶段、组织阶段、评价阶段四个阶段，如图 13-7 所示。

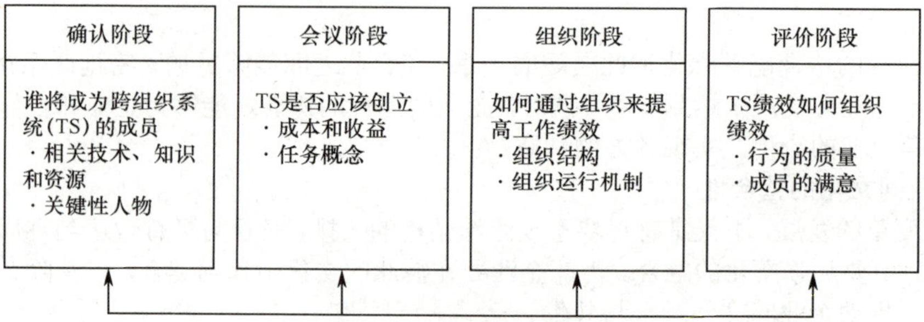


图 13-7　跨组织发展的实施过程

1）确认阶段。即确定跨组织系统的潜在成员企业，也就是要找到最适合实现组织目标的潜在合作伙伴。该阶段要明确：一是确定一个或几个跨组织系统的发起成员；二是由发起者按照标准选择跨组织系统的后续成员企业；三是在确定成员的过程中考虑政治、环境要素的影响。

2）会议阶段。一旦确定了跨组织系统的成员企业，就开始进入会议阶段，该阶段用以明确跨组织系统的可行性。跨组织系统成员共同探讨跨组织系统的构建问题。

3）组织阶段。当会议阶段确定了跨组织系统构建的决议，就开始进入组织阶段。这一阶段，需要跨组织系统的组织结构和组织运行机制。组织结构要有利于组织之间的有效沟通与协调，特别是任务的合理分配与协作。组织运行机制要确保跨组织系统的有效运作，在激励与惩罚、协作的规则等方面应有明确规定。这一阶段界定了跨组织系统如何运作的清晰战略，同时，能够帮助成员企业了解跨组织系统的竞争优势以及达到目标所必须完成的任务。

4）评价阶段。跨组织系统变革的最后一个阶段即评价跨组织系统的动作效率。根据实现确定的指标、成员企业反馈的信息以及系统的最终绩效，综合评价跨组织系统的运行情况，并对每个成员企业的业绩进行评定。由此，不仅能够激励成员企业在关系中不断努力的投入，而且可以指导下一轮的企业间合作。

**2．企业间关系下的沟通变革措施**

为了达到与合作伙伴有效沟通的目的，企业间必须建立一套有效的沟通机制。总的来说，企业可以通过以下手段来实现。

（1）在企业内部建立专门的部门，以负责企业间沟通合作。企业间的沟通需要有一个固定的机制，一旦合做出现问题，企业应知道跟对方的哪个部门进行协商沟通。一般的做法是，在企业中设立一个专门的关系管理部门，以管理协调外部合作关系，推动企业间的有效沟通。

（2）建立跨企业的沟通团队。企业之间直接成立项目合作团队，也能够很好地实现彼此之间良好沟通。企业间合作人为联结合作企业双方的纽带，能够有效传达合作各方的信息与态度，形成企业间的真正融合。企业间关系中的任何问题都能够通过合作团队传递到合作双方，双方在决策层形成反应后反馈到合作团队，再经合作团队协商消化，整个协作与沟通过程显得顺畅而有效。

（3）搭建信息沟通平台。随着信息技术的发展，信息平台越来越成为企业沟通的有效途径。在企业内部，信息平台已成为不可或缺的沟通工具，网络沟通、视频会议、电邮通信等方式成为企业成员之间沟通的重要渠道。同样，在企业间接合作中，信息平台也能够起到相同的作用。利用信息平台，企业可以保持与关系性企业的即时有效沟通，这不仅提升了沟通的速度，也使得沟通更加顺畅，很多在现实中难以表达的问题，都可以通过信息平台表达出来。

**3．企业间关系下的流程结构变革措施**

企业间要想实现流程的协调，必须对原有流程进行重大变革。

（1）基于流程的跨企业管理。即建立跨企业流程组织，把企业间接协作建立在单个或少数几个核心流程上，如产品开发、顾客支持等。跨企业流程的组织能够提高协作效率，快速适应环境的变化，提高顾客的满意度。基于流程的结构更加强调企业间的横向协调关系，企业间接的业务协作主要通过由双方共同组建的流程组织予以完成。通过跨企业流程组织，在企业间建立一种固定的、深入协作的有效机制，使企业间的协调更加直接、便捷。对于单个企业来说，跨企业流程在整个企业中占据重要地位，甚至可能是整个企业流程的重要支撑，如核心技术研发的跨企业流程组织。

（2）基于网络的结构。即一些相互独立的业务过程或企业等多个伙伴以信息技术和通信技术为基础，依靠高度发达的网络将供应企业、生产企业、消费者甚至竞争对手等独立的企业或个体组成暂时性联盟，每一个伙伴各自在设计、制造、分销等领域为联盟贡献出自己的核心能力，并相互联合起来实现技能共享和成本分担，以把握快速变化的市场机遇。

基于网络的结构是一种企业动态联盟组织形式，企业在组织结构上突破有形的界限，虽有生产、营销设计、财务功能，但企业体内却没有完整地执行这些功能的组织，仅仅保留最关键的功能，而将其他功能虚化，通过各种方式借助外力进行整合弥补，在竞争中最大限度地利用企业有限资源。

基于网络的结构如图 13-8 所示，这一结构具有如下特征。

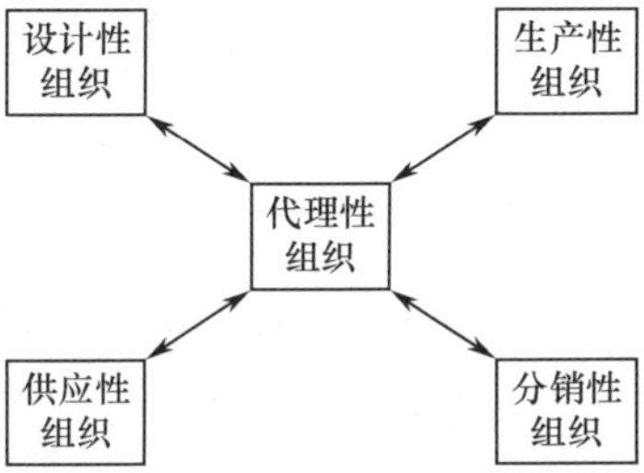

图 13-8　基于网络的结构

一是纵向职能分散化。即把组织的一些业务职能——如设计、生产、营销等独立出来，成为独立的企业，每个企业承担一个职能。这种方式提高了职能分工的专业化水平，强化企业资源利用中的规模效应。

二是组织形态的中间化。基于网络的结构往往不是由单个独立的企业承担管理，也不是完全交由市场自发协调，而是存在一种介于企业和市场之间的中间形态。这一中间形态扮演着核心角色，进行生产服务的转包，专门负责把各独立企业组织起来进行协调生产与运作。

三是有效的协调机制。基于网络的结构中，既不是利用行政组织或计划进行控制，也不是完全利用市场进行协调，而是依赖企业间关系进行合作中的沟通与协调。尽管企业间有正式契约进行相互约束，但正式契约并不是企业间协调的主要手段，信任和默契才是维持企业间有效运作的重要机制。

**4．企业间关系下的文化变革措施**

企业间关系背景下，实现两个企业的文化融合，需要完成以下三个方面的整合。

（1）企业间价值观整合。处于合作中的企业，彼此的价值观不可能相同，甚至可能出现价值观完全相反的情况，此时，价值观会成为约束企业间深度合作的不利因素。在企业间关系的发展过程中，为了更好地整合彼此的文化，必须对二者的价值观进行整合。价值观的整合是在彼此价值观的基础上，尽量提升现有价值观之间的融合性，使彼此之间的价值观能够相容，使企业间关系中的行为方式与认知模式得到合作双方的认同。

（2）企业间人与人的整合。企业间关系的发展使得合作企业之间形成了一个新的中间组织，来自不同企业的员工需要在这一中间组织中共同努力、彼此协作，此时的员工关系中彼此没有归属感和依赖感。在合作初期，不同企业的员工之间甚至可能出现彼此怀有戒心的情况。此时，会给企业合作带来诸多不利。

为推动企业间员工的有效合作，需要对企业间的不同员工进行思想和观念上的整合。应强化合作员工的团队意识。让员工了解到跨企业合作也是企业重要的业务内容，并且合作业务是团队业务，需要团队成员的协调努力。如果条件允许，尽可能让员工参与到整个合作的认证、策划与实施中来，让员工了解到合作的战略意义。

（3）企业间人与物的整合。企业间的合作即是员工的重新组合，也是资源的重新整合，企业员工会涉及对新资源的使用和操作。人与物的搭配并不仅仅是操作性的问题，也是一个文化的问题。员工如何开展工作，如何配置资源，都会受到企业文化的影响。由此，企业间文化变革中，也需要对来自不同企业的员工与资源进行有效的整合。必须加强企业间员工的沟通与学习，不仅让对方员工更好地使用企业资源或设备，而且向对方员工传授有关资源配置、产品研发等方面的知识，使人与物能够浑然一体。

# 第五节　创建学习型组织

## 一、学习型组织的起源

当今世界上所有的企业，不论遵循什么理论进行管理，主要有两种类型，一类是等级权力控制型，另一类是非等级权力控制型，即学习型企业。等级权力控制是以等级为基础，以权力为特征，对上级负责的垂直型单向线性系统。控制型企业管理在工业时代前期发挥了有效的作用。但在工业经济后期，尤其是进入信息时代、知识时代以后，这种管理模式越来越不能适应企业的发展。学习型组织理论就是在这样一个大背景下产生的。

学习型组织最初的构想源于美国麻省理工大学佛瑞斯教授，他在 1965 年发表了一篇题为“企业的新设计”的论文，运用系统动力学原理，非常具体地构想出未来企业组织的理想形态——层次扁平化、组织信息化、结构开放化，逐渐由从属关系转为工作伙伴关系，不断学习，不断重新调整结构关系。这是关于学习型组织的最初构想。

彼得·圣吉是学习型组织理论的奠基人。他在 1990 年完成其代表作《第五项修炼——学习型组织的艺术与实务》。他指出现代企业所欠缺的就是系统思考的能力。它是一种整体动态的搭配能力，因为缺乏它而使得许多组织无法有效学习。他提出一套使传统企业转变成学习型企业的方法，使企业通过学习提升整体动作“群体智力”和持续的创新能力，成为不断创造未来的组织，从而避免了企业的“夭折”和“短寿”。该理论的提出，标志着学习型组织理论框架的基本形成。

## 二、学习型组织的内涵

学习型组织是一个不断发展其适应变革能力的组织。通过培养弥漫于整个组织的学习气氛、充分发挥组织成员的创造思维能力而建立起来的一种有机的、高度柔性的、符合人性的、能持续发展的组织。

正如组织内个体要不断学习，不断充电，才能不断提高工作能力，组织亦然，不断的学习，才能使组织具有高于个人绩效总和的综合绩效，才能维持生存和发展的基本条件。

**1．学习型组织的基础——团结、协调及和谐**

组织学习普遍存在“学习智障”，个体自我保护心理必然造成团体成员间相互猜忌，这种所谓的“办公室政治”导致高智商个体组成的组织群体反而会出现效率低下的情况。从这个意义上说，领导的团结、组织上下的协调以及群体环境的民主、和谐是建构学习型组织的基础。

**2．学习型组织的核心——在内部建立完善的“自学机制”**

组织成员在工作中学习，在学习中工作，学习成为工作新的形式。

**3．学习型组织的精神——学习、思考和创新**

学习是全员学习、团队学习；思考是系统、非线性的思考；创新是观念、制度、方法及管理等多方面的创新。

**4．学习型组织的关键特征——系统思考**

只有站在系统的角度认识组织、认识组织的环境、认识组织与社会其他系统的关系，才能促进组织的不断发展。

## 三、学习型组织的特征

**1．组织成员拥有一个共同的愿景**

组织的共同愿景，来源于成员个人，而又高于成员个人的愿景。它是成员共同愿望的景象，是共同的理想。它能使不同个性的人聚焦在一起，朝着组织共同的目标前进。人们弃个人、部门利益，为实现组织的共同愿景一起工作。

**2．组织由多个创造性团队组成**

在学习型组织中，团队是最基本的学习单位，组织的目标都是直接或间接的通过团队的努力来达到的。

**3．善于不断学习**

善于不断学习是学习型组织的本质特征。一是强调“终生学习”，树立终生学习的理念，养成在工作中不断学习的习惯；二是强调“全员学习”，组织的决策层、管理层和操作层的成员都要全心投入学习；三是强调“全过程学习”，学习必须贯彻于组织系统的整个过程之中，一个学习型组织不应该是先学习然后进行准备、计划、推行，应强调边学习边准备，边学习边计划，边学习边推行；四是强调“团体学习”，强调组织成员的合作学习和群体智力（组织智力）的开发。

**4．组织的边界将被重新界定**

学习型组织边界的界定建立在组织要素与外部要素互动关系的基础上，超越了传统的根据职能或部门划分的“法定”界限。人们之间可以跨越纵向和横向界限真诚坦率地沟通。

**5. 自主管理**

自主管理是使组织成员能边工作边学习，并使工作和学习紧密结合的方法。通过自主管理，组织成员能自己发现工作中的问题，自己选择伙伴组织团队，自己选定改革、进取的目标，自己进行现状调查，分析原因，制定对策，组织实施，自己检查效果，自己评估总结。团队成员在自主管理的过程中，能形成共同的愿景，能以开放求实的心态互相切磋，不断学习新知识，不断进行创新，从而增加组织快速应变，创造未来的能力。

## 四、学习型组织的创建

建设学习型组织涉及包括组织行为学、领导学、心理学、信息科学等在内的多学科的交叉融合。主要内容有：愿景构建、团队建设、知识网络建设、建立以地方为主的组织架构。

**1. 愿景构建**

学习型组织构架的核心是愿景构建。愿景概括了组织的未来目标、使命及核心价值，是组织哲学中最核心的内容，是组织希望最终实现的图景。它始终为组织指明前进的方向，指导着组织的经营策略、生产技术、薪酬体系甚至商品的摆放等所有细节，是组织的灵魂。

**2. 团队建设**

学习型组织的基础是团队建设。团队是从工作群体发展而来的，团队是学习型组织的基本工作单位和学习单位，是学习型组织目标的实体。在学习型组织的团队运作模式中，团队是学习型组织架构的关键，因为传统的不同的职能部门的职责被转移到学习型组织的团队当中去了，并在学习型组织中发挥团队的效能，从而达到组织的目标。

团队建设的构成要素包括：理解平台、共同的愿景、团队的氛围、独有的见解、面对挫折的复原力、网络激活剂、有效率的学习、领导者的新角色等。

**3. 知识网络建设**

学习型组织构架的条件是知识网络建设。学习型组织是建立在现代信息技术的基础上的，知识流是学习型组织中的血脉。要实现知识的共享，就需要在学习型组织的构架中运用现代信息技术来实现知识的无缝整合、系统存取，创造知识分享的文化。知识网络的建设主要应从营造知识共享氛围与导入知识管理系统两方面进行。

（1）营造知识共享氛围。在学习型组织中推行知识网络建设可以构建知识资讯网，通过组织内知识社群的运作，强化知识共享的文化与行为规范，促使员工归集、存取、分享与应用知识。

（2）导入知识管理系统。在学习型组织中，知识流贯穿于学习型组织的各个团队、领导层等，这就要求组织内部进行有效的知识管理。知识管理的导入推行的过程如图 13-9 所示。

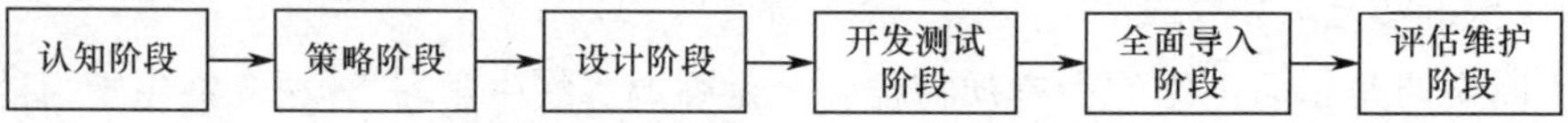


图 13-9　知识管理系统

知识管理系统的导入过程如下。①认知阶段。需要搞清组织内部为何要导入知识管理，在如何导入知识管理的问题上达成共识。②策略阶段。需要确定知识管理系统建构的发展蓝图，确定组织内适合的知识社群，确定对社群具有价值的知识。③设计阶段。需要分析知识蓝图规划及愿望属性，设计知识管理运作流程，规划系统开发软硬件需求，规划知识社群运作机制并确定咨询系统运作所需要的能力与功能。④开发测试阶段。需要开发知识管理系统并进行系统测试。⑤全面导入阶段。需要进行相应的使用者培训并进行已有知识的导入。⑥维护阶段，强化知识社群的运作，在系统中持续进行知识上传管理、资料库品质管理、文化内容归类管理、使用者登陆管理以及知识分享的宣传。

**4．以地方为主的组织架构**

“地方为主”就是决策权往组织的下层移动，尽最大可能让“当地角色者”面对所有的管理问题。

（1）学习型组织采用地方为主的原因有以下几点。第一，只有当组织成员对自己的行动有真正的责任感时，学习的速度才最快。第二，地方为主的组织架构是知识经济时代对组织结构的本质要求。知识经济时代，知识是一种主要的资源。知识的健全对组织构架有重要影响。第三，学习型组织中充满着自我实现的高素质团队，这些高素质团队为“地方为主”的架构创造了基础。第四，团队修炼的种种方法可以帮助以地方为主的团队的领导和领导层之间形成协调和平衡的机制。第五，以地方为主的组织架构中，工作主要由一些跨职能的工作团队来完成，具有不同专业知识的员工形成不同组合的团队，几乎不用什么正式的上级监督。

（2）学习型组织架构的运作措施有三点。

1）知识库的建设。学习型组织架构的核心在于创建知识库，就是使组织的不同团队能够获得不同的技能和能力，拥有不同的核心技能，即在各自领域中，甚至某个单项技术上有专长，并且不同团队在合作中能够创造新的能力。知识库的建设必须上升到战略的高度。一个简单的知识库可以帮助组织在有限的业务领域内建立新的技能，这表现出来的是一种战术方法。而当一个组织同外部的顾客、供应商、劳动力组织、大学和其他组织之间建立大批的知识库，并且彼此加强合作，互相促进，支持组织的长远目标，这时的知识库才是组织的竞争优势。

2）运用并行工程。学习型组织架构以团队为运作模式。在现代信息技术的基础上，学习型组织的运用应采用并行工程的方式，即一个项目的分解不是按照时间顺序以串行工程为基础建立开放式的子系统，而是分解为工作模块，让拥有不同技能的团队来完成。

3）推行对员工的激励。在学习型组织架构的运作中，首先，应同时满足个人、团队、组织的需要，从而使他们发挥出最大效率，同时也要推行对员工的激励。其次，学习型组织架构切实地提高了员工个人的机会、职业规划和组织的内在价值。在学习型组织架构中，团队是组织运作的基本模式。每个员工是团队的一分子，对员工的激励方式可以是把一个员工分配到具有交叉职能的团队中，丰富其工作内容。

总之，学习型组织的建设是一个动态的过程。当然，学习型组织架构也不是一成不变的，建设学习型组织的不同阶段会有很大的差异。面对复杂多变的环境，组织只有不断的创新，才能突破自我成长的上限，获得可持续发展。

## 课后思考题

1．组织变革的内涵是什么？

2．组织变革的动因是什么？

3．组织变革包括哪些模式？分别包括哪些内容？

4．组织变革的阻力因素有哪些？如何克服组织变革的阻力？

5．组织关系下组织变革的措施有哪些？

6．创建学习型组织的方法有哪些？

## 案例分析

### 安邦会计公司的组织变革

安邦会计公司成立于20世纪80年代末，是一家合伙制的会计公司。通过合并另两家较小的会计公司，安邦会计公司的规模得到了迅速发展，公司人数达到了130多人，其中有注册会计师资格的达到77人，成为该省的四大会计公司之一。

同其他一些较大的会计公司一样，安邦会计公司的业务也从单纯的审计业务拓展到税务、商务咨询等领域。而且随着竞争的加剧，公司对营销措施也越来越重视。如今，公司能够为市场提供多样服务以满足市场需求，而委托业务和营销则成为公司获得成功的两大要素。

安邦会计公司的客户群非常广泛，其中既有国家500强企业，也有一些名不见经传的中小企业。公司为各行各业的各种公司提供了多方面的会计服务。

安邦会计公司原来的组织结构可以分为两大块：委托服务部和支持部。委托服务部根据所提供服务的不同分为审计、税务、商务咨询等三个子部门，而支持部也分为人力、营销、财务三个子部门。其中委托服务部、支持部和六个子部门的负责人均由合伙人来担任，公司的主任会计师李栋也是合伙人之一。

这种组织结构在公司内已运作了五年，曾经大大地促进了公司的发展。然而，面临20世纪90年代以来的激烈竞争，这种组织结构显得有些跟不上形势了，主要表现在以下几个方面。

第一，企业的合伙人已经将公司业务的营销视为公司发展的一大支柱，然而在现有组织结构中，营销部、人力资源部等对业务工作的支持还不太令人满意，业务部门与营销部门两者之间的沟通协调不足。业务部门本来需要营销部门的宣传活动，需要其为发展客户做些有成效的工作，但营销部门对业务部门的工作并不是非常了解，他们的活动只限于对公司的宣传，而对于具体的业务又显得知之不多。

第二，与公司服务相关的市场和整个经济状况，使得审计和会计市场竞争日趋激烈。而原有的客户也对公司的业务更加挑剔，要么抱怨报价太高，要么要求审计等业务质量再精益求精。

第三，公司的合伙人会议决定，要进一步增强业务的市场地位。这实际上主要也是要求营销等支持部门的工作要加强。

公司的主任会计师李栋认为，授权将增加公司的工作效率，而现在的组织结构，大量的日常事务都得由他来负责，这对于公司长远的发展是不利的。另外，李栋认为，实行矩阵结构可以使得支持部门的工作更深入地参与到业务部门的工作中来，更好地为业务部门服务。而且项目小组可以营造协同工作气氛，可以提高工作热情和增强团队合作精神，从而可以为顾客提供更好的服务，也可以更有效地开拓市场。

在审计部，集中了公司一半的员工，业务量比较多，部门主管不堪重负。而其中员工开展工作的竞争气氛也不浓，不利于提高效率。因而，在征得其他合伙人的同意后，李栋成立了以自己为核心的组织结构转换中心。中心的成员有：人力资源部经理，一位合伙人代表，外加一位会计师。中心成员对公司现在组织结构存在的问题的看法比较一致，然而，在建立怎样的新组织结构问题上，众人的认识出现了分歧。合伙人代表认为实行直线职能制的组织结构比较合适，而李栋和人力资源部的经理则认为矩阵结构更为合适，会计师则不置可否。最终，李栋摆出矩阵结构的种种益处，认为这才是增强营销、财务、人力部门更有效支持的最佳方法，并最终说服了另两位代表。在合伙人会议获得通过后，安邦会计公司组建了新的组织结构。

新的组织结构撤销了委托服务部主管和支持部主管两个职位，而将原来的委托服务部划分为不同的项目部，其中包括原审计部一分为三后的三个项目部，另外将支持部的三个职能子部门独立为三个职能部门，但职能部门需要派人员参与公司的项目作业。在项目部门时，职能人员要同时接受项目经理和原职能部门经理的领导。在项目完成后，职能部门的人员回到原部门，接受新的安排，而原项目组则会投入到下一个项目中去。五个项目经理和三个职能经理都由合伙人来担任。

新的组织结构之所以要将委托服务部一分为三，主要是考虑到原来业务部人员过多，业务量又比较多，而分成三个部门后有利于部门之间相互督促形成竞争的气氛。另外，虽然看起来向李栋汇报的人增加了，但由于李栋给予职能经理和项目经理充分的授权，因而他们需要请示的只是一些重大的问题，这与原来那种事事均需向李栋请示的做法形成了鲜明的对比。

另外，公司规定，将项目部门人员的收入同其利润指标挂钩，希望以此能调动项目人员的工作积极性，最后，让职能部门的人员参与到项目中，是为了让其能更好地为业务部门服务。比如，营销人员参与到项目部中，可以深入地了解企业的项目与服务，帮助项目部设计适合的营销战略，为其开拓新的客户；财务部门人员的参与，可以使项目的进行获得及时、充分的财务支持，也便于考察项目部的经营绩效；人力部门人员的参与，是为了给不同项目配备合适的人员，或进行人员掉换，同时承担一定的培训任务。

然而，公司新组织结构的运行似乎并不如李栋想象中那么美妙。为了对组织变革的成效进行考核，结构转换中心对公司从上到下几乎每个员工都进行了访谈和问卷调查。调查显示，30%的人赞同组织的这次变革，27%的人持反对意见，而43%的人则认为无所谓。下面是一些具体的评述。

一位项目经理认为："职能部门，特别是营销部门的参与将有助于我们市场的开拓，但会计师与营销人员如何相处是一个问题。"

另一位经理说："过去主任是我们的指挥官，现在这种情况不存在了，我感到无所适从了，而且我不明白我现在的角色究竟是什么。"

一位会计师说："对于我而言，我觉得改组没必要，主任不必为此而搞得天翻地覆。"

一位营销人员反映："我觉得这次改组很有必要，这样我们做营销策划才能做到有的放矢。"

还有一些人认为："改组为部门之间提供了很好的对话沟通机会，但搞不好的话，会弄得管理很混乱。"

李栋注意到了这些评论，他感觉到组织结构仍需要调整和改进，自己需要做更好的思考和调查。

**问题：**

1. 安邦会计公司实施组织变革的动因是什么？
2. 新的组织结构与原有组织结构相比，在哪些方面发生了变化？
3. 针对新的组织结构运行中存在的问题，请你为李栋提供一些有益的建议。

# 参 考 文 献


[1] 肖余春．组织行为学［M］．北京：机械工业出版社，2009.
[2] 张德．组织行为学［M］．北京：高等教育出版社，2008.
[3] 肖志雄．组织行为学［M］．武汉：华中科技大学出版社，2008.
[4] 许芳．组织行为学［M］．北京：清华大学出版社，2007.
[5] 关培兰．组织行为学［M］．北京：中国人民大学出版社，2011.
[6] 樊建芳，张炜，黄琳．组织行为学［M］．杭州：浙江大学出版社，2009.
[7] 周瑜弘．组织行为学案例精选精析［M］．北京：中国社会科学出版社，2008.
[8] 张一纯，王蕴，陈葵晞．组织行为学［M］．北京：清华大学出版社，2009.
[9] 孙优萍，谢军波．组织行为学［M］．杭州：浙江大学出版社，2007.
[10] 胡君辰．组织行为学［M］．北京：中国人民大学出版社，2010.
[11] 王彬．组织行为学［M］．大连：大连理工大学出版社，2007.
[12] 傅永刚．组织行为学［M］．北京：清华大学出版社，2010.
[13] 曾仕强．人际关系与沟通［M］．北京：清华大学出版社，2004.
[14] 曾仕强．中国式的管理行为［M］．北京：中国社会科学出版社，2005.
[15] 梁鹏．沟通助你成功［M］．广州：中山大学出版社，2006.
[16] 杨毅宏．职场陷阱——你该学习的办公室潜规则［M］．上海：学林出版社，2007.
[17] 王黎．打造你的黄金人脉［M］．上海：学林出版社，2007.
[18] 余世维．有效沟通：管理的沟通艺术［M］．北京：机械工业出版社，2006.
[19] 张文光．人际关系与沟通［M］．北京：机械工业出版社，2009.
[20] 赵恩超，燕波涛．组织行为学［M］．北京：机械工业出版社，2010.
[21] 施祖留，奚洁人．组织文化案例［M］．北京：人民出版社，2010.
[22] 杨忠．组织行为学：中国文化视角［M］．南京：南京大学出版社，2006.
[23] 马作宽．组织文化［M］．北京：中国经济出版社，2009.
[24] 关培兰．组织行为学［M］．2 版．北京：中国人民大学出版社，2008.
[25] 张德．组织行为学［M］．2 版．北京：清华大学出版社，2011.
[26] 陈春花，杨忠，曹洲涛．组织行为学［M］．北京：机械工业出版社，2009.
[27] 杰拉德·H·赛兹．组织行为学案例［M］．主蕾，译．上海：格致出版社，2008.
[28] 李秀娟．组织行为学［M］．北京：清华大学出版社，2012.
[29] 杨忠．组织行为学：中国文化视角［M］．南京：南京大学出版社，2008.
[30] 金圣才．组织行为学——笔记和课后习题详解［M］．北京：中国石化出版社，2006.
[31] 任浩．组织行为学——现代的观点［M］．北京：清华大学出版社，2011.